高等学校国际经济与贸易专业主要课程教材

U0608752

国际运输与物流

（第三版）

王晓东　杨杭军　王强　编著

中国教育出版传媒集团

高等教育出版社·北京

内容简介

本书是在第二版基础上修订的,是高等学校国际经济与贸易专业主要课程教材。

"国际运输与物流"是高校国际经济与贸易专业重要课程之一,也被一些学校的运输、物流相关专业列为重要核心课程。作者根据多年教学实践,吸取众家之长,构建了本书的新体系。全书共 10 章,在概述的基础上,分别从国际物流分布、国际班轮运输、国际租船业务、国际航空运输、国际陆运、国际多式联运、物流包装与存储技术、国际采购和仓储与配送管理、国际物流与供应链发展新热点等方面进行阐述。

本书特色鲜明,一方面选材新颖,作者站在物流与供应链管理高度将国际运输与物流管理进行了有机结合;另一方面资料翔实,内容组织形式丰富多彩,并配合以丰富的案例分析,专业性、实践性强。

本书既可以用于国际经济、贸易相关专业教学,也可以作为国际物流从业人员的参考书籍,并为研究者提供借鉴。

本书为授课教师提供配套课件,请与出版社联系免费索取。

图书在版编目(CIP)数据

国际运输与物流/王晓东,杨杭军,王强编著.--
3 版.--北京:高等教育出版社,2023.6
ISBN 978-7-04-060477-1

Ⅰ.①国… Ⅱ.①王…②杨…③王… Ⅲ.①国际运输-高等学校-教材②国际贸易-物流-高等学校-教材
Ⅳ.①U141②F252

中国国家版本馆 CIP 数据核字(2023)第 078334 号

Guoji Yunshu yu Wuliu

策划编辑 李欣航	责任编辑 李欣航	封面设计 姜 磊	版式设计 李彩丽
责任绘图 李沛蓉	责任校对 张 然	责任印制 耿 轩	

出版发行	高等教育出版社	网 址	http://www.hep.edu.cn
社 址	北京市西城区德外大街 4 号		http://www.hep.com.cn
邮政编码	100120	网上订购	http://www.hepmall.com.cn
印 刷	河北信瑞彩印刷有限公司		http://www.hepmall.com
开 本	787mm×1092mm 1/16		http://www.hepmall.cn
印 张	20.5	版 次	2011 年 1 月第 1 版
			2023 年 6 月第 3 版
字 数	470 千字	印 次	2023 年 12 月第 2 次印刷
购书热线	010-58581118	定 价	50.00 元
咨询电话	400-810-0598		

第三版前言

时序匆匆，自 2010 年《国际运输与物流》再版以来，十年已过。一方面，十年间，技术快速变革，国际经贸形势变化深刻。另一方面，党的二十大以来"加快构建新发展格局，着力推动高质量发展"正在成为我国新时期发展的核心目标，推进高水平对外开放是其中重要举措。在此背景下，与国际贸易、国际投资密切相关的国际运输业和物流业，自然面临着新的发展"变局"。作为国际经济与贸易专业的重要课程，《国际运输与物流》教材更新再版很有必要。

第三版基本保持了前两版总体风格、编排体例和框架。全书仍为 10 章，其中，原第 6 章"国际陆运与多式联运"分拆成"国际陆运"和"国际多式联运"两章，以突出国际铁路、国际公路运输规模日益扩大，欧亚地区陆路通道不断加强的现实；原第 7 章"物流包装"被第 8 章"国际物流包装与存储技术"替代，彰显物流技术迭代对物流业务的影响；原第 8 章"仓储管理"和第 9 章"国际采购与配送管理"合并成第 9 章"国际采购、仓储与配送管理"，更适应一体化物流管理的理念；变化最大的则是第 10 章，该章以"国际物流与供应链发展新热点"替换了第二版中的"供应链管理与第三方物流服务"，为全新章节，以涵盖跨境电商物流、绿色物流等新型热点问题。

除结构外，新版从以下两方面进行了完善：一是内容方面进行了完善补充，新内容尽量涵盖该领域各类热点问题。以第 10 章为例，新增了跨境电商环境下国际物流的现状与趋势，新形势下全球供应链的新型风险，区域经济协定 RCEP、CPTPP 对国际运输的影响，以及绿色物流背景、内涵、发展成果及发展的新趋势等内容。二是数据方面，依据掌握的最新统计资料和数据，对全文数据进行了替换更新，并结合当前发展作出重新诠释。

最后，教材全体编者感谢参与本教材再版编写工作的其他贡献者，他们是对外经济贸易大学国际经济贸易学院博士研究生张俊杰、陈若天和刘梦婷。

国际运输与物流是不断发展的专业领域，限于时间和编者水平，本教材还有很多不尽完美之处，欢迎读者、业界与学界的各位专家批评指正。

作者
2023 年 1 月 26 日

第二版前言

"国际运输与物流"属于典型的交叉学科。在过去的十年间,国际经济与贸易专业体系的调整,物流专业的设立,都对其产生了巨大影响,也促使其不断发展变化。2006 年本书第一版推出以后,得到了兄弟院校和业界的认可,也接到了很多中肯的建议。在此基础上,有了今天的《国际运输与物流》(第二版)。

第二版基本保持了第一版的体例、框架,在两个方面进行了更新和完善:首先是数据的更新,可以获得的最新统计数据全面替代旧有数据,以反映最新的发展变化。其次是相关内容的更新,如海运提单部分以《跟单信用证统一惯例——2007 年修订本,国际商会第 600 号出版物》(UCP600) 的相关规定替代《跟单信用证统一惯例 (1993) 》(UCP500);国际航空部分以《蒙特利尔公约》全面代替原来《华沙条约 (1929 年) 》及其议定书 (即华沙体系);补充介绍了 2009 年联合国国际法委员会推出的《联合国全程或者部分海上国际货物运输合同公约》(《鹿特丹规则》),波罗的海航运交易所、上海航运交易所最新发布的运价指数;就东盟与中国自由贸易区的设立等问题进行了探讨。此外,还添加了关于国际配送中心的分析,试图为"走出去"的企业提供更多新的解决思路。总之,本书秉承第一版"新"的特色,从不同侧面反映国际运输与物流相关领域的最新动态,以便"与时俱进"更好地体现学科的发展、实践的进步。

作者
2010 年 7 月

第一版前言

按照国家标准术语（GB/T 18354—2001）的定义：物流即物品从供应地向接收地的实体流动过程。根据实际需要，将运输、储存、装卸、搬运、包装、流通加工、配送、信息处理等基本功能实施有机结合。那么，国际物流就是对商品跨国界流动而进行的有效管理和优化过程。

与限制在一国境内的国内物流不同，国际运输线路长、环节多、专业化特征更加明显，所以国际运输在物流管理中所占地位就格外重要。进入 21 世纪，经济全球化的浪潮不再是专家、学者口中的抽象概念，而已经成为我们每个人身边每时每刻的切实经历，如中国人开美国轿车，巴西人每天都使用中国文具，澳大利亚人喜欢买韩国手机和瑞典人拍照用日本 DV。因此，对国际运输与物流的研究就有了充分的现实意义。

与其他教材相比，本教材凸显以下特色：

□ 选材新。传统教材或者仅限于讨论国际货运，未能将现代物流管理与国际货运进行有机的结合，或者专注于讨论物流管理，未能对国际货运的独有特色进行深入挖掘，限制了人们对国际物流的理解。而本书则努力将国际运输与国际物流紧密结合在一起。对国际仓储、国际采购与配送管理的探讨显示了作者在这些方面的尝试。

□ 资料新。作者多年来一直在跟踪国际运输与物流领域的最新发展，努力将实践中最新变化融入教材，在内容和数据的更新上特色鲜明。

□ 实践性强。国际运输与物流与企业实践结合较为密切，本教材着力于突出该专业特色，如大量案例分析方法的使用能够帮助读者更好地理解正文内容。

□ 内容组织形式丰富多彩。为突出本专业实践性强的特色，本教材大量使用画片、图表等直观方式，来帮助读者了解业务中的具体做法，正确理解所涉及的专业问题。

由于以上特色，本教材特别适合高等学校国际经济贸易专业及相关专业教学，也可以作为国际物流从业人员的参考书籍，并为研究者提供借鉴。

需要说明的是，国际运输与物流实践性强，对此领域的研究还处于不断发展变化之中，因此，尽管作者已尽最大努力，但囿于自身教学实践和研究水平的限制，书中还会有许多的疏漏和不足之处，恳请业内专家、学者和广大读者给予批评指正。

作者还希望借此对张媛媛同志表示感谢，她完成了本书第二章第二节初稿部分的编写工作；对徐君红、谭亦南同学表示感谢，她们协助完成了部分资料的搜集工作；对冷柏军教授、张玮教授表示感谢，他们在本书写作过程中给予的支持令人感动；对本书所用图片的作者们表示感谢，由于有些图片得到时间已经久远，或者网上流传甚广，早已无法获知作者名讳，在此一并表示感谢。

当然，作者还要对家人表示感谢，没有他们的配合和支持，就不会有本书的诞生。作者还特别希望以此书献给姐姐，感谢她关心和爱护之情，她豁达开朗、乐观向上的人生态度永远是作者学习的楷模。

作者

2006 年 5 月　于北京

目　录

第一章 概述

本章学习要求

通过对本章的学习，了解运输在我国日常生产、生活中的重要作用，理解运输活动基本要素对运输业发展的影响和运输业的基本经济特征；

了解运输活动的主要参与方，掌握托运人、收货人、承运人、货运代理人在运输服务中所扮演的角色；

掌握货物的分类及各类别货物的基本特征；掌握物流管理的定义，了解物流的主要内容、物流管理各层次的决策内容；

了解物流管理思想的发展演变，理解物流管理思想发展的主要动力；

了解国际物流的主要形式，理解国际物流与国内物流的主要差异和影响国际物流的主要因素。

第一节　运输业概述

一、运输的地位

身处北京的年轻人希望到巴黎参观埃菲尔铁塔，里约热内卢的老人希望到纽约探亲，莫斯科的超市希望推出来自泰国的热带水果，上海的百货大楼希望销售南非出产的宝石，所有这些愿望的实现都离不开与我们日常生活密切相关的一项经济活动——运输。

简单来讲，运输就是将人或物由一个地点转移到另一个地点的经济活动。根据服务对象不同，运输有客运和货运之分，北京的年轻人、里约热内卢的老人乘坐航班进行跨洲旅行使用的是客运服务，而泰国的水果、南非的珠宝则通过国际货运通道被运到消费者的面前。

古往今来，在人们的日常生活当中，经常会出现商品需求地或消费地与供给地或生产地不相吻合的情况。此时，人们要么放弃消费，使需求永远无法得到满足，要么利用这样或那样的运输方式改变人或商品存在的空间位置，实现人或物的"位移"。因此，作为一项重要的经济活动，运输和人类社会商品经济发展的历史一样悠久。

随着人类社会的发展、技术的不断进步，人类进行运输活动的能力也在不断提高。在古代，人、畜和利用自然界风力或水力的帆船成为主要的运载工具，人们的出行距离和出行能力都受到极大的限制。工业革命后，交通工具的改进对运输业的发展产生了巨大的推动作用。18世纪后期到19世纪初，以蒸汽为动力的轮船和火车进入人们的生活；19世纪中期，出现专门从事铁路货运的铁路运输公司，北美—欧洲的海上通道开始出现全程使用蒸汽动力的轮船。这些都标志着以机械动力为主体的现代运输业的开端。进入20世纪，公路运输、航空运输也逐渐加入进来，构成了我们今天丰富多彩的现代化交通运输体系。

高效廉价的交通运输体系是经济发展的重要推动力。在交通运输条件落后的地区，高昂的运输成本成为阻隔各地区市场的有效手段，企业的市场被严格限制在产地的周边区域。随着运输系统的改进，企业市场的地理覆盖范围、生产规模也相应扩大。在专业化分工和规模经济的双重作用下，一方面，商品价格下降，多样性提升，整体社会福利水平得以提高；另一方面，本地供给市场也受到越来越多的外来竞争者的影响，生存困难加大。市场竞争的加剧深刻影响着我们的社会经济生活，特别是第二次世界大战后，运输业的蓬勃发展，交通运输基础设施的改善，成为经济全球化的重要推手、构建"地球村"的直接作用力。党的二十大报告中更是将"交通强国"纳入我国现代化产业体系建设的重要组成部分。

二、运输活动的要素

运输活动一般由以下要素构成。

（一）运输工具

运输工具是指客、货运输中使用的承载工具，也是区分各种运输方式的重要因素，如水运中的轮船、铁路运输中的火车、公路运输中的汽车、航空运输中的飞机和管道运输中的管道等，运输发展中的一些标志性变革往往从运输工具开始。随着科技水平的提高，运输工具呈现大型化、高速化、专门化、自动化、信息化、智能化的趋势。

所谓大型化，主要指运载工具在建造过程、投入使用后的营运中表现出较为明显的规模经济特征。而无论水运，还是航空运输，或是陆上运输工具的承载能力，都呈现出不断上升的趋势。目前，超大型油轮已经达到65万吨以上，大型集装箱船的规模已经超过2万TEU（国际标准箱单位），承运矿砂的重载列车的载货量超过3万吨，"巨无霸"式的超大型货机载货量也超过了百吨。这些大型运输工具的使用有效地提高了运输效率，降低了运输成本。

所谓高速化，指运输工具的行进速度得到普遍提高。以航空运输为例，虽然超音速的协和式飞机由于经济原因暂时退出了民用航空领域，但新的超音速飞机还在不断研制之中，现在航空公司普遍使用的喷气式飞机则可以将巡航速度保持在每小时 900 公里。在航运界，船舶的航速得到普遍提高，原来数以月计的北太平洋、北大西洋航线，都可以在短短的 20 天内完成。陆运方面，高速铁路将运行时速推高到 300 公里以上。车、船、飞机等运载工具运送速度的大幅度提升，事实缩短了运输节点之间的时间距离，极大地促进了国际物流的发展。

所谓专门化，指飞机、船舶、卡车等运输工具的设计更加适应所承载货物的特殊需要，特别是适应高效率装卸的需要。在航运市场上，20 世纪 60 年代以来，集装箱运输得到了飞速的发展，全集装箱船得到了广泛的使用，并逐渐取代原来的件杂货运输。迄今为止，虽然航线的情况各异，但多数航线的集装箱化比率已经超过 70%。大型标准化集装箱的使用，一方面很好地保护了运输中的货物，降低了毁损率，促进装卸效率的提高；另一方面为多式联运的发展奠定了坚实基础。以集装箱为媒介，海运中的海外物资可以快速换装到铁路平板车、集装箱拖挂车，覆盖所有内陆地区。此外，滚装船、油轮、公路和铁路用罐车、冷冻冷藏车等的使用也为特种货物的运输提供了便利，有效降低了运输成本。

所谓自动化，指随着科学技术的发展各种运载工具的自动化程度越来越高，万吨巨轮曾经需要 55~65 名船员，现在借助计算机和各种电子设备只需 12~16 名。运输工具的信息化则指随着现代通信和网络技术的发展，配备无线通信设备的运载工具可通过互联网、物联网与总部、运输工具之间即时联系。借助卫星通信技术、全球定位技术和地理信息系统，人们可以对船舶、飞机、卡车、铁路机车甚至单个集装箱进行定位跟踪，并提供准确的实时信息。因此，现代物流管理更加重视在途货物，将在途货物视为即将入库的库存，借助对运输过程的优化管理有效降低库存成本，提高客户满意度。

智能化运输工具是推动智能交通系统、智慧物流的关键要素。智能交通系统（Intelligent Traffic System，ITS）一般指将信息技术、数据通信技术、传感器技术、自动控制技术、人工智能技术等运用于交通运输领域，通过加强车辆、道路、人员之间的相互联系，构筑更加安全、高效、环保的综合运输系统。智慧物流则强调借助物联网、人工智能等技术手段实现物流各环节无缝衔接，以更为精准的数据分析、运营决策实现动态中的优化管理，从而满足客户需求，提升物流绩效。而以无人驾驶技术（无人机、无人车、无人驾驶船舶等）为代表的智能化运载工具是智能化过程中重要的一环。

（二）运输动力

运输动力即推动运输工具前进的力量。在早期，曾经以人力、畜力、风力、水力等自然动力为主。机械时代，又主要依赖利用煤炭燃烧产生的热量转化的蒸汽动力。再后来，内燃机被普遍使用，石油成为运输领域最主要的能源。直到今天，虽然以电力、原子能、氢能甚至核能为动力的运输工具已经屡见不鲜，但船舶、飞机、卡车等还以石油（柴油、汽油）为主要动力来源。

运输是高能耗行业。在发达国家，运输业的能源消耗占全社会能源消耗的 1/3 左右。随着世界能源问题日益严峻，各国开始认识到能源节约的重要性，各种节能型运输工具，特别是节能型汽车受到推崇。2000 年前后，产业界逐渐将新能源车概念产品化，各类新能源车、混合动力车不断被推向市场。自 2015 年起，我国新能源车市场规模连续多年位居世界第一；2021 年，我国汽车产销分别完成 2 608.2 万辆和 2 627.5 万辆（其中出口 31 万辆），同比分别增长 3.4% 和 3.8%。[①]

---

① 新华社客户端．中国汽车出口创历史新高，新能源车领跑全球．［EB/OL］．［2022-01-14］.

此外，能源问题与环境保护问题密切相关。其中，以公路运输最为突出，汽车的广泛使用引发的空气污染、噪声污染受到世界各地人们的关注。各国政府推出的环保政策很多直接触及运输业的发展。例如，许多欧洲国家大力扶持以电力为运输动力的铁路运输模式，这势必影响运输市场上各运输方式间的比较优势，并进一步影响货主对运输方式的选择、物流方案的制定。

（三）运输通道

运输通道就是各运输工具借以运行的媒介，如水运中的河流、湖泊和海洋，汽车运输中的公路，铁路运输中的铁轨，航空运输中的空中走廊等。运输通道与运输工具、运输动力相互配合，才能发挥效力。

运输方式的划分主要依据运输通道的不同。在四种最常见的运输方式（水运、公路运输、铁路运输和航空运输）中，水运和航空运输的运输通道主要由自然环境提供（水路和空间），运输基础设施的建设只涉及运输通道的端点，也就是机场和码头（虽然航空运输要依赖空中管制来完成，但航空管制只是管理空域，并非建设空域；部分水运，特别是内河运输需要疏浚河道，甚至挖掘运河）。从当前各国运输业的实践看，因投资巨大，回报期较长，多数国家视机场和码头为公共基础设施，由政府主导建设，也有的地区由政府主持，吸纳私人投资完成。无论哪种模式，都比普通行业易受政府政策的影响。而建成之后，又由于机场、码头的地域专用性，形成一定程度上的垄断，并向运输企业收取码头使用费、落地费等杂项费用，运输企业又通过运费的调整，或者规定码头作业费等形式将成本转嫁给货主。即便如此，因为运输通道的天然性，还是在一定程度上降低了运输服务的总费用。

公路、铁路运输则不然，需要借助人工修筑的公路、铁轨才能完成。当前，各国政府普遍将公路设施视为公共基础设施建设的重要组成部分，其建设主要由政府主导完成，但各国在融资渠道和付费制度上差异巨大。美国等发达国家主要利用政府税收中预留的特殊基金铺设新路、维护现有道路，多数公路为免费路面，国家通过征收燃油税、汽车使用税/费的方式向道路的使用者收费。我国五花八门的公路建设融资方式则造成各地区复杂的公路收费模式。为推动高速公路规范化管理，提升路网使用效率，2011 年开始，交通运输部针对全国公路收费进行了专项清理，并推出了全国高速公路 ETC 联网系统。截至 2020 年，全国收费公路里程为17.92 万千米，占公路总里程的 3.45%。[①]

与公路类似，铁路运输投资成本高，建设周期长。以美国为代表的一些国家主要依赖私人资本完成全国铁路网的建设；以我国为代表的一些国家则由政府承担运输通道的修建工作，包括车站的建设、日常运营、维护和管理，并采用部分市场化模式，向设施/服务的使用者（货主、乘客、车主及其他商业设施用户）收取运费或其他杂项费用。

（四）电信设备

电信设备指无线电、雷达、卫星等，这也是过去几十年间运输业技术发展最为迅速的领域之一。

现代运输效率高、速度快、覆盖范围大，但只有运输工具与电信设备密切配合，才能更充分地发挥其效力。前文提到，现代卫星通信技术、全球地理信息系统和无线射频技术等的配

---

① 交通运输部. 2020 年全国收费公路统计公报 [R]. 2021.

合，可以有效地跟踪运输工具及其承运的货物，准确、及时地提供物流信息，降低库存成本。目前，航行范围较大的船舶、飞机等早已装备了信息跟踪功能，大型运输服务企业或第三方物流服务企业也都在卡车等运输工具上装载全球定位系统，再配合国际互联网、物联网设备为货主提供即时的货物跟踪查询服务，为货主优化物流管理提供信息保障。

三、运输服务的种类

运输提供的是人或物的位移服务，按服务对象划分可以分为客运服务和货运服务。其中，客运服务借助运输工具将旅客由起运地送达目的地，而货运服务则通过各种运输方式联系起商品的产地和消费地。由于本书关注点限于国际运输和物流，因此我们将主要关注货运服务领域。

按运输服务的区域划分可分为国内运输和国际运输。一般来讲，国际运输较国内运输业务更加复杂，有大量运输代理介入，遵循的法律和规则也不同，如国际航空运输采用《蒙特利尔公约》约束承运人和托运人之间的关系，而国内运输需要遵守《中华人民共和国民用航空法》等。

按服务提供方不同可分为自营运输和受雇运输两种。自营运输通常指货主企业利用自有的运输工具实现商品由产地到消费地的运输服务；受雇运输则指以收取运费为目的而提供的商业运输服务。其中，运输服务的经营者可能同时是运输工具的所有人，也可能仅仅是运输工具的租赁人。

随着现代物流理念的推广，近年来合同运输日渐增多。合同运输是一种特殊的受雇运输。在欧美的一些国家，如果面向不特定公众提供营业性运输服务，被称为公共运输；如果只针对合同协议的另一方提供个性化运输服务，则被看作合同运输。与公共运输相比，合同运输的服务更具有针对性。

四、运输业的特点

（一）运输服务是商品价值增值过程

按照西方经济学的观点，商品的价格表现其价值。如果一件产品或一项服务的价值被市场认可，那么它必然会给消费者提供四种效用，或者称价值由四方面构成，即形态价值（Form Utility）、占有价值（Possession Utility）、时间价值（Time Utility）和空间价值（Place Utility）。

1. 形态价值

形态价值是指产品以其特有外在形态或属性、功能为消费者服务而产生的价值，与马克思主义政治经济学中的使用价值非常接近，主要通过生产过程对低价值的原材料进行生产、加工，创造出具有新形态的高价值产成品来实现。

生产是创造形态价值的关键，生产中的辅助活动，如为生产而进行的原材料采购，原材料、半成品的运输、储存、调拨等都是物流活动的重要内容。其中，原材料由供应商所在地到加工地的过程是工业原料的运输过程，很多大宗货物运输（如石油、矿砂运输）主要为这一过程服务，按货运量计算则是国际航运业主要的需求来源。

2. 占有价值

占有价值是指通过使消费者占有产品而实现的价值。占有价值是由多个职能部门共同完成的。在这一过程中，营销部门的促销活动使消费者了解产品，并对产品产生购买的欲望；销售部门与用户达成销售协议；财务部门配合销售部门的销售活动，提供资金支持，收回货款；成品分拨、配送管理部门则将货物交付到消费者的手中，协助完成商品所有权的让渡。

制成品运输是日常运输服务的重要内容，也是运输业产值的重要组成部分。

3. 时间价值

时间价值是指产品通过在特定时间服务于消费者给消费者带来的价值，主要通过物流活动中的仓储功能实现。

4. 空间价值

空间价值是指产品通过在特定地点服务于消费者给消费者带来的价值。货物运输提供的是货物的"位移"服务，就是通过改变商品出现的空间位置，满足消费者的消费需求来提升商品的价值。

此外，迈克尔·波特关于价值链的讨论也可以帮助我们理解运输实现价值的过程。他认为企业职能部门的活动并非都具有同样的作用，有些被称为基本活动，对企业经营起着重要作用，另一些则被称为辅助活动，仅仅起支持作用。辅助活动如人力资源管理只能为价值创造过程提供帮助，而不直接产生价值。内向物流、外向物流都被列为基本活动，成为价值创造的重要组成部分，且在事实上构成生产、营销和客户服务活动顺利进行的重要保障和基本前提，如图 1-1 所示。

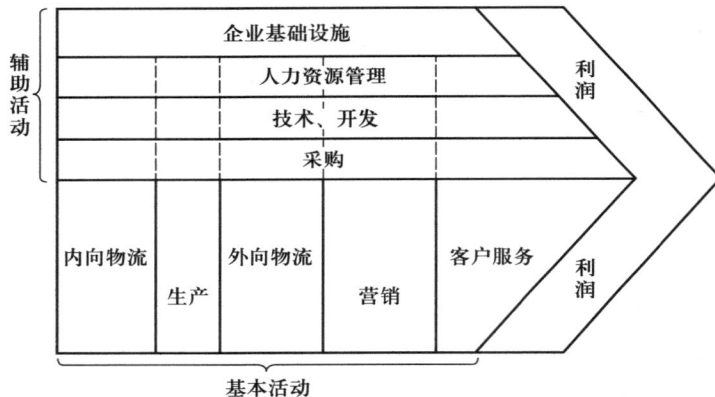

图 1-1 基本活动与辅助活动

资料来源：迈克尔·波特. 竞争优势［M］. 北京：华夏出版社，1997：37.

由以上分析可知，产品价值的实现无处不依赖着良好的物流管理系统，而运输服务又是企业物流活动的重要组成部分，是实现企业经营目标、增加商品价值的重要保证。

（二）运输服务具有时间和空间的唯一性

运输服务是在一定的时间内完成客、货从起运地到目的地的位移服务，时间和空间的唯一性是运输业永远需要面对的难题。一方面，虽然运输工具可以移动，但场站、道路等基础设施仅能供给本地。运输服务不可移动、挪用，无法从一个区域转移到另一个区域，也无法将淡季的运力转移到旺季使用。另一方面，运输服务的生产和消费具有同步性，在时空上是重合的。

运输服务的起止同时是运输消费的起止，不可存储，也不能分离。由此，如零售业节庆礼品销售增长带来的季节性运输需求、通勤人员早晚高峰带来的客运潮汐性需求都是对运输服务供给能力的挑战。

（三）对运输服务的需求是典型的派生需求

派生需求是相对于本源需求而言的，指针对运输服务的需求是源于人们消费异地生产的消费品的需要，源于人们旅游出行的需要，是实现国际贸易、国际交往的必然过程。

正因如此，第二次世界大战以来，关贸总协定以及后来的世界贸易组织不断降低贸易壁垒的努力刺激了国际贸易的迅速发展，也引起了国际运输服务业的发展。同样，近年来，我国旅游业的兴起自然也会带来旺盛的客运需求。

（四）运输业发展产生多种外部效应

经济学探讨的外部性指"并不直接反映在市场中的生产和消费的效应"[1]，外部性可以是正的，也可以是负的。运输业发展所引发的外部性问题，在这两方面都有突出的表现。

正的外部性表现在：良好的运输系统直接促进了国民经济的发展。20 世纪 90 年代，我国公路网建设的步伐加快，乡村级公路的畅通为很多边远地区打开了与外界沟通的大门，土特产品的输出、旅游业的发展大大提高了当地人民的生活水平。同时，云贵川地区公路、铁路大规模投资建设，极大地改善了西南边远地区贫困状况。

运输业负的外部性与正的外部性一样备受人们的关注。其中，最大的关注点为运输业发展引发的污染问题。从汽车尾气排放带来的大气污染，到飞机起降、汽车引擎轰鸣造成的噪声污染等，运输业特别是公路运输业已经成为城市环境污染最主要的来源。

第二节　国际运输的组织

一、运输方式

根据运输通道和运输工具，一般将运输分成以下几种运输方式：水运、空运、陆运（公路和铁路运输）、管道运输和多式联运，如图 1-2 所示。

其中，多式联运是将任意两种基本运输方式有机联系而形成的新型运输方式。有人提出，由于运输服务主体的特殊性[2]，邮政运输应该作为一种独立的运输方式存在。本书将邮政运输作为一种特殊的多式联运方式。

2020 年，我国各种运输方式所占比重如图 1-3 所示。由图可知，按货运量计算，公路运输是使用最为频繁的货运方式，占总货运量的比重达 72.45%；水运和铁路运输次之，分别约占总运量的 16.1% 和 9.63%。由于运输能力有限，且运价偏高，航空运输使用较少。由于服务

---

[1]　罗伯特·S. 平狄克，丹尼尔·L. 鲁宾费尔德. 微观经济学 [M]. 张军，等，译. 北京：中国人民大学出版社，1997：510.

[2]　从各国的普遍情况看，邮政运输由国家邮政部门负责，通过万国邮政联盟实现国际邮路的连接。

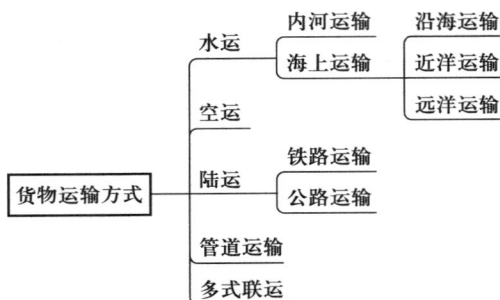

图 1-2   运输方式的分类

的专属性比较强，管道运输完成的货运量也比较少，约为 1.81%。水运、铁路运输常用于完成长距离运输任务，特别是水运，以远洋运输为主，2020 年水运货物周转量的 85%、货运量的 50% 都是远洋运输。所以，如果以货运周转量计算各运输方式的重要地位，水运和铁路运输则分别可达到总货物周转量的 52.3% 和 15.1%，公路货物周转量的 29.8%。

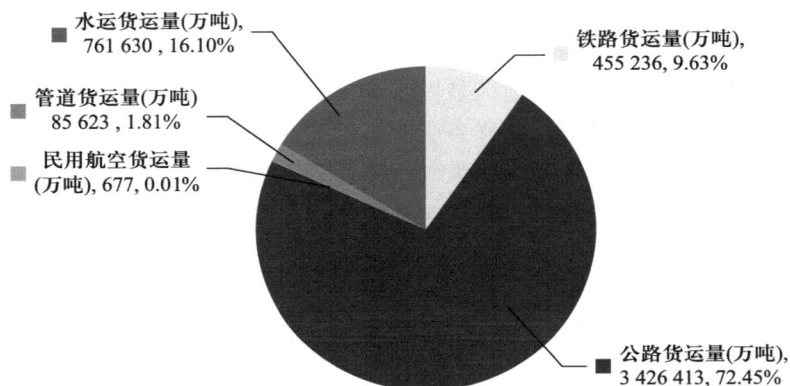

(a) 按货运量计算的比重

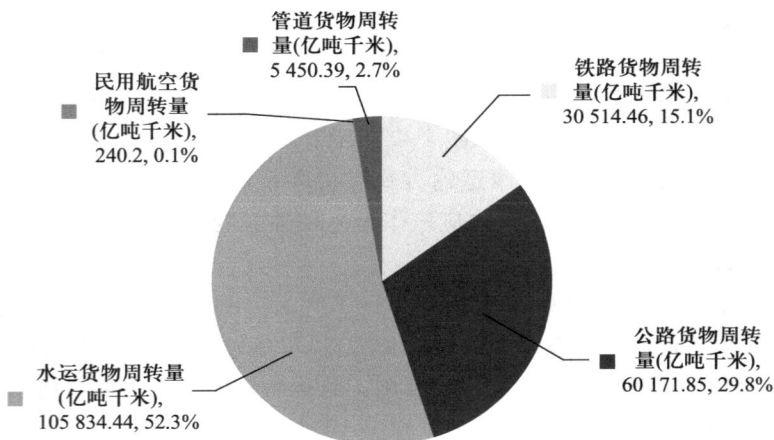

(b) 按货运周转量计算的比重

图 1-3   2020 年我国各种运输方式所占比重

资料来源：国家统计局。

二、国际运输的当事人

国际运输的当事人基本可以归纳为三类。

（一）承运人

承运人（Carrier）是指专门经营水上、公路、铁路、航空或管道货物运输业务的运输服务方，如航运公司、航空公司、卡车公司和铁路部门。这些企业通常拥有一定的运输服务设施，包括货场、车、船等，但是否拥有运输工具并不是判定承运人的唯一标准。实践中，不直接运营船舶、卡车，但向货主提供海上、公路货运服务的分别称为无船承运人、无车承运人，也可统一称作"合同承运人"；而实际负责提供位移服务的，则被称为"实际承运人"。

（二）货方

在国际货物运输领域，货方通常为外贸出口商或进口商或其他经销商。他们为履行贸易合同组织货物进出口运输，是运输服务的需求方。通常，和承运人签订运输服务协议，在出口地或起运地向承运人交付货物的被称为托运人（Shipper），在进口地或运输服务的目的地收取货物的被称为收货人（Consignee）。

（三）货运代理人

与国内运输不同，国际运输领域普遍使用货运代理人（Freight Forwarder）协助托运人办理有关运输事宜。

货运代理人，顾名思义是从事货物运输的运输代理人。按照字典的解释，Forwarder 即提供服务的运输代理人，服务的范围包括收取货物、安排转运或送货，目的是保证和协助委托人将货物尽快运达目的地。[①]

国际货运代理人协会联合会（FIATA）的有关文件将货运代理定义为"根据客户的指示，并为客户的利益而揽取货物运输的人，其本身不是承运人"。《中华人民共和国国际货物运输代理业管理规定》（1995 年 6 月外经贸部制定）对货运代理业的定义则为："接受进出口货物收货人、发货人的委托，以委托人的名义或者以自己的名义，为委托人办理国际货物运输及相关业务并收取服务报酬的行业。"

《中华人民共和国国际货物运输代理业管理规定实施细则（试行）》（2004 年）继续对该定义进行了详细阐述："国际货物运输代理企业可以作为进出口货物收货人、发货人的代理人，也可以作为独立经营人，从事国际货运代理业务。" 20 世纪 90 年代以来，国际货运代理普遍借助丰富的业界经验、全球分布广泛的分支机构从事无船承运人业务、多式联运业务，并力图融合国际运输、仓储、配送服务提供一体化物流服务。

总之，运输代理人是根据委托人的委托，代为办理国际运输有关业务的组织机构，是托运人或收货人和承运人之间的中介。有的代理承运人向货主揽货；有的代表托运人办理货物托运；有的代为办理报关、报验工作，在承运人和货方之间架起专业服务的桥梁。同时，货运代理人还可作为运输活动的组织者参与到运输服务中来。此时，他们多以"独立经营人"身份作为无船承运人提供多式联运或者综合物流服务。

---

① Webster's 9th New Collegiate Dictionary [M]. Springfield, Mass：Merriam-Webster, 1991：486.

专题阅读 1-1

国际货运代理人协会联合会

国际货运代理人协会联合会简称"菲亚塔"（英文全名为 International Federation of Freight Forwarders Association，简称为 FIATA），是国际货运代理人的行业组织，于 1926 年 5 月 31 日在奥地利维也纳成立[①]，总部设在瑞士苏黎世，创立的目的是为了解决日益发展的国际货运代理业务中产生的问题，保障和提高国际货运代理在全球的利益，提高货运代理服务的质量。

FIATA 的一般会员由国家或地区货运代理协会或有关行业组织或在这个国家或地区中独立注册登记的且为唯一的国际货运代理公司组成，另有为数众多的国际货运代理公司或其他私营企业为其联系会员。它是世界范围内运输领域中最大的非政府和非营利性组织，是公认的国际货运代理的代表。

FIATA 的名称来自法语 "Fédération Internationale des Associations de Transitaires et Assimilés"，名称中 Assimilés 一词表明 FIATA 的成员不局限于国际货运代理企业，还包括报关行、船舶代理、仓储、包装、卡车集中托运等运输企业。从组织机构看，FIATA 下设多个协会，如航空运输委员会、海关事务委员会、多式联运委员会，以及危险品运输、信息技术、法律问题、职业培训等咨询机构。在这些协会及机构的努力下，FIATA 推出各种货代业务标准格式文本，以及职业资格培训以提高会员企业的业务素质和服务质量。

中国国际货运代理协会（China International Freight Forwarders Association，CIFA）2000 年 9 月 6 日于北京成立，是国际货运代理行业的全国性非政府组织，2001 年年初被 FIATA 接纳为国家会员。CIFA 的宗旨：协助政府部门加强对我国国际货代行业的管理；维护国际货运代业的经营秩序；推动会员企业间的横向交流与合作；依法维护本行业利益；保护会员企业的合法权益；促进对外贸易和国际货代业的发展。目前下设法律工作委员会、空运工作委员会、危险品运输工作委员会、国际快递工作委员会和多式联运工作委员会、国际陆桥运输工作委员会等。

三、国际货运的对象

国际货运的对象是运输部门承运的各种进出口货物。这些货物种类繁多，结构、形状、性质和包装千差万别，对运输、装卸等作业提出了不同的要求。以下为常见货物分类。

（一）按货物物理属性不同分类

1. 普通货物

普通货物又有清洁货物、液体货物和粗劣货物的区别。

（1）清洁货物。指清洁、干燥的纺织品及各种日用消费品等。这类货物不含水分或含有极少水分，对周围其他货物没有负面影响，无须提供特殊的运输服务。

（2）液体货物。指呈液态的流质或半流质货物，如水、普通饮料等，多以桶、瓶等包装形式出运。

---

① fiata 官网。

（3）粗劣货物。指具有油污、水湿、扬尘特征或散发异味的货物，如生皮、鱼粉、大蒜、颜料等。由于容易对其他货物造成污染，因此又被称为污染性货物，对运输包装的要求较高。

2. 特殊货物

特殊货物是需要特殊运输条件的货物。常见的有以下五种：

（1）危险品。指具有易燃、易爆、毒害、腐蚀和放射性等危害的货物。不同运输方式对危险品的归类略有不同，但都要求托运人对危险品货物提前申报，以便承运人有针对性地安排舱位。危险品极易对运输中的运载工具、其他同车、同船的货物，甚至运载工具行经的沿途环境造成危害，运输服务的风险大，因此，除按规定使用特定包装外，一些国家还规定对全程运营环节进行监控，运输费用较高。虽然业界普遍以《国际海运危险货物规则》（International Maritime Dangerous Goods Code，简称《国际危规》，*IMDG Code*）、IATA《危险品规则》（*Dangerous Goods Regulatio，DGR*）等规则鉴别危险货物，但对危险品的判定并不局限于《国际危规》列表。受时间限制，一些新型生物制品、化工产品往往未来得及列入危规，如新冠疫苗，因此，运输企业倾向于对危险货物的定义做扩大化解释。

（2）需冷冻、冷藏的货物。一般是指易腐烂变质或化学性质随温度变化较大的货物，如以新鲜蔬菜、果品、海产品、乳制品为代表的生鲜产品，药品、医疗试剂、血液制品、疫苗等医用产品等，很多需温控的化学品可能同时也属于危险品。为保证质量，冷链运输需全程保持特定温度，实践中一般借助专用集装箱完成门到门服务。

（3）贵重物。指价值较高的贵重金属、货币、字画、古玩等，通常需要承运人提供良好的保护措施保障运输途中的安全。为便于管理，也为减少风险，承运人会要求贵重物的货主在托运前申报货物的贵重属性，办理货物运输保险，并相应提高运输服务费用。

（4）活动物。指具有生命形态和特征的禽类、鱼、家畜等。这类货物一般对货舱内的温度、湿度、通风条件有特定要求，部分活动物还需要中途提供喂水、喂食、防病防疫等各种额外服务，也有些货主派遣随车、船同行的工作人员负责照料活动物，运输风险大，运费偏高。

（5）超限货物。包括单件超长、超高、超重的货物，如火车头、发电机转子等。一般单件重量超过5吨的为超重货物，单边长度超过9米的为超长货物。这类货物需要特殊的运输、装卸工具完成作业，当涉及陆上运输时常常还对沿途经过的道路、桥梁、涵洞有要求。

（二）按货物的外部形态分类

1. 包装货物

包装货物也称为件杂货物，指具有一定运输包装规格的货物。包装的材料和包装方式依货物不同有很大的差别，有箱装、桶装、袋装、捆装等多种包装形式。此外，通过一定程度的组合包装，可以有效提高装卸速度，减少货损货差。

2. 裸装货物

裸装货物是指不加以包装的成件货物，如钢材、汽车和大型机械设备等。在运输途中，部分裸装货物需要对关键部位采取防锈、防潮的保护措施。

3. 散装货物

矿砂、小麦、石油等初级产品在运输过程中不加任何包装，采取散装的方式出运，便于使用专门的机械化装卸工具，专用的船舶、车辆完成运输服务，降低运输费用，这些货物被称为散装货物。因运输批量大，散装货物又被称为大宗货物。铁矿石、煤炭、谷物、铝矾土、磷矿石被称为国际航运中的五大干散货，石油是海运中单项运量最大的散装货物。因运量小、运费高，航空运输不适合运输散装货物。

（三）按货物重量—体积比分类

按货物重量—体积比不同，货物可分为重货和轻泡货物。其中，重量—体积比大的货物被称为重货；反之，则被称为轻泡货物。不同运输方式下，划分重货、轻泡货物的标准不同，如航运界以1吨货物体积超过1立方米的为轻货，而航空界以1千克货物体积超过6 000立方厘米的为轻泡货物。

货物的积载系数也可以反映货物的轻重程度。积载系数（Stowage Factor）即每一吨货物在正常堆装时实际占用的容积（包括货物间的正常空隙和必要的衬垫）。该指数反映一定重量货物占据的舱容或仓储时占用的库容，有助于货主估算物流成本。

第三节　物流与物流管理

一、物流与物流管理的含义

国内对物流的了解始于20世纪70年代末80年代初，但企业界真正重视还是在90年代以后。按照国内的理解，物流就是"根据实际需要，将运输、储存、装卸、搬运、包装、流通加工、配送、信息处理等基本功能实施有机结合，使物品从供应地向接收地进行实体流动的过程"；物流管理是"为达到既定的目标，从物流全过程出发，对相关物流活动进行的计划、组织、协调与控制"[1]。

在西方，学者和业界就物流活动与物流管理进行探讨较多。美国物流学者伯纳德·拉·隆德的观点具有代表性。他认为：物流活动源于由地区产品剩余导致的地区间产品交换，而生产力在工业革命后的迅速发展，则推动着物流活动不断发展。[2]

与很多现代管理方法、管理思想类似，现代物流管理发起、成熟于西方，并逐渐传向日本、中国。物流管理对应的是英文中的Logistics，中文直译为"后勤"，最早是指军事后勤管理。根据韦氏新百科辞典，"Logistics"一词来源于法语"Logistique"（计算技术），其最初起源是希腊语中的"Logo"（推理）一词。西方某些学者认为，英语中的"Logistics"一词来源于法语中的"Logistique"，它是拿破仑军队中负责安置部队、为战马搜寻粮草的军官的名称。

第二次世界大战期间，美国根据军事上的需要对军火进行战时供应时，采取的对军火的运输、补给、屯驻等全面的后勤管理（Logistics Management）策略，成为战争胜利的重要保障。第二次世界大战结束后，工商企业逐渐引入这种全面管理的策略，并借用了军事中的"后勤"一词，称为"工业后勤"或"企业后勤"。但直到20世纪90年代，韦氏新百科辞典仍将其解

---

[1]　《物流术语》（GB/T 18354—2021）.

[2]　LONDE B J L. Evolution of the Integrated Logistics Concept// ROBESON J F, COPACINO W C（edited）. The Logistics Handbook［M］. New York ：Free Press，1995：3.

释为："军事科学的一个分支，涉及采购、保管和运送物资、人员和设备。"①

在历史的不断发展演化中，人们对物流管理进行了不同的定义，反映了不同时代人们对现代物流管理思想的理解。一般认为，物流管理强调利用现代科技成果，是对物流活动进行优化管理的过程，其目的是实现企业效益的最大化。目前，比较常用的是美国物流协会（现在已更名为供应链管理专业协会）的最新定义。它认为："物流管理是供应链管理的一部分，是为满足顾客需要，对商品、服务及相关信息从产地到消费地高效率、有效力正向、逆向流动和储存而进行的规划、实施、控制过程。"② 英国物流协会则从物流管理力图平衡时间与空间矛盾，优化、协调并举的独特视角，将其定义为："物流就是针对与时间有关的资源定位网络进行设计、优化和管理的科学与艺术。"③ 这两个定义从不同侧面展现了物流与物流管理的实质，对物流管理概念的传播、实践经验的推广、理论研究的深化都产生了重大影响，被世界各国的从业人员、研究人员广为接受。

管理人员则更简要、直观地以"7Rs"表示物流管理的完美状态。"7Rs"即：适当的时间（Right Time）、适当的地点（Right Place）、适当的成本（Right Cost）、适当的顾客（Right Customer）、适当的产品或服务（Right Product or Service）、适当的质量（Right Quality）、适当的数量（Right Quantity）。或者解释为：使特定用户以其可以接受的成本水平在适当的时间、适当的地点得到良好质量、准确数量的特定产品或服务。或者如专家指出的："物流管理的使命是使正确的商品或服务在正确的时间、良好的状态下到达正确的地点，同时对企业做出最大贡献。"④

二、物流活动

（一）物流活动的组成

不同企业组织结构各异，所涉及的经营活动、经营领域各不相同，因而企业提供的产品或服务的内容对物流管理的要求也就千差万别。

图1-4显示的是典型生产企业的物流活动的组织结构。这里物流活动主要由内向物流（Inbound Logistics）、企业内部物料管理和外向物流（Outbound Logistics）组成。内向物流主要涉及由供应商至生产企业的物流管理，包括原材料采购、运输，原材料、零部件的库存管理，仓储管理，包装，物料搬运以及相关的信息管理。外向物流也称实物分拨（Physical Distribution），是将产成品由生产企业配送至用户的物流活动，包括订单处理、运输、库存管理（产成品）、仓储管理、包装、物料搬运以及相关的信息管理。处于内向物流与外向物流之间的是企业内部物料管理，包括厂区内的仓储、物料搬运等多项内容，也指生产制造的计划和控制过程。通常又把内向物流与企业内部物料管理统称为物料管理。

美国物流协会根据这些活动的具体内容，提出典型的物流管理系统应包括客户服务（Customer Service）、需求预测（Demand Forecasting）、物流信息管理（Distribution Communication）、库存控制（Inventory Control）、物料搬运（Material Handling）、订单处理（Order Processing）、零

① Webster's New Encyclopedic Dictionary（1993）："The branch of military science having to do with procuring, maintaining, and transporting material, personnel, and facilities."
② 美国供应链管理专业协会官网。
③ 来自国际物流与运输学会（CILT）培训教材。
④ Ballou, Ronald H. Business Logistics/Supply Chain Management［M］. Upper Saddle River：Prentice Hall，2004：6.

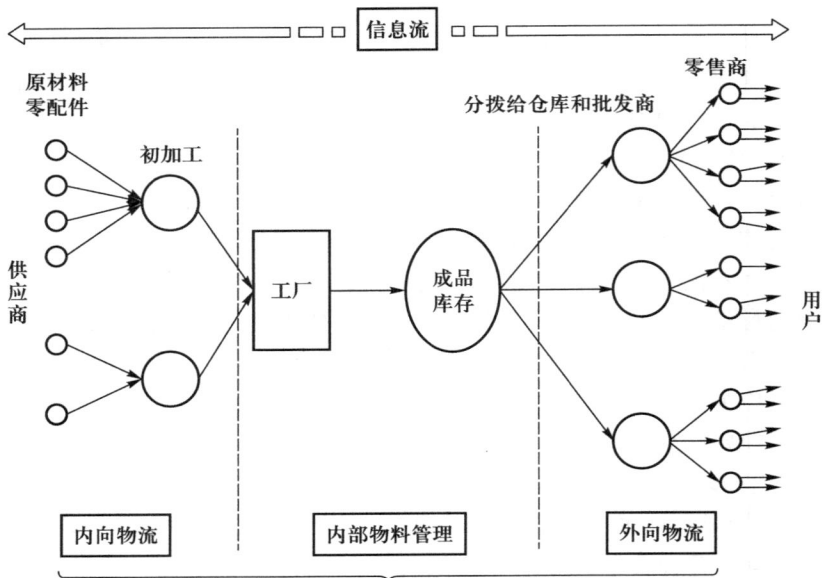

图 1-4　典型生产企业物流活动的组成

资料来源：王晓东，胡瑞娟，等. 现代物流管理. 北京：对外经济贸易大学出版社，2001.

配件和服务支持（Parts and Service Support）。工厂和仓库选址（区位分析）（Plant and Warehouse Site Selection，Location Analysis）。采购管理（Purchasing）。包装（Packaging）。退货处理（Return Goods Handling）。废弃物处理（Salvage and Scrap Disposal）。运输管理（Traffic and Transportation）。仓储管理（Warehousing and Storage）。

　　由于各企业有些活动几乎在所有物流管理系统中都会涉及，而有的只是间或出现，因此这些物流活动又被进一步分为关键性物流活动（Key Activities）和支持性物流活动（Supportive Activities）。

　　1. 关键性物流活动

　　关键性物流活动包括以下四方面内容：

　　（1）客户服务。物流部门要与营销部门合作，了解客户对物流服务的要求；判断客户对本企业服务的满意程度；判断本企业物流服务与其他竞争对手之间的差距；确定本企业今后的物流服务政策，要达到的服务水平；制定改善物流服务的计划等。

　　（2）运输。物流部门要选择适当的运输方式、运输服务组合；购进适当的运输设备；整合小批量运输，实现规模经济效益；决定运输路线；对车辆进行调度；处理客户投诉；审核运价等。

　　（3）库存管理。物流部门要决定原材料、在制品和产成品的存储政策；进行短期销售预测，并在此基础上制定库存计划；确定各存储点（仓库）的产品组合；确定存储点的个数、仓库的大小、仓库的选址；决定库存管理模式：JIT 模式、拉动式管理模式或者推动式管理模式等。

　　（4）物流信息管理处理。物流部门要选择、确定接受订单的方法（订货格式）；确定订单信息的传输方式；决定销售订单所代表的需求信息与库存/生产所代表的供给信息之间的沟通方式等。

2. 支持性物流活动

支持性物流活动包括以下四个方面：

（1）仓储。物流部门要决定仓库的设计仓容；设计仓库布局，包括装卸站台的设计；决定仓库的结构；决定存货地点。

（2）物料搬运。物流部门要选择装卸设备；确定设备更新方式；决定仓库作业中拣选货物的工序；决定货物的存放位置。

总的来说，货物的装卸搬运作业因只涉及货物在不同运输工具中的转换，或者是仓库内部物料堆放位置的调整，并不会通过作业增加商品价值，因此应尽量避免。又因为装卸搬运作业往往是物流运作流程中效率最低、最容易导致货损或各种责任事故发生的环节，因此，原则上流程设计应尽量减少货物装卸搬运的次数、缩短搬运距离、避免瓶颈环节的出现，且在装卸和搬运作业中应避免货物的损坏、渗漏、碰撞、被偷盗。但随着更多企业将分拣、再包装、贴标等物流增值活动安排在配送中心，对相关设备的自动化、智能化的要求也越来越高。

（3）采购。物流部门要决定采购政策；搜索、筛选、确定供应源；决定采购的时间和数量；进行商务磋商，签订采购协议；完善供应商管理。随着战略采购概念的提出，采购与供应管理还应体现企业供应链战略意图，为生产、销售等总体目标提供支撑。

（4）包装。包装有内包装（销售包装）和外包装（运输包装）的区别。其中，销售包装的主要任务是吸引消费者购买，因此主要由销售部门设计完成。运输包装的主要功能是便于装卸作业，易于存储、运输，防止货物的灭失或损坏，所以物流部门通常会以某种方式介入外包装设计过程。

一般来讲，企业运输和仓储/库存成本在物流成本中占主要份额，又是商品时间和空间效用的主要创造者。订单处理环节虽然占用资金不多，但是对物流系统的反应速度起重大作用，面对越来越重视时间因素的用户，订单处理的重要性愈加不容忽视。

在所有物流活动中，物流客户服务确立了物流管理的目标，并为整个物流体系定下了基调，而高的物流客户服务水平必然导致高的物流成本，所以物流客户服务水平在一定程度上决定了物流成本的水平。但在一定的物流服务水平下，优秀的物流管理者又可以通过合理协调各项物流活动，使企业在保证服务质量的基础上降低物流总成本。

（二）物流活动的层次

根据对企业影响的广度和深度，物流活动分成三个层次：战略层次（Strategic）、策略层次（Tactical）和操作层次（Operational），即高层、中层和基层。不同层次下物流活动所包含的内容不相同，各自的侧重点也不同。

高层或者战略层次的物流活动主要从企业的整体角度出发，物流决策的内容往往在很长一段时间（如五年）内对企业多数部门有持续的影响力。物流活动所需投入的人力、资金较大，因而决策人多是企业最高层的经理，有时甚至要经董事会同意。

中层或者策略层次的物流活动的影响面稍小一些，多涉及企业某一部门或相关的几个部门，影响时间也要较前者短，通常为几个月。物流决策多由部门经理根据企业的总体物流战略做出，在本部门内执行。

基层或者操作层次的物流活动是最低的一个层面，大多是具体工作人员根据本部门物流决策或策略的要求而进行的业务操作，影响力局限于当天或者某批次的产品或某几次作业。

表 1-1 对各层次物流活动的内容作了清楚的阐述。

表 1-1   不同层次的物流活动

决策类型	决策层次		
	高层	中层	基层
选址决策	仓库、工厂、中转站的数量、规模和位置	临时租用仓库	
库存决策	存货点存储的产品和库存控制方法	安全库存水平的设定	补货数量和时间
运输决策	运输方式选择	临时租用运输设备	运输路线，发货安排
订单处理	订单录入、传输和订单处理系统的设计	信息平台的选择	平台的日常操作
客户服务	设定客户服务标准	制定客户订单处理顺序的规则	加急送货
仓储决策	选择搬运设备，设计仓库布局	季节性存储空间的选择，充分利用自用型仓库	拣选货物和再存储
采购决策	发展与供应商关系	洽谈合同，选择供应商，先期购买	发出订单，加急供货

资料来源：Ballou. Business Logistics/Supply Chain Management ［M］. Upper Saddle River：Prentice Hall，2004：39. 有改动.

三、物流管理思想的发展

（一）物流管理思想的演变

自 20 世纪初期至今，物流管理思想从最初孤立地看待运输、仓储等各个环节，发展到从总成本角度综合考虑实物分拨中的储运等各项活动，再到整合企业原材料、半成品、产成品的储运等环节的管理，提出一体化物流管理概念，把物流管理与供应链管理思想相结合形成供应链协调协作观念，经历了漫长的过程。这里将其发展过程划分为三个阶段，即萌芽阶段、体系形成阶段和一体化发展阶段。

1. 萌芽阶段

尽管物流活动"古已有之"，但直到 19 世纪工业革命，西方企业管理者的主要注意力仍然集中在企业的生产领域。进入 20 世纪，随着社会生产力水平的逐步提高，西方企业的注意力才开始转移。

1901 年，约翰·F. 克罗威尔（John F. Crowell）在美国政府报告——《农产品流通产业委员会报告》中论述了对农产品流通产生影响的因素，这是对这方面最早的论述。1915 年，一些学者首次提出市场营销具有产生需求和实物供应两大功能，是具有现代意义的物流概念的早期萌芽。1916 年，韦尔德（L. D. H. Weld）提出营销渠道的概念，并且认为市场营销能产生 3 种效用：占有效用、空间效用和时间效用。1929 年，弗莱德·E. 克拉克（Fred E. Clark）在《市场营销的原则》一书中，将物流纳入市场营销活动的范畴。在同一时期，具备一定现代意义的物流活动也开始出现。第一次世界大战期间，英国犹尼利弗的哈姆勋爵成立了以"在全国范围内把商品及时送到批发商、零售商以及用户手中"为宗旨的"即时送货股份有限公司"，被物流学界称为最早的有文献记载的现代物流活动。

总体而言，20 世纪初至第二次世界大战结束初期的近半个世纪，现代物流管理都处于一种萌芽阶段。在此期间，物流活动并不普遍，处于一种零星潜隐的状态，以"实物供应"（Physical Supply）为主，其内涵包括物资运输、仓储等业务。之后，"实物供应"一词逐渐被"实物分拨"（Physical Distribution，或译为实物分销）取代，现代物流管理的雏形出现，但其内涵仍是从有利于商品销售的角度，对"实物分拨"和"实物分拨过程"进行管理与运作。此时，人们仍然只是孤立地看待搬运、仓储、运输等各项物流活动，系统管理的概念尚未建立。

2. 体系形成阶段

第二次世界大战中，军事后勤在观念、实践上得到了飞速发展。当时，出于保证战争胜利的目的，美国军事部门为解决军需品的供应问题，运用当时新兴的运筹学方法与计算技术对军需品供应、运输线路、库存量进行科学规划，再结合战时发展起来的叉车技术，使"Logistics"逐渐上升为一门独立的边缘学科。

第二次世界大战以后，众多战时发展起来的技术渐渐民用化。与此同时，世界经济环境发生了深刻变化，技术革新层出不穷。随着管理科学的飞速发展、生产方式的改变、市场的变化，物流管理逐渐在学术界、企业界甚至整个社会（物流活动的其他参与方，如政府、消费者等）受到了重视。

1954 年，鲍尔·D. 康波斯在波士顿流通会议上提出应该从战略的高度来管理、发展物流。他的观点得到了各界的认同，为物流管理学科的产生奠定了基础。鲍尔的演讲被后人视为物流管理发展过程中的重要里程碑。1956 年，霍华德·T. 刘易斯（Horward T. Lewis）、詹姆斯·W. 克林顿（James W. Culliton）和杰克·D. 斯蒂尔（Jack D. Steele）在《物流中航空货运的作用》中导入了总成本分析方法，提示人们以整体观点看待产成品分拨中的运输、仓储、包装等相关物流成本问题，为现代物流管理提供了科学手段。1961 年，爱德华·W. 斯马凯伊（Edward W. Smykay）、唐纳德·J. 鲍尔索克斯（Donald J. Bowersox）和弗兰克·H. 莫斯曼（Frank H. Mossman），撰写的《物流管理》是第一本系统介绍物流管理的教科书，书中详细论述了物流管理系统和总成本概念，使物流管理学逐步系统化。接着，美国的密歇根州立大学、俄亥俄州立大学相继开设物流管理课程。彼得·德鲁克在《财富》杂志上发表文章，指出物流是"一块经济的黑暗大陆"，是企业重要的利润源泉等。之后，美国进行了一次大规模调查，结果表明社会流通费用占商品零售价值的 59%，而这些流通费用又以物流费用为主。这一惊人的发现在当时产生了极大的影响，引发了企业对物流管理的重视，推动了物流管理思想的广泛传播和应用。图 1-5 是第二次世界大战以后物流管理概念的拓展。

总之，从 20 世纪 50 年代到 70 年代末期，是物流管理发展成型的阶段。物流管理形成了一门独立发展的新兴管理学科，具有一定的学科体系和研究内容。这一时期，企业开始在实物分拨领域实行有效的一体化管理，挖掘降低企业生产成本的潜力，总成本观念在企业管理中逐

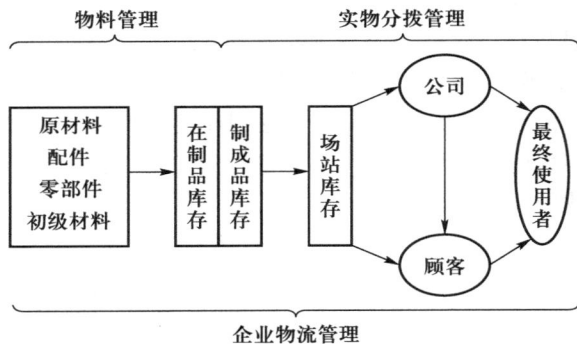

图 1-5　第二次世界大战以后物流管理概念的拓展

资料来源：王晓东，胡瑞娟，等．现代物流管理［M］．北京：对外经济贸易大学出版社，2001.

步得到运用。然而，此时企业管理者的主要注意力仍集中在产成品配送或实物分拨（包括产成品的运输、储存、库存管理、顾客服务等）领域。

3. 一体化发展阶段

20 世纪 80 年代以来，越来越多的西方企业将物流战略视为其获得市场竞争优势的重要依据，对物流全过程实施统一管理也变得越来越必要。1984 年，哥拉罕姆·西尔曼在《哈佛商业评论》上发表的《物流再认识》一文明确指出，现代物流对市场营销、生产和财务活动都具有重要影响，企业管理者应该从战略高度重新认识物流管理的重要性。

随着科学技术的进一步发展、政府管制的变化、市场竞争的加剧，一体化物流管理的概念开始逐步形成。正如鲍尔索克斯所说，20 世纪 80 年代成为一体化物流管理发展的时期。一体化物流管理的初期出现所谓企业内部一体化管理，在该阶段，管理者试图将企业内部物料流动所涉及的所有环节（包括信息管理）联系起来，从原料采购到成品的交付，使物流管理贯穿始终，消除企业内部物料流动各环节之间的障碍，减少库存量，使企业整体物流成本有所下降。同时，从战略高度促成物流管理与企业的营销、生产等各部门的协调，提高客户服务水平，强化企业赢利能力。相关资料显示，在这一时期，物流管理的战略地位得到了更多认可，越来越多的美国企业增设了物流高级主管职位。

进入 90 年代，供应链管理的概念逐渐为企业所重视。雄心勃勃的西方顶级企业开始进入外部一体化阶段，即跳出企业自我的思维定式，试图通过与位于供应链上游的经销商、制造商、原料供应商和位于下游的批发零售商之间的更紧密的合作，强化对市场变化的反应能力，提高供应链的整体效率，实现整个供应链范围的物流系统效益最大化，以期实现供应链上各合作伙伴双赢的理想。例如，通过更紧密的协作，减少企业内向物流中外部环节（供货商）的库存，削减供货商额外的库存持有成本，从而减少被计入企业原材料价格中的费用，最终削减企业的成本，强化产品的市场竞争力。目前，无论国内还是国外这一趋势正变得越来越显著。

物流管理内部一体化和外部一体化的两度嬗变，使得物流管理活动更加广泛渗透并深刻地影响着社会经济的方方面面。与此同时，社会其他方面的变革也影响着物流管理的演变过程。从物流管理在 20 世纪的发展轨迹来看，物流管理经历了一个缓慢发展、逐渐成熟、迅速发展变化的过程。进入 21 世纪，随着现代通信技术的快速发展和网络技术、电子商务的推动，物流管理与新兴技术的结合更加密切，配合更为精准的即时数据、智能的自动化装备，智慧物流逐渐走入人们的视野，并以前所未有的速度向前推进、促进变革，在更大范围内发挥更强大的威力。

（二）推动物流管理思想演变的因素

在过去的半个多世纪中，现代物流管理先后经历了最初的萌芽阶段、20世纪50年代到70年代末的体系形成阶段和80年代以后的一体化发展阶段，物流管理理论在企业界得到了深入广泛的运用，取得了巨大成功。纵观全局，不难发现以下八方面因素从不同的侧面对物流的促进和迅速发展起着重要影响：

1. 市场营销的发展

第二次世界大战后，生产技术取得了巨大进步，世界范围内生产能力得到空前提高，随之而来的是企业竞争压力的不断增加，能否赢得市场越来越成为企业在竞争中制胜的法宝。20世纪50年代末至60年代初，企业对市场营销功能的注意与日俱增。这期间，美国企业用于广告的费用猛涨了4倍，新产品的种类数量呈几何级数递增。50年代中期，整个西方产业界处于生产技术不断改进与市场营销成本不断攀升的尴尬境地。许多企业的营销成本已达到总成本的10%～30%。为削减成本、保存竞争力，企业不得不寻求降低成本的新领域。正如管理大师彼得·德鲁克所言，物流管理一直以来都为众人所忽视，就像"经济的黑暗大陆"，如果集中力量提高营销诸方面(例如，在当时仍被视为营销各环节的库存、物料处理、运输、仓储等活动)的总效率，就会成为企业节约经营成本的一块极具潜力的新领域。在此基础上整体营销观念得到发展，市场营销由此产生了一次革命。

21世纪，电子商务的迅猛发展也引起物流管理的深度变革。在消费领域，网络零售市场迅猛发展促使更多企业关注电商零售，并提出进一步融合线上线下销售的"全渠道"（Omni-Channel）管理概念，使得传统物流与快递物流的界限更加模糊，配送单位、配送手段更加多样化。

2. 顾客中心理念的建立

随着技术进步，技术扩散的速度越来越快，各企业间产品的差别越来越小，产品的竞争日益由功能、质量的竞争向服务竞争转化。

第二次世界大战以来，全球性生产能力的持续稳定扩大使得多数行业所面对的市场逐渐由卖方市场转化为买方市场，并促使市场营销理念不断更新。20世纪60年代，在竞争的压力下，为不断改进服务，赢得市场，对客户服务的研究开始兴起，以顾客为中心的管理理念逐步形成。管理者逐渐意识到售出产品仅是完成了一半工作，如何及时、准确、有效地将客户需要的产品送到客户手中构成管理工作至关重要的另一半，而这正是成品物流管理的主要目标。

此时，能否提供可靠的后勤保障，就成为企业物流系统赢得市场竞争的关键。特别是在一些产品差异小的行业，如日用化工品、纸张等行业，物流系统的效率、对企业利润的贡献已成为企业赢得竞争的根本。即使是产品差异较大的行业，如汽车、服装业等，也纷纷将物流系统对提高顾客满意程度的作用摆在重要位置，并逐渐上升到战略地位，视为企业竞争优势的根本所在。随着消费者个性化消费意识不断增强，这一趋势更加明显。

3. 石油危机及经济危机

20世纪70年代，石油危机席卷了整个西方世界，全球范围内石油价格的大幅度上升，带动原材料价格、运输成本、人力成本等生产支出不断增加，西方发达国家长期依靠廉价的原材料、燃料获取利润的传统途径面临严峻挑战，并直接导致了西方国家短期内的经济困境。同时，经济萧条又引发市场的萎缩，企业发展步履维艰，为求得生存，管理者不得不将更多的注意力从生产领域转向流通领域，以寻求节约成本和创造利润的源泉。而由于物流管理长期被忽视，成本节约的空间广阔，一经科学管理，成本得到大幅度降低，直接弥补了原料成本上涨的损失，被喻为"第三利润源泉"；良好的物流管理服务又使得客户满意程度增加，市场得以巩固甚至扩大，企业竞争力明显增加。

之后各次经济危机的影响与此类似，都是在不断推动企业挖掘资源潜力，迎合客户越来越强的个性化服务要求，加快市场响应速度。而物流对成本、销售的双方向作用则构成促进物流管理发展和物流观念形成的最直接、最根本的原因。

4. 政府对运输业管制的放松

管制是一个经济学概念，指"国家、政府对其主权下的社会、经济活动及个人行为进行干预、影响及限制"①。长期以来，人们认为运输行业具有自然垄断的性质，因此，对这类企业进入、退出市场以及定价等方面的活动进行了各种各样的制约。

20世纪70年代以来，美国运输业率先掀起了放松管制的浪潮。随后，这股潮流迅速波及西方世界(尤其是欧洲)。由于政府放松了对运输业包括定价、市场准入等多方面的限制，运输业内竞争空前激烈。

运输业的巨大变化直接推动了现代物流管理理念深入发展。首先，运输费率降低，为寻求成本节约途径的企业管理者送上良机，承运人之间竞争的加剧也为货主选择更好的服务、优化物流管理提供了可能。其次，在激烈的竞争中，为赢得市场，承运人纷纷拓展传统的服务领域，提高服务质量，特别是货主最为关注的物流管理中准确、及时的运输要求得到满足，为货主量身打造的个性化服务逐渐出现。最后，运输市场的开放也影响物流的重要环节——货主与承运人的关系。一方面，承运人为提供更加个性化的服务逐步加深与货主企业的沟通；另一方面，货主企业开始减少与其联系的承运人数量，逐步与少数几个承运人建立长期合作关系，以获得更为优惠的折扣运费及更优先、更完善的服务，货主与承运人关系逐渐相对固定化，为第三方物流服务的迅速开展奠定坚实基础。

5. 经济全球化

第二次世界大战以后，各种全球性和区域性贸易组织相继成立，越来越多的国家将经济自由化作为主要政策方针。同时，由于运输技术的革新，运输速度越来越快，运输能力越来越强，原来阻碍国际贸易的地理空间因素不再存在，世界变"小"了。

小小的地球村内，在美国研制、东南亚生产、欧洲销售这样的跨国经营活动已经比比皆是，尤其是在电器、电子行业，纯粹由一国制造的产品少之又少。跨国公司从成本、效益的角度考虑将生产经营部门分散在全球各个角落，全球采购、全球生产、全球销售的全球化运作模式使更多企业内部物流逐渐呈现出跨国化的趋势，国际物流成为物流领域发展的新主流。

贸易自由化与经济全球化带来了更宽松的经济环境——跨国融资、投资、生产更加自主，竞争也同样更加自由。白热化的竞争，对企业物流管理水平提出了更高的要求。产品要在国际市场上获得竞争优势，仅保持低成本生产是远远不够的，为更好地赢得市场就必须采取更积极的策略，加强物流战略与营销、销售战略密切配合。这就要求在从原材料采购到制成品运送到

---

① 王惠臣. 论运输管制：公共性与企业性的悖论 [M]. 北京：高等教育出版社，1997：1.

消费者手中的整个过程中，所涉及的企业各部门（客户服务、销售等）同样是经济、高效的，应完善与产品相关的各环节的管理和控制，企业物流管理的重要性日益凸显出来。

美国特朗普政府时期与各国的贸易摩擦引发的逆全球化问题，也对物流管理，特别是国际物流产生巨大影响。为规避美国贸易限制措施引发的风险，跨国企业的选址策略更为慎重，"风险"成为物流与供应链管理重要的决策因素。

6. 技术的发展

20世纪50年代，计算机开始走向市场。随着个人计算机（PC机）的出现，市场急剧扩张，计算机的信息处理能力、存储能力以及相关的输入、输出能力也在呈几何倍数发展。同时，硬件的革命推动了软件业的发展，ERP等专用商业软件使用大幅提升。90年代，随着互联网技术发展、各类网络服务平台的商业创新、全社会信息化水平快速提升，第三方、第四方物流管理概念逐渐发展起来。进入21世纪，各类无线终端的使用，物联网、云服务等概念的提出，自动化、智能化装备的出现，则推进了"互联网+"、智慧物流等新概念的实践进程，物流管理进入技术驱动的新时代。

借助计算机、条码、电子标签、无线通信、互联网、全球定位等技术，既可以降低远距离通信成本，加强企业间联系，使得流程标准化，消除数据重复输入及由此产生的操作失误和更多人力成本，又可以快速采集内容更加全面丰富的信息，为物流管理决策提供坚实的、及时的数据基础，并大幅提升物流运作效率和绩效。目前，企业不仅可以快速获知仓库内货物的类别、数量，还可以精准掌握单件货物的供应商、批次、仓库中存放的货位、当前所处状态信息。一旦确认销售订单，便可基于即时信息做出决策，快速锁定履约仓库，决定仓库分拣顺序，调动所需的分拣设备、人员，发送指令要求运输、销售部门配合，完好履行所有运作环节。如遇暂时性缺货，又可及时联系生产、供应部门，快速补货。在运输环节，配合全球定位系统、视频监控系统，车载无线终端可提供全流程跟踪定位，以迅速应对各类意外事件。

同时，数字化、自动化、智能化装备的使用，一方面减少了商品拣选、分类、存储等过程中的人工劳动，使得物流活动更加快速、准确、低成本；另一方面为安全、准确、经济、快速的物流管理目标提供了可靠技术保障。货主随时可在货物查询、跟踪系统上获取货物有关信息，使准时生产（Just-In-Time，JIT）等新型管理方式得到更广泛应用，极大地提高了物流服务满意度。

此外，计算机的推广、网络服务平台的建设还使得管理优化可以超越部门界限。供货商可以从供应链整体的角度来探讨优化系统结构、提高服务质量、提高物流系统效率的新的管理思路，极大地推动物流管理一体化的纵深发展。

7. 外包的概念和第三方物流的发展

外包（Outsourcing）是指将企业的某一种经营活动或者经营活动的某一部分以契约的形式承包给其他专业经营机构完成的经济行为。

20世纪80年代以来，经济全球化趋势越来越明显，市场的开放加剧了企业的竞争。此时，竞争优势概念的提出，对成功企业的剖析，使人们重新认识到将力量集中在核心业务（Core Business），以保持企业长期市场优势的重要性。为避免资金、人力、物力的分散，许多企业抛弃"大而全""小而全"、多业并存的战略，转而采取集中主业，外包包括物流在内的各项辅业的新型管理思路，成功地降低了企业经营成本，减少了资金占用，同时创造了更好的经营业绩。

具体到物流管理，就是指由其他企业来运作以前由本企业机构承担的全部物流功能或物流某一环节（如运输和/或仓储）的管理方法。它被称作第三方物流（Third-Party Logistics，3PL）或契约物流（Contact Logistics），提供这一服务的企业被称为第三方物流供应商。自此，大量的运输、仓储公司、货运代理人开始向社会提供包括运输、仓储以及包装、分类、分拨、库存控制等增值服务在内的全方位物流服务，社会分工更加深化。随着网络服务平台的发展，"第四方"物流从概念到实践逐步发展起来，配合新型信息服务平台和"共享"经济业态，创新了物流服务商业模式。

8. 新型管理概念的引入

第二次世界大战以前，零售商大约持有一半的制成品库存，批发商和生产者则持有另一半。而20世纪50年代以后，库存控制技术（尤其是百货业）越来越尖端，导致零售商与批发商和生产商的库存持有比例大为变化，前者仅持有10%的库存，而后者则持有另外90%的库存。此外，越来越多的企业采用准时生产（Just-In-Time，JIT）、精益生产（Lean Production）、快速反应（Quick Response，QR）、高效客户反应（Efficient Customer Response，ECR）、分销资源计划（Distribution Resource Planning，DRP）、企业资源计划（Enterprise Resource Planning，ERP）等许多新兴管理概念和技术，准确、及时的物流服务成为基本前提和根本保障。订货方式也由传统的"大批量、少批次"转变为"小批量、多批次"。这些变化都对物流系统提出了更高的要求，企业必须在库存、运输和生产、销售之间进行严格调控，改变传统上依赖于安全库存的物流战略，将存货量降到最低。同时，企业需要快速、有效地对市场变化作出反应，最大限度满足客户日益增长的快速、多变的要求。成本核算技术的改进，尤其是以经营活动为基础的作业成本法（Activity Based Costing，ABC）的推广，帮助人们更深入地认识物流成本结构，为改进物流管理，提高企业赢利能力提供前提条件。

21世纪，环境问题日益突出，低碳环保的绿色可持续发展成为很多企业的发展理念。在此背景下，为践行减少浪费（Reduce）、再利用（Reuse）和循环使用（Recycle）发展理念，物流企业开始采取简化包装、循环使用零售包装箱、加大新能源车的投入等方式，推动自身绿色物流的发展。

此外，飞速发展的科学技术与日益白热化的竞争使产品更新速度加快，生命周期缩短；产品市场的细分又使得产品种类空前庞大，企业的物流管理日益复杂化。以连锁商超、电商为代表的零售方式的蓬勃发展，使这一问题更为突出。上万种在库商品，加上西方一度的高利率政策，使库存成本成为一些企业繁重的经济负担的同时，也成为企业优化物流管理的重要驱动力。

第四节   国际物流

一、国际物流的含义

简单讲，国际物流就是物流活动超越国家/地区疆界的限制，延伸到其他国家和地区。国际物流的基本流程如图1-6所示。国际物流是企业物流活动的跨国化，是商务活动向海外市场延伸的必然结果。随着经济全球化的不断深入，国际物流已经成为现代物流管理领域的重要课题。

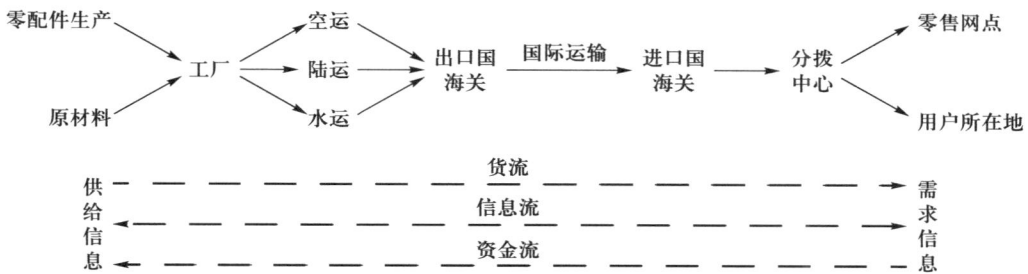

图1-6 国际物流的基本流程

墨菲和伍德（2003）认为"国际物流就是商品跨越国界的位移活动"。他们将国际物流归为以下几种情形：

企业出口部分自制或自产的产品，如出口造纸设备到瑞典，出口小麦到俄罗斯，或出口煤炭到日本。

企业进口原材料或制成品，如从加拿大进口纸浆，或从意大利、日本进口摩托车。

在某国生产半成品，然后运到其他国家进行深加工或组装。如某企业在美国生产电子元件，运到远东地区的自由贸易区，利用那里廉价的劳动力进行装配，装配后的零部件再运回美国，成为最终产品的一部分。

企业具有国际视角，将所有国家都视为市场、供应源或生产加工地。

由于地理原因，国内贸易有时也需要穿越外国边境（经常处于保税状态）。例如，以卡车运输方式将货物在保税状态下由美国本土48个州运到阿拉斯加，这意味着负责运输的承运人担负着特殊的法律责任，要保持货物的密封状态，保证在沿途经过他国时不会有货物被转售或被使用。

以上这些情形都是以国际贸易为主导的国际物流，也有人直接称之为"国际贸易物流"。除此之外，国际物流中还有部分非贸易性的或非企业为主导的国际物流形式，包括：

企业非生产性或非贸易性物资流动。如随着国际交往活动的增多，有人提出了"展品物流"的概念来描述为参加国际展出而由母国运到目的国展会的展品、道具、宣传资料、招待、办公用品的国际物流管理。如一些文化艺术品（兵马俑）的跨国展览。需要指出的是，某些商业展会允许在展期结束后出售的展品，此时就转换为进口销售的商品。

与国际投资相关的国际物流。如美国通用电气公司决定增加在中国的投资，就会先将未来所需的生产线或建设用的物资通过国际物流渠道运到未来的生产基地。但如果这些设备采用由美国子公司出售给中国子公司的方式出口，就会被视为进出口贸易的一部分，属于国际贸易物流。

世界各国之间的邮政包裹运输服务，也常被人称为"邮政物流"。一般指通过国际邮政联盟或国际性快递公司进行的包括私人文件、商业信函、小包裹（既有私人物品，也有小型货样等商业性物品）等在内的国际物流活动。传统上，邮政快递运送的函件、小包裹，或不具有商业价值，或限于私人之间转赠，并不具有进出口贸易属性。但随着电子商务的发展，B2C、

C2C 甚至 B2B 的跨境电商业务（如通过速卖通进口义乌小商品的泰国小商贩）多以小包裹方式完成运送，这部分跨境物流就属于国际贸易物流范畴，需按海关规定进行申报、缴纳关税。但因海关无法对这些不同目的地小包裹进行区分，且各国处理方式不同，其征税标准就不一：有的统一征税；有的规定一定免税额；有的对超过一定金额的物品征税。

国际救援行动或各国慈善机构主导的国际物流。如东南亚、南亚海啸事件发生后，国际救援物资源源不断由各捐赠国运达受灾国家；国际红十字会将捐赠国捐助的粮食运往非洲等粮食匮乏的地区。

军事行动或军火交易形成的国际物流。例如，伊拉克战争开始前后，美国及盟国的作战人员、军用物资经由欧洲、中东的军事基地运抵前线。产自美国的军事装备及武器不断被卖到亚洲、非洲等。

其他需要国际物流的情况。如每当重大的国际赛事（如世界杯足球赛、奥运会等）、演出活动或重大宗教活动/事件临近（如每年伊斯兰教的朝圣、梵蒂冈主教逝世）时，一方面，会有大量来自世界各国的人员流向当地；另一方面，新闻媒体报道中使用的各种器材，赛事、演出或宗教活动所使用的各类物资也会在短期内大量流向事发地，并在活动结束后迅速回流到母国。

上述活动都属于国际物流涵盖的范围。除个别情况（如军事行动或军火交易形成的国际物流，由特殊主体进行管理，不属于正常的商业活动）外，其他的如展品物流、投资性物流等都包括在本书所讨论的国际物流中，它们都通过正常的物流渠道进行。

二、国际物流的发展

国际物流是随着全球贸易的发展、国际交往的进一步深化而逐渐发展起来的。

在第二次世界大战之前，国家间已有不少的经济交往。但那时，一方面，国家间经济、政治地位极度不平等，工业化的宗主国主要从殖民地掠夺原材料，生产加工的成品再倾销到殖民地市场，宗主国和殖民地地区间的国际物流无论内容还是流向都相对单一；另一方面，国际物流的广泛程度和各国国内经济个体的参与程度都相对有限，仅在欧洲、北美和少部分亚洲、非洲、拉丁美洲国家和地区之间存在较为密切的经济交往。

第二次世界大战结束后，新兴的民族独立国家，尤其是发展中国家迅速崛起，改变了世界经济版图。这些新兴国家希望在政治和经济上完全拥有自己的自主权，它们有的坚持本国生产，不断提高本国工业化的程度，增强本国制成品在国际市场上的份额，有的强调"国货国轮"的运输政策，倾向于通过各种立法，保护本国运输服务业和相关的保险业、金融业的发展。发展中国家逐渐参与到国际物流中。同时，战后各国普遍的建设热潮和以关贸总协定为代表的国际组织不断促成的贸易壁垒的降低、开放市场的努力，也促进了 20 世纪 60 年代国际大规模物流活动的开展。

同样开始于 20 世纪 60 年代的还有物流技术的不断改进和提高。以国际物流中最重要的环节运输为例，出现了大型运载工具，如 20 万吨以上的油轮、10 万吨以上的矿石船等。集装箱的出现和发展也促成国际半成品、制成品物流活动效率的大幅度提高，成本迅速下降，并进一步推动了国际物流活动的迅猛发展。

20 世纪 70 年代，跨国公司逐渐成为国际物流发展的重要力量。为应对石油危机，企业不断在全球内寻找更大的市场、更廉价的供应源。在这一过程中，企业更加重视物流服务质量问题，这对国际物流的服务水平和服务效率都提出了更高的要求。在总成本思想的引导下，航空运输逐渐引起关注。在航运界，船舶大型化、专业化的趋势进一步加强，大量的集装箱船舶投入运营，装卸效率和装卸质量迅速提高。集装箱运输还直接推动了多式联运形式的出现，全球物流网络逐渐整合成为一体。

20世纪90年代，冷战结束，欧洲统一大市场建立代表着国际区域经济一体化出现新的发展趋势，地区性国际物流活动也随之急速扩张，国际物流的流向出现调整（例如，北美自由贸易区出现后，美、墨之间的一些物流活动取代了原美国与其他发展中国家之间的物流活动）。同一时期，互联网、条码以及卫星定位系统在物流领域得到普遍应用，物流的机械化、自动化水平也不断提高。借助新兴技术，国际物流效率迅速提高，批量大、周期长的国际物流模式逐渐向小批量、高频度、多品种模式转化，特别是对物流信息系统和电子数据交换（EDI）系统的大量采用，使国际物流领域出现了"虚拟物流"、JIT物流等多种新型运作模式。各国对环保问题的重视也不断影响着国际物流的发展，以欧洲为代表，各国政府出于减少大气污染、噪声污染等一系列污染因素的考虑，对公路运输采取更为严格的控制政策，促使更多的物流活动借助铁路或水运方式完成。

进入21世纪，中国制造业的崛起、新国际物流通道的建立、数字经济的发展等都对国际物流市场的发展产生了重要影响。2018年3月，白宫签署针对中国输美产品征收关税的总统备忘录。此后，制裁清单越拉越长，征税范围逐渐增大，与中国的贸易摩擦此起彼伏。2020年，新冠疫情暴发，各国差异化的防疫政策不仅造成短期内跨境旅行的困难，也事实上直接或间接导致全球供应链的瘫痪。在政治风险、经济下滑与疫情困境等多重因素作用下，跨国经营企业开始重新审视自身的全球供应链布局。为规避中美贸易摩擦，部分企业转向东南亚市场；部分企业因某些国家疫情下开工不足而求助中国供应商以稳定市场供应，如欧洲企业因航班取消、航线拥堵而转向求助中欧班列；因供应链风险加大，进出口企业加大库存保障供给能力；航空公司为增加货运能力改造现有客运飞机；航运公司增加造船订单，提升运力储备等。这些变化将深刻影响未来国际物流市场的发展。

三、国际物流和国内物流的差异

从本质上看，全球化经营使企业得以在全球范围内配置资源，并形成国际物流领域的特殊挑战，包括国际物流成本较高、风险较大、受政府政策或管制的影响较多等，同时也促使国际物流成为物流管理的特殊领域。与国内物流相比，国际物流有以下特点：

1. 国际物流的提前期偏长

通常情况下，国际物流涉及的线路长、情况复杂，因而其提前期也较长。

首先，国际物流中产地和需求地之间的距离遥远。运输时间随空间距离的延长而增多。除个别相邻国家间的边境贸易外，很多国际物流活动需跨越大洲、大洋。如从中国出发，北太平洋航线、东亚—欧洲地中海航线的运距都超过1万千米。从运输方式看，国际运输以海运、空运和多式联运为主。虽然空运速度较快，但因运输成本高、限制条件多，至今仍然无力担当国际物流的主渠道，国际贸易的主要运输方式仍然是海运。海运运价低廉，但运输速度较慢，特别是跨洲运输，动辄超过一个月。由于运输环节多，运输时间的波动较大。供应链的灵活度、柔性欠佳，导致企业对市场变化的响应速度较为缓慢。所以，为保证供货，企业将不得不提高库存保有量，产生较高的库存成本。

其次，国际物流所涉及的进出口通关、检验等环节也可能导致提前期延长。虽然多数国家的海关当局都在以不同的方式简化海关手续，利用先进的信息技术，特别是数字化技术提高海关作业效率，提升通关速度，推动"贸易便利化"进程，但"9·11"之后，以美国为首的发达国家出于反恐的需要不断要求海关承担起安全防范的任务，并为此制定了一系列新的政策，如船舶驶离装货港前24小时发送装箱单到美国等措施在一定程度上延长了现有漫长的采购期。还有些国家将漫长的检验期作为非关税壁垒措施的一种，目的在于减少进口数量或针对某些国家或某些货物设置进口障碍。

此外，以信用证结算方式为例，国际物流的某些安排虽然保证了买卖双方的利益，减少了结汇风险，但反复的信用证申请、审核程序，更多关系方的介入，多次的中转过程，再次增加了运作环节，延长了国际物流的总周期。

2. 运营环节更加复杂

国际物流的风险还表现在运营环节复杂、参与方众多。

国际物流运营流程包括内陆运输、堆场及港口作业、转运、海关报检报验等多个环节，要求海关、商检、货代、港口、承运人、银行、保险公司等多方参与，每个领域的专业化程度都较高，形成各自独特的运营要求和一套完整的作业标准、业界习惯，涉及的合同、单证五花八门。以海运为例，提单的可转让特性与国内物流常用的运单完全不同。因此，熟识各专业领域规则，妥善安排业务流程，慎重协调各个参与方之间的利益关系是国际物流成功的关键。

运营环节复杂还体现在各国政府力量的强势介入。在一些市场经济完善的地区，国内物流市场受政府管制较少，除非涉及公共安全，企业多数的物流活动都可以在遵循市场规则的同时追求运营管理的优化，以实现企业利润最大化目标。而国际物流中核心的进出口通关环节完全受各国海关管理能力、政府政策的影响，企业的影响力较为微弱，限制了对提前期可靠性要求较高的 JIT 等物流管理模式的使用。

运营环节复杂还源于各国基础设施建设水平不同。以通信、数字技术为例，各国基础设施差异巨大，通信网络的覆盖率、数据传输速度、对电子单证的认可程度不一，导致国家间多种运作模式并存，运营标准难以统一。

3. 经营风险较大

国际物流要承担多种国际业务所特有的经营风险，如汇率风险、语言差异导致的沟通风险、各国法律和商务规则不同导致的制度风险等。这些风险使得企业在进行国际运作前，不仅要深入了解国际贸易、国际金融的种种制度安排，还应当深入分析目的国的经济体制、政策和法律制度环境、社会人文环境，对其政策走向作出预估，并采取必要的、积极的防范措施。如中美贸易摩擦升级后，国内出口商就需要重新评估美国市场安排，以控制或规避风险。

同时，难以了解协作各方真实的信用状况和生产、服务能力，增加了国际物流牵涉国际贸易欺诈案件的风险。正因如此，国际物流领域才广泛使用专业代理（如进出口代理、国际货运代理），以提供更专业的国际物流服务来协助贸易方处理相应的商务难题。

此外，海运中的高风险也会提高国际物流本身的风险系数。首先，虽然随着船舶建造技术、航海技术、通信技术、气象预报技术、地理信息技术等的发展，现代海运抵抗自然灾害的能力已经有了显著的提高，但"天有不测风云"，各类造成重大损失的海难事故仍然时有发生。其次，人为灾害如索马里、马六甲海盗等，也是海上运输安全的重大隐患。最后，个别国家和地区剑拔弩张的对立冲突，也可能随时导致国际物流受阻。据估计，全球每年由于各种自然灾害、社会原因失事的船舶不下百艘，海运仍然是高风险行业，以海运为主要通道的国际物流也因此面临较高风险。

4. 各种隐性成本偏高

为追求低廉的采购价格，跨国公司不断调整、优化供货来源，但在进出口贸易过程中可能忽略各类间接的或隐性的物流成本。如国际采购必然涉及的进出口通关成本；为规避风险需要增加代理的使用，产生代理费；为降低风险，国际物流各环节产生的保险费用；为评估供应商或洽谈采购合同需要付出更高的国际差旅费用；汇率市场波动产生的财务损失；为安全结汇产生的信用证交易费用；与供应商往来沟通产生的国际通信费用；因提前期延长导致的更高的库存费用等。这些费用都应当计入国际物流的总成本核算中。

此外，国际物流会涉及不同时区的国家和地区，因管理人员工作时间和工作节奏不一致，可能增加一定的管理成本；因母语、各自所处的文化环境不同，沟通成本可能更高；因各国工作习惯、工作态度造成工作效率上的差异，可能产生其他各类额外支出。

5. 受国际规则影响较大

由于国际物流涉及的关系方多处于法律环境迥异的两个或两个以上国家或地区，在交易洽谈、交易履行中，非常容易出现因理解偏差导致的矛盾和纠纷。

为避免误解造成的国际交往障碍，世界各国制定了很多国际公约。其中，国际商会也根据各国商业习惯总结了一些惯例供国际物流的参与人使用（这些国际公约或惯例某些为强制使用，某些为自愿选择使用），如国际商会推荐使用的《国际贸易术语解释通则》（INCOTERMS）、《跟单信用证统一惯例》（UCP），海运中使用的《统一提单的若干法律规定的公约》（海牙规则），空运中使用的《统一国际航空运输某些规则的公约》（蒙特利尔公约）等。这些规则的使用对国际物流与国际商务活动的顺利开展起到了积极作用，但因与各国国内规则存在差异，可能带来更多隐性成本和冲突。

四、影响国际物流的因素

从某个角度讲，国际物流是国内物流活动的延伸和发展，因此，几乎无法将国内物流与国际物流截然分开。但因国际物流的跨国界特征，其影响因素较国内物流更加复杂。总的来讲，可以将影响国际物流的因素归为以下四类。

（一）政治因素

与国内物流相比，国际物流受政治因素的影响更大。不仅母国政府实施的国内、国际政策会影响本国企业国际物流活动的范围，他国乃至国家间政治氛围的变化也会影响两国间国际物流的广度和深度。其中，最具代表性的莫过于20世纪90年代冷战结束，东西方关系缓和对国际物流的巨大推动作用。20世纪70年代末期，我国改革开放政策也直接吸引了国外企业对华投资，国内企业积极从事对外贸易活动，国际物流的规模迅速扩大。截至2022年9月，中国已与26个国家和地区签署19个自贸协定，也带动了协议国间国际物流规模不断攀升。

区域经济一体化是20世纪60年代以来国际经济中出现的明显趋势，它使参加经济合作的国家间的资源配置更有效率，也为国内企业拓展了市场。欧盟还成功地在区域内部减少了烦琐的官方手续，统一了物流运作的规则和标准，规范了国际物流运作中不可缺少的单证，并减少了国家间的市场障碍。但同时，这也相当于对非成员国设立了贸易壁垒，导致区域间物流运作困难。

（二）经济因素

经济因素涵盖的面较广，涉的内容也较为繁多。其中，对国际物流影响最大的是汇率问题。第二次世界大战后，国际货币体系的发展历程表明，汇率的频繁调整将增加企业跨国经营的风险，国家间汇率的动荡或稳定也直接影响企业参与国际物流的积极性。

国际原油市场的价格调整也是影响国际物流的重要经济因素之一。迄今为止，石油仍是国际海上运输量最大的单类商品，对石油的需求刺激了国际油轮市场的繁荣。而运输业是典型的高能耗行业，燃油价格的涨跌会引起承运人运营成本的巨大波动，并促使承运人利用燃油附加费转移成本压力，最终导致运输成本的上涨。因国际物流运输路线长，托运人会首当其冲受到影响。同时，运输成本的上涨，可能引起国际物流市场的萎缩。

当然，影响国际物流的经济因素还包括经济整体走向、国际贸易的规模、深度等。以中国加入世界贸易组织为例，国内市场的进一步开放，一方面吸引更多外来投资；另一方面促使本土企业融入国际市场，进而促进了国际物流的发展。

（三）技术因素

技术因素中，运输、通信网络和数字技术的革命对国际物流的影响最大。20世纪60年代开始，巨型油轮、散装船、集装箱船乃至宽体飞机投入运营，这极大地降低了平均运营成本。同时，装卸技术的改进也提高了装卸效率，多式联运技术的发展使得门到门的服务成为可能。这些为国际物流的发展提供了基本前提。

而以计算机、互联网为代表的通信网络和数字技术的革命，则极大地提升了国际信息交流速度，为国际物流提供了重要的信息保障。同时，数字技术的发展使得无纸贸易更为普及，单证电子化带动的通关模式改革、业务流程创新，使得国际物流规则不断推陈出新，更加适应数字时代的要求。

（四）社会文化因素

在全球化浪潮的推动下，消费需求的趋同化促使国际物流不断扩大，而消费者个性化的追求又对国际物流传统上的大批量、低成本模式提出了挑战。同时，各国社会文化的差异也对本国国内的物流运作提出新的要求。例如，宜家开在中国，就要关注国内消费者汽车保有量的状况，适当调整配送服务的数量；沃尔玛在中国也要考虑类似问题，其选址不宜像在北美那样偏离市区等。

社会文化的影响还表现在各国普遍采取的更严格的环保政策上。围绕环保问题，以回收再利用、废弃物集中处理为主的逆向物流受到重视，成为物流管理者的新课题。在类似于中国的发展中国家，环保政策的缺失就导致逆向物流更多源于客户退货和产品召回，而非化工品容器回收清洗或旧家电统一销毁。

此外，环保政策的调整还对运输方式的使用造成影响。因公路运输废气污染、噪声污染严重，许多国家政策的天平已经倾向于水运和铁路运输，这在一定程度上限制了对公路运输的使用。

LT 公司优化国际物流的努力

LT 公司是北京一家经营高级服装面料的贸易公司，客户主要是国内生产西装、衬衫、大衣、领带为主的生产企业，以及开展量体裁衣业务的高级服装定制店。公司的供应商是来自意大利、比利时、英国等国的顶级面料供应商。其中，超过90%的毛纺织面料来自意大利比耶拉地区（Biella，位于米兰附近）有300多年历史的某家族企业，该企业是意大利最大的全能型毛纺企业。

当前，为快速响应客户需求，LT 公司采用空运方式进口面料。从制定运输计划，到供应商备货与送货，再到货运代理公司出口清关、空运、进口报关，最后到送达公司仓库，整个流程大约需要12天（见图1-7）。具体操作流程为：周一向供应商发送运输计划；供应商用3天时间完成备货；周四，货运代理公司将货物使用卡车从工厂运抵米兰；周五完成出口清关操作（需要1天）；周六，搭乘米兰到北京的直达航班（飞行时间约为10小时）；第二周周一，货代安排进口报关（一般需要3~4天）；清关后，货代负责用卡车将货物运送至位于北京亦庄的仓库。以1—6月的空运量为例，该公司平均每周的进货量约216包（卷），重量约为4 300千克，空运每周平均运费在6 185欧元左右，平均每千克的空运运费约为1.43欧元。

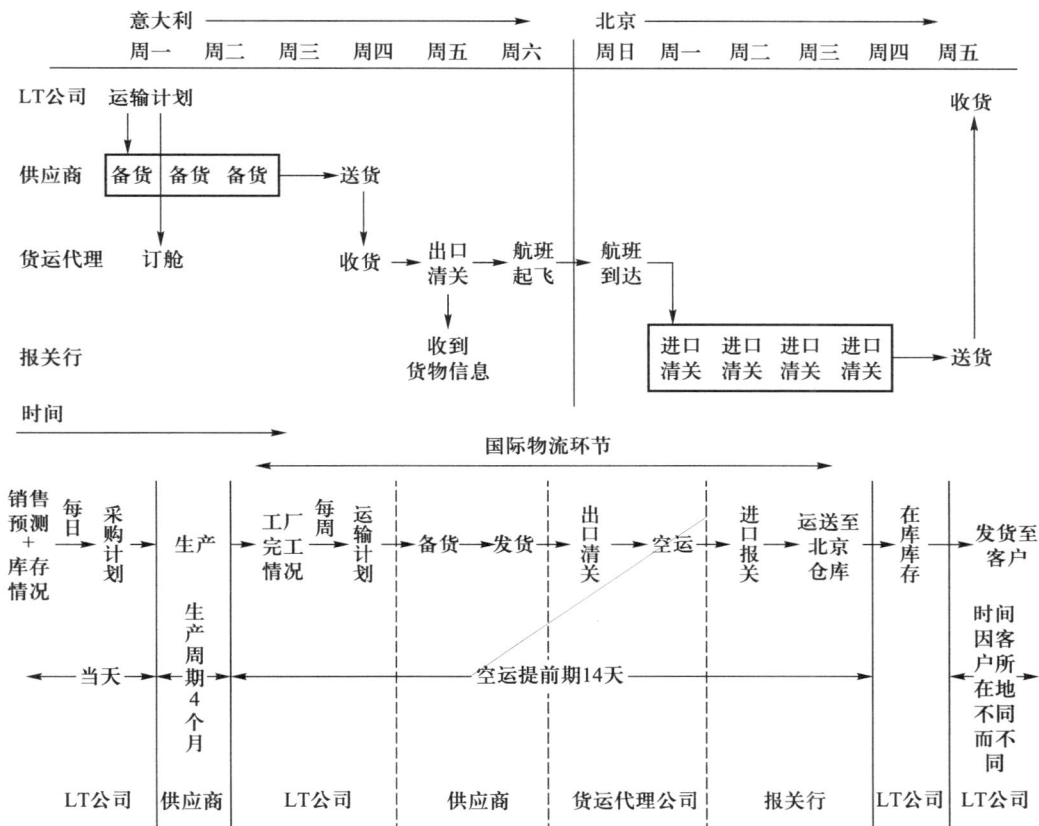

图 1-7　LT 公司国际物流环节

近年来，随着市场竞争日趋激烈，公司也在考虑完善国际物流环节。根据货运代理的建议，还有两种运输方案可供选择——海运和国际铁路联运。如表1-2所示。

表1-2   海运与国际铁路联运的用时比较

海运（单位：天）		铁路联运（单位：天）	
供应商备货	3	供应商备货	3
货运代理	1	货运代理	1
比耶拉—热那亚	1	意大利清关	1
意大利清关	1	比耶拉/米兰—汉堡	2
热那亚—新港	36~49天	汉堡—波兰	3
天津清关—北京	1周	波兰—北京	19
		进口清关	3
总用时	48~61天	总用时	32天
最小运输批量	1 TEU	最小运输批量	2 TEU

如使用海运，供应商首先需要利用公路或铁路将货物从比耶拉运到热那亚港。在热那亚装船后经苏伊士运河至印度洋的科伦坡，穿越马六甲海峡绕行新加坡，经台湾海峡或巴士海峡后抵达天津新港，最终由天津经公路运输至北京亦庄。因海运速度慢，运输时间波动较大，整个过程需要48~61天；使用海运还需要调整运输批量；为保证货物安全，海运采用集装箱整箱运输。根据当前得到的信息，20英尺集装箱通常可以装载约315包货物，每包重量大约在20千克，每个集装箱装载6 300千克。货运代理公司的报价为750欧元，平均每千克的价格约为0.12欧元。

国际铁路联运目前有多个线路可供选择（如表1-3）。根据货运代理的建议，郑新欧线路每周三班，运输时间为16~18天，能够较好地满足LT公司的需求。使用这条线路，LT公司需首先将面料从比耶拉以公路运输至德国汉堡，再转铁路运输，经波兰、白俄罗斯、俄罗斯至哈萨克斯坦，由阿拉山口口岸进入中国境内，运抵至郑州后再转运至北京（见表1-2），总用时为32天。郑新欧线路可以使用集装箱整箱运输或拼箱运输。考虑到货物安全，货运代理建议使用整箱运输。目前，可行的操作是使用40英尺集装箱，或者运送2个20英尺集装箱（铁路整车可搭载1个40英尺集装箱或2个20英尺集装箱）。1个40英尺集装箱可以装载约630包面料，约为12 600千克。货运代理公司给出的报价在5 000欧元左右，折算后平均每千克的价格约为0.4欧元。

表1-3   中欧部分线路比较

班列名称	国境口岸	线路	运行距离，千米	运行时间，天	可操作频次
苏满欧	满洲里	苏州—满洲里—俄罗斯—白俄罗斯—波兰华沙	11 800	14	每周一次

续表

班列名称	国境口岸	线路	运行距离，千米	运行时间，天	可操作频次
沈满欧	满洲里	营口—满洲里—俄罗斯—白俄罗斯—波兰—德国汉堡	14 000	23	每周一次
郑新欧	阿拉山口	郑州—阿拉山口—哈萨克斯坦—俄罗斯—白俄罗斯—波兰—德国汉堡	10 214	16~18	每周三次
渝新欧	阿拉山口	重庆—阿拉山口—哈萨克斯坦—俄罗斯—白俄罗斯—波兰—德国杜伊斯堡	11 179	16	每周三次

注：货运代理公司提供的信息（基于 2017 年信息）。

对比空运、海运、国际铁路联运三种方案（见表 1-4）可以看出：空运虽然快捷，但运输成本偏高；海运成本最低，但运输时间过长，会造成库存成本上升，同时导致灵活性较差，难以应对市场需求的快速变化；国际铁路联运的运输成本与运输时间相对适中。因此，货运代理建议公司常规需求的面料采用成本较低的国际铁路联运；针对某些客户的紧急订单，继续保留空运模式，以实现快速响应。新方案实施后的两个月，公司共安排了 4 次空运与 4 次国际铁路运输，运输总重量为 59 145 千克，运输费用总计 33 805 欧元，比全空运方案节省了约 60% 的运输费用。

表 1-4 三种运输方案的比较

指标	空运运输	海运运输	国际铁路联运
运费费率 R（欧元/千克）	1.43	0.12	0.4
运输提前期 T（天）	14	61	32

资料来源：朱桦. 供应链国际物流流程优化［D］. 北京：对外经济贸易大学，2017. 有改动.

本章小结

本章首先介绍了运输业的重要地位、运输活动的基本要素、运输服务的分类和运输业的基本经济特征；接着，对运输活动的主要参与方以及他们在运输活动中的角色进行讨论，并介绍了运输服务的对象——货物和常见的货物分类方法；然后，展开物流和物流管理的论述，介绍了物流管理的概念、物流活动的主要内容、物流管理思想发展的历程和主要推动力；最后，本章对国际物流的表现形式进行了归纳，并探讨了影响国际物流的主要因素，以及国际物流与国内物流的差异及影响因素。

思考题

1. 举例说明运输在你生活中扮演的重要角色。
2. 运输活动的基本要素有哪些？它们是怎样影响运输业发展的？
3. 自营运输、受雇运输和合同运输有哪些不同？
4. 运输业的基本经济特征有哪些？如何理解？

5. 常见的运输方式有哪些？我国货物运输中最重要的运输方式是哪种？

6. 国际运输服务中的当事人有哪几个？他们所起的作用是什么？

7. 什么是普通货物、特殊货物？它们的特点是什么？各自包括哪些类型货物？

8. 按包装不同，可以将货物分成几类？

9. 什么是轻泡货、重货？海运和空运的规定有什么不同？

10. 物流活动有哪些？什么是支持性物流活动？什么是关键性物流活动？

11. 物流管理分为哪三个层次？举例说明各层次决策内容的差异。

12. 物流管理思想的发展经历了哪些阶段？哪些因素推动了物流管理思想的发展演变？

13. 国际物流的主要表现有哪些？

14. 举例说明国际物流和国内物流的差异，并讨论影响国际物流的因素。

案例讨论

若干年前，美国著名的运动服饰公司耐克有一个非常复杂的欧洲分销体系，25 家仓库分散在欧洲大陆各地。后来，则只剩下比利时的配送中心负责接收来自远东、美国和欧洲本地生产的服装和运动鞋，并按客户的订单要求发往欧洲各地。这种泛欧洲配送模式将整个欧洲看作一个没有边界的国家。

第二次世界大战后直到 20 世纪 80 年代后期，欧洲商业都是沿国境线发展的。跨国公司逐渐在欧洲扩张，并在各国建立子公司，负责当地的分销，建立仓库承担当地配送工作。由于跨越国境费时且价格昂贵，所以国境线不仅是政治疆域，还是贸易壁垒。

1993 年，欧洲统一市场的形成意味着欧洲不再是多个国家市场的总和，而成为没有国界的统一市场，货物、服务、资金、人员能够无国界般自由流动。因此，公司开始建立起集中式的配送中心，统一负责全欧洲的配送工作，并成功地降低了库存水平，提高了运作效率。

请讨论各国间区域经济一体化是如何影响企业国际物流决策的；2020 年英国脱欧，对企业的欧洲配送网络造成哪些冲击。（讨论要点见教师课件）

资料来源：Malcolm Brown. The Slow Boat to Europe［J］. Management Today，1987(6)：83. 有改动.

本章关键术语

- □ 自营运输、受雇运输和合同运输
- □ 承运人、货运代理人、托运人和收货人
- □ 普通货物和特殊货物
- □ 包装货物、裸装货物和散装货物
- □ 重货和轻泡货物
- □ 物流管理
- □ 内向物流和外向物流
- □ 关键性物流活动和支持性物流活动
- □ 国际物流

本章阅读资料

交通运输的地位和作用

良好的交通运输条件是人类社会经济、文化发展的基石。交通运输服务和物质产品交换形成的地区间人、财、物的交流打破了人类各聚居区之间的隔绝状态，促进了人员和物质的流动，促进更广大空间范围内的社会文化、经济交融，推动了历史的进步。

　　有效的交通运输也使得更广阔区域内的政治统一成为可能。如古代古罗马的公路系统，秦帝国的运河、驰道，近代美国横贯东西的铁路都稳固了国家政权，促进了民族国家的形成和发展。不仅如此，交通运输还是国防建设的重要内容，无论是武装部队的调拨还是装备的输送，都是决定战争胜利的基本条件。

　　交通运输对经济生活的影响主要表现在：

　　（1）交通运输是现代社会发展的重要基础。完全自给自足的自然经济已经成为过去，现代经济社会的基石就是社会分工与专业化生产，以及与此相伴的地区间商品贸易（或国际贸易），而它们都依赖于交通运输业的发展。

　　（2）交通运输是国民经济的重要部门。从 1995 年至今，大部分年份我国交通运输、仓储和邮政通信业投资占城镇固定资产投资的比例都在 10% 左右，部分年份超过 20%，吸纳的就业人数则大多在 5% 以上。

　　（3）交通运输业是现代工业的先驱。船舶、飞机、汽车制造带动了金属采掘、冶炼和综合制造业的发展，港口、公路建设推动了建筑业的兴旺，而对能源的需求又拉动了石油等相关行业的发展。

　　（4）交通运输业的发展促使企业在更大范围内进行资源的有效配置，促进了专业化分工，缓解了地区资源禀赋差异所带来的发展困境。

　　（5）交通运输业的发展促进了生产经营中的集聚效应，推进了城市化进程。

即测即评

第 二 章
国际物流分布

本章学习要求

　　通过本章学习，了解世界主要商品贸易进出口国家/地区及它们在全球商品贸易中的地位；了解世界主要区域经济一体化组织及其对国际物流产生的影响；掌握世界航线形成的主要因素、航线的主要分类，了解重要的国际海运航线和空运航线，并了解全球主要集装箱航线；理解港口的一般特征、主要分类，掌握世界排名前 20 的集装箱港口和全球重要的海运港口、空运港口及陆港。

第一节　世界主要经济地区和区域经济集团

一、世界主要经济贸易地区

　　在我们居住的美丽星球上，地表形态多样：有平原，有高山，有河流，有海洋，也有沙漠。各地不同的自然地表形态与独特的地理位置、复杂的气候条件、迥异的生物和非生物资源结合在一起，形成了地球上丰富多彩的资源。这些又同各地人口、种族、历史传承、宗教和风俗习惯等人文因素交织在一起，演绎成我们现在所面对的纷繁复杂的世界市场。

　　地球资源不平衡和社会不平衡相辅相成。世界经济版图最主要的特征就是各地经济发展的不平衡。由《2020 年人类发展报告》可知，世界人文发展指数平均为 0.737，排在第一位的挪威为 0.957，并列第二的爱尔兰和瑞士为 0.955，并列第三位的中国香港和冰岛为 0.949，而排在最后一位的尼日尔只有 0.394。[①] 整体经济发展的差异、政府政策的差异和世界形势的变化，导致各个国家和地区对国际物流的参与程度存在较大的差距。

统计资料显示：继 2009 年成为世界第一大出口国和第二大进口国之后，2013 年，中国又成为全球货物贸易第一大国，并连续 9 年保持这一地位。此外，美国、德国、荷兰、日本、英国和法国等国家的商品贸易进出口额一直保持在世界前列。

表 2-1 是 2019 年世界排名前 25 的商品贸易进出口国家和地区。由于地理位置、历史传统、政治经济体制、发展战略和发展目标不同，这些国家和地区之间的贸易往来关系也存在亲疏远近。具体表现在国家或地区之间、区域之间、区域内部的不同。

表 2-1　2019 年世界主要商品贸易进出口国家和地区

排名	出口国和地区	金额/10 亿美元	份额/%	年度增长/%	排名	进口国和地区	金额/10 亿美元	份额/%	年度增长/%
1	中国内地	2 499	13.2	0	1	美国	2 568	13.4	-2
2	美国	1 646	8.7	-1	2	中国	2 077	10.8	-3
3	德国	1 489	7.9	-5	3	德国	1 234	6.4	-4
4	荷兰	709	3.8	-2	4	日本	721	3.7	-4
5	日本	706	3.7	-4	5	英国	692	3.6	3
6	法国	570	3	-2	6	法国	651	3.4	-3
7	韩国	542	2.9	-10	7	荷兰	636	3.3	-1
8	中国香港	535	2.8	-6	8	中国香港	578	3	-8
	国内出口	15	0.1	18		保留进口	138	0.7	-10
	转出口	517	2.7	-7					
9	意大利	533	2.8	-3	9	韩国	503	2.6	-6
10	英国	469	2.5	-4	10	印度	484	2.5	-6
11	墨西哥	461	2.4	2	11	意大利	474	2.5	-6
12	加拿大	447	2.4	-1	12	墨西哥	467	2.4	-2
13	比利时	445	2.4	-5	13	加拿大	464	2.4	-1
14	俄罗斯	419	2.2	-5	14	比利时	426	2.2	-6
15	新加坡	391	2.1	-5	15	西班牙	372	1.9	-5
	国内出口	184	1	-12	16	新加坡	359	1.9	-3
	转出口	206	1.1	1		保留进口	153	0.8	-9
16	西班牙	334	1.8	-4	17	中国台北	287	1.5	0

① 联合国开发计划署. 2020 年人类发展报告 [R/OL]. [2020-12-16].

续表

排名	出口国和地区	金额/10亿美元	份额/%	年度增长/%	排名	进口国和地区	金额/10亿美元	份额/%	年度增长/%
17	中国台北	331	1.8	−2	18	瑞士	277	1.4	−1
18	印度	324	1.7	0	19	波兰	262	1.4	−3
19	瑞士	314	1.7	1	20	阿联酋	262	1.4	0
20	阿联酋	280	1.5	−12	21	俄罗斯	254	1.3	2
21	澳大利亚	272	1.4	6	22	越南	254	1.3	7
22	沙特阿拉伯	269	1.4	−9	23	泰国	237	1.2	−5
23	越南	264	1.4	8	24	澳大利亚	222	1.2	−6
24	波兰	264	1.4	0	25	土耳其	210	1.1	−9
25	泰国	246	1.3	−3					

资料来源：WTO. Trade Statistics – World Trade Statistical Review 2020 ［R/OL］.［2020-07-31］.

表 2-2 给出了 2017 年世界各主要区域内部和区域间商品贸易的情况。依据表中数据可知：欧洲内部、北美内部和亚洲内部是国际物流最为活跃的区域。同时，欧洲地区、亚洲地区和北美地区又是区域间货物主要流入地。

表 2-2　2017 年世界各主要区域内部和区域间商品贸易

单位：百万美元和百分比

出口　＼　进口	全球	非洲	亚洲	独联体	欧洲	中东	北美	中、南美洲
金额								
全球	17 743 000	516 525	5 177 536	380 974	6 405 881	699 103	3 122 895	585 350
非洲	429 400	71 976	115 012	2 134	147 084	21 106	34 111	7 798
亚洲	6 381 600	166 713	3 103 534	101 912	931 959	237 353	1 115 144	157 829
独联体	473 885	19 458	107 407	92 993	237 496	15 440	21 203	8 474
欧洲	6 555 200	182 062	730 780	158 916	4 482 485	209 808	562 845	99 858
中东	941 200	35 054	419 945	6 396	129 567	128 673	66 588	5 862
北美	2 376 395	25 604	520 396	11 748	382 236	69 227	1 190 486	174 486
中、南美洲	585 200	15 658	180 462	6 874	95 053	17 497	132 519	131 044
区域间贸易占本区域商品出口总额的百分比								
全球	100	2.9	29.2	2.1	36.1	3.9	17.6	3.3
非洲	100	16.8	26.8	0.4	34.2	4.9	7.9	1.8
亚洲	100	2.6	48.6	1.6	14.6	3.7	17.5	2.5

续表

出口 \ 进口	全球	非洲	亚洲	独联体	欧洲	中东	北美	中、南美洲
区域间贸易占本区域商品出口总额的百分比								
独联体	100	4.1	22.7	19.6	50.1	3.3	4.5	1.8
欧洲	100	2.8	11.1	2.4	68.4	3.2	8.6	1.5
中东	100	3.7	44.6	0.7	13.8	13.7	7.1	0.6
北美	100	1.1	21.9	0.5	16.1	3	50.1	7.3
中、南美洲	100	2.7	30.8	1.2	16.2	3	22.6	22.4
区域内部贸易占本区域商品出口总额的百分比								
全球	100	2.9	29.2	2.1	36.1	3.9	17.6	3.3
非洲	2.4	0.4	0.65	0.01	0.83	0.12	0.2	0.04
亚洲	36	0.94	17.5	0.57	5.3	1.3	6.3	0.89
独联体	2.7	0.11	0.61	0.52	1.34	0.09	0.12	0.05
欧洲	36.9	1	4.12	0.9	25.3	1.2	3.2	0.6
中东	5.3	0.2	2.4	0.04	0.73	0.73	0.38	0.03
北美	13.4	0.14	2.9	0.07	2.2	0.4	6.7	0.98
中、南美洲	3.3	0.09	1	0.04	0.54	0.1	0.75	0.74

资料来源：WTO. International trade and tariff data［R/OL］.［2020-07-31］.

二、世界主要区域经济集团

第二次世界大战以后，和平与发展成为世界多数国家政策的出发点。为推动经济发展，促进与相邻国家和地区的贸易往来，也为了维护民族经济权益，一些国家和地区纷纷借助地缘优势以优惠贸易安排、自由贸易区、关税同盟、经济同盟、完全经济一体化、政治经济同盟等形式，建立起区域经济一体化集团。相关资料显示，进入21世纪后，区域经济集团以平均每年10个百分点以上的速度增长，并呈现出突破传统地域限制、向广域一体化方向发展的特征[1]，对区域乃至世界经济贸易产生深刻影响，形成现代国际物流中的独特风景。在它们之中，经贸较为活跃的集团如下：

（一）欧洲联盟

欧洲联盟（European Union，EU）简称欧盟，其前身为欧洲经济共同体（简称欧共体）。欧共体是由法国、联邦德国、意大利、比利时、荷兰和卢森堡6国在20世纪50年代建立的欧洲煤钢共同体、经济共同体和原子能共同体三个组织合并而成。1992年，欧共体12国签署了《欧洲联盟条约》（或称《马斯特里赫特条约》）。1993年11月1日生效后，正式更名为欧盟。1999

---

[1] 全毅. 全球区域经济一体化发展趋势及中国的对策［J］. 经济学家，2015（1）：94-104.

年，欧盟成员国奥地利、比利时、芬兰、法国、德国、爱尔兰、意大利、荷兰、卢森堡、葡萄牙和西班牙共同启动欧元。2002 年，欧元在欧元区 12 国正式使用，欧元现已成为世界主要流通货币。随着更多国家加入，欧盟的版图不断扩大。2004 年，25 国在罗马签署《欧盟宪法草案》。2013 年，克罗地亚成为欧盟的第 28 个成员国。随着联盟政治、经济进一步深入融合，一些矛盾如国家主权问题逐渐凸显。2009 年希腊主权债务危机引发了各方对欧盟走向的讨论。2016 年，英国进行全民公投，通过了脱欧决议；2017 年 3 月 29 日，英国政府启动《里斯本条约》第 50 条，正式启动脱离欧盟程序；2020 年 1 月 30 日，欧盟正式批准英国脱欧；2020 年 1 月 31 日 23 时，英国终止了长达 47 年的成员身份，正式脱欧。①

欧盟成员国现为 27 个，面积为 430 余万平方千米，约有 4.5 亿人口。英国脱欧带来的不确定性对欧盟内部和世界经济贸易产生了较大的影响。英国一半的贸易发生在欧盟，对欧盟的贸易依存度较高，脱欧意味着英国和欧盟贸易结构的调整重构，货物运输将会受到海关和其他管制，双方间人流、物流也会受到一定的影响。同时，英国脱欧也意味着欧盟在世界经济格局中份额和地位的变化。2019 年欧盟 28 国经济总量合计约为 18.41 万亿美元，除去英国，欧盟的经济总量下降为 15.58 万亿美元左右，占世界经济总量的 20% 左右。虽受到英国脱欧的冲击，但不可否认的是，迄今为止，欧盟仍然是世界上最成熟的经济联盟，而未来究竟会向何处发展尚需拭目以待。

（二）北美自由贸易区

北美自由贸易区（North American Free Trade Agreement，NAFTA）简称北美自贸区，由美国、加拿大和墨西哥三国组成，拥有 2 130 余万平方千米面积，约 4.9 亿人口。1988 年，美国和加拿大正式签署《美加自由贸易协定》，该协定于 1989 年 1 月生效，随后，墨西哥加入。1992 年，三国签署了《北美自由贸易协定》，1994 年该协定正式生效，形成现在的北美自贸区。2019 年，其区域内生产总值约为 23.4 万亿美元，占全球经济总量的 26.5%，进出口贸易额为 6.92 万亿美元，占全球贸易总量的 17.6%。作为世界第一个南北合作型（发达国家和发展中国家）区域经济一体化组织，美国、加拿大和墨西哥在经贸上存在明显的不对称性，但经过近 30 年的发展，其呈现出巨大的互补及依存性，区域经济活力居世界前列。

（三）东南亚国家联盟

东南亚国家联盟（The Association of Southeast Asian Nations，ASEAN）简称"东盟"。东盟成立于 1967 年，其创始国为印度尼西亚、马来西亚、菲律宾、新加坡和泰国。现东盟已经发展为由缅甸、越南、老挝、文莱、柬埔寨、印度尼西亚、马来西亚、菲律宾、新加坡和泰国 10 个东南亚国家组成的国际组织。其总面积约为 449 万平方千米，总人口超过 6 亿，2019 年，东盟经济总量为 3.14 万亿美元，有较大市场，发展潜力可观。

1997 年，中国与东盟 10 国开始建立"10+1"合作机制，2002 年，签署了《中国—东盟全面经济合作框架协议》。2010 年 1 月 1 日，正式建立中国—东盟自由贸易区。2019 年，东盟成为我国第二大贸易伙伴，中国对东盟进出口贸易总额达 4.43 万亿元，增长 14.1%，占进出口总额的 14.05%。2020 年，东盟成为我国第一大贸易伙伴。② 2021 年 11 月 22 日，习近平总书

---

①　中国新闻网．欧盟正式批准英国脱欧！失落与解脱 英欧道别众生相［EB/OL］．［2020-01-31］.

②　对外经济贸易大学出版社．自由贸易协定：亚洲的选择［M］．北京：对外经济贸易大学出版社，2020：11-14.

记正式宣布建立中国东盟全面战略伙伴关系。①

（四）亚太经济合作组织

亚太经济合作组织（The Asia-Pacific Economic Coperation，APEC）简称亚太经合组织。该组织成立于 1989 年，现有 21 个成员和 3 个观察员，主要为环太平洋国家和地区，如中国、俄罗斯、韩国、日本、澳大利亚、新西兰、美国、加拿大、墨西哥、智利、菲律宾、印度尼西亚、马来西亚和泰国等。其宗旨是通过不断的贸易、投资自由化和经济技术合作促进亚太地区的经济发展和共同繁荣。它是一个较为松散的经济合作组织。自成立以来，亚太以其独有的优势，发展为世界最具增长活力的地区之一，其未来发展潜力巨大。

（五）独立国家联合体

独立国家联合体（Commonwealth of Independent States，CIS）简称独联体，1991 年由苏联解体后成立的亚美尼亚、白俄罗斯、俄罗斯、乌克兰等 11 个国家组成。近年来，随着国际经济、政治局势的变化，独联体的走向也成为很多人热衷探讨的话题，特别是 2008 年、2018 年格鲁吉亚、乌克兰分别宣布退出独联体，其未来的走向更加扑朔迷离。目前，独联体共有 9 个正式成员国，分别是亚美尼亚、阿塞拜疆、白俄罗斯、摩尔多瓦、哈萨克斯坦、吉尔吉斯斯坦、塔吉克斯坦、乌兹别克斯坦、俄罗斯，以及 1 个非正式成员国乌克兰。

（六）欧亚经济联盟②

欧亚经济联盟（Eurasian Economic Union，EAEU）由位于亚欧大陆交界地带的 5 个独联体国家俄罗斯、白俄罗斯、亚美尼亚、哈萨克斯坦和吉尔吉斯斯坦组成，是一个洲际区域经济集团。EAEU 成员国领土大部分位于亚洲地区，但其核心和主体是俄罗斯。

1991 年，苏联解体后，苏联加盟共和国经济出现衰退，各国意识到经济合作的必要性。1994 年，哈萨克斯坦总统首次提出建立贸易联盟的想法，并在随后起草的经济一体化计划中首次使用欧亚联盟的提法。1995 年，白俄罗斯、哈萨克斯坦和俄罗斯三国签订了关税同盟协议。1999 年，白俄罗斯、哈萨克斯坦、俄罗斯、吉尔吉斯斯坦和塔吉克斯坦签署了《关税同盟和统一经济空间条约》。2000 年，欧亚经济共同体成立。2006 年，乌兹别克斯坦加入欧亚经济共同体。2014 年 5 月 29 日，白俄罗斯、哈萨克斯坦和俄罗斯签署《欧亚经济联盟》条约，标志着欧亚经济联盟正式成立。2015 年 1 月 1 日，《欧亚经济联盟》条约正式生效。2014 年 10 月，亚美尼亚加入《欧亚经济联盟》条约。2015 年 1 月 2 日，条约对亚美尼亚生效。2014 年 12 月，吉尔吉斯斯坦加入，2015 年 8 月 6 日条约对其生效。

（七）非洲经济共同体③

非洲经济共同体（African Economic Community，AEC）是非洲统一组织（现为非洲联盟，简称"非盟"，于 2002 年 7 月取代非洲统一组织）的重要分支组织。1976 年 12 月，非洲统一组织部长理事会第十一次特别会议通过建立该共同体的决议。1980 年 4 月，非洲统一组织经济首脑会议上，再次通过同样的决议。1991 年 6 月 3 日，非洲统一组织第 27 届会议上通过了《阿布贾条约》，非洲经济共同体正式成立。1994 年，该条约正式生效。截至 1999 年，非洲大陆

---

①　人民网．习近平：正式宣布建立中国东盟全面战略伙伴关系［EB/OL］．［2021-11-22］．

②　对外经济贸易大学出版社．自由贸易协定：亚洲的选择［M］．北京：对外经济贸易大学出版社，2020：31-36.

③　非洲大陆自贸区历史、现状和未来系列之二——非洲经济一体化的发展历程［EB/OL］．［2020-06-16］.

成立了西非国家经济共同体(ECOWAS)、南部非洲发展共同体(SADC)、东部和南部非洲共同市场(COMESA)、东非共同体(EAC)、阿拉伯马格里布联盟(UMA)、中部非洲国家经济共同体(CEEAC)、萨赫勒—撒哈拉国家共同体(CEN-SAD)和东非政府间发展组织(IGAD)8个区域经济共同体,完成了该条约的第一阶段任务。现今,非洲经济一体化继续以《阿布贾条约》为指导,以8个区域经济共同体为支柱逐步推进。

(八) 南方共同市场

南方共同市场(MERCOSUR)是世界上第一个成员均为发展中国家的共同市场,其源于1988年巴西和阿根廷之间的一项自由贸易协议,随着巴拉圭、乌拉圭和玻利维亚等国家的加入,已发展成为拉丁美洲地区最大的经济一体化组织。2014年,南方共同市场发展成为世界第四大经济集团。该组织致力于向政治经济一体化趋势发展。

(九) 安第斯集团

安第斯集团(Andean Community)成立于1969年,成员国包括玻利维亚、哥伦比亚、厄瓜多尔、秘鲁、委内瑞拉和智利。1976年,智利退出该组织。1996年易名为安第斯共同体,2006年委内瑞拉退出共同体。

(十) 海湾阿拉伯国家合作委员会

海湾阿拉伯国家合作委员会(Gulf Cooperation Council,GCC)简称海合会。1981年由阿联酋、阿曼、巴林、卡塔尔、科威特、沙特阿拉伯等国共同成立。2001年,海湾六国共同签署《海合会国家经济协议》。2003年1月1日,该协议正式生效。近年来,海合会一直致力于区域经济一体化建设。2019年,第40届海湾阿拉伯国家合作委员会表示将在2025年前完成区域经济一体化相关立法。

专题阅读 2-1

区域全面经济伙伴关系协定(Regional Comprehensive Economic Partnership,RCEP)①

2012年,东盟同中国、日本、韩国、澳大利亚、新西兰和印度共16国就区域全面经济伙伴关系协定启动谈判;2019年,除印度外,15个参与国结束实质谈判;2020年11月15日,RCEP 15国在第37届东盟峰会上签署了《区域全面经济伙伴关系协定》,并拟于2022年1月1日对文莱、柬埔寨、老挝、新加坡、泰国、越南和中国、日本、新西兰和澳大利亚生效。

RCEP的15个成员总面积超过2 200万平方千米,人口超过22亿。RCEP包含的经济体属于世界最活跃的经济体。即便没有印度的加入,2019年其GDP约为26万亿美元,约占全球的30%;出口额约为5万亿美元,贸易进出口总额约为10万亿美元,占全球贸易总量的25%以上。RCEP签署意味着全球约1/3的经济体量将形成一体化的大市场,是东亚区域经济一体化新的里程碑。RCEP成员的地理、生物多样性、人口禀赋、经济发展程度差异很大。因此,其贸易开放将影响区域内的贸易增长、结构和方向,也会影响RCEP区域外的贸易。且从人口、GDP和贸易总量来讲,RCEP已经超过欧盟和北美,成为世界经济发展的热点地区。

---

① 对外经济贸易大学出版社. 自由贸易协定:亚洲的选择 [M]. 北京:对外经济贸易大学出版社,2020:36-40.

第二节　世界主要航线

一、海运航线

（一）海运航线形成的因素

世界各地水域，在港湾、潮流、风向、水深，以及地球球面距离等自然条件的限制下，形成的可供船舶航行的一定路径即称为海运航路。而承运人在可通行的航路中，根据主客观条件的限制，为达到经济利益最大化而选定的营运线路为海运航线。海运航线的形成取决于以下因素：

1. 安全因素

安全因素主要包括确定航线时的自然因素和非自然因素。

自然因素包括海陆位置、地理条件、气候条件、自然灾害等，具体如风向、浪潮、水流、暗礁及浮冰等可能影响船舶航行安全的因素。如北太平洋冬季会受到高空环流和温带气旋的影响，因此，要基于气候变化对中纬和高纬航线进行设计。而大西洋北部地区冬季时常出现来自北冰洋的浮冰，在确定冬季航线时要充分考虑这一安全隐患。

非自然因素主要包括海盗、恐怖主义，因宗教信仰、种族、政治、经济引发的国际冲突和社会动荡等。一直以来，局部海域如索马里、亚丁湾、马六甲海峡、几内亚湾等海盗活动猖獗，且呈此消彼长之势。为避此风险，航企有时不得不放弃某些航线选择，如部分油轮为躲苏伊士运河海盗而改线。

2. 货运因素

货运因素指航线沿途所经地区当前或未来货物进出口的主要流向和流量。航线开辟以航运企业经济效益最大化为目标，而货运因素将影响航运企业未来的经营收益水平，因此成为航线选择的重要因素。古代外国对我国丝绸、瓷器、香料等物品的需求，及我国对国外贵金属的需求，极大加速了"海上丝绸之路"的形成与发展。同时，区域贸易一体化的纵深发展也推动了"21 世纪海上丝绸之路"的建设。20 世纪 80 年代以来，中国对外经济、贸易的飞速发展使得中国航线成为许多航运企业新的收益增长点，在航运业的地位越来越重要。

3. 港口因素

港口因素指影响船舶停靠、装卸和转运的各种港口设施和条件，如港口水深、冰冻期、港口使用费、航道宽窄和内陆交通条件等。上海港因航道狭窄问题，使一些大型船只转到宁波舟山港。俄罗斯远东地区的港口就是由于纬度偏北，冰冻期较长，限制了西伯利亚大陆桥海陆联运业务的开展。同时，也有某些企业因为费用过高退出香港港，选择深圳港作为华南地区干线港口。

4. 技术因素

技术因素指船舶航行时在技术上需要考虑的因素。由于地球为椭圆形，在高纬度地区必须循最大地球弧线（大圆航线）才能做到两地间的距离最短，节省运送时间和运输成本，因此跨越北太平洋和北大西洋的船舶一般都朝着偏北方向航行，而对于接近大圆航线的北极航线，从破冰开辟航道、航船通行、航线维护和环境保护方方面面都需要大量的技术投入，只有经过大量的测试确保技术达标后，才可以最大限度地避免通航带来的风险，从而实现因航程缩短而产生的经济效益。

5. 政策因素

政府政策的变动也会影响到海运航线的选择，如相关经济政策、航运政策、海运航线战略。如我国80%的石油是通过海上运输，石油进口量的80%通过马六甲海峡，近40%通过霍尔木兹海峡，石油经过的航线整体风险较高。但海运航线的客观性因素改变很难。出于能源安全考虑，结合"一带一路"建设，我国有条件改选绕过马六甲海峡和霍尔木兹海峡的陆路运输和管道运输，这对相关海运航线的发展产生不小的冲击。①

此外，国际关系、沿途国家和地区的关税法令的变化也会影响到航运企业的营运成本、未来的收益水平、船舶的营运安全，因而也会对企业的航线选择造成影响。

（二）海运航线的分类

1. 按船舶的经营方式分类

海运航线按船舶的经营方式可以分为定期航线和不定期航线。

定期航线又称班轮航线，是指使用固定的船舶，以固定的船期，按固定的航线，靠泊在固定的港口，运输固定种类货物的航线。沿途港口持续、稳定的往返货源是开辟定期航线的先决条件，同时，腹地状况、装卸能力、仓储能力、装卸效率等港口的综合条件是开辟定期航线的必要考虑因素。在激烈的竞争条件下，定期航线一般配备性能较好的船舶。为方便揽货，航运公司通常还会以广告等方式事先公布船期表，提供船名、船期、基本港等信息供进出口企业参考。

与定期航线不同，不定期航线指使用不固定的船舶，以不固定的船期，航行于不固定的航线，停靠不固定的港口。不定期航线灵活多变，多以租船方式经营，主要针对大宗、低价的原材料货物运输市场。

2. 按航程分类

海运航线按航程可以分为远洋航线、近洋航线、沿海航线和环球航线。

远洋航线是指横跨大洋的洲际运输航线，如北大西洋航线、北太平洋航线、苏伊士运河航线等。远洋航线航程长、所使用的船舶吨位大，是世界经济联系和国际贸易的主要通道。

近洋航线是指本国各港口至临近国家港口之间的海上运输航线，如菲律宾线、新马线，我国到日本、韩国以及东南亚地区的航线。

沿海航线则是指本国沿海各港口间的海上运输路线，如深圳到大连，青岛到上海等。

环球航线是指环绕地球球面的航海路线，所涉及的港口不确定。主要环球航线有西半球航线、东半球航线、北大西洋航线、南大西洋航线等。

3. 按航线在运输网络中的地位分类

海运航线按其在运输网络中的地位分类，主要可分为主干航线和支干航线。

---

① 丁浩，杨洁，王家明．"一带一路"视角下进口中东石油海上运输脆性风险研究［J］．统计与信息论坛，2018，33（7）：107-115.

主干航线一般指运输网络中货物流量大、对运输市场影响强的航线。干线港口也通常选择港口条件好、营运效率高的大型港口。全球航运市场上一般以远东—西北欧航线、远东—北美航线和跨北大西洋航线等作为世界航运网络中的主干航线。同时，这些也是世界上最为繁忙的海上航线。

支干航线可称喂给线或补给线，也可称作协同航线，是联系干线和小型港口之间的集疏线。如烟台—上海的沿海航线可能作为远东—西北欧主干航线的喂给线。支干航线对于提高干线运输的效率、扩展干线港口的集疏能力和辐射范围有着非常重要的意义。

4. 按照运输对象分类

海运航线按运输对象分类，可分为货运航线和客运航线。传统的班轮货运航线是指普通杂货航线。随着集装箱运输方式的普及，越来越多的普通杂货航线被集装箱航线取代。集装箱航线主要指的是运送集装箱货物的航线，是制成品国际物流的重要通道。

客运航线是指主营旅客运输的航线，包括专门为游客提供海上旅游体验的邮轮航线等。

5. 按时间分类

季节性航线是指随季节的改变而改变的航线。季节性气候变化、高纬度港口的冰冻问题都会促使航企在不同季节选择不同航线。

常年航线是指不随季节的改变而改变的航线。常年航线沿线气候较为稳定。

6. 按气候、气象分类

气候航线是指在最短航程航线的基础上，考虑了航行沿途的气候条件和可能遭遇到其他因素而设计的航线。

气象航线是指在基本航线的基础上，再结合近期天气预报，综合考虑气象条件和船舶自身条件而选择的航线。

专题阅读 2-2

中枢辐射式航线网络①

中枢辐射式航线网络指一个或几个重要的航空点作为航空运输中枢，并通过作为转运点的中枢枢纽衔接其覆盖范围内不可直接通航的非枢纽航空点的一种航线网络布局模式。中枢枢纽（枢纽港）是网络的核心，其干支线密集，航班集中，一般位于具有经济和交通区位优势的城市，并与周边地区的支线港配合，同辐射航线一起组成中枢辐射式航线网络。

中枢辐射式航线网络的特点为：以枢纽航空点为轴心向其他非枢纽航空点辐射。在连接枢纽机场的航线上，采用的是大飞机运输，在连接枢纽机场和非枢纽机场的航线上使用的是小飞机运输，合理配置了航空公司有限的运输资源，通过减少非枢纽机场间的直达航线的航班数量来增加枢纽机场之间的航班数量，从而缩短枢纽机场的中转时间，提高快件运输效率。综合起来，中枢辐射式航线网络的优势为：通过枢纽航空点之间的运输产生规模效益；提高航线覆盖面积，进而促进干线资源和次级干线资源、支线资源的合理配置。其缺陷为会产生绕行成本，降低运输时效和部分快件的服务水平。但瑕不掩瑜，经过多年的实践，世界航空运输业认可了中枢辐射式这一技术先进的航线布局模式。

---

① 高娇蛟. 我国快递企业航空运输网络的优化设计研究［D］. 北京：北京交通大学，2011.

2018年国家发改委、交通运输部发布的《国家物流枢纽布局和建设规划》提出建设国家物流枢纽，打造"通道+枢纽+网络"的物流运行体系，建设包括空港在内的国家物流枢纽承载城市(包括北京、天津、哈尔滨、上海、南京、杭州、宁波、厦门、青岛、郑州、长沙、武汉—鄂州、广州、深圳、三亚、重庆、成都、贵阳、昆明、拉萨、西安、银川、乌鲁木齐)。2021年2月24日，中共中央、国务院印发的《国家综合立体交通网规划纲要》提出巩固北京、上海、广州等国际航空枢纽，推进郑州、天津、合肥、鄂州等国际航空货运枢纽建设，建设若干国际邮政快递处理中心等。可以预见，未来航空枢纽多极化的趋势会更加明显，相互之间的竞争更加激烈。

二、世界主要海运航线与集装箱运输航线

(一)世界主要海运航线

世界主要海运航线有大西洋航线、太平洋航线、印度洋航线、北冰洋航线、好望角航线、苏伊士运河航线、巴拿马运河航线。

1. 大西洋航线

大西洋位于欧洲、非洲、美洲和南极洲之间，为世界第二大洋，西部通过巴拿马运河与太平洋沟通，东部经直布罗陀海峡、地中海、苏伊士运河、红海(属印度洋陆间海)可进入印度洋，由东南绕好望角亦可进入印度洋。

大西洋航线以美国、加拿大和欧洲为中心开辟，由北美东岸、五大湖—西北欧、地中海之间的航线组成，所经过的海域除了大西洋外，还包括地中海、黑海、波罗的海等海域。主要航线有：

(1)西北欧—北美东岸航线。该航线经由波罗的海和大西洋北线，连接全球经济、贸易最发达的北美和西北欧这两大地区，航运贸易历史悠久，客货运量大，是世界上最繁忙的海运航线之一。

(2)西北欧、北美东海岸—加勒比海(北美西海岸)航线。该航线多半出英吉利海峡后横渡北大西洋。船舶经莫纳、向风海峡到达加勒比海沿岸，或者经巴拿马运河到北美西海岸。

(3)西北欧—地中海、中东、远东、澳新航线。该航线是连接欧洲西北部和南欧、中东、亚太地区的最便捷的航线，是西北欧地区第二大航线。

(4)北美东岸—地中海、中东、亚太航线。该航线需横渡北大西洋，以集装箱运输为主。

(5)西北欧、北美东海岸—地中海—苏伊士运河—亚太航线。该航线属世界最繁忙的航段，是北美、西北欧与亚太海湾地区间经济贸易往来的捷径。

(6)西北欧、南北美东海岸—好望角—远东航线。北美和西北欧的巨型油轮一般使用该航线，南美的原油和铁矿石以该航线为运输线，船舶主要经停的航站为佛得角群岛和加那利群岛。

(7)欧洲、地中海—南美东海岸或非洲西海岸航线。该航线是连接欧洲发达国家和南大西洋两岸发展中国家贸易的航线，以工业品和初级产品运输为多。

（8）北美东海岸—加勒比海沿岸航线。该航线相较于其他航线航程较短，但其航船密度频繁。

（9）北美东海岸—南美东海岸航线。该航线是南北美洲之间产品贸易流通的主要航线。

2. 太平洋航线

太平洋位于亚洲、美洲、大洋洲和南极洲之间，占世界海洋总面积的 49.8%，是世界上第一大洋。太平洋东南部通过南美洲南端的麦哲伦海峡、德雷克海峡，中部通过巴拿马运河与大西洋相通。太平洋西部通过大洋洲与亚洲之间的海峡/内海，以及大洋洲与南极洲之间的海域与印度洋相通，而东南亚的马六甲海峡、龙目海峡是沟通两大洋的重要水道。

太平洋航线主要是指横跨北太平洋的航线和东亚、东南亚与大洋洲之间的运输航线。这些航线除了承担太平洋沿岸附近地区的货物运输外，还连接北美、大西洋沿岸，墨西哥湾沿岸各港，及通往美国中西部的内陆联合运输通道，是目前世界上最繁忙的航线之一。

20 世纪中叶以来，随着中国、韩国和日本经济飞速发展，东亚地区集装箱货运量持续增加，居世界首位。2019 年，世界前 10 大集装箱港口中有 9 个港口位于太平洋海域。目前，太平洋最繁忙的海运航线是：

（1）远东—北美西海岸航线。该航线属于季节航线，夏季偏北，冬季南移，是我国和东南亚及东北亚各国联系北美的重要通道，是货运量最大的航线之一。

（2）远东—巴拿马—加勒比海、北美东海岸航线。该航线要横渡北太平洋，船舶在夏威夷群岛的火奴鲁鲁港进行补给，穿越巴拿马运河后到达北美东海岸各港，也是太平洋货运量最大的航线之一。

（3）远东—南美西海岸航线。该航线也要横渡太平洋，航线长，船舶多经琉球群岛穿越赤道进入南太平洋枢纽港，后至南美西海岸。

（4）远东—东南亚、印度洋航线。该航线是东北亚国家的货船去东南亚各港，以及经马六甲海峡去印度洋、大西洋沿岸各港的主要航线。

（5）远东—新西兰、澳大利亚及西南太平洋航线。该航线航程短，因南北太平洋资源禀赋差异大，主要运输初级产品。

（6）东亚—东南亚航线。该航线是连接东亚各国和东南亚各国港口的航线。航程短，但区域贸易交往密切，往来频繁。

（7）远东—北印度洋、地中海、西北欧航线。该航线经马六甲海峡、龙目海峡或苏伊士运河，分别将货物运至北印度洋、地中海和西欧等港口，货运较为繁忙。

（8）澳大利亚、新西兰—北美东、西海岸航线。该航线上的船舶一般都会经过太平洋枢纽港，由澳大利亚、新西兰至北美东海岸则需取道巴拿马运河。

（9）东亚—东南非、西非、南美东海岸航线。该航线以运输资源型货物为主，一般由东南亚经马六甲海峡或者其他海峡至东南非，并经好望角到达西非，也会横越南大西洋至南美东海岸。

（10）北美东、西海岸—南美西海岸航线。本航线属于近洋航线，大部分线路需经巴拿马运河。

（11）澳大利亚、新西兰—南美西海岸航线。该航线由澳、新两国越南太平洋至南美西海岸各港。航线两端国家稀少，贸易量不大，故该航线繁忙程度不及其他航线。

3. 印度洋航线

印度洋是世界第三大洋。它介于亚洲、非洲、大洋洲之间，隔地中海与欧洲相连，因此自古就在贯通世界东西交通方面有着重要的战略意义。其西北的亚丁湾地区是印度洋通向地中海、大西洋航线的枢纽。自 20 世纪 90 年代以来，该地区动乱不断，海盗袭击频繁，是世界最危险的海域之一。主要航线有：

（1）远东—东南亚—东非航线。

（2）远东—东南亚、地中海—西北欧航线。

（3）远东—东南亚—好望角—西非、南美航线。

（4）远东—苏伊士运河航线。

（5）中东海湾（波斯湾）—东南亚—远东航线。

（6）中东海湾（波斯湾）—好望角—欧洲、北美东海岸航线。

（7）波斯湾—苏伊士运河—地中海—西欧、北美航线。

（8）澳大利亚、新西兰—地中海—西北欧航线。

（9）澳大利亚—苏伊士运河、中东海湾航线。

航线（5）（6）（7）连接了世界上的最大的产油区——中东，以及世界上石油消费量最大的地区——北美、西欧和东亚地区，是全球重要的油运线。

4. 北冰洋航线①

北冰洋大致以北极为中心，介于亚洲、欧洲和美洲之间，为三大洲所环绕，是世界四大洋中最小和最冷的大洋。北冰洋系亚、欧、北美三大洲的顶点，有联系三大洲的最短大弧航线，但气候严酷，洋面大部分常年冰冻，故航运意义不大。进入 21 世纪，随着气候变化和技术进步，俄罗斯、加拿大、挪威、冰岛等国都在积极采取措施，以推动北冰洋航线的开发。

截至目前，北极航道主要由西北航道和东北航道组成。西北航道大部分航段位于加拿大北极群岛水域，以白令海峡为起点，经阿拉斯加北部和加拿大北极群岛，抵达戴维斯海峡。东北航道大部分航段位于俄罗斯北部沿海北冰洋离岸海域。由北欧出发，经北冰洋巴伦支海等五大海域抵达白令海峡。其中，主要航线有从摩尔曼斯克到符拉迪沃斯托克（海参崴）的北冰洋航线和从摩尔曼斯克直达斯瓦尔巴群岛、雷克雅未克和伦敦的航线。

5. 好望角航线

好望角在南非南部，在大西洋和印度洋汇合处。该航线是石油运量最大的航线，被称为西方国家的"海上生命线"。同时，由于疾风劲浪，该航线也是世界上最危险的航海地段。

6. 苏伊士运河航线

苏伊士运河航线是连接欧洲大陆和亚洲大陆贸易的航线，因此又称为亚欧航线和西欧—中东—远东航线。凭借其优越的区位优势，苏伊士运河有极大的商业价值，对世界贸易有着重要的战略意义。但是，苏伊士运河无法通过载重 25 万吨以上的巨轮，各国正在积极推动开发其他同样具有商业价值的航道，如北极航道。

---

① 参考消息网. 外媒：苏伊士运河堵塞提升俄对北极航道的期待 ［EB/OL］.［2021-03-29］；搜狐网. 全球变暖化出黄金水路 德国货船闯过北冰洋（图）［EB/OL］.［2009-09-14］；李振福，韩春美，梁珊珊，等. 北极航线到"冰上丝绸之路"的学术演进 ［J］. 北京交通大学学报（社会科学版），2021，20（4）：78-89.

7. 巴拿马运河航线

巴拿马运河航线是连接太平洋和大西洋的重要通道，被誉为"世界桥梁"，是世界重要的贸易航线，也是世界繁忙的航线之一。

专题阅读 2-3

巴拿马运河拓宽①

随着世界经济贸易活动的发展，全球货运量大幅增加。且随着 20 世纪 70 年代船只大型化发展，"超巴拿马型船只比例"不断提高。2000 年，约 85% 的集装箱船可以通过巴拿马运河；2007 年，约有 57% 可以通过；2014 年，约有 50% 可以通过，而超越巴拿马型船只运载着世界近 1/3 的货物，拓宽已经成为巴拿马运河的必然要求。

2006 年，巴拿马政府提出的扩建计划通过公投。2007 年，巴拿马运河扩建工程正式开工；2016 年 6 月 26 日，巴拿马运河拓宽工程正式启用。运河拓宽后，大型船只通过率增加，便利了跨大西洋、太平洋运输，也极大地影响了相关海运贸易链。

（二）世界主要集装箱运输航线

集装箱运输以制成品为主要运输对象，是当前国际物流中使用最为广泛的运输方式。目前，全球有上百个国家和地区 500 多个港口可以提供集装箱运输服务。世界集装箱运输的主要区域是北美、西欧、远东（包括东南亚）和澳大利亚，这些地区经济发达程度高，适箱货物丰富，是集装箱运输航线的主要起止地（如表 2-3 所示）。国际集装箱班轮运输，就是以这些地区为中心发展起来的。

表 2-3　世界区域集装箱港口吞吐量及年度变化百分比

地区	2018 年吞吐量/百万 TEU	2019 年吞吐量/百万 TEU	年度变化/百分比
亚洲	514.9	526.7	2.3
欧洲	121.7	123.6	1.5
北美	61.6	62.5	1.6
拉丁美洲和加勒比地区	52.3	52.6	0.7
非洲	31.3	32.5	3.9
大洋洲	13.5	13.2	-2.2

资料来源：UNCTAD. Review of Maritime Transport 2020 [R/OL]. [2021-01-18].

1. 北太平洋航线（泛太平洋航线）

太平洋是世界上最重要的海运大洋。该航线在北太平洋东、西两岸之间架起贸易往来的桥梁，沟通了世界上最主要的进出口市场——美国和世界上最重要的出口国家——中国、日本、韩国等，是世界上最繁忙的航线之一。该航线东部港口中，北有日本的横滨、俄罗斯的符拉迪沃斯托克（海参崴）、韩国的釜山，中有中国的天津、青岛、上海、宁波、深圳、香港、高雄，

---

① 商务部网站. 巴拿马运河——（三）扩建工程 [EB/OL]. [2013-05-02].

南有新加坡、菲律宾、印度尼西亚等国的主要港口。西部则包括温哥华、旧金山、洛杉矶等北美西海岸主要港口。以上港口皆是世界著名的集装箱港口。因而，北太平洋航线也是世界集装箱运输的主干线。

该航线因跨越北太平洋而得名，主要包括远东—北美航线，也可以细分为远东—美西航线和远东—美东航线。

（1）远东—美西航线：从我国的沿海各港口出发的船舶，偏南的经大隅海峡出东海；偏北的经对马海峡穿日本海，或经津轻海峡进入太平洋，或经宗谷海峡，穿过鄂霍次克海进入并横跨北太平洋到达北美西部地区。

（2）远东—美东航线：经巴拿马运河到加勒比海、墨西哥湾沿岸，或者继续北上最终到达北美东部主要港口。

2. 北大西洋航线

大西洋是世界上海运量最大的海洋，其航运最发达，而且港口众多，货物吞吐量和周转量都居世界首位。北大西洋航线沟通了经济最为发达的欧盟和北美地区，通过一些河道还深入北美和欧洲许多国家的经济腹地，运输量巨大，有着极强的辐射能力。该航线是欧洲、北美两个全球工业最发达地区之间的原料、成品贸易的海上生命线，两岸拥有一些全球重要港口，如汉堡、鹿特丹、安特卫普、勒阿弗尔、南安普敦、长滩港、纽约和新泽西、温哥华港、萨凡纳港和塔科马港等，是全球最繁忙的航线之一。

该航线主要包括北美—欧洲、地中海航线，西起北美东海岸，有着纽约、波士顿等传统港口，也可以延伸到五大湖区，以及墨西哥湾、加勒比海沿岸港口，甚至可以穿过巴拿马运河到达美西口岸。航线北经纽芬兰跨越大西洋，入英吉利海峡到达英国、法国、西班牙等地，继续向南可以经直布罗陀海峡到达地中海沿岸，或者向北直接到达波罗的海沿岸。传统上，行经北大西洋航线的船舶大多走偏北大圆航线，但该航区冬季风浪较大，存在浓雾、冰山等影响航线安全的隐患。

3. 远东—欧洲、地中海航线

远东—欧洲、地中海航线连接远东和欧盟这两个世界上经济贸易最为活跃的地区。该航线东起远东地区，途经日本、韩国、中国、东盟各国的主要港口，随后经马六甲海峡进入印度洋，再由亚丁湾、红海，穿越苏伊士运河到达地中海，最后经直布罗陀海峡、英吉利海峡到达欧洲主要沿海地区的鹿特丹港、汉堡港、不来梅港、费利克斯托港和安特卫普港等世界排名前列的集装箱港口。该航线航程较长，除联系远东和欧洲各港口外，还可以行经中东、印巴、北非等地区，是一条重要的世界集装箱主干线。

4. 远东—澳大利亚、新西兰航线

与前面所提到的三条航线相比，该航程较短。它联系了中、日、韩三国，以及大西洋的澳大利亚和新西兰，是一条联系南北的集装箱航线。

5. 澳洲、新西兰—北美航线

该航线由澳大利亚、新西兰出发，向东北穿越太平洋可以到达美加西海岸，或经巴拿马运河到达墨西哥湾、加勒比地区，再向北到达美东口岸。

6. 欧洲、地中海—西非、南非航线

这条航线同样也是联系南北的重要航线，主要沿大西洋东海岸。

以上是全球集装箱运输的主要干线。此外，还有远东—南美、亚洲—西非/南非等国际集装箱航线。这些航线连接起世界主要贸易地区，构成了世界海上集装箱运输网络的主要框架，并和分布于全球各地的集装箱运输支线一起构成覆盖全球的集装箱运输网。

三、世界主要国际航空线

和海运航线不同，国际航空线主要服务对象为航空客运。因此，经济发展水平、人员往来密切的地区成为确定国际航空线的主要依据。当前，主要的国际航空线包括以下 10 条。

1. 西欧—北美的北大西洋航空线

西欧—北美的北大西洋航空线主要连接西欧的巴黎、伦敦、法兰克福、柏林、布鲁塞尔、苏黎世和北美的纽约、温哥华、洛杉矶、芝加哥、蒙特利尔、墨西哥城等航空枢纽。

2. 西欧—中东—远东航空线

西欧—中东—远东航空线，由西欧各主要机场出发，途经雅典、开罗、德黑兰、卡拉奇、新德里、曼谷和新加坡等重要航空站，到达远东的香港、北京、台北、上海、仁川、东京等机场。

3. 远东—北美的北太平洋航空线

远东—北美的北太平洋航空线主要由远东的北京、上海、广州、香港、仁川、东京和首尔等重要的国际机场，经北太平洋上空至北美西海岸的温哥华、西雅图、旧金山、洛杉矶等地，再连接北美大西洋沿岸纽约、芝加哥和多伦多等航空中心。该航线的主要中继加油站为太平洋中部的火奴鲁鲁等国际机场。

4. 北美—南美航空线

该航空线主要连接北美洲加拿大的温哥华和蒙特利尔、美国的洛杉矶和亚特兰大、墨西哥的墨西哥城等城市和中南美洲波哥大、利马、巴西利亚和巴拿马城等。

5. 西欧—南美航空线

该航空线主要连接西欧慕尼黑、布鲁塞尔、阿姆斯特丹、法兰克福、柏林、伦敦等城市和南美里约热内卢、圣保罗和波哥大等城市。

6. 西欧—非洲航空线

该航空线主要连接西欧各国主要城市及非洲卡萨布兰卡、阿尔及尔、内罗毕和突尼斯等城市。

7. 西欧—东南亚—澳新航空线

该航空线主要连接西欧维也纳、伦敦、巴黎等城市，经由新加坡、吉隆坡、曼谷、仰光等城市，到达澳大利亚和新西兰的各大城市。

8. 远东—澳新航空线

该航空线主要连接远东各国主要城市和澳大利亚、新西兰两国主要城市。如从韩国首尔到澳大利亚珀斯等。

9. 北美—澳新航空线

该航空线主要连接北美洲各国主要城市如温哥华、多伦多、纽约、西雅图、墨西哥城等和澳洲城市。

10. 北极航空线

北极航空线诞生于北欧航空减少航程的需要，其开发及建设对技术、装备、导航的要求非常高。1952 年，第一次经北极航空线的洲际试飞，在洛杉矶和哥本哈根之间成功，吸引更多国家更多航空公司加入。该航空线是欧洲和亚洲、北美洲和亚洲往来的主要航空线。但受北太平洋气候因素影响，亚洲东到北美一般还是选择绕道南太平洋，经停美国阿拉斯加的安克雷奇。目前，北极航空线是现代航空中的重要组成部分，在整个航空业受疫情冲击下，仍能看到飞机飞行在北极航空线上。

我国主要的国际航空线可以分为东部、南部和西部三大通道。东部国际航空通道占国际航线客运总量一半以上，主要有通往邻近的朝鲜、俄罗斯、日本航线，及跨越太平洋通往美国和加拿大的洲际航空线；南部通道分别通往泰国、缅甸、新加坡、菲律宾、马来西亚和澳大利亚等国家和地区的主要城市；西部国际通道通达亚、欧、非三洲主要国家和地区，包括俄罗斯、欧盟、南亚、中亚、中东和北非。

第三节   世界主要港口

一、海港的类型

海港是一个国家出海的门户、国际物流经过的主要节点，也是内外经贸联系的枢纽。重要的港口对外可以通过远洋、近洋航线和世界各地相连，对内则通过公路、铁路、内河等运输方式深入一国腹地，成为商品集散的枢纽和国家的经济重镇。世界各地的海港按不同标准进行分类。

（一）按主要用途分类

海港按主要用途可以分为商港、军港、渔港等。

商港主要供商船停靠进行客、货运输，为往来船舶提供(燃料等)供给、维修等相应服务，是海上交通和内陆交通联系的枢纽。由于海上运输方式在国际贸易中的重要地位，现代化的港口除具有货物集散作用外，往往还具备加工、制造、转运功能。如世界著名的香港港、汉堡港、上海港等都设立了自由贸易区来促进港口的建设。而军港、渔港则是专供海军舰只和渔船使用的港口，港口规模的大小一般以港口吞吐量表示。此外，还有专门服务于工矿企业的工业港，专门供船舶躲避风浪和进行小修小补的避风港，专门供游艇停靠的旅游港。

（二）按地理位置分类

海港按地理位置分为海湾港、河口港和内河港。

海湾港濒临海湾，属天然良港，如位于渤海湾和黄海交汇处的大连港。河口港指位于河流入海口处的港口，如在长江入海口附近修建的上海港。内河港指位于内河沿岸的港口，在内河水运中扮演重要角色，一般与海港有航道相通，如南京港。

（三）按功能分类

海港按功能可分为存储港、转运港和经停港。

存储港一般地处水陆联络要道，综合交通十分便利，为内陆和港口货物集散的枢纽。同时，该类港口必是工商业中心，且港口设施完备，便于货物的存储和转运。转运港位于水陆交通衢接处，一方面将陆运货物集中，由海路中转运出；另一方面将海运货物疏运，转由陆路运入，该类港口本身对货物需求不多，主要是作为中转站办理转运业务。经停港地处航道要冲，为往来船舶必经之地，途经船舶如有需要，可作短暂停泊，以便添加燃料，补充食物或淡水，继续航行。

（四）按开发工程分类

海港按开发工程来分有天然港和人工港。

天然港的自然条件符合商港的要求，除添置水上或陆岸各种设备以应船舶停泊及货物装卸搬运所需外，基本上可利用港湾航道等天然具备的条件提供港口服务。而人工港的港湾停泊地则纯系人工开挖而成。

（五）按国家政策分类

海港按国家政策又分为国内港和国际港。

国内港指为经营国内贸易，专供本国船舶出入的港口，外国船舶除天灾或意外事故及特许外，不得任意驶入国内港口。国际港又称开放港，指为方便国际贸易，依照条约或法令而开放的商港，任何航行于国际航线的外籍船舶，经办理必要手续后，均准许进出港口，但必须接受当地航政机关和海关的监督。

（六）按海港运输性质分类

海港按照运输性质可分为基本港和非基本港。

基本港一般指港区较大、设备较好、运力较大的港口，如上海港、深圳港和纽约港等。非基本港不具备以上基本港的条件。此外，非基本港除按基本港要求收费之外，有时会收转船附加费和直航附加费。

表 2-4 列举了世界主要海港，表 2-5 列举了世界主要集装箱运输港口。

表 2-4　2019 年世界主要海港

港口	所属国家/地区	吞吐量/万吨	港口	所属国家/地区	吞吐量/万吨
宁波-舟山港	中国	112 009	青岛港	中国	57 736
上海港	中国	71 677	苏州港	中国	52 275
唐山港	中国	65 674	德黑兰港	伊朗	52 188
新加坡港	新加坡	62 618	天津港	中国	49 220
广州港	中国	60 616	鹿特丹港	荷兰	47 131

资料来源：中国港口网．2019 年全球港口生产形势回顾［EB/OL］．［2020-02-13］．

表 2-5　2018—2020 年世界前 20 大集装箱运输港口

港口	所属国家	2018 年/TEU	2019 年/TEU	2020 年/TEU	2018—2019 年增长率/%	2019—2020 年增长率/%
上海港	中国	4 201	4 331	4 350	3.1	0.4
新加坡港	新加坡	3 660	3 720	3 687	1.6	-0.9
宁波—舟山港	中国	2 635	2 753	2 872	4.5	4.3

续表

港口	所属国家	2018 年/TEU	2019 年/TEU	2020 年/TEU	2018—2019 年增长率/%	2019—2020 年增长率/%
深圳港	中国	2 574	2 577	2 655	0.1	3.0
广州港	中国	2 187	2 283	2 317	5.7	1.5
釜山港	韩国	2 166	2 191	2 181	1.1	-0.8
青岛港	中国	1 932	2 101	2 201	8.8	4.7
香港港	中国	1 960	1 836	1 796	-6.3	-1.9
天津港	中国	1 601	1 730	1 835	8.1	6.1
鹿特丹港	荷兰	1 451	1 481	1 434	2.1	-3.2
迪拜港	阿联酋	1 495	1 411	1 349	-5.6	-4.4
巴生港	马来西亚	1 232	1 358	1 324	10.3	-2.5
安特卫普港	比利时	1 110	1 186	1 202	6.8	1.4
厦门港	中国	1 070	1 112	1 141	3.9	2.5
高雄港	中国	1 045	1 043	962	-0.2	-7.7
洛杉矶港	美国	946	934	921	-1.3	-1.3
汉堡港	德国	877	926	850	6.1	-7.9
丹戎帕拉帕斯港	马来西亚	896	908	980	1.3	8.0
大连港	中国	977	876	511	-10.34	-41.7
林查班港	泰国	807	798	755	-1.1	-5.4

资料来源：UNCTAD. Review of Maritime Transport 2020［R/OL］.［2021-01-18］.

二、世界主要海港

（一）中国主要港口

1. 宁波—舟山港①

宁波—舟山港位于浙江省宁波市和舟山市，由原宁波港和舟山港合并重组而成，2006 年更名为宁波—舟山港，并于 2015 年实现一体化。宁波—舟山港由北仑、镇海、大榭、穿山等 19 个港区组成，是中国超大型巨轮进出最多的港口，也是世界上少有的深水良港。该港地处"丝绸之路经济带"和"21 世纪海上丝绸之路"交汇点，内拥长三角经济圈，外向太平洋主航道，区位优势相当大。目前，该港拥有 260 条集装箱航线，同世界 190 多个国家和地区的 600 多个港口连接。

作为世界首个年货物吞吐量突破 10 亿吨的大港、我国重要的集装箱远洋干线港和主枢纽港，截至 2021 年，宁波—舟山港已经连续 13 年保持货物吞吐量世界第一的地位，同时，集装

① 宁波舟山港股份有限公司官网。

箱吞吐量也保持在世界第三的地位。

2. 上海港

上海港位于我国华东地区、长江入海口南岸的黄埔江畔，濒临东海，是中国内地最大的港口，也是太平洋西海岸世界著名大港之一。海港港区陆域由长江口南岸港区、黄浦江港区、杭州湾北岸港区和洋山深水港区组成。洋山深水港区拥有世界上唯一建在外海岛屿上的离岸式集装箱码头，通过 32.5 千米长的中国第一座跨海大桥东海大桥与陆地相连，是难得的天然深水港区。2019 年开始，洋山深水港区集装箱吞吐量首超外高桥港区，成为全球最繁忙的集装箱港区之一。

上海港拥有国际航线 300 多条，覆盖全球超过 200 个国家和地区的 500 个以上的港口。截至 2021 年，其集装箱吞吐量连续 12 年居世界首位，货物吞吐量也多年保持世界第二的地位。此外，上海港承担着钢铁、粮食、煤炭、石油和化肥等多种大宗物资进出口贸易的重任，借助发达的空运、内河、陆路交织的综合交通运输体系与我国华东、华中、西南和西北等内陆腹地紧密联系，是中国乃至全球重要的国际航运中心。

3. 唐山港

唐山港位于河北省唐山市渤海西岸渤海湾口北侧，主要由京唐港区、曹妃甸港区和丰南港区组成，是我国沿海地区性重要港口，也是我国重点开放开发地区。2009 年，该港成为我国最年轻的亿吨大港，2013 年吞吐量突破 2 亿吨，2018 年突破 3 亿吨。近年来唐山港一直保持稳态快速增长，其货物吞吐量在我国排名前 10，集装箱吞吐量国内排名前 20、世界排名百强。目前，该港与全球 70 多个国家和地区的 200 多个港口建立了联系，成为我国环渤海地区重要的综合交通枢纽和现代物流基地。

4. 广州港

广州港地处珠江入海口处、珠三角地区中心地带，主要由内港、黄埔、新沙和南沙四大港区组成，是华南地区规模和辐射范围最大的综合性枢纽港。广州港具有 2 000 多年的历史。广州港是"海上丝绸之路"主港，唐宋时成为我国第一大港和世界著名的港口，并于明清时期成为我国唯一的对外贸易港。该港是我国主要的集装箱干线港。目前，广州港已经开辟国际集装箱航线超过 130 条，通达 100 多个国家和地区的 400 多个港口。

5. 青岛港

青岛港建于 1892 年，位于中国山东省东南的胶州湾内，濒临黄海，是具有百年历史的老港。其由大港港区、黄岛油港区、前湾港区、董家口港区和威海港区五大港区组成。该港自然条件优越，港内水深域宽，港湾腹大口小，可四季通航，是优良的天然港口。且背靠山东，面向黄海，经济腹地广阔，可以纵横连接华北、华东、中南地区，是山东原油和晋中煤炭的主要出口港。该港同全球 180 多个国家和地区的 700 多个港口有贸易往来，是太平洋西海岸重要的国际贸易口岸和海上运输枢纽。该港拥有集装箱航线 200 多条，也是世界级的集装箱大港。截至 2021 年，其货物吞吐量居世界第四，集装箱吞吐量居世界第六。同时，其海铁联运线路覆盖全国，直达中亚和欧洲。

6. 苏州港

苏州港是新兴港口，由张家港港、常熟港和太仓港合并重组而成。该港位于长江入海口咽喉地带，是长江出海口的天然良港，且紧临上海，背靠经济发达的江苏、无锡、常州地区，是全球第一大内河港，具有江海河联运的地理优势。近年来，依托于优越的港区条件、发达的综合交通体系和城市经济，苏州港发展迅速，已成为世界级大港，其货物吞吐量持续保持在全球前10的位置。

7. 天津港

天津港位于天津市，由北疆港区、南疆港区、东疆港区、临港经济区南部区域、南港港区东部区域组成。该港西临渤海湾，背靠雄安新区，是中国北方地区重要的出海门户和海陆交通枢纽，利用铁路交通还可以和亚欧大陆桥相连，中转来往中亚地区的货物，是新亚欧大陆桥经济走廊的重要节点。同时，天津港也是21世纪海上丝绸之路的战略支点。

天津港拥有130多条集装箱航线，同世界200多个国家和地区的800多个港口保持良好的贸易关系，是排名世界前10的集装箱吞吐量大港。随着世界上最大满载量的超大型双燃料集装箱船"达飞卢浮宫"在天津港太平洋码头作业，其集装箱吞吐量突破1000万标准箱，且有望在未来继续增长。

8. 深圳港

深圳港地处中国华南地区的深圳市，位于广东省珠江三角洲南部毗邻香港。该港主要由东、西两大部分组成。西部港区位于珠江入海口伶仃洋东岸，水深港阔，天然屏障良好，南距香港20海里，北至广州60海里，经珠江水系可与珠江三角洲水网地区各市、县相连，经香港暗士顿水道可达国内沿海及世界各地港口。东部港区位于大鹏湾内，海面开阔、风平浪静，是华南地区优良的天然港湾，且盐田港是我国最大的国际深水港区之一，其建设使得深圳港拥有了东、西两个集装箱运输港区。截至2018年，深圳港共开通国际集装箱航线239条，覆盖世界12大航区，通往100多个国家和地区的300多个港口。加之珠三角世界制造基地地位的巩固，工业成品出口的快速增长，集装箱运输需求的增加，目前深圳港集装箱货物吞吐量保持世界第四的位置。

9. 香港港

香港港同深圳港一样，也位于中国华南沿海，珠江口外东侧，是一个得天独厚的天然良港，是远东地区的航运中心、亚太地区的枢纽港，也是世界著名大港之一。香港港是自由港，与世界近1000个港口保持着经贸联系。著名的葵涌集装箱码头位于维多利亚港区西北部，有24个泊位，岸线总长2378米，水深12米。香港港在采用系船浮筒进行船舶过驳倒载作业、集装箱装卸和客运方面都有较高水平，港口管理先进。曾经，借助中国内地快速增长的进出口货物量和日益重要的经贸地位，香港港连续十几年保持世界第一大集装箱港口的地位。2005年，这一地位被新加坡取代。受全球贸易下行、码头用地不足和内地港口发展冲击等因素综合影响，2015年，其集装箱吞吐量被宁波—舟山港赶超，近年来地位还在持续下降。不过，香港港也正在寻求转变，仍有很大的发展潜力。

10. 高雄港

高雄位于中国台湾地区西南，濒临台湾海峡的东南侧，与福建省遥遥相望，其所面对的台湾海峡，位于环太平洋洲际航线枢纽位置，是远东通往欧、美、亚地区的必经之地，具有重要的经济、政治和军事战略意义。

该港是中国台湾地区最重要的商港、最大的对外贸易港口，是亚太地区重要的散装货物装运中心，也是世界集装箱运输大港。中国台湾地区70%以上的集装箱装卸量及60%以上的货物装卸量都在高雄港作业，是中国台湾地区进出口货物的首要门户和区域货物转运中心。20世纪80年代初，高雄曾一度称雄世界集装箱港口，90年代随中国台湾地区整体经济实力的变化而下降。21世纪以来，高雄港世界排名持续降低，这可能和中国台湾地区的产业转型有关。

（二）亚洲主要港口

1. 新加坡港

新加坡港（Singapore）位于新加坡岛南部沿海，西临马六甲海峡的东南侧，南临新加坡海峡的北侧，是亚太地区最大转口港，也是世界最大的集装箱港口之一，其中丹戎巴葛码头为集装箱专用码头。该港扼太平洋及印度洋之间的航运要道，战略地位十分重要。它自13世纪开始就是国际贸易港口。

新加坡港是石油、化工品、水泥、谷物、糖等大宗物资的重要集散地。作为世界上最繁忙的港口之一，共有250多条航线来往世界各地，约有80个国家和地区的130多家船公司的各种船舶日夜进出该港，平均12分钟就有一艘船舶进出。

2. 韩国釜山港

釜山港隔大韩海峡与日本列岛隔海相望，是韩国南端的门户和最大的国际港口，现为世界第六大集装箱港。同时，釜山港是东北亚最大的中转港，东北亚地区如中国、日本，及欧盟、美国有很大比例的货物都会经该港中转。为提升釜山的战略地位和港口物流运营能力，巩固其东北亚最大的国际中转枢纽港地位，1994年，韩国政府启动新港区建设，现在釜山港集装箱业务主要集中在新港区的集装箱专用码头。

3. 阿联酋迪拜港

迪拜港（Dubai）位于阿联酋东北沿海，濒临波斯湾南侧，是阿联酋最大的港口，也是中东地区最大的自由贸易港，以转口贸易发达而著称。

该港地处亚、非、欧三大洲的交汇点，长期以来都是波斯湾南岸的商业中心，也是海湾地区的修船中心。主要进出口货物除石油外，还有天然气、铝锭、石油化工产品、粮食、机械及消费品，其集装箱吞吐量多年来保持世界前10的地位。

4. 马来西亚巴生港

巴生港（Port Klang）位于马六甲海峡东北部，是马来西亚的海门户，也是世界著名的转运港和货柜港。巴生港货物吞吐量也居世界前列，2019年，其集装箱吞吐量居世界第12位。巴生港腹地广阔，地理位置优越，是远东至欧洲贸易航线的理想停靠港，因此在航运市场有明显的竞争优势。"一带一路"的建设，给巴生港注入了新的发展活力。

5. 马来西亚丹戎帕拉帕斯港

丹戎帕拉帕斯港（TanJung Pelepas）位于马来西亚半岛南端，在新加坡边上，是世界航运的咽喉。该港是马来西亚最大的集装箱港口之一，也是世界著名的集装箱港。它是航运巨头马士基在东南亚的集装箱运输和转运业务基地。该港属于避风港，不受潮汐影响。

6. 越南胡志明港

胡志明港（Ho Chi Minh City）又称西贡港，位于越南南部湄公河三角洲东北部和奈河支流西贡河下游，是越南南方最大的港口。胡志明港目前有三个码头，分别为新港、凯莱港和越南国际集装箱码头。

7. 泰国林查班港

林查班港(Laem Chabang)位于曼谷中部、曼谷湾东岸,是泰国港务管理局直属的深水国际贸易商港。经过快速发展,林查班港发展为泰国最重要的国际集装箱枢纽港,是现代化、自动化、一体化操作管理水平与港口基础设施标准规格均极高的东南亚地区的商业新港,是全球集装箱货物吞吐量增长率最高的港口之一。

8. 孟加拉国吉大港

吉大港(Chittagram)位于孟加拉湾东北部,是天然良港。该港也是孟加拉国最大的港口,孟加拉国80%的国际贸易及40%的工业产值均产生于吉大港,现已发展成为国际著名港口。

(三) 欧洲主要港口

1. 荷兰鹿特丹港

鹿特丹港(Rotterdam)是一个典型的河口港。它位于荷兰西南莱茵河和马斯河入海的三角洲,濒临世界海运最繁忙的多佛尔海峡,船只四季进出港口畅通无阻,地理条件优越。

鹿特丹是荷兰第二大城市,拥有水、陆、空立体交通运输系统,是荷兰重要的商业和金融中心。鹿特丹港拥有欧洲广袤的市场,是欧洲第一大港。同时,鹿特丹港是亚欧大陆桥的西桥头堡,是连接欧洲、亚洲、非洲、美洲、大洋洲的重要港口,素有"欧洲门户"之称。作为西欧重要的集装箱港口,鹿特丹港在几个世纪都一直充满着经济活力,曾连续几十年都是世界第一大港。2000年前后,受多种因素影响,其世界排名下降,但仍是世界著名大港。当前,它的主要竞争对手港是安特卫普港和汉堡港。

2. 比利时安特卫普港

安特卫普港(Antwerp)位于比利时北部斯海尔德河下游,距北海约90千米处。它是比利时的第一大港,也是世界和欧洲设备先进、生产效率高、交通方便、经营管理完善的著名大港之一。

安特卫普港的港区几乎完全建在斯海尔德河两岸人工掘成的运河及许多"港汊"之中。港区经营现代化程度非常高,仓储设施十分完善。依托西欧活跃的对外经济贸易活动,该港成为砂矿、煤、石油、木材、水泥、钢铁、焦炭等进出西欧的主要通道。此外,安特卫普港还承办海陆联运业务,可以迅速将集装箱运往世界各地,是欧洲集装箱货物的主要集散地。即便是在英国脱欧、世界经济下行的趋势下,安特卫普港的吞吐量也保持着持续的增长势头。

3. 德国汉堡港

汉堡港(Hamburg)位于德国易北河以南的地区,是德国第一大港,也是欧洲重要的集装箱港。该港所在的汉堡市是德国第二大城市,处于欧洲市场的中心。多年来,凭借港口、航运、外贸、金融、保险及造船等传统加工业的发展,该港已经成为德国重要的经济贸易中心。汉堡港还是世界最大的自由港之一,主要经营转口贸易,自1189年开埠以来,地位日渐重要。

汉堡港是一个兼有河港和海港的港口,有着极为便利的海上交通和内河运输条件。海港腹地宽阔,有近300条航线通往世界五大洲,联系1 100多个港口;河港则有易北河、阿尔斯特河。凭借区位优势,汉堡港服务于全球最重要的商品贸易国之一——德国的同时,成为欧洲主要的转运港,去往北欧、东欧、中欧的货物多从这里中转。作为远洋港口,汉堡港也是欧洲—远东集装箱运输重要的集散地。

同时,汉堡港还是一个有着较好的自然、技术和设备条件的现代化港口,具备各种规格的装卸和仓储等设备。港口作业专业化，装卸效率非常高，被誉为"快速港"。对于汉堡港，易北河的改善和内陆港口的投资已经开始带来收益，赫伯罗特公司决定将跨大西洋航线的枢纽港由不来梅港换成汉堡港，这一定程度上巩固了汉堡港的地位。

4. 希腊比雷埃夫斯港

比雷埃夫斯港（Piraeus）位于希腊东南沿海萨罗尼科斯湾东北岸，濒临爱琴海的西南侧提，是希腊最大的港口，也是首都雅典的进出口门户和重要的交通枢纽，也是全球 50 大集装箱港及地中海东部地区最大的集装箱港口之一。中国远洋运输（集团）总公司（简称中远集团）2008年与希腊签署了码头专营权协议，获得了 35 年的特许经营权，这是我国企业首次在海外获得港口特许经营权。2014 年，中远集团加大投入，将其打造成地中海最大、增长最快的港口之一。

5. 德国不来梅港

不来梅港（Bremen）位于德国不来梅州，距离威悉河很近，是德国第二大港，也是欧洲重要的中转港，同时是德国河欧洲重要的货运枢纽。该港是德国最早开始集装箱业务的港口，现其集装箱业务已被姊妹港——不来梅哈芬港承担。近年来，不来梅港的发展形势不是很乐观，尤其是跨大西洋航线枢纽港地位转到汉堡港之后，不来梅港的衰落还在持续。

6. 英国费利克斯托港

费利克斯托港（Felixstowe）在英国东南沿海岸奥尔韦尔河和斯陶尔河汇合入海口处，是英国最大的集装箱港口。30 多年来一直是英国的主要港口。2019 年，该港货物吞吐量为 3 778亿 TEU，虽然有所下降，但仍是欧洲第八大繁忙的港口。现以航运脱碳活动而闻名。

7. 英国伦敦港

伦敦是英国的首都，位于英格兰的东南部，毗邻泰晤士河入海口，是英伦三岛的政治、经济和文化中心。优越的地理位置和自然条件，是伦敦形成和发展的基础，而港口的发展是伦敦兴盛的重要原因。

伦敦港（London）位于泰晤士河下游，跨河两岸，不仅是经济最发达的东南英格兰地区以及整个不列颠群岛的物资集散地，而且居大西洋航道要冲，是连接西欧和北美洲两大世界经济最发达地区的桥梁。自 19 世纪成为世界航运中心以来，一直在世界航运业占据重要地位。2020年英国正式脱欧，在此背景下，伦敦港的发展多了不确定性。

8. 法国勒阿弗尔港

勒阿弗尔港（Le Havre）位于法国西北方、塞纳河北岸，是法国第二大港和最大的集装箱港口，是塞纳河中下游工业区的进出口门户。该港承担法国同美洲之间的货物转运，也是西班牙等欧洲国家的重要中转港。同时，因内陆交通便利，该港也是连接法国与西欧的重要通道。

9. 俄罗斯圣彼得堡港

圣彼得堡是俄罗斯第二大城市，市区岛屿成群，桥梁密布，故有"北方威尼斯"之美誉，工业以船舰、动力、机械为主。圣彼得堡港（St. Petersburg）包括海港、渔港、油港、木材港、客运港等专业港区，位于俄罗斯西北沿海涅瓦河口南岸，濒临波罗的海的东北侧，是俄罗斯西部的最大商港。圣彼得堡港是全俄罗斯重要的水陆交通枢纽之一，俄罗斯重要的国际航空站。

10. 波兰格但斯克港

格但斯克港（Gdansk）位于波兰北部，维斯瓦河下游左支流莫特拉瓦河口两岸，在格但斯克湾西南端，濒临波罗的海的东南侧，是波兰的最大港口，拥有通往中、东欧最佳内陆连接条件。基于以上条件，格但斯克港正在扩建，新计划将使其货运量增加近 1 倍，成为欧洲增长最快的港口，且扩大后的港口将成为通往中欧和波罗的海国家的重要门户。

11. 英国南安普敦港

南安普敦港（Southampton）位于英国南部特斯特河和伊钦河口汇合处，濒临英吉利海峡北侧索伦特，是英国主要大港之一，也是横渡大西洋的邮船码头。该港距离法国的勒阿弗尔非常近，二者为竞争对手。2021 年上半年南安普敦港上半年吞吐量为 99.5 万 TEU，是有史以来第二好成绩。现 DP World 公司正在对该港集装箱码头进行投资，其中一项是建设新的空箱堆场，以提升该港对供应链物流的掌控权及竞争力。

（四）北美主要港口

1. 美国洛杉矶港

洛杉矶位于美国加利福尼亚州南部太平洋沿岸，濒临太平洋东侧，是美国第二大城市，也是西部海岸的最大海港、制造业和贸易中心。洛杉矶南面的圣佩德罗湾，有三段总长超过 10 千米的防波堤，即圣佩德罗防波堤、中央防波堤和长滩防波堤。湾内拥有洛杉矶港和长滩港。

洛杉矶港（Los Angeles）位于西部，由外港和内港组成，是美国第一大集装箱港，是高度现代化的国际性大港。东部的长滩港，由三大港区组成，有运河与洛杉矶港相连，是世界最主要的集装箱港口之一。长滩港与洛杉矶港通过横贯美国大陆的三大铁路干线，同美国中西部、南部和东海岸相连，是美国通向太平洋地区的首要门户。

2. 美国长滩港

长滩港（Long Beach）又称长堤港，位于美国加利福尼亚州南部，是美国跨太平洋贸易的首要门户，可以停靠世界上最大的船舶，是美国第二大集装箱海港，仅次于洛杉矶港，数十年获得"北美最佳海港"的称号。该港拥有 140 多条航线，连接世界 217 个海港，是美国同亚洲进行贸易最主要的港口。该港目前正在建设绿色港口。

3. 美国纽约港

纽约港（New York）位于美国纽约州东南部哈德逊河口东岸，濒临大西洋。这里海岸曲折，港宽水深，由于受墨西哥湾暖流的影响，港口全年不冻，是大西洋沿岸一个天然良港，也是美国东部地区最重要的对外贸易窗口。因为由纽约市和新泽西州共同管理，所以纽约港也叫纽约新泽西港。

4. 美国萨凡纳港

萨凡纳港（Savannah）是美国佐治亚州的商港，位于该州东南与南卡罗来纳州交接的萨凡纳河下游，是美国重要的海运港口。港口进口货物主要有原油、糖、石膏、化肥原料等；出口废钢、纸张、木材、棉花、烟草等。

5. 美国西北海港联盟

西北海港联盟（Northwest Seaport Alliance）由西雅图港和塔科马港经美国联邦海事委员会批准合并而成，自 2014 年起合并计算两个港口的吞吐量。西雅图港和塔科马港自身条件优越，天然拥有 15 米以上的航道水深和码头岸边水深，其航道几乎不需要持续的维护性疏浚。目前，西北海港联盟已成为美国第四大港。

6. 加拿大温哥华港

温哥华地处加拿大太平洋沿岸平坦的弗雷泽河与巴拉德湾之间，是加拿大最大的港口和全国第三大城市。温哥华港自然条件十分优越，它的港湾深邃，潮差较小，港口终年不冻。港湾两侧的码头设施现代化程度很高，陆路交通运输体系发达，形成了以港口为终点的立体交通体系。向东可直抵大西洋沿岸，向北可达北部的许多城市和地区，向南则与美国的铁路、公路相通。

温哥华港（Vancouver）拥有亚洲到北美各航线中最短的航线，是一个原料、燃料和初级产品的转运港，主要出口物资有林产品、粮食、煤炭、硫磺、钾肥等，是加拿大西部地区能源、矿产、农林产品的主要集散中心和世界上最重要的小麦出口港之一。

7. 美国休斯敦港

休斯敦是美国南方第一大城市，而休斯敦港（Houston）位于得克萨斯州东南沿海、加尔维斯顿湾西北岸平原上，是美国第三大港，也是世界排名靠前的能源和商贸港。近年来，其发展势头很猛。

8. 牙买加金斯敦港

金斯敦港（Kingston）位于牙买加岛东南岸海湾内，北部为蓝山山脉，周围是肥沃的利瓜内阿平原。港口优良，外有长 14 千米的狭长半岛护围。金斯敦港通过铁路连接全国主要城市。

（五）中、南美洲主要港口

1. 巴拿马科隆港

科隆港（Port of Colon）属于海湾河口港，濒临巴拿马运河大西洋出口处，是巴拿马最大的港口。科隆港所在科隆市，是巴拿马第一大城市，也是仅次于新加坡和中国香港的第三大自由贸易城市。目前，该港已与全球 120 多个国家和地区建立了贸易关系。

2. 巴西桑托斯港

桑托斯港（Santos）位于巴西圣保罗州桑托斯市，圣维森特岛东北侧。随着巴西出口贸易量不断攀升，作为该国最大的集装箱枢纽，桑托斯港的集装箱吞吐量超过阿根廷的布宜诺斯艾利斯港，成为拉丁美洲最大的港口。近年来，桑托斯港集装箱吞吐量稳定持续上升。

3. 阿根廷布宜诺斯艾利斯港

布宜诺斯艾利斯位于阿根廷东部沿海拉普拉塔河口的西岸，在桑博龙邦湾的西北端，濒临大西洋的西南侧，是阿根廷的首都及全国政治、经济、交通及文化的中心。它还是南美洲最大、最繁荣的城市。

布宜诺斯艾利斯港（Buenos Aires）是阿根廷的最大海港，也是南美洲最大的铁路枢纽，主要进出口货物为谷物、肉类、羊毛、化肥和铁矿砂等。主要贸易对象为美国、欧盟、日本及其他拉丁美洲国家等。

4. 哥伦比亚卡塔赫纳港

卡塔赫纳是哥伦比亚玻利瓦尔省的首府，也是哥伦比亚的历史名城，是美洲大陆连接外部世界的重要门户之一。卡塔赫纳港（Cartagena）位于卡罗宾海的西南海岸和达瑞恩海湾，濒临加勒比海岸，处于世界主要海运航线交汇处，与世界多个国家和港口连接，是加勒比海和美洲大陆海洋运输贸易的中心之一。

5. 秘鲁卡亚俄港

卡亚俄港（Callao）是秘鲁第一大海港和第二大渔港，是南太平洋重要港口之一。

6. 厄瓜多尔瓜亚基尔港

瓜亚基尔港（Guayaquil）位于厄瓜多尔西南沿海瓜亚斯河口，在瓜亚基尔湾的西北岸，濒临太平洋的东南侧，是厄瓜多尔最大的港口，也是南美洲太平洋沿岸的主要港口之一。

（六）非洲主要港口

1. 摩洛哥地中海丹吉尔港

地中海丹吉尔港是非洲第一大港口，位于直布罗陀海峡附近，距西班牙仅14千米，是亚洲、欧洲、美洲和非洲各大航线的交汇点。地中海丹吉尔港包括地中海丹吉尔港一期、旅客码头以及地中海丹吉尔港二期，集装箱处理量已超过埃及塞得港和南非德班港。目前，该港口拥有6个工业区，分布在距离港口40千米的辐射范围之内。

2. 埃及塞得港

塞得港（Port said）位于苏伊士运河北端地中海海岸，是埃及第二大港，世界煤炭和石油的储存港之一，也是从苏伊士运河进出地中海的必经之地。塞得港港区共有23个主要码头泊位。其中，位于塞得港东港区的苏伊士运河集装箱码头，是埃及唯一能停靠和处理集装箱的码头，岸线长度为1 200米，岸线前沿水深为16.5米，面积约60万平方米，二期工程由中国港湾工程有限责任公司承包建设。塞得港扼守印度洋、大西洋、地中海和黑海沿岸各国航路的要冲，具有十分重要的战略地位和经济意义。

3. 南非德班港

德班港（Durban）又称纳塔尔港，位于南非东部沿海德班湾的北侧岸，濒临印度洋的西南侧，是南非最大的集装箱港。德班是南非第三大城市。该港口距博塔机场约27千米，每天有定期航班飞往约翰内斯堡，与国内外航班相接连。该港有防波堤围护，水域面积达16万平方米。港区主要码头泊位有43个。装卸设备有各种岸吊、可移式吊、集装箱吊、浮吊、汽车吊、皮带输送机及滚装设施等。

三、世界主要空港

机场是航空运输的主要起止点，机场个数的多少、货邮量的大小反映出一个国家和地区航空运输能力的大小。在发达国家，"一市多场"的情况非常普遍，如伦敦有6个机场，其中希思罗机场是欧洲最大的机场，它和另外5个机场一起被国际航空运输协会归在伦敦名下。

（一）亚洲主要的空港

中国主要机场包括广州白云国际机场、中国香港国际机场、中国台湾桃园国际机场、北京首都国际机场、北京大兴国际机场、深圳宝安国际机场、成都天府国际机场、重庆江北国际机场、杭州萧山国际机场、成都双流国际机场、西安咸阳国际机场、上海虹桥国际机场、上海浦东国际机场、昆明长水国际机场等。

新加坡樟宜机场、日本东京羽田国际机场、日本东京成田国际机场、韩国仁川国际机场、阿联酋迪拜国际机场、印度尼西亚雅加达国际机场、泰国曼谷素万那普机场、印度英迪拉·甘地国际机场、马来西亚吉隆坡国际机场、菲律宾马尼拉国际机场、卡塔尔多哈国际机场、越南胡志明市新山一国际机场、越南河内内拜机场等。

（二）北美洲主要空港

加拿大温哥华国际机场、加拿大多伦多皮尔逊国际机场、美国丹佛国际机场、美国哈兹菲尔德-杰克逊国际机场、美国达拉斯-沃思堡国际机场、美国旧金山国际机场、美国休斯敦哈比国际机场、美国洛杉矶国际机场、美国约翰·菲茨杰拉德·肯尼迪国际机场、美国芝加哥国际机场、美国奥兰多国际机场、墨西哥城国际机场、美国迈阿密国际机场、美国孟菲斯国际机场、美国路易斯维尔国际机场、美国泰德·安克雷奇国际机场、美国奥克兰国际机场等。

（三）欧洲主要空港

德国慕尼黑国际机场、荷兰阿姆斯特丹史基浦机场、瑞士苏黎世国际机场、英国伦敦希思罗机场、奥地利维也纳国际机场、丹麦哥本哈根国际机场、法国巴黎夏尔·戴高乐机场、西班牙马德里巴拉哈斯机场、俄罗斯莫斯科谢列梅捷沃亚历山大·普希金国际机场、土耳其伊斯坦布尔机场、比利时列日机场、卢森堡芬德尔国际机场等。

（四）非洲主要空港

南非开普敦国际机场、南非德班国际机场、埃及开罗国际机场、摩洛哥卡萨布兰卡国际机场、毛里求斯普莱桑斯国际机场等。

（五）拉丁美洲主要空港

秘鲁利马豪尔赫·查韦斯国际机场、厄瓜多尔基多国际机场、哥伦比亚波哥大埃尔多拉多国际机场等。

（六）大洋洲主要空港

澳大利亚墨尔本机场、澳大利亚悉尼金斯福德·史密斯机场、新西兰奥克兰机场、新西兰基督城国际机场等。

表 2-6 是 2019 年世界主要空港的旅客吞吐量和货邮吞吐量。

表 2-6　2019 年世界主要空港排名

机场排名	机场名称	旅客吞吐量/人	机场名称	货邮吞吐量/吨
1	美国亚特兰大机场	110 531 300	中国香港国际机场	4 809 485
2	中国北京首都国际机场	100 011 438	美国孟菲斯国际机场	4 322 740
3	美国洛杉矶国际机场	88 068 013	中国上海浦东国际机场	3 634 230
4	阿联酋迪拜国际机场	86 396 757	美国路易斯维尔国际机场	2 790 109
5	日本东京羽田国际机场	85 505 054	韩国仁川国际机场	2 764 369
6	美国芝加哥奥黑尔机场	84 372 618	美国泰德·安克雷奇国际机场	2 745 348
7	英国伦敦希思罗机场	80 888 305	阿联酋迪拜国际机场	2 514 918
8	中国上海浦东国际机场	76 153 455	卡塔尔多哈国际机场	2 215 804
9	法国巴黎夏尔·戴高乐机场	76 150 009	中国台湾桃园国际机场	2 182 342
10	美国达拉斯-沃思堡机场	75 066 956	日本东京成田国际机场	2 103 159

机场排名	机场名称	旅客吞吐量/人	机场名称	货邮吞吐量/吨
11	中国广州白云国际机场	73 386 153	法国巴黎夏尔·戴高乐机场	2 102 268
12	荷兰阿姆斯特丹史基浦机场	71 706 999	美国迈阿密国际机场	2 092 472
13	中国香港国际机场	71 415 245	德国法兰克福机场	2 091 174
14	韩国仁川国际机场	71 204 153	新加坡樟宜机场	2 056 700
15	德国法兰克福机场	70 556 072	中国北京首都国际机场	1 957 779
16	美国丹佛国际机场	69 015 703	中国广州白云国际机场	1 922 133
17	印度英迪拉·甘地国际机场	68 490 731	美国芝加哥奥黑尔机场	1 805 283
18	新加坡樟宜机场	68 283 000	英国伦敦希思罗机场	1 672 874
19	泰国曼谷素万那普机场	65 421 884	荷兰阿姆斯特丹史基浦机场	1 592 221
20	美国约翰·菲茨杰拉德·肯尼迪国际机场	62 551 072	泰国曼谷素万那普机场	1 326 914

资料来源：中国民用航空局发展计划司．从统计看民航2020［M］．北京：中国民航出版社有限公司，2021．

四、世界主要陆港[①]

（一）陆港的定义

陆港指设在内陆经济中心城市的铁路、公路交汇处，便于货物装卸储存的车站，是依照有关国际运输法规、条约和惯例设立的对外开放的通商口岸，是沿海港口在内陆经济中心城市的支线港口和物流操作平台，为内陆地区经济发展提供方便快捷的国际港口服务。实际上，陆港是内陆地区具有港口功能的物流节点，是实现沿海沿边和内陆衔接的主要桥梁，也是将区域贸易推向全球的重要引擎。

（二）陆港的基本功能及特征

1. 陆港的基本功能

第一，陆港是内陆地区具有港口功能的物流平台。第二，除船舶装卸功能，陆港拥有同海港一样的货运及口岸功能：完成集装箱的中转和集散、储存、堆存、货物查验、拆并箱；完成货物的装卸搬运、仓储保管等；与水路、公路及铁路等运输方式形成联合枢纽及其他综合服务，如提供加工、包装、分拣、报关和保险等业务。第三，陆港是具有同海运、公路和铁路进行协同作用的物流节点。

2. 陆港的特征

因为世界各国国情、经济制度、产业结构、物流发展环境不同，陆港的特征也有所差异。国外陆港的特征主要集中在以下方面：腹地经济基础和产业结构发展较好；陆港选址区位优势明显；非海港和空港功能的复制，有其自身完善的运营功能。而我国陆港，一般选址在内陆地区，重视多式联运运输网络的建设及运用。

---

① 胡亚君．国内外陆港发展比较研究［D］．贵阳：贵州财经大学，2017.

（三）世界典型陆港

爱尔兰波特劳伊斯陆港、沃特福德陆港，斯洛伐克布拉迪斯拉发陆港，德国杜伊斯堡陆港，西班牙马德里陆港，芬兰科沃拉陆港，瑞典哈尔斯贝里陆港，韩国仪旺陆港，印度新德里陆港、泰国拉格拉邦陆港，尼泊尔比尔根杰陆港、美国的孟菲斯陆港、弗吉尼亚陆港、堪萨斯陆港、马凯特陆港、芝加哥陆港，中国的义乌陆港、晋江陆港、梅州陆港、石家庄陆港、淄博陆港、徐州陆港、西安国际港务区、郑州国际陆港、兰州国际陆港、成都国际陆港、新疆国际陆港、合肥国际陆港。

典型案例

"长赐号"事故

2021年3月23日，一艘名为"长赐号"（Ever Given）的重型集装箱船在苏伊士运河新航道发生事故搁浅，造成了苏伊士运河严重的堵塞，扰乱了全球供应链系统。直至3月29日，"长赐号"集装箱船脱浅，苏伊士运河堵塞问题才得以解决。

造成本次拥堵的"长赐号"货轮，其船身长达400米，宽约59米，是世界营运中最大船舶之一，属于我国台湾长荣海运公司。此类型超过20 000 TEU的运输船，该公司拥有11艘。而苏伊士运河，水面宽280~345米，通行航道则要窄于水面宽度，平均宽度仅130米。即便在水面最宽阔处，"长赐号"这类巨型货轮也只能直行，完全没有转向的空间。这是典型的运输工具的发展与港口基础设施不适配的案例。

截至"长赐号"重新上浮，共有450艘船只被堵在苏伊士运河。"长赐号"搁浅6天，但拥堵影响的时间和空间相当大：重新开通运河后，拥堵由运河转向各船只的目的港，其影响一直持续到2021年第二季度。

苏伊士运河的重要性，决定了其堵塞对世界的影响力度。苏伊士运河是连接非洲、亚洲和欧洲的地理要冲，也是连接地中海和中东文明的要道。据相关报道，苏伊士运河每堵塞一天，全球贸易将损失60亿~100亿美元。

2021年5月28日，苏伊士运河管理局调查认定："长赐号"船长为搁浅事故负全责；7月7日，苏伊士运河管理局与"长赐号"船东公司正式签署和解协议；11月13日，"长赐号"货轮在青岛完成维修，并进行维修后首次载货远航。

苏伊士运河本次堵塞扰乱了全球物流，影响了全球供应链，该案例说明了：第一，国际物流对海运过度依赖；第二，国际物流过度依赖苏伊士运河航线。同时，也从侧面反映出全球供应链缺乏弹性，面对突发事件，解决速率及风险担负能力都有待提高。一方面，堵塞再次凸显了苏伊士运河的战略意义；另一方面，提醒着世界各国开发利用其他航线和运输方式的必要性。

资料来源：人民日报海外版. 苏伊士运河堵塞事件持续发酵——"世纪大堵船"对全球影响多大？［EB/OL］.［2021-04-06］；360 doc. 带你了解苏伊士运河堵塞事件全貌［EB/OL］.［2021-04-01］；中国日报中文版. 长赐号货轮搁浅船长被认定负全责［EB/OL］.［2021-05-28］.

本章小结

首先，在介绍全球最重要的商品贸易国家和地区的基础上，分析了其对国际运输与物流的影响；其次，在阐释航线相关概念和分类后，着重介绍了国际主要的海运和空运航线；最后，简要概括港口的特征和分类后，依据相关资料分别展示了我国乃至世界各地区的海港、空港和陆港。

思考题

1. 什么是航线？ 形成航线的主要因素有哪些？
2. 航线有几种分类方法？ 各种不同航线的特点是什么？
3. 结合地图介绍全球最重要的集装箱运输航线。
4. 结合地图说出我国及欧洲、北美洲、亚洲重要的世界级大港，指出它们的重要地位。

案例讨论

北京某外贸企业出口一批工艺品到美国的芝加哥，计划采用集装箱运输方式。请参照国际集装箱主要航线设计一条运输路线。（讨论要点见教师课件）

本章关键术语

□ 航路和航线
□ 定期航线和不定期航线
□ 远洋航行、近洋航线和沿海航线
□ 干线和支线
□ 港口

本章阅读资料

区域经济一体化

区域经济一体化也叫区域经济集团化，是指特定地理区域内或特定区域之间，某些国家和政治实体为实现彼此间在货物、服务和要素的自由流动，实现经济发展中各种要素的合理配置，促进相互间的协调发展而达成的取消有关关税壁垒和非关税壁垒，进而协调产业、财政和货币政策，并建立起相应的超国家组织机构的过程。主要有以下形式：

□ 自由贸易区。通过签订自贸协定，成员之间的产品和服务贸易壁垒被逐步消除，成员之间不再彼此设立歧视性关税、配额、补贴或管理障碍。同时，每个成员可自由设置其对非成员国的贸易政策。这样，成员对自贸区内部和外部的贸易条件会产生很大差异。代表性组织：北美自由贸易区。

□ 关税同盟。对内，成员之间消除了贸易壁垒；对外，成员采取共同的贸易政策。一般要求有一个强有力的管理机制来约束成员与非成员间的关系。代表性组织：安第斯条约。

□ 共同市场。理论上，成员之间没有贸易壁垒，并实行共同对外贸易政策，且其生产要素在成员之间自由流动。其成员间的经济联合程度要远大于关税同盟。代表性组织：南方共同市场。

□ 经济联盟。成员之间生产要素完全自由流动，同时实施共同的货币政策和财政政策。这种高度融合需要强有力的机制进行协调，要求成员牺牲一定的国家主权。20世纪末，欧盟已经建成经济联盟。

□ 政治联盟。经济联盟的进一步发展，需要建立政治联盟来保障对所有成员都负责的协调机构的运行。欧盟属于经济、政治一体化联盟。

从自由贸易区到关税同盟、共同市场、经济联盟、政治联盟，区域经济一体化的级别越来越高，国家间的融合逐渐走向深入。近年来，区域经济一体化发展不再局限于传统地域，向广域经济一体化发展，《全面与进步跨太平洋伙伴关系协定》（CPTPP）和《区域全面经济伙伴关系协定》（RCEP）是典型例证。

资料来源：薛荣久. 国际贸易. 北京：对外经济贸易大学出版社 [M]，2003：470-473. 有改动.

即测即评

第 三 章
国际班轮运输

本章学习要求

　　通过本章学习，了解海运发展历史，掌握海上货物运输的基本特点和经营方式；了解船舶的基本构造、常见船舶种类和有关船舶的基本常识，掌握船舶载重吨和航运界方便旗船的做法；了解班轮公司船期表的主要内容，掌握班轮运价、附加费的主要特点和常见种类，以及班轮运费的核收方法，并能计算班轮运费；了解班轮提单的主要内容，掌握班轮提单的基本性质、主要类别及各自特征；了解班轮提单签发和流转过程，掌握班轮提单主要内容和填写方法，理解背书主要条款的特定含义；了解世界上有关提单的重要国际规则和它们的主要差异。

第一节　海运概况

一、海运的发展

　　海上运输简称海运，是以船舶为工具，通过海上航道进行客货运输的一种运输方式，是世界上最古老的运输方式之一。

　　在遥远的古代，海上活动主要以帆船为运输工具。19 世纪工业革命，船舶制造技术改进以后，航运业才真正得以发展。1801 年，第一艘蒸汽动力船舶"卡洛登达斯"号建成；6 年后，美国人富尔敦的蒸汽船在哈德逊河上首航成功，开启了航运的蒸汽时代；1838 年，全程使用蒸汽动力的船舶第一次成功横渡北大西洋，正式拉开了现代国际航运的历史。

随着时间的推移，生产技术逐渐进步，船舶制造技术也有了突飞猛进的发展。早期依靠燃烧煤炭获得动力的蒸汽船舶逐渐被以燃油为动力的内燃机船舶替代，船体的结构也由木材改为钢材。钢质内燃机船舶拥有强大的动力、载货能力、续航能力，以及抵抗海上风浪的能力，这些也是现代船舶的主要特征。

通信技术的发展为海上航行提供了便利。无线电的发明和利用，罗盘、雷达、卫星定位、卫星通信设备的广泛使用，进一步保障了海上航行的安全，也成为海运业发展的坚实基础。

我国拥有 1.8 万千米的海岸线和数量众多的天然良港，具有发展海上运输事业的良好自然条件。新中国成立之初，我国主要对外贸易伙伴是苏联和东欧的社会主义国家，商品运输以铁路运输为主。1950 年，我国第一家专门从事对外贸易进出口货物运输的公司——中国对外贸易运输总公司成立。在随后近 30 年期间，该公司是我国唯一的国际货运代理公司。1951 年 6 月，我国首家航运公司，也是我国首家中外合资企业——中波轮船股份公司成立，从事中欧等多条航线的件杂货物运输工作。1961 年 4 月，中国远洋运输公司在北京宣告成立，同时第一艘悬挂中华人民共和国国旗的"光华"号客轮出海。1973 年，中外合作的第一艘集装箱班轮试航，开创了我国集装箱运输的先河。21 世纪，中国已是全球最大贸易国、世界主要的国际航运大国。2020 年，总计 74 413 船次集装箱船挂靠中国港口[①]，创全球航运纪录。截至 2021 年年初，中国船东拥有的船舶运力达到 2.45 亿载重吨，占全球商船总运力的 11% 以上；全球排名前 10 的海港中，中国港口占据一半以上。

二、国际海运的基本特点

国际海运是国际物流中最重要的运输方式。据估计，海运货运量常年占全球货物贸易总量的 80%~90%。[②] 与其他运输方式相比，海运具有以下特点。

（一）运输量大

海运船舶的运力要远远大于其他运载工具。随着造船技术日益发展，船舶大型化趋势明显。20 世纪 70 年代，超级油轮的载重量超过 50 万吨。21 世纪，制成品贸易最重要的运输工具——新一代集装箱船的运载能力超过 2 万标准箱（TEU），且全球航运市场船舶平均规模持续增大。统计数据显示，2020 年超过 1 万 TEU 的超大集装箱船占全球船队运力的比重近 40%。2021 年 12 月 29 日，长荣海运集团订购的可承载 2.4 万 TEU 的世界最大的集装箱船在上海下水，该船总长 400 米，宽 61 米，吃水深 16 米，是新一代海上"巨无霸"。[③]

（二）通过能力强

海上运输多借助天然航道完成。地球表面约 70% 是海洋，洋面辽阔，港口众多，航道四通八达，所以海上运输没有公路和铁路运输那样多的路线约束。除特殊情况，在遇到突发事件时，承运人可根据现实情况调整运营航线以顺利完成运输任务。

---

① UNCTAD. Review of Maritime Transport 2021［R/OL］.［2021−11−18］.
② UNCTAD. Review of Maritime Transport 2018［R/OL］.［2018−10−03］.
③ 中国新闻网. 中国首制全球最大型集装箱船在沪东中华顺利出坞［EB/OL］.［2021−12−29］.

（三）适货能力强

远洋船舶的货舱容量大，承载能力强，且航道水域宽阔，不存在公路运输和铁路运输所面临的路面条件限制，所以几乎所有货物都可采用海上运输方式，特别是超大型货物，海上运输是其首选的运输方式。20世纪，随着造船技术不断完善，出现了多种针对特种货物的专业化船舶，如散装船、油轮、滚装船、冷藏船、集装箱船等，极大提高了船舶的适货性。

（四）运费低廉

一方面，海上运输航道多系天然形成，港口设施一般为政府修建，运输企业仅根据需要支付港口设施使用费、服务费，不需要像公路运输和铁路运输那样大量投资运输通道建设；另一方面，海运船舶载运量大，运输里程远，因此可以充分发挥运输中的规模经济效益。在所有运输方式中，海运的单位运输成本最为低廉，为低附加值的大宗散货运输提供了有利条件。

（五）速度较慢

商船体积大，受风力和水流阻力影响大，因此速度较低。虽然随着造船技术的改进，以集装箱船为代表的现代商船的航行速度有了很大的提高，能达到25节以上（因为高速行驶经济性欠佳，很多船公司会降低船速以控制成本），但与其他运输方式相比，速度仍然较慢，因此不适于时效性要求高的货物。

（六）风险较大

海运过程中，船舶会长时间远离海岸。尽管现代商船配备有先进的通信和卫星导航设备，但多变的气候、复杂的海洋环境和随时可能发生的自然灾害（风浪、海啸、浮冰等），使航行时间和航行安全都无法得到切实保障。同时，受局部地区罢工、贸易禁运、战争、海盗等社会人为因素的影响，船舶遇险的可能性持续增大。

（七）服务可得性有限

广大内陆国家和地区无法直接获得海运服务，只能借助公路、铁路等设施以多式联运的方式获得服务，运输时间和费用都因此上升，极大影响了服务的可靠性。虽然海上运输速度慢、风险大、服务的可得性有限，但由于其运量大、适货性强、价格低廉，所以仍是多数国家实现进出口贸易最重要的运输方式。

三、国际海运的经营方式

国际海运服务按船舶运营方式不同分为班轮运输（定期船运输）和租船运输（不定期船运输）两大类。

（一）班轮运输

班轮运输（Liner Transport）又称定期船运输，指船舶在固定航线上和固定的港口①之间按照事先公布的船期表航行，从事客、货运输服务，并按事先公布的费率收取运费的一种服务形式。

班轮运输的特点可归纳为：

（1）"四固定"，即（一段时间内）固定的航线、固定挂靠的港口、固定的船期和相对固定的费率。

---

① 一般称为基本港。

（2）货物装卸、配载由班轮公司或承运人负责，装卸费用包括在运价内，双方不计滞期、速遣费。

（3）货主与承运人之间的权利、义务、责任、豁免以承运人签发的提单条款为主要依据。

由于上述特点，班轮运输特别有利于一般杂货和普通贸易货物的运送。在国际贸易中，除大宗商品利用租船运输外，零星成交、批次多、到港分散的工业制成品，多数由班轮运输的方式完成。当前，随着集装箱运输的普及，班轮运输以集装箱运输为主。且班轮运输的"四固定"特点是国际贸易买卖双方洽谈运输条件的重要依据，使买卖双方事先能根据班轮船期表商定交货期和装运期，以及装运、卸货港口，并且可以根据公布的费率表（Freight Tariff）核算运费和附加费用，从而能比较准确地估算成本，为买卖双方洽谈贸易条件提供便利。

此外，与租船相比，班轮运输有一定的垄断性，使承运人的谈判地位较为优越。且班轮运输具有一定的稳定性，班轮公司与港口服务企业之间签有长期协议，可以根据客户需要提供不同类型的口岸服务。各班轮公司通常较为重视服务质量的改进，为保证船期，提高竞争力，吸引货载，一般会选用设备较全、性能较好的班轮船舶。大的班轮公司往往还提供除海上运输之外的延伸服务，如内陆物流服务、货物跟踪查询服务等，甚至为重要客户提供全球一揽子的综合物流服务。同时，企业有严格的管理制度，能充分保障货物运输的质量。

（二）租船运输

租船运输又称不定期船运输（Tramp），没有预定的船期表、航线和挂靠的港口，完全按照租船人和船东的协议安排船舶的航行计划，组织货物运输。租金或运费也完全由租船人和船东谈判确定，受当时租船市场供求法则的制约。

与班轮运输不同，租船运输的特点为：

（1）没有固定的航线、固定的装卸港口和固定的船期，航线、挂靠港口和船期由双方洽谈而定，并以租船合同的方式确认。

（2）运价和/或租金完全由租船市场决定，装卸、滞期、速遣等各种费用根据双方协议决定。

（3）一般为整船洽租，以运送低价值、大宗货物为主。

以上特点决定了租船运输主要适用于石油、粮食、矿石等大宗货物运输，运量大，单位运输成本低廉。同时，由于价格的竞争性较强，所以非常适合低附加值的原材料运输。租船运输方式可以按租船人要求安排航线，较班轮运输更加灵活。

第二节　船　　舶

一、船舶构造

船舶是海上运输的工具，一般由以下五部分组成。

（一）船壳

船壳指船的外壳，是由多块钢板铆钉或焊接而成，包括龙骨、翼板及上舷外板三部分。当前，为遏制因油轮泄漏事件引起的海洋污染问题，以欧洲国家为代表，一些国家针对油轮制定更加严格的法律法规，并要求油轮配有双层船壳，增加了船舶的建造成本。

（二）船架

船架指为支撑船壳所用各种材料的总称，分为纵材和横材两部分。纵材包括龙骨、底骨和边骨，横材包括肋骨、船梁和船壁。

（三）甲板

甲板指铺在船梁上的钢板。大型船舶有多层甲板，作用是加固船体，同时可以分层装货，便于配载。在航运界，习惯在甲板之上装载原木等体积较大、不适合装载在船舱内的货物。大型集装箱船一般也会在甲板之上码放多层集装箱，但某些集装箱船采用敞口式设计，并没有传统意义上的甲板。

（四）船舱

船舱指甲板以下有各种用途的空间，包括船首舱、尾舱、货舱（Hold）、机舱等，多数货物被安放在船舱之中。

（五）船面建筑

船面建筑指主甲板上面的建筑，是船员工作、起居及存放船具的场所。

二、货船种类

作为商船的一种，货船的分类方法很多，按航行水域可分为远洋船、近海船和内河船。按用途则主要分为液货船和干货船两大类。

（一）液货船

液货船指用于运送散装液态货物的船舶，主要有油轮、液化气船和液体化学品船①三种。以下介绍前两种。

1. 油轮

油轮（Tanker）指专门用于运送原油及成品油的船舶，其内部一般被分为数个贮油舱，它们之间由油管相连接，并有专门的油泵和油管与岸上设施相连接，便于装卸货物。为减少液体流动对船舶平稳性造成的不利影响，这些货舱多采用纵向结构。

油轮是世界上载重能力最强的船舶。1980年，日本改装的油轮"海上巨人"号载重量达到56万吨；2020年，世界油轮的吨位已经达到商船总吨位的29%。②除开放登记国外，希腊、中国、新加坡、日本、韩国、挪威、美国等拥有世界上最大规模的油轮船队。近年，随着我国能源需求不断增长，对石油及石油产品的进口不断攀升，我国油轮船队的规模也在不断加大。2022年下半年，我国内地的船队总价达到425亿美元，仅次于希腊（562亿美元），排名世界第二。③

2. 液化气船

液化气船是专门装运液化气体的船舶。根据所载运货物不同，又分为液化天然气船和液化

---

① 液体化学品船，是指专用于装运液体化学品的"船舶"。因为液体化学品多为有毒或易燃或腐蚀性液体，所有此类船舶的建造要求通常较高，专业化程度也较高。

② 本部分船舶数据，除另外说明外，均来自联合国贸发会各年度《海运述评》。

③ 传统上使用船舶数量、船舶的合计载重吨等指标衡量船队规模。这两种统计方法虽然较为准确，但难以体现船龄等其他因素对船队实际服务能力的影响。近年，联合国贸发会在年度《海运述评》（Review of Maritime Transport）中还加入船舶估值这一衡量指标（针对千吨以上船舶）。

石油气船。

液化天然气船(Liquified Natural Gas Carrier,LNG)按船舶货舱的结构划分为独立储罐式和膜式两种。独立储罐式液化天然气船指将柱形、球形等储罐置于船内。膜式液化天然气船则采用双层船壳,作为液化天然气的舱壁,内壳内附可防止泄漏的镍合金钢膜。

液化石油气船(Liquified Petroleum Gas Carrier,LPG)按气体液化的方法分为压力式、半低温半压力式和低温式三种。压力式液化天然气船指通过高压储罐用高压维持石油气的液态性质,而后两种船要借助舱内的低温对石油气进行液化处理。

液化气船的大小通常用货舱的容积表示,载货能力一般在6万~20万立方米。日本、希腊、挪威、英国、新加坡、中国、韩国等拥有世界上最大的液化气船队。

(二)干货船

按船舶结构、设备特征和主要运送的货物,干货船又可以分成:

1. 杂货船

杂货船(General Cargo Ship),也称件杂货船,主要用于运输各种包装货和裸装的普通货物。我国拥有世界上最大的杂货船队(按实际所有人计算)。截至2020年年初,我国内地的杂货船队总价51.2亿美元,相当于世界船队的14%。

杂货船以装运零星件杂货为主要业务,一般定期行驶于货运繁忙的航线。船上一般设有多层甲板,防止堆垛过高对底层货物造成损坏。同时设有多个货舱,适应不同货物载运要求,舱口备有吊杆或起重机,方便货物的装卸。货船的吨位、大小因航线、港口及货源而不同。近年来,随着各国大型基础设施建设项目的增多,超大货物运输市场需求不断增加,相应地,杂货船的业务量也持续增加。

2. 散装货船

散装货船(Bulk Cargo Ship)又称干散货船,是专门运输粉末状、颗粒状、块状(如煤炭、谷物、矿砂等)等无包装大宗散货的船舶。根据所运货物种类,散货船又分为运煤船、运粮船、矿石船等。大型散货船的载货量一般超过12万载重吨。

由于运输货物种类相对单一,对隔舱的要求不高,所以散装货船通常只设置单层甲板,只在货舱内放置隔板防止货物受风浪的影响出现移位。为提高装卸效率,货舱口很大。

据2021年的统计数据,日本、希腊、中国拥有世界上最大的散货船队,合计的船队规模超过全球散货船队的一半。其中,我国内地散货船队规模达到347.35亿美元,占世界船队规模的16.3%。

3. 集装箱船

集装箱船也称吊装式集装箱船,分为部分集装箱船、可变换集装箱船和全集装箱船,多利用岸上的起吊设备对集装箱进行垂直装卸。

部分集装箱船(Partial Container Ship)指在船舶的特定部位设集装箱专用舱位,其他舱位仍装普通件杂货物。

可变换集装箱船(Convertible Container Ship)指货舱内的集装箱结构是可拆卸式的,既可以装运集装箱,也可随时改装运送普通杂货。

全集装箱船(Full Container Ship)指专门用于装运集装箱货物的船舶,是当前航运市场的主力军。中国、德国、日本、丹麦、希腊拥有世界上最大的集装箱船队。其中,我国内地集装箱船队总值 206.32 亿美元，占全球的 13%。

全集装箱船一般为单甲板，舱口有垂直导轨，集装箱可沿导轨放下。船舱内设置隔栅式货架固定集装箱，防止运输途中集装箱出现前、后、左、右方向的移动，以保障航行安全。甲板上也设置固定集装箱的特殊结构，随船型不同可堆放多层集装箱。由于集装箱船一般利用码头上的装卸桥完成装卸作业，因此多数船不配备装卸设备。

伴随着船舶大型化趋势，集装箱船也经历了近半个世纪不断加大的过程，如图 3-1 所示，2011—2021 年超大集装箱船在全球船队的规模持续上升，占比已近四成。航运企业在货源充足的航运干线部署大型船舶，通过规模经济节约成本，并加剧航运市场竞争。同时，更多超大集装箱船的使用也对包括巴拿马运河、苏伊士运河在内的全球航运关键通道、港口设施、装卸服务效率等提出新的要求，增加升级换代的压力，进而推动新一轮国际航运领域的投资。

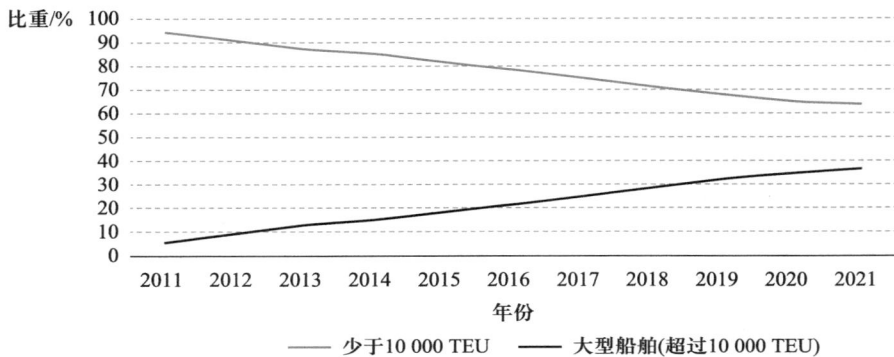

图 3-1   超大集装箱船占全球集装箱船队的比重（2011—2021 年）

资料来源：UNCTAD. Review of Maritime Transport 2021［R/OL］.［2021-11-18］.

4. 冷藏船

冷藏船（Refrigerated Ship）指专门用于运送需要冷冻的易腐货物的船舶，一般吨位较小，通常在几百吨到几千吨之间。船上装有制冷系统，设有多个货舱，各舱之间封闭、独立，舱壁和舱门都使用隔热材料以维持舱内的温度，确保可以装载有不同温度要求的货物，提高船舶的利用率。

5. 木材船

木材船（Timber Ship）是专门用以运输木材或原木的货船。船舶的舱口大，舱内无梁柱或任何妨碍装卸的设备，船舱和甲板可以装载木材，也可运送规格超限的大型设备。

6. 滚装/滚卸船

滚装/滚卸船（Roll On/Roll Off Ship）指专门用于运送汽车和集装箱拖挂车的船舶。运输集装箱拖挂车时，集装箱连同底盘车作为一个装运单元参与运输过程，在拖车的协助下完成装卸作业。船舱内多层甲板之间用斜坡道或升降平台连接，便于通行车辆。

这种船最大的特点是灵活，不依赖码头装卸设备，可以广泛适用于各类港口。一般在船侧或船首、船尾设有桥板连接码头，汽车或集装箱拖车可以直接开进或开出船舱，装卸速度极快，大大提高了船舶的使用频率。但滚装船的载运量较小，一般在 3 000~26 000 吨。

7. 载驳船

载驳船（Barge Carrier）又称子母船，主要特点是首先将货物装在驳船上，然后将驳船置于大船指定位置。常见的有拉希型载驳船（Lighter Aboard Ship，LASH）和西比型载驳船（Seebee Aboard Ship）。

与滚装船类似，载驳船的装卸效率也较高，且其装卸时不受港口水深度限制，不需要占用码头泊位，特别适合河海联运。

8. 多用途船

多用途船（Multi-Purpose Vessel）指具有多种装运功能的船舶。

按货物对船舶性能和设备的不同要求，可以分为：以载运集装箱为主的多用途船；以运输超重、超长货物为主的多用途船；兼运集装箱和超大货物的多用途船；兼运集装箱、超大货物和滚装货的多用途船。

三、船舶吨位

船舶吨位是衡量船舶大小的重要指标，按计量方法不同可分为重量吨位和容积吨位。其中，重量吨位又分为排水量吨位、载重吨位，而容积吨位则主要有注册总吨和注册净吨两种（见表3-1）。

表3-1　船舶吨位的分类

船舶吨位	重量吨位	排水量吨位	满载排水量吨位
			空船排水量吨位
			实际排水量吨位
		载重吨位	总载重吨
			净载重吨
	容积吨位	注册总吨	
		注册净吨	

（一）重量吨位

1. 排水量吨位

排水量吨位（Displacement Tonnage）即船舶在水中所排开水的吨数，也就是船舶的重量。按船舶当时状况不同，排水量吨位有满载排水量吨位、空船排水量吨位和实际排水量吨位三种，可用来计算船舶的载重吨位。

（1）满载排水量吨位（Full Load Displacement）又称重排水量吨位，是船舶在载货、载客达到最高载重线时，船舶所能承载的最大限度重量。

（2）空船排水量吨位（Light Displacement）又称轻排水量吨位，是船舶自重加上船员和必要的给养物资（燃料、客货除外）三者之和，即船舶最小限度的重量。

（3）实际排水量吨位（Actual Displacement）即船舶每个航次实际载货后的排水量。

2. 载重吨位

载重吨位（Dead Weight Tonnage，DWT）用来表示船舶营运中能够使用的载重能力，一般分为总载重吨和净载重吨。

船舶载重吨可直接反映船舶的载运能力，是租船业务中考察船舶大小的重要依据，可作为计算租金的单位，也可以用于计算船舶售价。

（1）总载重吨（Gross Dead Weight Tonnage）指船舶根据载重线标记所能装载的最大限度重量，即船舶重排水量与轻排水量的差。一般包括船舶所载货物的重量以及船舶航行期间所需的各种物资（如燃料、淡水及其他供给品）的重量。定期租船业务中的租船人常常利用该指标评估所租船舶的规模。

（2）净载重吨（Dead Weight Cargo Tonnage，DWCT）又称载货量，指船舶所能装运货物的最大限度重量，是船舶总载重吨与船舶航行期间所需燃料、淡水等各种供给物资重量总和的差。在定程租船业务中，也是租船人据以判断船舶大小是否适当的重要依据。

（二）容积吨位

容积吨位又称注册吨（Registered Tonnage），是表示船舶容积的单位，有注册总吨和注册净吨两种。

1. 注册总吨

注册总吨（Gross Registered Tonnage，GRT）或称容积总吨，是指船舶舱内和甲板上有固定覆盖物的舱面建筑的所有内部空间的总和，以每 100 立方英尺或 2.83 立方米为 1 注册吨折算而成。注册总吨常用于国家对商船队的统计、船舶的登记、船舶大小的比较。政府对航运业的各项补贴也多以注册总吨为计算依据。

2. 注册净吨

注册净吨（Net Registered Tonnage，NRT）或称容积净吨是从注册总吨中减去不能直接用作商载的部分空间后所余的吨位，即以船舶可用来装载货物的所有空间容积折合成的吨数。注册净吨主要用于船舶报关、船舶吨税和运河费的计算。

四、船舶载重线与船级

船舶载重线（Load Line）即船舶满载时的最大的吃水线，绘制在船舷两侧，指明船舶入水部分的限度，是船级社或船舶检验机构根据船舶的材料、结构、船型等技术指标，以及船舶航行的海域、季节性变化而制定的，目的是限制超载，保障航行中船舶、船上的财产和人身生命安全，违反者将受到法律制裁。

通常，载重线由高到低可分为热带淡水载重线、淡水载重线、热带载重线、夏季载重线、冬季载重线、北大西洋冬季载重线等多条。定期租船业务习惯按船舶夏季载重线所对应的船舶吨位来计算。

船级是表示商船技术状况的一种指标。在国际航运界，一般要求船舶接受船级社或船舶检验机构定期对船体及机器设备等的技术性能鉴定，并按船舶达到的不同等级标准颁发的船级证书。船舶入级一方面可保证船舶的航行安全，另一方面可便于国家对船舶进行技术监督，便于租船人和托运人选择适当的船只，也便于保险公司决定船、货的保险费用。目前，世界上主要的船级社包括英国劳埃德船级社、德国劳埃德船级社、挪威船级社、法国船级局、日本海事协会、美国航运局以及中国船级社等。

五、船籍与船旗

船籍即船舶的国籍。商船所有人向本国或外国船舶管理相关部门办理所有权登记即可取得本国或登记国的国籍证书，使船舶获得该国国籍，被国籍国称为"国轮"。很多国家为支持本国船队，规定外国船舶不能承担本国的沿海运输服务，即国内港口之间的运输服务（沿海运输权，Cabotage）只能由本国船舶完成。

船旗即商船在航行中悬挂的国旗。国际法规定，商船是船籍国浮动的领土，无论在公海还是在他国海域航行，均须悬挂船籍国的国旗。船舶有义务遵守船籍国法律法规，并享受船籍国法律的保护。

方便旗船（Flag of Convenience）指在外国登记，悬挂外国国旗并在国际市场上进行营运的船舶。世界上有一些国家公开允许外国船舶在本国登记，并取得本国的国籍，这些国家被称为开放登记国家或者称开放注册国，如利比亚、巴拿马、塞浦路斯、巴哈马、马耳他及百慕大等。

第二次世界大战后，冷战加剧了东西方国家之间政治关系的紧张，为更方便地进行商业活动，船东纷纷寻找政治中立的开放登记国注册登记，方便旗船大量增加。冷战结束后，船东选择方便旗船多是出于各种经济因素的考虑。例如，在外国注册不受本国政府的管制，可自由制定运价；可逃避本国的重税和军事征用；可自由处分船舶，使用外汇，逃避本国有关外汇管制制度；可自由雇用外国船员，支付较低的工资；可降低船舶建造标准，节省建造、修理费用；可降低营运成本，增强竞争力等。但开放登记也增加了各国政府监督、管理航运市场的难度，特别是开放登记国不加审查的做法，使犯罪分子有机可乘，不利于国际航运市场防范欺诈等犯罪活动。

根据联合国贸易和发展会议统计，开放登记国巴拿马拥有世界上最为庞大的船队。2021年，该国注册登记的商船为 7 980 艘，约占全球船队总规模的 15%。从所有权看，全球超过70% 的船舶悬挂方便旗，规模位居前 10 的国家包括希腊、中国、日本、新加坡、德国、韩国、挪威、英国等。其中，德国、挪威的方便旗船占比超过 90%，而中国内地有 56.8% 的方便旗船（见表 3-2）。

表 3-2　世界主要航运国家或地区的船队规模

序号	国家或地区	船舶数量/艘			载重吨位/吨			方便旗占比/%	占全球比重/%
		国轮	外国旗	合计	国轮	外国旗	合计		
1	希腊	642	4 063	4 705	58 067 003	315 350 152	373 417 155	84.45	17.64
2	中国内地	4 887	2 431	7 318	105 657 323	138 898 420	244 555 743	56.80	11.56
3	日本	914	3 115	4 029	35 107 223	206 741 103	241 848 326	85.48	11.43
4	新加坡	1 459	1 384	2 843	73 258 302	65 805 758	139 064 059	47.32	6.57
5	中国香港	886	878	1 764	72 367 151	31 851 549	104 218 700	30.56	4.92
6	德国	198	2 197	2 395	7 437 473	78 759 307	86 196 779	91.37	4.07
7	韩国	787	854	1 641	15 096 916	70 995 920	86 092 896	82.46	4.07
8	挪威	387	1 655	2 042	1 899 017	6 214 480	64 043 497	97.03	3.03
9	百慕大	13	540	553	300 925	63 733 226	64 034 151	99.53	3.03
10	英国	309	1 014	1 323	7 160 493	46 524 174	53 684 667	86.66	2.54
	全球	23 825	30 148	53 973	580 911 310	1 535 489 578	2 116 400 888	72.55	100

资料来源：UNCTAD. Review of Maritime Transport 2021 ［R/OL］. ［2021-11-18］.

第三节　班轮运费

一、班轮公司与船期表

（一）班轮公司

国际班轮公司指利用自有或租用的船舶，按照班轮运输模式为国际港口提供班轮运输服务的运输企业。

班轮公司是国际班轮运输中的承运人，须依据需求开辟班轮航线，并向公众提供特定的船期表、运价本，承揽货物运输服务，对货主签发特定提单。2020 年上半年世界上主要的集装箱班轮公司数据如图 3-2 所示。由中国海运（集团）总公司、中国远洋运输（集团）总公司在 2016 年合并而成的中国远洋海运集团有限公司排名第二，市场份额约 14%，丹麦的马士基集团、瑞士的地中海航运集团分列第一和第三。

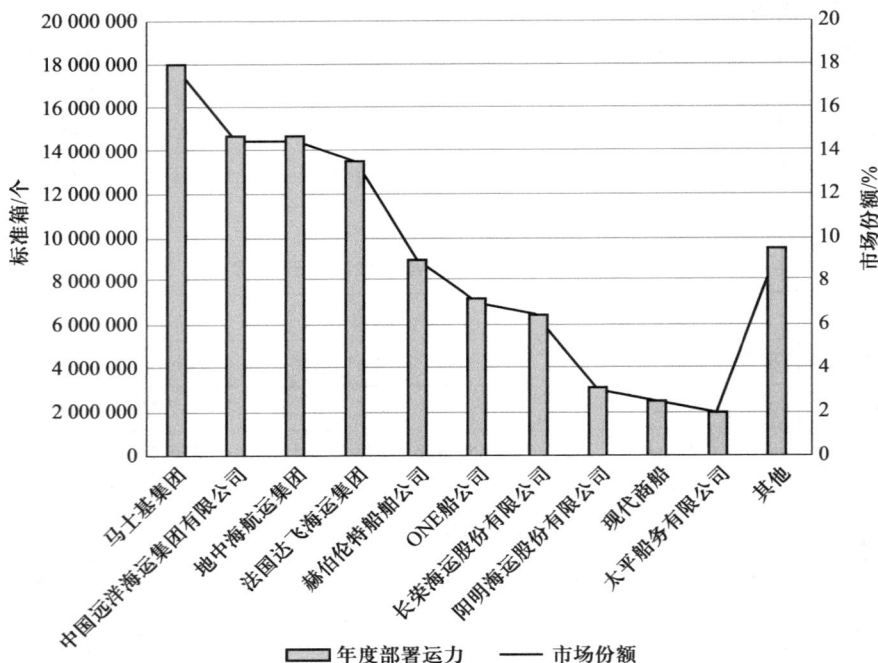

图 3-2　世界前 10 大集装箱班轮公司（2020 年 5 月）

资料来源：UNCTAD. Review of Maritime Transport 2020 ［R/OL］. ［2021-01-18］.

历史上，同一航线上的两家或两家以上班轮公司为避免相互之间的竞争，维护共同利益，曾经组织班轮公会①，制定统一规则、规定统一运价、协调运力、制定货载分摊协议等，形成国际航运市场上的垄断组织。班轮公会曾经在航运史上扮演重要角色。辉煌一时的远东水脚公会，就曾拥有包括英国、挪威、日本在内的 30 多个国家的 40 多家船公司。由于班轮公会对稳定运价起到积极作用，因此在各国一度受到保护，享受反垄断豁免权。1974 年，联合国贸易和发展会议还促成了《联合国班轮公会行动守则公约》的签订，制定了著名的 4∶4∶2 货载分配原则，即在航线两端国的班轮公会成员各承揽 40% 的货载，其余 20% 由第三国公会成员承运。随着各国航运管制政策进一步放宽，尤其是 1998 年美国航运改革法为代表的鼓励竞争的法规逐步出台，班轮公会的势力也在逐渐衰退之中，大型航运公司的退出（如马士基集团退出美国线的《泛太平洋航线运费稳定协定》）、欧盟相关政策的调整也加速了这一趋势。

目前，航运公会的势力虽日渐衰弱，但班轮公司间的协作并没有终止，常见合作模式为舱位互租（一方作为承租人向合作另一方租用部分舱位）、舱位互换（各合作方拿出部分舱位来换取对方类似航线的等量舱位）、舱位共享（协作各方共同派船，并按协议比例确定各自在每艘船的舱位分配数量）。曾经，美国总统轮船、商船三井和现代商船组成的新世界联盟，日本邮船、东方海外、赫伯罗特等组成的伟大联盟都是航运公司间战略合作的代表。

（二）船期表

班轮船期表是班轮公司对外公布的货运服务信息的重要组成部分（见表 3-3）。一方面，出于市场营销的目的，有助于班轮公司招揽沿途货源，促进企业开拓市场，扩大销售；另一方面，便于货主查询相关信息，提高企业服务质量和效率。

表 3-3　班轮船期表

Port	Dock	ETA	Time	ETD	Time
Busan	Busan New Container Terminal	FRI	0	SUN	2
Ningbo	Meishan-Island Int'l Container Tml	MON	3	WED	5
Shanghai	Shanghai Shengdong (1), Yangshan	THU	6	SAT	8
Yantian	Yantian Int'l Container Tml	TUE	9	WED	10
Singapore	Pasir Panjang Terminal	MON	15	TUE	16
Le Havre	Terminal de France	TUE	39	THU	41
Dunkirk	Terminal des Flandres	FRI	42	SUN	44
Hamburg	Container-Terminal Burchardkai	TUE	46	FRI	49
Rotterdam	RWG-Rotterdam World Gateway	SUN	51	TUE	53
Port kelang	Westports Malaysia	WED	75	FRI	77
Busan	Busan New Container Terminal	FRI	84		

资料来源：中远海运集装箱运输有限公司。

---

①　班轮公会也称航运公会（Shipping Conference），俗称水脚公会。

船期表内容主要包括：航线、船名、航次编号、经过的港口（包括始发港、中途港和终点港）和到港时间等。值得注意的是，船期表中公布的船舶到港时间只是本航次运营中船舶"预计到达时间"（Estimated Time of Arrival，ETA）或"预计离港时间"（Estimated Time of Departure，ETD），并不是班轮公司保证的到达时间和离港时间，不构成班轮公司的承诺。

二、班轮运价

（一）班轮运价的特点

班轮运价即班轮公司为提供货物运输服务而向货主收取的运费价格。它的基本特点包括：

（1）由班轮公司以运价表的形式公开发布，具有一定的稳定性。

（2）一般包括装货港到卸货港的运输费用。由于班轮运输中承运人负责货物的装卸，所以班轮运价还包括两港的装卸、积载费用，船货间不涉及滞期、速遣费用。

（3）依据运营成本加成和运费负担能力原则，针对不同运距、不同类型货物，乃至同类但不同包装的货物，按货物积载能力、装卸难易程度、运输过程中是否需要特殊照料，及货主对运费的承受能力等因素制定不同的运价。集装箱运输中，班轮公司通常针对不同集装箱类别公布不同运价，同时对不同类型集装箱可装载货物的种类、重量等提出限制。近年来，也有一些航运企业借鉴航空公司收益管理思路，根据市场需求对运价进行动态调整，取得了较好的成效。

（4）班轮运费包括基本运费和附加费，一般会分别列出，也有船公司直接给出总包费用（All In）。

（二）班轮运价的种类

1. 班轮公会运价和班轮公司运价

班轮运价按照制定运价的主体不同，可以分为班轮公会运价和班轮公司运价。顾名思义，班轮公会运价就是由航运公会制定、颁布，并由航运公会修改、调整的运价。班轮公会运价旨在利用垄断性的统一运价对外进行竞争，对内保护公会成员的利益，因此，作为公会成员的公司必须按公会运价表计收运费，否则会受到相应的处罚。但随着公会势力整体衰弱，公会运价不再有影响力。

班轮公司运价则是由班轮公司自行编制、发布，并在适当时候修改、调整的运价，也称非班轮公会运价。如广泛使用的《中国远洋运输集团第一号运价表》。

2. 等级运价、单项费率运价和航线运价

等级运价（Classification Rate）一般按货物积载能力、装卸难易程度、运输过程中是否需要特殊照料，以及货主对运费的承受能力等进行等级划分，按不同等级的货物分别设定运价水平。

单项费率运价（Commodity Rate）则针对不同货物、不同航线分别制定运价，所以只要掌握货名和航线信息就可以获知应支付的运价。表 3-4 是班轮商品等级运价表和航线费率表示例。

表 3-4　班轮商品等级运价表（a）与航线费率表（b）举例[①]

货物	计算标准	等级
萤石	W	4
干果	M	11
鲜果	M	7
未列明皮毛	M	16
渔具	M	9
燧石	W	3
面粉	W	5

（a）

等级	加拿大西部：温哥华	加拿大东部：蒙特利尔，魁北克、多伦多、汉密尔顿
1	150	193
2	159	202
…	…	…
19	629	802
20	711	920
从价费率	4%	4%

（b）

　　航线运价是按航线提供的运价，通常要和等级运价、单项费率运价结合使用。货主使用时要先通过等级运价表确认货物所属等级，再根据航线的等级费率表得到实际应支付的运价。近年来，随着集装箱运输的广泛使用，有很多船公司不再考虑货物等级问题，针对所有普通干货征收统一的航线运价。同时，随着数字化服务深入发展，很多企业利用交互式网络服务平台提供报价，类似表 3-4 的报价表已经慢慢淡出人们的视野。

　　3. 杂货运价和集装箱运价

　　杂货运价和集装箱运价即分别针对件杂货运输和集装箱运输而编制的运价。传统意义上的运价表都是针对件杂货制定的，由于集装箱的特殊性，航运公司往往分情况进行定价。其中，拼箱货的处理方法与件杂货相似。

　　对于整箱货物，处理方法则有很大不同，主要采用包箱费率。这种费率以每集装箱为计算单位，常见的是 CY-CY[②] 费率。

　　包箱费率主要根据航线、集装箱箱型、装卸港给出。表 3-5 为马士基公司欧洲航线常见型号干货集装箱的运价（含附加费）。该报价是在上海航交所的备案价格，一般只作为运价谈判的基础，而非实际运输服务价格。

表 3-5　集装箱运价（含附加费）

国际班轮运输业务经营者-公布运价														
公司简称	航线	周班	起始港	目的港	箱型	货类	尺寸	运价	佣金	箱扣	BAF	CAF	O.THC	D.THC	生效日期	其他
马士基	欧洲		上海	安特卫普	干货箱	一般货	20	11 500			345		563	205	2022-01-01	查看
马士基	欧洲		上海	安特卫普	干货箱	一般货	40	12 500			690		856	205	2022-01-01	查看

①　姚新超. 国际贸易运输［M］. 北京：对外经济贸易大学出版社，2003：61-62.
②　CY 全称为 Container Yard，为集装箱堆场。

公司简称	航线	周班	起始港	目的港	箱型	货类	尺寸	运价	佣金	箱扣	BAF	CAF	O.THC	D.THC	生效日期	其他
马士基	欧洲		上海	汉堡	干货箱	一般货	20	11 500			345		563	250	2022-01-01	查看
马士基	欧洲		上海	汉堡	干货箱	一般货	40	12 500			690		856	250	2022-01-01	查看
马士基	欧洲		上海	勒哈弗尔	干货箱	一般货	20	11 500			345		563	225	2022-01-01	查看
马士基	欧洲		上海	勒哈弗尔	干货箱	一般货	40	12 500			690		856	225	2022-01-01	查看
马士基	欧洲		上海	费利克斯托	干货箱	一般货	20	11 500			345		563	169	2022-01-01	查看
马士基	欧洲		上海	费利克斯托	干货箱	一般货	40	12 500			690		856	169	2022-01-01	查看

国际班轮运输业务经营者-公布运价

资料来源：上海航运交易所。

（三）计费标准

计费标准（Freight Basis）也称运费计算的标准，是运费计算的单位。常见的计费标准有：

1. 按重量计收

运价表内表示为"W"。即按货物毛重或重量吨（Weight Ton）计收运费，一般以公吨为单位，适用于重货。

2. 按体积计收

运价表内以"M"表示。即按货物体积或称尺码吨（Measurement）计收，一般以立方米为单位，适用于轻泡货物。

3. 按货物的重量或体积计收

运价表内用"W/M"表示。即同时计算货物的毛重和尺码，由承运人选择重量吨和体积吨中较高的作为运费核收依据，是最常见的一种运费核收方式。一般将该情况下的计费单位称作运费吨（Freight Ton），通常重货按重量吨计收，轻泡货物按尺码吨计收。

4. 按货物价格计收

运价表内表示为"Ad Val"，又称从价运费（Ad Valorem），一般按货物 FOB 价格的一定百分比计算运费，主要适用于高价值货物。

5. 按混合标准计收

运价表内以"W/M or Ad Val"表示，指可能按照货物重量、体积或价值三者中较高的一种计收。有的运价表内注明"W/M plus Ad Val"，表示除按照运费吨，即重量吨或尺码吨中较高的征收运费外，还要加收一定比例的从价运费。

6. 按货物件数计收

按货物件数计收，如车辆按每辆(Per Unit)计收，活动物按每头(Per Head)计收，机器按每台计收，集装箱按每个计收。

7. 按协议价格计收

按协议价格计收又称议价(Open)计收运费，一般多用于货价较低、运量较大、装卸速度快的农副产品和矿产品，如粮食、煤炭、矿砂等。在订舱时，托运人和承运人临时议定运价，通常比按等级运价计算的运费要低。

除以上运费核收方式外，零担运输中，如果按提单所列货物的重量或体积等计费标准计算的运费，未能达到运价表中规定的最低运费数额时，承运人将按最低运费(Minimum Charge，或称起码运费)收取。

此外，应当注意的是依照航运惯例，不同货物混装在同一包装内，全部运费按其中运价较高的计收。同一货物包装不同，其计费标准和等级也不同，托运人应该按不同包装分别列明货物的毛重和体积，才能分别计收运费，否则所有货物均按较高的运费标准计收运费。如果同一提单内有两种及以上不同货物，而它们的计费标准又不相同，托运人也应该分别列明不同货物的名称、毛重和体积，否则全部货物将按较高的运费标准收费。

三、班轮运费的计算

(一)基本运费与附加费

班轮运费由基本运费和附加费两部分组成。

1. 基本运费

班轮的基本运费即班轮公司对班轮航线基本港之间的货物运输服务所必须征收的费用，根据班轮公司所提供的班轮运价和所运输的货物数量计算而得，计算公式为：

$$基本运费 = 班轮运价 \times 货物数量 \qquad 3-1$$

2. 附加费

班轮附加费(Additional 或 Surcharge)是承运人向货主提供的特殊服务所收取的除基本运费以外的额外费用，或是班轮公司由于运营环境变化导致运输成本大幅度增加，为弥补损失而额外加收的临时性费用。班轮附加费种类繁多，且多具有短期性，随航线、时间、货物，甚至装卸港口不同而变化。

班轮的附加费主要由两种方法表示：一种是以相对数表示，即表示为基本运费的一定百分比。另一种是用绝对数表示，即规定每运费吨若干金额，可直接与基本运费相加。因而，该批货物应该缴纳的总运费为：

$$总运费 = 基本运费 + 附加费 \qquad 3-2$$

(二)附加费的种类

班轮附加费种类繁多，常见的有以下 11 种：

1. 超重附加费

当单件货物的毛重达到或超过航运公司规定时，就会被定为超重货物。对于超重货物，要调用特殊的吊具进行装卸，船舶积载过程中也要给予额外考虑，这些都将带来装卸、配载方面的额外支出，所以航运公司会按整件货物的全部重量计算并征收超重附加费（Over Weight Surcharge）。如某班轮公司规定对单件超过 5 吨的货物征收 9 美元/吨的超重附加费，当某货物毛重 7 吨，则要缴付 63（9×7=63）美元的超重附加费。

2. 超长附加费

与超重附加费类似，如果单件货物的最长边达到或超过航运公司规定的长度时，会被征收超长附加费（Over Length Surcharge）。货物单边超长会产生额外装卸费用，装载在特定货舱，容易造成配载困难会引起额外支出，因此，班轮公司会收取附加费。超长附加费同样针对整个货物征收。但与超重附加费不同的是，超长附加费按货物的运费吨计收。

3. 转船附加费

对运往非基本港的货物，常常要经基本港转运，换乘其他船舶运往目的港。如果班轮公司负责安排中转服务，则会征收转船附加费（Transhipment Surcharge）。

4. 直航附加费

某些情况下，如果运往某非基本港的货物达到一定数量，航运公司可能安排直航服务，即应托运人的要求临时挂靠该非基本港。针对将产生的额外港口费用，班轮公司通常会收取直航附加费（Direct Additional）。

5. 燃油附加费

航运业是能源消耗较高的行业，国际市场燃油价格的涨跌直接影响班轮公司的营运成本。为弥补因油价上涨造成的额外开支，班轮公司会加收燃油附加费（Bunker Surcharge 或 Bunker Adjustment Factor，BS 或 BAF）。

6. 货币贬值附加费

航运界多用美元作为运费的货币计算单位。国际金融领域的布雷顿森林体系垮台后，全球各主要经济国家纷纷采取浮动汇率制，一度出现美元持续贬值，而日元、德国马克（现已为欧元所替代）等货币不断升值的现象。为规避、减少汇率风险，弥补因计费货币贬值造成的经济损失，班轮公司开始征收货币贬值附加费（Currency Adjustment Factor，CAF）。

货币贬值附加费一般以百分比形式表示。与一般的附加费不同，货币贬值附加费征收的方法多样。某些船公司采取一般附加费征收方法，在基本运费的基础上加收货币贬值附加费；另一些船公司则在计算基本运费和其他类别附加费的总和的基础上增加一定的百分比，将其他待收费用的汇率风险也计算在内。

7. 选卸港附加费

有时因商务安排需要，托运人在托运货物时尚不能确定最终目的港，希望留待一段时间再行确定。此时，班轮公司会收取选卸港附加费（Additional for Optional Destination），允许托运人在预先选定的两个或多个卸货港口之间进行选择，并在该航次船舶抵达第一卸货港 48 小时前向船方宣布最终卸货港。

8. 变更卸货港附加费

与前者类似，如果应收货人要求改变原定卸货港，班轮公司除要求收货人补交运费差价外（如变更后的运价低于原卸货港运价，则不予退还原运价），还会征收变更卸货港附加费。

9. 港口拥挤附加费

某些港口由于过于拥挤、压港现象严重，船舶抵港后等待靠泊的时间较长，容易延误船期从而引起损失，因此，承运人会征收港口拥挤附加费（Port Congestion Surcharge）。港口拥挤附加费具有临时性，当港口拥挤状况好转后，附加费会相应调整或取消。

10. 港口附加费

有些港口装卸效率低或者港口使用费比较高，为弥补成本损失，承运人会针对这些港口征收港口附加费（Port Additional）。

11. 绕航附加费

1967 年第三次中东战争爆发，苏伊士运河随之关闭，来往亚欧的船舶无奈绕道非洲好望角，航程因此拉长，并大大增加了船舶的营运成本。班轮公司纷纷征收绕航附加费（Deviation Surcharge）转嫁负担。船舶恢复正常航线后，绕航附加费也就不复征收。

除上述附加费外，还有针对不同情况征收的洗舱费、熏蒸费、冰冻附加费、旺季附加费等。集装箱货物①还会被收取码头作业费（Terminal Handling Charge，THC）、原产地接货费（Original Receiving Charge，ORC）等。有的企业则将基本运价与附加费合并，发布包干运费。

专题阅读 3-1

零运价/负运价

原则上，附加费应该是在某些时期针对某些航线提供的特殊服务所收取的额外费用，具有临时性、特殊性等特征。实际上，附加费已经成为行业内的常态，是航运市场难以避免的费用组成，甚至间接成为市场竞争的重要辅助手段。

21 世纪初，竞争激烈的中日航线上，一度出现残酷的价格战。某些航运企业向客户报出的海运基本运费为"零运价"，甚至"负运价"，即宣称基本运费为"零"，甚至为负数，以期赢得订单。

这并非表明航运企业不收取运输费用，而是利用"总运费＝基本运费＋附加费"这一基本原理制造噱头。一旦与客户达成服务意向，则通过收取各类附加费的方式事实上获取收益。因为这种做法干扰了市场正常秩序，2006 年 9 月 29 日交通部印发《关于整顿和规范中日航线班轮运输市场秩序的公告》，指出这种不规范的价格竞争行为严重扰乱海运、造成不良影响，并"禁止以'零运价''负运价'方式承揽货物"。

经政府大力整顿，这种妨碍市场公平竞争的行为得到了遏制，但这从侧面反映出附加费在班轮运输中扮演的重要角色。

（三）班轮运费的计算方法

1. 杂货运费

计算杂货运费，首先，根据品名查出货物所属等级和计费标准；其次，了解货物的尺码、重量等信息，按所适用的计费标准计算货物的数量；再次，根据装卸港口和商品名称/等级找到航线基本运价，将运价与计费重量相乘得到基本运费；复次，查找、计算需要缴纳的各项附加费；最后，将基本运费与附加费加总，得到应支付的海运运费。图 3-3 是海运运费计算方法示意图。

---

① 表 3-5 中对应的就是集装箱运输中加收的燃油附加费（BAF）、码头作业费（THC）。

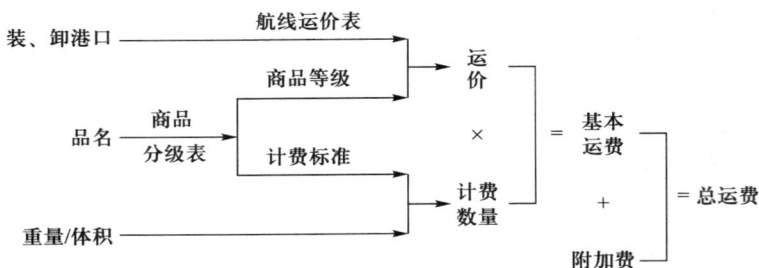

图 3-3   海运运费计算方法

例 3-1: 某批仪器从上海出口, 货物等级为 10 级, 计费方法为 W/M。货物毛重 12 吨, 体积为 10.9 立方米。10 级货物的基本运费为 200 美元/运费吨, 本批货物增收选卸港附加费30%, 港口附加费为每运费吨 20 美元。其海运运费计算方法如下:

(1) 该批货物的计费标准为 W/M, 而该货物重 12 吨, 体积为 10.9 立方米, 为重货, 因此按重量征收基本运费, 计费数量为 12 运费吨。

(2) 运价为 200 美元/运费吨, 因此基本运费为:

基本运费 = 200×12 = 2 400(美元)

(3) 附加费计算如下:

选卸港附加费 = 2 400×30% = 720(美元)

港口附加费 = 20×12 = 240(美元)

(4) 班轮运费总计如下:

总运费 = 基本运费+附加费 = 2 400+720+240 = 3 360(美元)

2. 集装箱运费

因为拼箱货的运费计算方法与件杂货类似, 所以这里只介绍包干运费条件下的集装箱运费的计算。

例 3-2: 某玩具厂出口玩具到英国, 预计装 4 个标准集装箱。该航线的运价为 1 800 美元/标准集装箱。承运人同时征收燃油附加费30%。其集装箱运费计算如下:

基本运费 = 1 800×4 = 7 200(美元)

燃油附加费 = 7 200×30% = 2 160(美元)

总运费 = 7 200+2 160 = 9 360(美元)

实践中, 有的承运人将基本运价与附加费合并在一起, 以"全包价"(All In)的方式给出。此时, 货主只要根据自己所要运输的货量就可以很快计算出应付的运费总额。

四、班轮运费的支付

班轮运费的支付方法一般有预付运费(Freight Prepaid)和到付运费(Freight to Collect)两种。

(一) 预付运费

预付运费通常指装货港支付运费, 即托运人在货物装船之后, 提单签发之前支付所有运费。

按照航运界的习惯, 即使船舶失事, 货物遭受灭失或损坏, 承运人也不会退还运费。例如，某公司的提单条款就这样写着：

"Full Freight shall be considered completely earned on receipt of the Goods by the Carrier and shall be paid and non returnable in any event."

意思是：一旦承运人接收货物，就有权收取全额运费，并在任何情况下都不予退还。不仅如此，多数承运人还在提单条款中注明如果发现托运人有虚报、谎报信息以逃避运费的情况，还会对托运人进行重罚。为规避运费风险，托运人在投保货物运输险的时候，须将运费追加到货价中一并投保。

（二）到付运费

到付运费一般是在货物抵达目的港，承运人交付货物以前付清。

这种情况下，承运人会承担一定的额外风险，如货物灭失形成事实上无法追缴到运费，或者无人提货导致无人支付运费。为规避风险，班轮公司会向保险人投保。同时，如果收货人拒绝支付承运人的运费，和/或由于这样那样的原因未能付清运费，多数国家法律规定承运人可以对货物及单证行使留置权，必要时可通过法律程序变卖货物，以补偿自己的运费损失。

第四节　班　轮　提　单

通常海运业务中提到的提单多为班轮提单。①（Bill of Lading，B/L）是班轮运输中的重要单证，也是国际贸易的重要单证之一。班轮提单反映了班轮运输合同的重要内容，是约束承、托双方行为的重要文件，也是银行结汇的关键票据，在以信用证为代表的现代国际贸易体系中处于核心地位，具有不可替代的作用。英国的某位法官曾这样评论提单：国际贸易是一张由合同组成的大网，这张网的中央就是提单，在其所有作用中最重要的就是它促成了国际贸易形式从实物形式过渡到单证贸易。②

一、提单的含义与性质

（一）提单的含义

传统上，提单指由承担海上货物运输任务的承运人或其代理人签发的表明货物已交付运输，并承诺在目的地应提单合法持有人的请求交付货物的单证。《中华人民共和国海商法》（以下简称《海商法》）第71条借鉴《汉堡规则》将提单定义为："提单，是指用以证明海上货物运输合同和货物已经由承运人接收或者装船，以及承运人保证据以交付货物的单证。"

提单所涉及的关系方主要有承运人、托运人、收货人、提单持有人等。许多班轮公司标准提单格式条款中将提单的托运人、收货人、持有人定义为货方。承运人指与托运人签订货物运

---

① 海运租船业务也可能签发提单，被称为租船合同项下提单。由于可能受租船合同的影响，不一定具备班轮提单的全部属性。除海运业务中使用海运提单外，多式联运业务中也会签发多式联运提单，可转让的多式联运提单具有海运提单的完全属性。航空、铁路、公路业务中所签发的单据一般称为"运单"，以区别于"提单"，不具备可转让特性。

② 邢海宝. 海商提单法［M］. 北京：法律出版社，1999：33.

输合同，承担运输任务的航运公司。托运人是与承运人签订运输合同，送交所运送货物的人，经常是（但不限于）国际贸易中的卖方或出口商。收货人是有权提货的人，在国际贸易中常指买方或进口商。提单持有人是提单的合法持有者，既可以是托运人，也可以是提单流通转让过程中的提单受让人。如果提单持有人去提取货物就又成了收货人。以上各方之间权利、义务关系构成了提单关系的主要内容。

（二）提单的性质

提单的性质一般被归纳为以下三点。

1. 提单是承运人出具的接收货物的收据

在航运业发展初期，并没有出现贸易商与承运人的社会分工，进出口商往往就是船东自己，因此并不需要提单来划分船方和货方之间的权利、义务关系。随着国际贸易和现代航运技术的迅速发展，出现了专门从事贸易的贸易商和专门从事海上运输的航运公司。为方便双方货物交接，在出现货损或货差时分清责任，出现了最早的提单。因而，货物收据（Receipt for Goods）的功能也是提单最早具有的一项职能。

现在，各国法律一般认为提单的货物收据作用主要体现在：① 提单证明本提单项下货物已经被承运人接管（备运提单）或者已经被装至相应船舶之上（已装船提单）准备付运；② 提单证明承运人接管货物或将货物装船时货物的数量；③ 提单证明承运人接管货物或将货物装船时的表面状态。

因此，如果承运人未另加批注，则根据我国《海商法》和被世界上大多数国家认可的《海牙-维斯比规则》，提单正面有关货物品名、标志、包数或件数、重量或体积、外表状况等的描述，构成承运人按此数量（大宗散装货允许有一定误差）、件数及表面状态接管货物或将货物装船的初步证据。承运人有义务在目的港依提单所载货物件数、数量、表面状态将货物交给收货人。运抵目的港后，一旦货物被发现与提单所描述的情况不同，承运人就要承担赔偿责任。如果在货物装船时，货物数量不足、包装破裂或表面破损等情况就已经存在，而收货人知情或者收货人就是托运人本身，那么承运人对该损失不予赔偿。如果提单被转让，收货人是提单的善意受让人（又称为善意第三者）时，提单正面的有关记述则成为最终证据。或者按我国《海商法》第77条的规定处理："承运人或者代其签发提单的人签发的提单，是承运人已经按照提单所载状况收到货物或者货物已经装船的初步证据；承运人向善意受让提单的包括收货人在内的第三人提出的与提单所载状况不同的证据，不予承认。"换句话讲，即使货物的这些缺陷在装船时就已经存在，承运人也要对善意第三者的损失予以赔偿。

2. 提单是海上货物运输合同的证明

曾经，针对提单是不是班轮运输合同的问题有过争论，一般的看法是提单是班轮运输合同的一个重要组成部分，但提单并不是班轮运输合同本身。原因如下：

第一，虽然在提单印就的格式中详细列有承托双方责任、义务条款，一旦产生纠纷，提单往往也作为确定当事各方责任的重要依据，但是提单的签发是在承运人接收货物（备运提单）或者是将货物装船（已装船提单）之后。在此之前，托运人发出订舱委托书（或称托运单）要求订舱，承运人接受订舱，双方意思表示一致，也就实际完成了要约、承诺的过程，班轮运输合同已经成立。此后，承运人安排货物集港、装运实际是在履行运输合同，这之后再签发的提单也就只能理解为合同存在以及合同内容的证明，不能理解为合同本身。

第二，提单是由承运人或其代理人签发的包含印就条款的一种商业票据。提单条款都是事先备好，提单的签署是承运人单方面的行为，"托运人既没有参与提单条款的草拟，也没有签字"（He... is no party to the preparation of the bill of lading, nor does he sign it）。提单内容并不是双方合意的结果，双方可以（实际上也常常会）有另外的文件或协议来补充提单条款内容的不足，或者是替代提单条款的某些规定，典型的如 S. S. Ardennes（Cargo Owners）v. S. S. Ardennes（Owner）法案。

所以，提单仅仅是合同的证明，它可以与订舱单、装货单、运费单甚至船货双方往来信函中的相关内容一起构成双方间运输合同的内容，当提单与运输合同或提单与承、托双方的补充协议内容有差异时，确定承、托双方的责任义务就应以运输合同或补充的协议为准。

3. 提单是承运人据以交付货物的单证

提单是收货人提取货物的凭证，也是承运人据以交付货物的凭证。我国《海商法》第 71 条规定："提单中载明的向记名人交付货物，或者按照指示人的指示交付货物，或者向提单持有人交付货物的条款，构成承运人据以交付货物的保证。"也就是说，一方面，正本提单的持有人享有提货的请求权，另一方面，作为班轮运输合同的另一方，承运人有责任在目的港将货物交付给正本提单的善意持有人。这时的善意持有人可能是记名提单中的记名人，也可能是指示提单中的被背书人，还可能是不记名提单的持有人。至于该持有人是不是托运人所签的买卖合同中的买方，则并不重要。这一做法也被称为"认单不认人"。

但在实际业务中，出于各种原因，有时承运人会将货物交付给只有副本提单，甚至是根本没有提单的贸易商，通常称为"副本提单放货"或"无单放货"。需要注意的是这两种做法都是错误的，承运人在目的港交付货物的义务并不会因此而解除。也就是说，如果副本提单放货或无单放货后，正本提单持有人出现并要求提取货物，那么承运人将不得不对由此给提单持有人造成的损失负赔偿责任。因此，作为航运公司应竭力避免这两种情况的发生，或者要求先收回全套正本提单，再根据托运人的要求将货物交付给指定人。

现代国际贸易中，一手交钱一手交货的现金交易少之又少，以信用证为代表的信用交易占据相当大的比重，象征性交货被普遍采用。以最常见的 CIF 贸易条件为例，卖方在装货港货交承运人后取得已装船提单。在传统交货方式下，卖方必须等到货到目的港、买方提取货物并认可后才可收到货款。但象征性交货则不然，卖方在货物实际送达买方之前，就可以携带提单及其他必备文件到银行结汇，以提单的交付来代表货物的实际交接，并凭此取得货款。这就是所谓的"交单即交货"，也称象征性交货。此时，买方虽然没有拿到货物，但可凭通过转让得到的提单取得货物的所有权，进而控制货物。

象征性交货促进了商品的流通。随着商业信用的发展，提单成为一种准商业票据，进入流通流域后，它的每一次转让都代表提单项下货物的转手，提单的受让人就成为新的货主，既可以通过转让提单再次转卖货物，也可以用提单作抵押进行短期资金融通。传统的海商法文献中又将提单的这个性质简单地概括为提单的物权凭证作用，它和象征性交货一起构成现代国际贸易体系的基础。对此，法官迪普鲁克（Diplock）曾经评论道：一直到货物到岸，交付给合法所有人时为止，提单都作为一个象征，提单持有人不仅仅是完整意义上货物的所有人，而且享有托运人和船东所缔结的运输合同所赋予的所有权利。它就像合法持有人手中的一把钥匙，用来打开货物所在的浮动或固定的仓库的门。"B. 马丁（B. Martin）也认为：在货物由一国至另一国的海上运输过程中，人们无法实际交接货物。因此，提单就被看作是货物的象征，提单的交付就象征着货物的交付。这也是作为海上货物运输单据的提单所独有的特征。

提单示例

二、提单的分类

从不同角度，提单可分为不同的种类。

（一）按照货物是否已经装船分类

1. 已装船提单

已装船提单（On Board or Shipped B/L）指整票货物完成装货作业后，由船长或承运人或其授权的代理人凭大副收据所签发的提单。

已装船提单除满足与其他提单相同的要求外，提单上一般有"货物已装具名船只"字样或注明装运的船舶和装船日期。

传统上，除集装箱运输外，航运业大多数采用已装船提单，银行结汇一般也要求使用已装船提单。为适应集装箱运输的需要，《跟单信用证统一惯例》（2007年修订本，简称 UCP600）取消了以往银行拒绝接受备运提单的明确规定。

2. 备运提单

备运提单（Received for Shipment B/L）又称收妥待运提单，是承运人在接管托运人送交的货物后，在装船之前应托运人要求签发的提单。

集装箱运输中，集装箱进入集装箱货场或集装箱货运站后，承运人会签发备运提单。因为备运提单只说明承运人接管货物，无法说明货物何时装船、装哪一条船，所以买方无法确定货物能否按时装船，也不能据此估计货物到港时间。货物尚未装船，买方所承担的风险更大，因此买方一般不愿意接受备运提单，银行结汇一般也不接受这种提单（为满足货主结汇要求，承运人可以签发多式联运提单替代备运提单）。

货物装船后，托运人可凭备运提单换取已装船提单，或者由承运人在备运提单上加注船名和装船时间并签字盖章使之成为已装船提单。

（二）按照提单抬头不同分类

1. 记名提单

记名提单（Straight B/L）指在收货人一栏内具体填写某一特定人或公司名称的提单。

原则上，记名提单不能转让，所以提单项下的货物只能由提单上写明的特定收货人提取，避免了转让过程中可能给货方带来的风险。但在少数国家，依法律可以采取类似财产转让的手续转让记名提单。由于提单的流通受到限制，给贸易商带来很大不便，所以在国际贸易当中使用并不多，一般只在运输展览品或贵重物品时使用。需注意的是，以美国联邦提单法为代表，一些国家规定记名提单（Straight B/L）下，承运人要将货物交给提单中的具名收货人，且无须对方出具正本提单。因此，出口商无法凭借保有提单而保留对货物的控制权，增加了结汇风险。

2. 不记名提单

不记名提单（Bearer B/L）指提单上收货人一栏未写明具体收货人，只填写"持有人"（Bearer），即货交提单持有人，或在收货人一栏空白。

不记名提单仅凭交付转让，手续简便，流通性极强。承运人交付货物仅以提单为依据，提单持有人即被视为货主。但容易造成货物丢失或引起纠纷。因风险较大，在国际贸易中很少使用。

3. 指示提单

指示提单（Order B/L）指收货人一栏内填写"凭指示"（To Order）或"凭××指示"（To Order of ××）字样的提单。指示提单可以作不记名指示（不标明指示人），也可以作记名指示（标明指示人）。指示人可以是托运人、收货人或者银行。

指示提单是一种可转让的商业票据。指示提单或不记名提单转让时都无须经过原提单签发人（承运人）的同意。转让以背书（Endorsement）的方式进行，其中经空白背书后的指示提单又被称为"空白抬头、空白背书的提单"，其功用类似于不记名提单，交付即可转让。交付货物时，只要提单真实，背书连续，指示提单持有人的身份符合提单上所记载的指示，承运人就可交付货物，完成自己的交付义务。

相较不记名提单，指示提单的安全性强，加之转让方便，有一定的流通性，故成为国际贸易中使用最广泛的一种提单。

（三）按照提单有无批注分类

1. 清洁提单

清洁提单（Clean B/L）指在装船时货物的外表状况良好，承运人对提单上的货物说明无疑议，对所记载的"外表状况良好"（In apparent good order and condition）未做相反批注的提单。

银行结汇、提单转让一般都要求使用清洁提单。UCP 600 第 27 条规定：银行只接受清洁运输单据，清洁运输单据系指未载有明确宣称货物或包装状况有缺陷的条款或批注的运输单据。但清洁提单只说明承运人确认货物在装船时外表状况良好，无破损，并不能保证货物内在品质的完好，更不能排除货物具有无法直接观察到的内在瑕疵。

2. 不清洁提单

不清洁提单（Unclean or Foul B/L）指承运人明确指出有关货物包装不良或表面存在缺陷的提单。

承运人添加批注目的是对抗收货人可能提出的索赔。因为提单具有货物收据的性质，而根据《海牙规则》，承运人负有保管货物的责任，其中包括保持货物外表状况良好。由于清洁提单表明货物表面状况良好，承运人对有关货物的说明不存疑议，如果卸货时货物出现表面残损，就可以推定为承运人在运输途中未尽到照料货物的责任，承运人就可能要赔偿由此给货主造成的损失。装船时一旦发现货物表面残损或者承运人对有关货物说明存在疑惑，保护自己的较好办法就是在提单上加以注明，如"包装箱破损""货物表面污渍""渗漏"等信息以免除自身责任。这就形成了不清洁提单。此外，货物表面状况不良很可能对货方利益造成侵害，极大增加了买方风险。因此，银行一般不接受不清洁提单。

实际业务中，因为不清洁提单对托运人十分不利，有时托运人会向承运人出具保函，并要求以不清洁提单换取清洁提单，方便银行结汇。需要注意的是，各国法律对保函效力的态度不一，有的一概不予承认，有的则认为只有善意保函有效（如我国）。而且法律并没有明确定义所谓善意保函，所以实际事务中仍然很难事先确定承运人在具体事例中的法律地位，并保证其利益。因此，承运人应慎重行事，不轻易接受保函。

（四）按照运输方式不同分类

1. 直达提单

直达提单（Direct B/L）指由同一船舶将货物从起运港直接运抵目的港卸货所签发的提单。

转船过程中容易出现货损货差，且会延长货物在途时间，相应增大了货方的风险，因此，凡信用证规定不得转船的，结汇时必须使用直达提单。直达提单上不能有"转船"或"在××港转船"之类的批注。

有的提单背面条款中写有"如有需要，承运人得任意将货物交由属于承运人自己的船舶或属于他人的船舶或经由铁路或以其他运输工具直接或间接地驶往目的港"的字样，也称为"自由转船"条款，此类提单上如果没有转船的批注则仍视为直达提单。

2. 转船提单

转船提单（Transhipment B/L）指在起运港装载的货物不能直接运往目的港，需要在中途换装其他船舶转运至目的港时承运人签发的提单。

转船提单一般由负责一程船（由起运港至第一个转运港）的承运人签发并且在提单上加注"转运"或"在××港转船"字样。转船往往会增加费用，且不易把控时间，容易出现货物毁损，因此极大增加了收货人的风险。

3. 联运提单

联运提单（Through B/L）指承运人对经由海/海、海/陆、陆/海运输的货物所出具的覆盖全程的提单。

4. 多式联运提单

多式联运提单（Multi-modal Transport B/L or Combined Transport B/L）即承运人或多式联运经营人对采用多式联运方式的货物出具的提单。与海运提单相比，多式联运提单在提供装货港、卸货港信息的同时，会注明货物在内陆的始发地和目的地。

《联合国国际货物多式联运公约》规定：按照多式联运合同以至少两种不同的运输方式，由多式联运经营人将货物从一国境内接管货物的地点运至另一国境内指定交付货物的地点的货物运输形式为多式联运。

多式联运提单主要用于集装箱运输，全程可涉及远洋运输、铁路运输、航空运输、内河运输、公路运输等多种运输形式，以实现所谓"门到门"的服务，其功能属性与海运提单一致。人们常将联运提单与多式联运提单混为一谈，实际上它们有各自的适用范围。联运提单除适用于包含海运在内的陆/海、空/海联合运输形式外，还可用于海/海联运，即转船运输。而多式联运提单则要求货物必须经两种及以上运输形式。且随着集装箱运输的发展，签订的国际多式联运公约中，各种法规、惯例对多式联运提单的规定更加具体、明确。如UCP 600就规定：多式联运单据涵盖至少两种不同运输方式……表明货物已经在信用证规定的地点发送、接管或已装船。

（五）按照提单的格式不同分类

1. 全式提单

全式提单（Long Form B/L）指正式印就格式的提单。

全式提单既有正面记载的事项，又有背面详细列出的承运人、托运人权利与义务的条款，是国际贸易业务中常用的提单。

2. 简式提单

简式提单（Short Form B/L）指提单上只有正面必要的记载项目，而没有背面条款。

简式提单多用于租船合同项下所签发的提单，一般注有"所有条款与条件按照×年×月签订的租船合同"（All terms and conditions as per charter party dated ××）执行。班轮运输条件下签发简式提单，大多加注"各项条款及例外条款以本公司正规的全式提单内所列的条款为准"（Subject to the terms and conditions, provisions and exceptions as contained in the carriers regular Long Form B/L）。

法律上，简式提单与全式提单效力相同，按惯例，银行可以接受。

（六）其他种类的提单

除上述各种提单外，业务中还可能遇到其他一些提单。

1. 倒签提单

倒签提单（Antedated B/L）指货物装船完毕后，承运人签发的，以早于货物实际装船日期为签单日期的提单。

对已装船提单，签单时间应反映该提单项下货物全部装船完毕的时间。《海牙规则》第3条规定：货物装船之后，如经托运人要求，承运人、船长或承运人的代理人发给托运人的提单应为"已装船提单"。远东水脚公会的章程也明确规定：提单上的货物在装船尚未全部完成的这天以前，不得签注"装船"提单的日期。

现实中，存在货物未能在合同或信用证规定的装船期内完成装运，又来不及修改信用证的情况，为方便结汇，有的托运人要求倒签装船日期。但在法律上，倒签提单是一种既违约又违法的行为。无论出于什么原因，错误的装船时间一方面是对运输合同的违反；另一方面，由于国际市场风云变幻，交货时间往往对买方至关重要，会直接影响货物的再出售，被看作买卖合同的要件，伪造装船时间是对收货人利益的严重侵犯。许多国家将倒签提单视为卖方和船方的共同欺诈，一经发现，承运人将不得不与托运人共同赔偿收货人因此遭受的损失。因此，国际贸易业务中应尽量避免。

有时，托运人会提出向承运人出具保函，声明倒签提单是应托运人的请求，所造成的一切后果均由托运人承担，与船方无关。但本节在不清洁提单一段已经讲过，保函的法律效力地位在很多情况下是不确定的，况且托运人隐瞒装船时间只能是出于托运人单方利益的考虑，很难说是善意行为，所以，在此情况下法院一般不会承认保函，承运人也很难根据保函免除自身的赔偿责任。

2. 预借提单

预借提单（Advanced B/L）指货物在装船前或装船完毕前，托运人为及时结汇向承运人预先借用的提单。

与倒签提单类似，预借提单的出现也是因为信用证或买卖合同规定的装运期或信用证有效期已到，托运人因故未能及时备妥货物或者因为船期延误，货物未能装船完毕，为及时结汇而采取的一种变通办法。出于同样原因，签发预借提单也是既违约又违法的行为，通常被视为欺诈。

此外，因货物尚未装船或未装船完毕，很多情况如货物能否安全装船、能否全部装船，将在什么时间装船、货物装船时的状况具有不确定性。如果此时提单业已签出，那么承运人在目的港对提单善意持有人的交付义务就已经存在，承运人处于被动地位的可能性就会更大，承担的风险也更大。

无论是预借提单还是倒签提单，实践中托运人往往都会提出向承运人出具保函，声明预借/倒签提单是出于托运人的请求，所造成的一切后果均由托运人承担，与船方无关。但因多数国家认为预借提单和倒签提单的行为具有欺诈性质，会对收货人利益产生严重威胁，无法被认为是出于"善意"需要，因此承运人很难借此免除自身的赔偿责任。

3. 过期提单

过期提单（Stale B/L）包括两种情形：一种过期提单是由于航线较短或银行单据流转速度太慢，以至于提单晚于货物到达目的港，收货人提货受阻；另一种过期提单则是由于出口商在取得提单后未能及时到银行议付形成过期提单。

针对前一种情形，可以采用非转让的海运单（Seaway Bill）或应用电子提单来替代传统提单，以加快货物的流转。有时也由发货人提出"电放"货物给指定收货人。但因海运单无法流通，会影响货物再出售。

对后一种情形，国际商会的 UCP 600 的第 14 条规定：正本运输单据则须由受益人或其代表在不迟于本惯例所指的发运日之后的二十一个日历日交单，但是在任何情况下都不得迟于信用证的截止日。

专题阅读 3-2

海运单（Seaway Bill）

随着技术发展和海运业务的需要，除海运提单以外，航运界还开发出新的单证形式。海运单具有其他运输方式下运单（如航空运单、铁路运单）的类似特征，属于不可流通的运输单证，指定的收货人只需表明"收货人"身份即可提货。

因海运单不可转让，所以不会出现"提单受让人"角色，这是它与海运提单最大的差异。基于此，使用海运单时承运人并不需要凭正本单据交付货物，而是根据运单的记载将货物交给记名的收货人。因此，海运单非常适合运输时间短、运输途中货物不需要转手的情况，避免了使用海运提单时等待银行审证、议付的漫长过程。

与海运提单的另一个巨大差异是海运单的托运人在货物到达目的港之前，甚至在收货人提取货物之前的任何时候都有权变更收货人。而海运提单一经背书转让，托运人就丧失了对货物的控制权。

同时，海运单具有与空运单类似的功能属性，如同样是运输合同的证明，同样是承运人收到单据项下货物的收据等。为规范海运单的使用，国际海事委员会在 1990 年通过了《1990 年国际海事委员会海运单统一规则》。

---

4. 甲板货提单

甲板货提单（On Deck B/L）是表明提单项下货物被装在甲板上的提单，一般注有"货装甲板"字样。

装在甲板上的货物，除了易受日晒雨淋影响外，还可能因海上风浪过大被冲入海中，因其他因素导致货物灭失或损坏的可能性也更大。因而《海牙规则》规定"运输契约中载明装于甲板上且已照装的货物"不包括在承运人所负责的"货物"范围之内。UCP 600 第 26 条规定：运输单据不得表明货物装于或者将装于舱面。声明货物可能被装于舱面的运输单据条款可以接受。

现实情况是，件杂货运输中，除大型原木等航运界习惯装于甲板上的货物外，船方很少将货装于甲板。贸易中，由于甲板货提单无法结汇，会受到托运人的强烈抵制，因此也并不多见。但集装箱运输中，虽然大量集装箱装于甲板上，但集装箱本身具有水密性，且属于航运界习惯做法，因此很多提单会注明承运人有权将集装箱装载在船舶的任何位置。《汉堡规则》和我国《海商法》则认为只要与托运人有协议或符合航运惯例或符合法律规定，承运人可以将货物装在甲板，并承担运输责任。虽然文字表述上说法不同，但实质上与《海牙规则》的规定差距并不大。

5. 租船合同项下的提单

租船合同项下的提单指承运人根据租船合同签发的提单。

租船提单注明"一切条款、条件和免责事项按照×年×月的租船合同"（All terms and conditions as per charter party dated ××）。一般认为该种提单受租船合同的约束，不是独立的文件，所以除非信用证另有规定，银行不接受注明并入租船合同的提单。UCP 600 第 19 条、第 20 条要求海运提单和多式联运提单注明"未表明受租船合同约束"。如果租船合同并入提单，则遵循第 22 条规定："银行将不审核租船合同，即使信用证要求提交租船合同。"

6. 货运代理人提单

货运代理人提单（House B/L）指由货运代理人签发的提单，简称货代提单。货代提单一般只是货运代理收到货物的收据，不可转让，也不能作为向承运人提货的凭证。所以，除非信用证另有规定，银行通常不接受这种提单。UCP 500 曾明确反对接受货运代理人提单。但随着货运代理向无船承运人、多式联运经营人、第三方物流服务供应商转化，其在国际物流中的作用日渐重要，UCP 600 已经取消了类似规定。货代往往在取得相应资质后签发多式联运提单或无船承运人提单（在我国，无船承运人签发提单需要在交通运输部注册备案）。

7. 电子提单

电子提单即以电子数据形式存在的提单，是无纸贸易时代的重要产物。

电子提单的属性、作用与纸介提单完全相同。由于各国技术发展水平参差不齐，各国对电子提单的使用存在巨大差异。但电子提单正以其便利快捷的特征赢得越来越多使用者的青睐。

三、提单的签发和流转

提单的签发和流转是涉及提单多方当事人、关系方的重要业务活动，理解这些活动的法律效力，对减少提单纠纷、加快提单流转速度意义重大，理应受到各方的重视。

（一）提单的签发

签发提单是航运公司的一项重要业务活动，提单内容正确与否与承运人的切身利益息息相关。

提单是由船长、承运人或其代理人签发的。其中，承运人作为与托运人签订运输合同、提供运输服务的一方，具有提单的签署权。不仅如此，对承运人来讲，签署提单不仅是权利，也是一项义务。《海牙规则》第 3 条就规定：在收到货物之后，承运人或船长或承运人的代理人，应依照托运人的请求，发给托运人提单。至于船长，几乎所有国家的法律都认为船长是承运人的法定代理人，因此船长的签单权是不需要承运人特别授权的，这与"承运人的代理人"不同。此处的"代理人"特指经由承运人特别委托，有权签署提单的代理。

除按特征划分外，提单还有正本和副本的区别。除非特别说明，一般我们提到的都是正本提单。传统上，正本提单一式三份，各份提单效力相同，可独立使用。以其中一份提货后，其他各份失效。副本提单则数量不限，但提单上没有提单签发人的签章，只为方便承运人日常业务活动，不具有法律效力。实际业务中，为防止因提单流失在外引起纠纷，损害提单善意持有人的利益，实际业务中许多银行在开立信用证时都规定，贸易商在办理结汇或其他事项时必须同时使用全套三份正本提单。

（二）提单的转让

提单是货物所有权的证明，提单的转让意味着货物所有权由原提单持有人转移到提单的受让人手中，这一过程通常通过背书实现。

背书是指提单所有人在提单背面写明由某人提取货物或者凭某人的指示提取货物并签字盖章的书面声明。其中，作出背书行为的原提单持有人称为背书人，提单受让人称为被背书人。

与汇票等其他可转让的商业票据相似，提单的背书转让不必经过提单签发人即承运人的同意。但与汇票不同的是，提单转让后，后手的权利不优于前手，所以提单只能被称为"准流通票据"。

提单的背书根据其内容不同可分为记名背书和不记名背书（又称空白背书）。记名背书（Special Endorsement）不仅需要签署背书人自己的名称，还要写明被背书人的名称。空白背书的背书人则只签署自己的名称，并不写明谁是提单的受让人。在法律上，记名背书和空白背书同样有效。其中，记名提单如经空白背书后效力相当于不记名提单，仅凭交付即可转让。

（三）提单的流转过程

在业务活动中，提单流转过程一般如下（以贸易条件 CIF 为例，信用证结汇见图 3-4）。

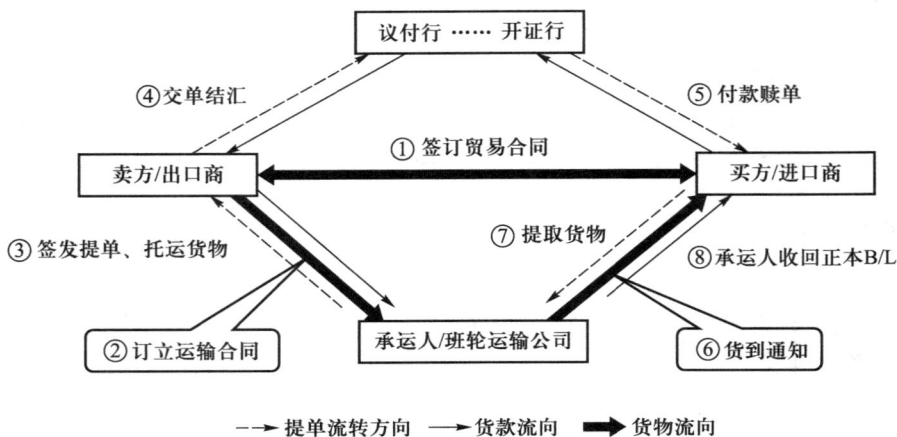

图 3-4　提单签发、流转示意图

（1）卖方或出口商与买方或进口商订立货物进出口合同，合同中写明采用 CIF 贸易条件，以信用证方式付款。

（2）由卖方或出口商根据贸易合同中确定的交货时间、交货地点、货物数量寻找合适的班轮运输公司预订舱位，与之订立适当的班轮运输合同。

（3）卖方或出口商在运输合同约定的时间、地点将货物交付给承运人。承运人在接货后应托运人（此时就是卖方或出口商）的请求安排货物报关、装船，并由船上的大副签发大副收据，托运人凭借大副收据向承运人换取已装船提单。

（4）取得已装船提单的出口商持提单及信用证规定的其他单据（如商业发票、保险单等）到议付行议付，转让提单，同时取得货款。之后，议付行再凭所持有的提单等票据向开证行提起付款请求，开证行在确认满足信用证有关要求后支付货款并取得提单。

（5）开证行根据与买方或进口商已有的协议通知进口商单证已到，要求买方或进口商履行货款支付协议。买方或进口商在支付货款后取得提单。

（6）货物由承运人运抵目的港，承运人或其代理人发出到货通知。

（7）买方或进口商凭所持的正本提单按承运人的指示在指定时间、地点提取货物。

（8）正本提单由承运人收回，提单的整个流转过程完成。

当然，实际业务中提单的流转过程由议付行到开证行，由买方或进口商到真正凭正本提单去提货的货主可能经过的环节还会更多，转手的次数也会不止一两次，但提单大致流转的过程都是一样的，一般都要经过这样的步骤。

四、提单条款

提单是国际海上货物运输，也是国际贸易中最重要的单证之一，是确定船、货双方权利义务关系的主要依据。为保护自身利益，大的航运公司都有自己的提单格式。这些提单格式大体相似，都分为提单正面条款和提单背面条款两部分。

（一）提单正面条款

提单正面大多记载与货物和货物运输有关的事项，主要包括：

1. 托运人提供并填写的部分

托运人提供并填写的部分如托运人、收货人、通知方的名称，货物名称、标志和号码、件数、毛重、尺码等。各国海商法和国际公约大都明确规定，托运人应该对所填写资料的正确性负责。如果填写错误，则托运人要赔偿因此给承运人造成的一切损失和增加的费用。

2. 托运人填写的部分

托运人填写的部分主要是船名、装卸港、签单时间和地点等。承运人也要对所填写内容的正确性负责。此外，如果承运人需要对货物表面状况加批注或船货双方有特别约定，尤其是缩小承运人责任的约定，都要在提单上注明，否则这些约定对提单的善意受让人无效。

3. 提单印就的文字条款

提单印就的文字条款包括：

（1）外表状况良好条款。说明外表状况良好的货物已装在相应船上，且应在相应卸货港或该船所能安全到达并保持浮泊的附近地点卸货。

（2）内容不知条款。说明货物重量、尺码、标志、号数、品质、内容和价值是托运人提供的，承运人在装船时并未核对。

（3）承认接受条款。说明托运人、收货人和本提单的持有人接受并同意提单和提单背面所记载的一切印刷、书写或打印的规定、免责事项和条件。

1993 年 7 月 1 日起实施的《中华人民共和国海商法》第 73 条第 1 款对提单正面法定应记载的事项规定有以下几项：货物的品名（Description of Goods）、标志（Marks and Numbers）、包数或者件数（Numbers and Kind of Packages）、重量或者体积（Gross Weight or Measurement），以及运输危险货物时对危险性质的说明；承运人的名称和主营业所；船舶名称；托运人的名称（Shipper）；收货人的名称（Consignee）；装货港（Port of Loading）和在装货港接收货物的日期；卸货港（Port of Discharge）；多式联运提单增列接收货物地点和交付货物地点；提单的签发日期、地点和份数；运费的支付；承运人或者其代表的签字。

该条第 2 款规定："提单缺少前款规定一项或者几项的，不影响提单的性质"。

（二）提单背面条款

提单背面条款都是印就的条款，主要规定了承运人和货方之间的权利、义务和责任豁免。这些规定在双方出现争议时将成为重要的法律依据。多数航运公司提单的背面都包括以下条款：

1. 定义条款

定义条款（Definition Clause）对提单中所使用的关键词语如"承运人""托运人"的含义加以定义。外运公司在提单的定义条款中就规定：托运人也指受货人、收货人、提单和货物的所有人。（Shipper shall be deemed also Receiver, Consignee, Holder, of this Bill of Lading and Owner of the goods.）而承运人一般指与托运人订有运输合同的船舶所有人或租船人。

2. 首要条款

首要条款（Paramount Clause）或管辖权条款（Jurisdiction Clause）是承运人按照自己意志，规定提单所适用的法律，即规定该提单以什么法律为准据法，发生纠纷时根据哪一国法律解决争议。

由于种种原因，不同国家的法律往往对同一问题看法不一。对一国法律是否熟悉也常常会导致当事人采取截然不同的措施，对其利益产生巨大影响。而国际公约由于有自己的适用范围，对许多情况下签发的提单无法适用，所以多数航运公司都会在提单中明确规定，以公司所在国的法律为准据或者规定适用《海牙规则》等国际公约，以避免面对自己不熟悉的异国法律，从而保护自身切身利益。中国的航运公司也不例外，一般会在提单中注明凡出自该提单或与该提单有关的一切争议都应依照中国法律在中国法院解决。

3. 承运人的责任和豁免条款

承运人的责任和豁免条款（Carrier's Responsibilities and Immunities Clause）是规定承运人所承担的责任及所享受的免责事项的条款。一般都以所依据的法律或公约而概括加以规定，多数班轮公司都在这条规定承运人的权利、义务以及赔偿责任与豁免以《海牙规则》的规定为准。

根据《海牙规则》，承运人基本责任主要有两项：

（1）承运人有义务在开航前和开航时恪尽职守，使船舶适航；妥善配备船员，装备船舶，配备供应物资；使货舱、冷藏舱、冷气舱和该船其他载货处所适于并能安全收受、载运和保管货物。

所谓适航是航运界应用得最广泛的词之一，是大多数国家的法律所规定的承运人最基本的义务，但由于航运情况复杂，行走于不同航线，运送不同的货物对船舶是否适航要求也不同。因此，几乎没有人能对适航下一个绝对准确而明晰的定义。大法官斯克鲁顿（Scrutton）曾讲过：适航就是指能满足特定航线或航线的特定区段的要求。（Seaworthiness is well understood to mean that measure of fitness which the particular voyage or particular stage of the voyage requires.）杨良宜先生在他的《提单》一书中则概括为：适航指船舶各个方面要能满足预定航线中一般可预见的安全妥善的要求。① 就其具体内容来说，总的来讲，《海牙规则》对船舶适航的基本要求有三点：

首先，需要船舶有狭义的适航能力。即指船体坚固、水密，船舶的结构、性能，船上的机器、部件能适应特定航线和特定时间所能遇到的一般风险的要求，使船舶处于安全行驶状态。同时，货物的积载也不能影响船舶的稳定、安全，否则同样可能导致船舶不适航。

其次，需要船舶具有航行能力。这就要求承运人为船舶完成预定航程做充分的人力和物质的准备。要适当地配备船员（包括船长）、装备船舶（如航行所需文件、各种通信装置等）、配备供给品（主要指船舶燃油、淡水等必需品）。这里的适当一方面指数量充分、质量可靠，同时也有具体情况具体分析的意思，对不同季节不同航线也要有不同要求。如妥善配备船员，不仅是指船员的数量达到有关要求，而且相关船员应具备一定的专业技术证书，不允许有妨碍正常工作的身体缺陷或疾病。在考虑燃油等供应时，短途可考虑全程，长途可以中途加油港为界分成几段考虑，在满足正常油耗的基础上根据本航次中的季节、风浪、燃油的质量等情况增加一个安全系数。对海上事故少的区段、季节，采用的安全系数可以小一些，相反就可以大一些。

最后，船舶一定要适货（Cargoworthiness）。有人称运送货物的船舶是浮动的仓库。作为仓库就应该具备良好的货物贮存条件。狭义的适航强调船体坚固、水密，船舶适于行驶，其中包括船舱必须水密、稳定，以避免海水入侵或淡水雨淋，货物被浸泡造成水损。除此之外，适货还要求船舱适于接收、保管货物。对此，不同货物的要求也相去甚远。对温度要求严格的货物，适货可能是指冷冻、冷藏设施运转正常；对易受潮货物，可能是指要求船舶拥有良好的通风系统；对粮食，可能是指船舱必须经过熏蒸等。总之，狭义的适航更多的是侧重船舶能正常行驶，而适货更侧重船舱满足特定货物贮存的需要。

《海牙规则》还对承运人适航义务的时间提出要求，即在开航前和开航时。开航前的适航至少指从开始装货到开航这一段时间，船舶应适于在港区安全浮泊、等待或进行装卸；开航时的适航指船舶应具备该航线一般可预见的安全妥善的要求。开航前和开航时对承运人的要求不同，一方面是因为在不同时间船、货所承受的风险不同，另一方面符合航运中的现实需要。因为在不影响货方利益的前提下对船舶的小修小补完全可以在货物装卸的同时完成。但在开航后则不同，海上风险多样，即使在技术现代化的今天很多情况也是无法预料的，所以根本不可能要求船在航程的任何阶段都是既安全又适宜航行的，只要承运人在事故出现后能及时采取措施，尽快使船舶恢复适航状态就可以了。

（2）承运人应当妥善而谨慎地装载、操作、积载、运输、保管、照料和卸下所运货物。

这里的妥善与谨慎两个词的含义很难断然分开。但一般认为，妥善多从知识、技能、工作

---

① 杨良宜. 提单［M］. 大连：大连海运学院出版社，1994：41.

的能力出发，要求船长、船员以及装卸、积载等运输相关环节的人员具备足够的专业知识和技能；谨慎则考虑工作的认真程度，要求承运人及其代理人、雇员尽心尽力。

此外，《海牙规则》中还规定了多达 17 条免责事项，包括船长、船员、引水员或承运人、雇佣人员驾驶或管理船舶行为免责，火灾免责，海难免责，战争免责，天灾免责，公敌行为免责，罢工免责等。当所运送的货物出现灭失或损坏时，承运人可以援引这些条款要求责任豁免。这也在一定程度上放宽了对承运人的要求。

4. 承运人责任期间条款

承运人责任期间条款（Duration of Liability Clause）规定承运人对货物灭失或损害承担赔偿责任的期间，很多提单根据《海牙规则》规定责任期间为从货物装上船舶时起到货物卸离船舶时为止，集装箱货物除外。

5. 包装和标志条款

包装和标志条款（Packages and Marks Clause）规定货物应妥善包装，标志应正确、清晰。如因标志不清或包装不良所产生的一切责任和费用由货方承担。具体来讲，外运和中远集团的提单里都要求应以不小于 5cm 长的字体将目的港清晰地标明在货物的外部，并且该标志须能保持到交货时依然清晰可读，否则将由托运人承担所导致的罚款和额外费用。

6. 运费和其他费用条款

运费和其他费用条款（Freight and Other Charges Clause）主要规定运费支付方式、时间、币种和计算方法。

运费支付主要有预付运费（Freight Prepaid）和到付运费（Freight to Collect）两种。预付运费一般要求托运人在货物装船之后，提单交付之前支付；到付运费则是在货物抵达目的港、承运人交付货物以前付清。无论是预付运费还是到付运费，如果船舶和货物或其中之一遭受任何灭失或损坏，运费均不予退还，也不得扣减。如果应支付给承运人的运费和/或其他费用未能付清，承运人还可以对货物及单证行使留置权，甚至变卖货物以补偿自己的损失。

7. 自由转船条款

自由转船条款（Transhipment Clause）规定虽然提单为直达提单，但如有需要，承运人可以采取一切合理措施，包括将货物交由属于承运人自己的船舶或属于他人的船舶，或经铁路或以其他运输工具直接地或间接地驶往目的港、转船、驳运、卸载，在岸上或水面上储存以及重新装船起运，上述费用由承运人负担，但风险由货方承担。承运人的责任仅限于其本身经营的船舶所完成的那部分运输。

8. 托运人错误申报条款

托运人错误申报条款（Inaccuracy in Particulars Furnished by Shipper Clause）规定托运人应对提单上所填写的货物数量、重量、尺码和内容的正确性负责。由于托运人错误申报或有意谎报致使船舶或货物遭受灭失或损坏，托运人应负责赔偿并承担由此产生的一切费用。

错误申报条款同时赋予承运人在装船港或目的港核查托运人申报项目的权力。如果承运人发现所申报内容与事实不符，有权收取罚款。

9. 承运人赔偿责任限额条款

承运人赔偿责任限额条款（Limit of Liability Clause）以一定的金额将承运人对货物的灭失或损坏所负的赔偿责任限制在一定范围之内。

　　责任赔偿限额一般以每一件或每计算单位若干货币表示，不同国家的法律，不同的国际公约甚至不同的航运公司有自己的标准。中远集团的海运提单上规定，承运人对货物灭失或损坏赔偿时参照货物的净货价加运费及已付的保险费的总额，但应限制在每件或每一计费单位不超过700元人民币。如果承运人接受货物前托运人已书面申报的货价高于此限额，而又已经填入提单并按规定支付额外运费的，则除外。如果货物的实际价值超过申报价值，则以申报价值为准。

　　10. 危险品、违禁品条款

　　危险品、违禁品条款（Dangerous，Contraband Goods Clause）规定托运人在运送危险品时必须事前通知承运人，并按有关法律、法规的要求在货物、集装箱或包装外加以注明。如未能做到，承运人为船货安全在必要时有权予以处置使其不能危害或抛入海中或卸下而不负任何责任。对违禁品，一经发现承运人也同样有权处置而不承担任何责任。

　　11. 共同海损条款

　　共同海损条款（General Average Clause）规定发生共同海损时将在什么地点、按照什么规则理算共同海损。国际上通常采用的是《约克－安特卫普理算规则》（York–Antwerp Rules）。中国的航运公司一般规定按《中国国际贸易促进委员会共同海损理算规则》理算。

　　12. 留置权条款

　　留置权条款（Lien Clause）规定承运人对应收未收的运费、空舱费、滞期费以及其他费用，可对货物或任何单证行使留置权，并有权出售或处理货物以抵偿应收款项。如果出售货物的所得不足以抵偿应收款项和由此产生的费用，承运人还有权向货方收取差额。

　　13. 美国条款

　　美国条款（America Clause）主要针对来往美国的货物。因为美国没有参加世界性的有关航运方面的国际公约，特别是没有参加专门针对提单的《海牙规则》，所以来往美国港口的货物运输只能运用美国《1936年海上货物运输法》（Carriage of Goods by Sea Act 1936），运费也要按照联邦海事委员会登记的费率执行。如果提单背面条款的规定与美国海上货物运输法有抵触，则以美国法为准。来往美国港口运输货物的航运公司大多在提单中列有此条规定。

　　除以上条款外，提单背面一般还有装货、卸货和交货条款，驳船费条款，冷藏货条款，索赔通知和诉讼时效条款，战争、冰冻、检疫、罢工、港口拥挤条款等。

五、有关提单的国际公约和法律

　　（一）有关提单的国际公约

　　提单作为航运界普遍采用的运输单证，其发展经过了漫长的历史。由于提单不仅对船货双方，而且对与贸易有关的银行、保险等各方的利益都有着直接的影响，所以提单的法律属性、法律对提单的约束程度一向为货运各方所关注。

　　早在中世纪提单最初出现的时候，并没有专门针对提单的法律，只是根据普通法的基本精神由承运人对所运送的货物负绝对责任，仅仅由于天灾、战争、货物内在属性或托运人过失所造成的损失，承运人可以请求免责。此时，虽然货主的利益较有保障，但由于承运人责任负担过重，加上当时技术条件的限制，海上航行风险较大，所以对航运业的发展，甚至对国际贸易的发展都极为不利。随后，"契约自由"精神被大力推崇。承运人随即借助自身优越的谈判地位，纷纷在提单上加入各种免责条款。19 世纪末，这种情形愈演愈烈，一时间似乎承运人除了收取运费外不需对所运货物承担任何责任。由于所运送货物的安全得不到保障，引起贸易商以及承担融资任务的银行、负责保险的保险人等相关各方极为不满。提单的信用得不到保障，也在一定程度上限制了国际贸易进一步扩大。这种矛盾在航运强国英国和贸易大国美国之间最为突出。

1893 年，为维护贸易商的利益，改善航运界的混乱局面，美国颁布了《哈特法》（*The Harter Act*，1893）。该法首次创造性地提出船舶所有人应恪尽职守使船舶适航。即使由于承运人、代理人或雇佣人员（船长、船员等）在船舶航行或船舶管理方面的过失造成货物灭失或损坏，承运人依然可以免责。但对货物装载、照料和交付等方面的过失，承运人将承担责任。随后，澳大利亚、新西兰、加拿大等国纷纷效仿，根据《哈特法》的基本精神制定出本国的海上货物运输法规。但是，由于海上货物运输牵扯到多个国家、多种行业，要想彻底规范承运人行为，解决不合理免责的现象，仅靠某几个国家的努力是远远不够的。况且，作为航运大国的英国出于保护船东利益的考虑一直没有制定相应的法律，也使得上述的变革带有很大的局限性。

第一次世界大战结束后，经贸发展的问题再一次摆在各国政府的面前。各国提单法律制度不同一度对国际航运界乃至贸易界产生了消极的影响，为促进航运业的发展，在国际法协会海事法律委员会的推动下，欧美主要海运国 1924 年 8 月在布鲁塞尔签订了第一部有关提单的国际公约——《统一提单的若干法律规定的国际公约》（*General Rules of Law Relating to Bills of Lading*）。该公约于 1931 年生效。因为公约最初的起草是在海牙进行的，所以又被称为《海牙规则》（*The Hague Rules*）。稍后，英国等许多国家纷纷通过立法的形式直接将《海牙规则》纳入国内法或者根据《海牙规则》的基本精神另行制定相应的国内法。到目前为止，《海牙规则》已经成为世界上最广泛使用的国际公约。

虽然《海牙规则》是国际海上货物运输中最重要的国际公约，但是由于当时船东的势力比较强大，《海牙规则》不可避免地有偏袒承运人的倾向，因此从一开始就受到货运方的指责。第二次世界大战结束后，随着原来殖民地、半殖民地国家的独立，第三世界经济的发展以及海运技术的现代化，修改《海牙规则》的呼声也越来越高。终于，1968 年 2 月在布鲁塞尔通过了《关于修订统一提单的若干法律规定的国际公约议定书》（*Protocol to Amend the International Convention for the Unification of Certain Rules of Law Relating to Bills of Lading*），即《维斯比规则》（*The Visby Rules*），并于 1977 年正式生效。航运界常常将其与《海牙规则》合称为《海牙-维斯比规则》。

《维斯比规则》只是对《海牙规则》某些条款做了一些修订和补充，部分解决了《海牙规则》由于过分陈旧给航运界所带来的问题，对《海牙规则》的实质性问题并没有做出改变，所以那些代表货方利益的国家，尤其是发展中国家对此并不满意。

经过多年的努力，1978 年联合国汉堡会议讨论通过了《1978 年联合国海上货物运输公约》（*United Nations Convention on the Carriage of Goods by Sea*，1978），又名《汉堡规则》（*The Hamburg Rules*）。《汉堡规则》对《海牙-维斯比规则》进行了全面、实质的修改，扩大了承运人责任范围，对货方和承运人的权益做了较为公平合理的调整。该规则已于 1992 年 11 月生效。但由于世界上主要的航运国家都没有加入，航运企业也由于《汉堡规则》大大加重了承运人的责任，没有主动选择适用《汉堡规则》，因此，该规则一直未能实质性地影响航运市场。

20世纪后期，集装箱运输、国际多式联运、无纸贸易等的发展使得《海牙-维斯比规则》与航运业飞速发展相脱节的矛盾日渐突出。但因为该公约通过时间尚短，影响有待观察。

（二）《中华人民共和国海商法》简介

1993年7月1日，经第七届全国人民代表大会常务委员会第二十八次会议通过的《中华人民共和国海商法》（简称《海商法》）正式生效。这是我国第一部在海上运输和船舶方面的专门立法。它从我国国情出发，以我国40多年来海上运输和经贸实践为基础，并充分考虑到国际海运立法追求统一的趋势，广泛吸收了国际通行的国际公约和惯例的规定，是一部比较成熟的立法。我国的《海商法》内容十分丰富，既有海上货物运输、旅客运输的内容，又有对海上运输管理，船舶运营、建造、抵押、买卖，海上碰撞，海上救助等多方面的规定。其中，有关提单的部分主要遵循了《海牙-维斯比规则》的精神，并合理吸收了《汉堡规则》中的合理部分，从世界范围来看也是一个创新。具体而言，关于承运人适航责任、妥善和谨慎管理货物的责任、不做不合理绕航责任以及承运人免责，责任限制的规定与《海牙-维斯比规则》相一致；承运人责任期间，活动物和甲板货运输、货物迟延交付等事项则参照了《汉堡规则》。

典型案例

厦门某公司自国外进口盘元钢材、螺纹钢共计4 152.33吨，总金额996 247.62美元。2020年5月31日，某轮在汉堡港装上了上述钢材，并签发清洁的已装船提单（含运费已付字样）。提单正面记载：

盘元钢材809件，重1 047.42吨；

强拉力螺纹钢1 199捆，重3 104.91吨；

合计2 008件，4 152.33吨。

2020年8月14日，该轮抵达厦门港卸货。经外轮代理公司理货，发现短卸钢材43捆，该轮船长分别在"货物溢短单"和"货物残损单"上签字确认。

随后，公司对该轮提起诉讼。法院认为：提单一经签发，即对承托双方产生效力，承运人应该按照提单正面记载的货物数量，完好地交给提单持有人。因此，该轮应对短卸对收货人造成的损失承担全额赔偿责任。

该案例代表的短卸纠纷在海事海商纠纷中并不少见，进口企业在港口接货后应及时清点数量，必要时寻求法律救济，以弥补可能的经济损失。

本章小结

本章首先介绍了海运的发展历程、基本特征、班轮运输和租船运输两种业务模式。其次，介绍了船舶构造、货船的种类、船舶的吨位、船籍和船旗。再次，讨论了班轮运费，并介绍了班轮运价的特点、种类，基本运费和附加费的计算方法，运费的核收方法。复次，介绍了班轮提单，包括提单的性质、种类，提单的签发、流转过程和提单的主要条款。最后，简要介绍了提单的国际公约和中国《海商法》的基本框架。

思考题

1. 海运的基本特征是什么？

2. 班轮运输和租船运输的主要差异有哪些？

3. 船舶载重吨位分为哪几种？和排水量吨位有什么联系？

4. 什么是方便旗船？为什么船东愿意在开放登记的国家注册？

5. 班轮运价分为哪几种？特点是什么？

6. 常见的海运计费标准有哪些？列举其中的四种。

7. 什么是预付运费？对货主有什么风险？适用于什么情况？

8. 什么是到付运费？如果货到目的港后，收货人拒绝支付运费，承运人该怎么做？

9. 如何理解提单的三个基本性质？

10. 为什么银行拒绝接受备运提单、不清洁提单、甲板货提单作为议付单证？

11. 什么是指示提单？如何转让？

12. 倒签提单和预借提单有什么危害？

13. 电子提单与传统提单有哪些异同点？

14. 《海牙规则》《维斯比规则》和《汉堡规则》的主要区别在哪里？

案例讨论

德国某公司以 CIF 价格将 2 000 吨铝锭卖给国内某进出口企业。 2019 年 11 月 28 日货物抵达厦门后，收货人发现提单签署的装货时间为 2019 年 8 月 30 日，但实际的装船时间为 9 月 8 日，为明显的倒签提单。 于是，向承运人提起索赔。

请问：什么是倒签提单？承运人对倒签提单是否承担责任？（讨论要点见教师课件）

本章关键术语

□ 班轮运输和租船运输

□ 重排水量吨位、轻排水量吨位和实际排水量吨位

□ 载重总吨和载重净吨

□ 注册总吨和注册净吨

□ 方便旗船

□ 超重附加费、超长附加费、转船附加费、燃油附加费、港口附加费等

□ 预付运费和到付运费

□ 已装船提单和备运提单

□ 记名提单、不记名提单和指示提单

□ 清洁提单、不清洁提单

□ 电子提单

□ 预借提单、倒签提单、过期提单和货运代理提单

□ 背书转让

□ 适航、管货责任

本章阅读资料

电 子 提 单

所谓电子提单，就是有别于传统纸介提单，以电子数据形式存在的提单，是无纸贸易不断推进的结果。 电子提单与传统提单最大的差别在于其存在形式——数字形式与纸介形式，及其使用过程中产生的一系列差异。

第一，电子提单是数字化提单，其最大优势为数据的无形性和数据传输的快捷性。 无论是提单转让，还是收货信息确认，都可以借助网络瞬间完成，大幅度缩短提单流转速度，降低了提单成本和提单丢失、作伪的可

能性。单证的电子化即无纸化，没有传统提单的印制和运送环节，有助于行业的绿色环保，减少纸张浪费。据估计，到 2030 年电子提单采用率将达到 50%，每年就可节约 40 亿美元。[①]

第二，提单签发的方式不同。纸介提单可凭借签发人在纸介文本上的签字、盖章来判断是否为正本提单。而电子数据由于可以无限完美复制，因此无法仅凭借提单文本判断正本提单的独特性，需要承运人在签发提单的同时赋予"密钥"，以保证持有人获取针对提单项下货物的"唯一"权益。

第三，提单流转方式不同。纸介提单的流转就是纸介文本的物理转移过程。无论是专人携带，还是借助快递服务商代转，都需要实际获得正本提单的纸介文本，同时在文本上背书完成转让过程。提单签发人和承运人是否知晓这一过程对提单流转不产生任何影响。而电子提单的流转需要"密钥"的伴随，"密钥"的生成又需要承运人的鉴证，因此提单转让前需通知承运人相关交易信息和（提单）受让人（如进口商）信息，承运人销毁原密码（原托运人对货物的控制权因此丧失），再将系统生成的唯一的新密码发送给进口商。货物送达目的港后，进口商凭借新密码证实货主身份，换取提货单；承运人借助密码辨识提单的合法持有人，交付货物。为保证信息传输过程的真实、可靠，《1990 年国际海事委员会电子提单规则》规定所有信息（包括确认收货信息、转让提单的信息等）都要经过对方的确认，而且所有信息传输过程都要置于庞大的电子监控系统控制之下，避免因数据传输问题出现争议。我国《电子提单（物权登记）服务系统规范》（2013）则要求借助"物权登记子系统"记录提单签发、流转过程中物权变化的轨迹。

近年来，区块链技术逐渐成熟。这是一种基于分布式账本技术而搭建的数据共享平台，具有去中心化、公开透明、难以篡改、全程可追溯等特征，一些航运企业及相关利益方（进出口贸易商，金融、保险、港口服务等国际物流相关机构）也在推动基于区块链技术的数字化信息平台的建设，提供包括提单签发、流转等在内的全流程数字解决方案。

第四，全球各国信息化发展差异较大，对数字文件的法律效力认可标准不一。虽然以 *INCOTERMS* 为代表的国际惯例已同等对待电子单证与纸介单证[②]，却仍无法保障电子提单的效力得到所有国家国内法律的认可。因此，《1990 年国际海事委员会电子提单规则》规定，提单持有人随时可以要求将电子形式的提单转换为纸介提单。从这个角度看，电子提单和纸介提单只是在理论上具有同样效力和功用，现实中仍需做个案分析。

同时，使用电子提单的企业需要完成对软硬件网络、信息设备和人员培训的投资。虽然网络数据安全和信息标准等方面的技术问题还没得到完全解决，但数字化的趋势不可阻挡，是未来贸易便利化措施的重要内容，且新冠肺炎疫情等突发事件对国际快递业务的冲击，迫使业界更快转向不依赖实体交接的电子提单。

即测即评

[①]　网易新闻.MSC 使用独立区块链平台 WAVE BL 推出的电子提单［EB/OL］［2021-04-28］.
[②]　例如，"A1 卖方应根据协议提供纸介或电子形式的任何单证……"（INCOTERMS® 2020）。

第 四 章
国际租船业务

本章学习要求

　　通过对本章的学习，掌握租船业务的主要类别和各类别的基本特点；了解全球主要的国际租船市场的一般情况，熟悉全球主要航运市场和常见的运价指数；掌握租船合同特别是定程租船合同关键条款的内容；了解海运进出口业务的基本流程。

第一节　租　船　业　务

一、租船业务的分类

　　租船运输是国际海上货物运输的重要形式。相对班轮业务而言，各国政府对租船业务普遍实行较为宽松的政策，几乎不采取任何管制，允许当事人在不触犯公共利益的前提下，自主协商，决定租约的内容。因此，各国政府给予租船运输当事人充分的灵活性和自主经营的权利，既无须遵守固定的航线、班期，也可以在"契约自由"的基础上划分租船人（Charterer）与船东（Owner）的权利义务关系，还可以随行就市商讨租金或运费的水平。

　　租船运输中的当事人分别为租船人和船东，其中船东可能是船舶的真正主人，也可能是将租来的船舶进行转租的二船东。由于航运的天然国际性，所以租用的船舶一般会在全球航行。为在世界范围内寻找最合适的租船人或船东，租船业务中普遍使用中介服务商，即租船经纪人

（Broker）来作当事双方信息沟通的桥梁，促成租船合同的顺利签署，当双方意见出现分歧时，租船经纪人也可以从中斡旋、调解，避免事态扩大。

租船运输的实质是租船人通过租用他人的船舶，来完成一定的货物运输任务。根据具体运营方式不同，租船运输分为以下类型。

（一）定程租船

定程租船（Voyage Charter），简称程租船，或称航次租船，是以航程为基础的租船形式，是租船运输的基本形式。

定程租船是指船舶出租人向承租人提供船舶或者船舶的部分舱位，装运约定的货物，从一港运至另一港，由承租人支付约定运费的租船运输形式。

在程租船方式下，一般由船方根据租船合同负责船舶的经营管理，并按租船合同规定的航程完成货物运输任务，支付航行中产生的各种费用和开支。租船人则按合同规定支付运费，协助船东完成货物的交接。

1. 程租船的分类

按船舶的租用形式不同，程租船又可以分为以下 4 种。

（1）单航次租船（Single Voyage Charter）。单航次租船是指船东向租船人提供船舶，完成由指定装货港到卸货港某单航次的货物运输服务。航程结束后，租船合同即告终止。该方式与班轮运输最为相似，但由于租船运输可以按要求提供专用船舶，按双方协议的航线航行，所以为贸易商选择大宗货物的进出口地提供了方便。

单航次租船的费用一般以运价表示，由双方协议确定，计算时以船舶的装货量或卸货量为依据。

（2）往返航次租船（Round Trip Charter）。与前者不同，往返航次租船的租船人不仅租用船舶完成由装货港到卸货港的航程，而且要求船舶在卸货港卸货后，再搭载货物由原卸货港返回，至原装货港或出发港卸载后，宣告租船合同的结束，也有时候最终的卸货港并不是原出发港，而是其附近港口。

往返航次租船实际是两个单航次的合并，并因为提高了船舶的利用率而享有一定的价格优惠。现实中，也有货主联合起来签订往返航次租船合同以降低运费。

（3）连续单航次租船（Consecutive Trip Charter）。简单讲，连续单航次租船就是租船人要求船东在指定的装货港和卸货港之间完成两个以上航次的运输服务，只有当最后航次结束时，租船合同才告终止。

连续单航次租船合同主要适用于贸易合同较大，无法借用单航次完成运输任务，因此分批运输的情况。

（4）包运（Contract of Affreightment）。该方法也称作包运租船，指船东应要求向租船人提供一定的运力，在指定的装货港和卸货港之间，按约定的时间、航次周期运送一定数量的货物。

包运租船与连续单航次租船极为相似，但包运租船通常并未严格要求以固定的船舶承载货物，船东可能根据船队调度的需要灵活安排运营船舶。同时，单航次租船一般要求船东连续安排多个航次完成货物运输任务，而包运租船的租船人则通常并不强调连续航次，而是要求船东在给定的较长时间范围内完成运输任务，因此，船东拥有更大的调度自由，能够更充分地利用船舶运力，租船人也会享受运费上的优惠。

因为包运租船中不明确规定船名，只规定所租用船舶的船级、性能等，与一般的定程租船有着较大的差异，因此有人将其单列为租船运输的一种形式。但因为包运合同中租船人与船东权利、义务等的划分方法同一般的程租船运输合同基本相同，因此本书将其看作定程租船的一种形式。

2. 程租船的特点

程租船的基本特点是：

（1）船舶按约定的航线行驶，在指定的装货港和卸货港之间运送指定的货物。

（2）船东负责船舶的经营、调度、运营管理，同时负责照料货物，支付船舶维护保养费用、船员工资、港杂费用等。

（3）船东与租船人之间按装货量或卸货量计收运费，有时也会采用包干运费（Lump Sum Freight）。

（4）装卸费用既可规定由船东承担，也可规定由租船人承担。如租船人负责货物的装卸，则规定一定的装卸期或装卸率。当实际装货和/或卸货时间超过约定时间时，船东向租船人征收滞期费；当实际装货和/或卸货时间少于约定时间时，船东向租船人支付速遣费。为避免纠纷，合同中会详细约定滞期费、速遣费的计算方法、计收标准和支付方式。

（5）租船人与船东之间其他权利义务关系以程租船合同的约定为准。

（二）定期租船

定期租船（Time Charter），简称期租船，指由船东按约定将船舶租给租船人使用一定时间，在规定期限内船舶的经营、调度由租船人负责，租船人按约定支付租金。期租船的租期可长可短，租金的计算一般以按船舶夏季载重线计算的总载重吨为依据，按日、周或月支付。

与程租船相比，期租船有如下特征：

（1）船舶的经营、调度由租船人负责。

（2）一般不约定船舶行驶的具体航线和装卸港口，但为保障安全，船东一般划定船舶应遵守的航行区域，或者规定禁行区域。

（3）一般不具体约定装运的货物，只笼统规定应运输合法货物。但因为船舶大多具有专用性，如运粮船、油轮等，所以能装载的货物类别有限。

（4）货物的装卸完全由租船人负责，因此不必规定装卸时间或装卸率，船东和租船人之间互不计算滞期费、速遣费。

（5）租金一般表述为每月或每日若干金额。租船合同中一般有交船、还船和停租条款，以便于计算应付租金额。

（6）船舶的技术维护等一般由船东负责。

（7）租船人与船东之间其他权利义务关系以期租船合同的约定为准。

由以上特点可以看出，在期租条件下，租船人应具有丰富的航运经验，以合理调度船舶，安排船舶的营运、货物的运输管理。因此，期租船的租船人或者是具备专业运输知识和航运经验，并拥有足够货源的专业化贸易公司，或者本身就是航运企业，借助期租的方式弥补短期内的运力不足，扩大班轮市场的竞争力。当然也有部分企业将期租的船舶再行投放到程租船市场，利用两者之间价格的差异赚取利润。由于船舶造价较高、建造时间长，一定时间内全球可供租用的船舶数量处于稳定状态，一旦供求失衡，就会造成租船市场价格的大幅度波动。本章开篇提到集装箱船舶租船价格飙升就源于专业化贸易公司和航运企业租船需求的快速增加。

（三）航次期租

航次期租（Time Charter on Trip Basis）是介于程租和期租模式之间的一种中间形式。在航次期租下，船东与租船人并不明确约定租期的期限，只确定特定航次，规定完成航次后合同终止。

与期租船相似，租船合同中约定日租金价格，费用和风险划分方式也与期租基本一致，不同的是租船人按实际使用船舶的天数支付租金。

（四）光船租船

光船租船（Bare Boat Charter）被认为是期租的一种派生形式。与一般的期租船方式不同，光船租船的船东只负责将船舶交付租船人使用，租船人负责船舶的技术维护、经营管理，甚至根据自己的需要配备船员，组织运营所需装备和供给等。

因此，光船租船具有以下特点：

（1）船长和全体船员由租船人雇佣，并受租船人调遣。

（2）租船人全面负责船舶的运营管理，以承运人身份指挥船舶完成航运任务。

（3）租期较长。租期内，船舶一切的时间风险完全由租船人承担，因此无滞期、速遣的规定。

（4）和期租相似，租金表述为每月或每日若干金额。

（5）船舶的保险、船级评定等其他事项的责任，由租船人或船东按光船租船合同的约定承担。

与其他租船方式相比，光船租船类似财产的租赁业务，对租船人提出了更高的要求，因此是使用最少的一种租船方式。业务中，光船租船其租船人多数是航运企业，是为快速提高运力而采取的一种变通方式，有时和融资租赁结合在一起，解决航运企业资金紧张、船舶建造周期长的现实问题。

综上所述，从程租到航次期租、定期租船、光船租船，租船人对船舶的控制能力逐渐加强，所承担的责任、费用、风险也越来越大，其中船东与租船人的各类成本划分如表 4-1 所示。需要注意的是，其中的某些项目，如程租船条件下装卸费用的承担可能因为租船合同的约定不同而有所差异，并非一定由船东承担。

表 4-1　船东与租船人负担的各类成本

船舶建造成本	营运成本	航程成本
船价	船员工资	装卸费
	船舶保险费/保赔协会保费	燃油费
船价利息	维修及保养费用	港口费、拖轮及领港费
	润滑油	运河费
税项	舱面及机房的备件及补给	运费税
	船舶管理费	
光船租船		
期租船		
程租船		

资料来源：杨良宜. 租约［M］. 大连：大连海运学院出版社，1994：3. 有改动.

二、国际租船市场

航运市场即完成航运交易的场所，是租船合同主要达成地。国际租船市场是不同国家和地区的船东和租船人在租船经纪人协助下寻找、洽谈、协商、达成租船合同的场所。随着通信技术的发展，当代租船市场也不再局限于某个实体建筑内，还包括由全球网络链接在一起的虚拟市场。

世界上主要的航运中心都设有航运交易所，这些航运交易所都具有租船市场的功能，为租船人、船东和租船经纪人提供了获取租船市场信息、磋商租船协议的场所，同时沟通航运市场的供给和需求，通过公开的交易活动为航运界相关人员提供价格走势、船舶交易、航运金融、船员劳务等国际航运相关服务。世界上最重要的租船市场包括：

（一）波罗的海航运交易所

波罗的海航运交易所（The Baltic Mercantile and Shipping Exchange）位于英国伦敦，是世界上历史最悠久也是最大的租船市场，居于世界航运市场的中心地位。

18 世纪的英国曾经是当时经济、科学最为发达的国家，也是航海业的先进大国，掌握着世界海上商贸的霸权。英国伦敦的弗吉尼亚-马里兰咖啡馆经常聚集着很多经营进出口业务的贸易商和船东，他们定期在咖啡馆聚会，商讨国际航运市场的最新动态。1823 年，为抵制当时几近疯狂的"赌博"，规范市场，人们组织了委员会负责制定相应规则，并逐渐形成现在的波罗的海航运交易所。[①]

波罗的海航运交易所实行的是会员制。每天上午，会员经纪人会来到交易所大厅内洽谈交易，主要业务包括租船、船舶买卖、粮油作物交易，甚至包机交易，双方意见一致后会签订书面协议。除船东、租船人、经纪人外，波罗的海航运交易所的会员还包括船东保赔协会等协会组织，以及从事海事海商法律服务的律师、仲裁员等。

波罗的海航运交易所是世界上交易规模最大的租船市场，交易船舶包括干散货船、油轮、液化天然气船、集装箱船舶等。来自希腊等众多航运大国的船舶为交易市场提供了丰富的供给，租船的成交量约占世界租船总成交量的 30%，洽谈结果能够反映世界航运市场供求的一般状况，是其他租船市场交易的参考对象。

波罗的海航运交易所 1985 年开始发布的波罗的海运价指数（Baltic Freight Index，BFI）是综合性运价指数，由全球传统的 12 条主要干散货船的运价，按照各自在航运市场的重要程度和所占比重构成，是国际租船市场的重要风向标。20 世纪 90 年代，为适应市场需要，波罗的海航运交易所对运价指数构成进行了重要调整。现在，公布的指数包括干散货运输市场波罗的海综合运价指数（Baltic Exchange Dry Index，BDI）[②]、干散货运输市场波罗的海好望角型船运价指数（Baltic Exchange Capesize Index，BCI）、干散货运输市场波罗的海巴拿马型船运价指数（Baltic Exchange Panamax Index，BPI）、干散货运输市场波罗的海大灵便型船运价指数（Baltic Exchange Surpramax Index，BSI）等。

随着全球大宗商品贸易流向不断变化，以散货运输为主的租船运输市场出现结构性变化，

---

① 波罗的海航运交易所官方网站。
② 曾经 BDI 还包括波罗的海灵便型船运价指数（Baltic Exchange Handysize Index，BHSI）。2018 年 3 月的调整中重新定义 BDI 综合运价指数构成，包括 BCI 40%、BPI 30% 和 BSI 30%，不再包括轻便型期租船。

波罗的海运价指数也在经历不断调整以更好反映市场波动。如增加中国航线以反映中国大宗原料进口持续攀升的局面，调整综合指数构成以更好地反映船队构成等。

（二）纽约航运交易所

第二次世界大战之前，纽约租船市场还仅仅是个地区性交易市场。战后，随着美国经济地位的提升，美国成为全球最重要的贸易国，纽约也成为世界最重要的经济中心、金融中心，以及海事、海商的重要口岸，这些都促成纽约世界航运中心地位的确立。

纽约航运交易所是世界第二大租船市场。与伦敦的波罗的海航运交易所相同的是，纽约航运交易所也采取会员制。不同的是，纽约航运交易所并没有专门的交易场所，而是通过电话、传真、计算机网络等将会员联系起来，进行交易。

纽约航运交易所汇集了世界上最重要的谷物、煤炭和铁矿石的出口商以及来自希腊、挪威等航运大国的船东，成为世界干散货租船的主要交易场所之一。此外，美国石油进口大国的地位也促使纽约航运交易所成为油轮交易的主要地点，成交量约占世界同类船舶成交量的30%。

纽约航运交易所和伦敦的波罗的海航运交易所的重要性还表现在两地时间的互补性上。由于时差的关系，两地的交易可以接续进行，构成了世界租船市场的核心。

（三）北欧租船市场

北欧租船市场包括挪威的奥斯陆、瑞典的斯德哥尔摩、德国的汉堡等地区性租船市场。

北欧租船市场以成交技术含量较高的冷藏船、滚装船、液体化工品船、集装箱船等特种船舶为主。由于地区市场的容量有限，这些市场中的船东主要为国际航运市场提供运力，因此与伦敦、纽约航运市场保持着非常密切的联系。

（四）亚洲租船市场

亚洲租船市场包括东京航运市场、香港航运市场、新加坡航运交易所和上海航运交易所，主要为东亚和东南亚的租船人和船东提供服务，成交的主要是区域内短程的近洋业务。

随着亚洲经济的进一步繁荣，亚洲航运业日益壮大，国际航运的中心逐渐向亚太地区转移，这些航运市场也处在不断发展之中。

（五）我国的航运交易所

为更好服务我国航运事业的发展，2010年设立的重庆航运交易所、2011年设立的广州航运交易所和武汉航运交易所为地区性交易所，服务长江、珠江区域。

上海航运交易所是我国最重要的航运交易市场，依托我国不断发展的国际贸易规模和上海日渐重要的国际航运地位，现已成为世界重要的航运交易市场之一，发布的价格指数是全球国际物流领域重要指向标。

1994年1月，交通部提出在上海、武汉等地区建立水路货物运输的有形交易市场，1996年上海航运交易所正式挂牌营业，其宗旨是遵循公平、公正、公开原则，围绕"维护航运市场公平、规范航运交易行为、沟通航运动态信息"三大基本功能，成为"世界海运大国监管的风向标""中国航运信息的源头"①。

1998年4月由交通部主持、上海航运交易所编制发布中国出口集装箱运价指数（China Container Freight Index，CCFI）。该指数选取1998年1月1日为基期（基期指数1 000点），根

---

① 来自上海航运交易所官方网站。

据典型性、地区分布性、相关性三大基本原则，筛选出从我国出发的 11 条航线作为样本航线，由 16 家航线市场份额大的中外船公司，按照自愿原则，组成运价指数编制委员会，提供运价信息，以运价、运费和运量为基本权重，编制中国出口集装箱运价综合指数和 11 条分航线的运价指数。该指数反映我国主要集装箱航线出口集装箱运输价格的走势和变动趋势（现包括日本航线、欧洲航线、美西航线、美东航线、韩国航线、东南亚航线、地中海航线、澳新航线、南非航线、南美航线、东西非航线、波斯湾/红海航线等），在国内外航运界引起较大反响，成为世界了解中国航运市场的重要指标，反映市场走势的晴雨表。由图 4-1 清晰可见 2020 年中期开始，我国新冠疫情动态清零后生产制造业复苏，进出口贸易恢复，甚至增长，带来出口集装箱运价攀升。

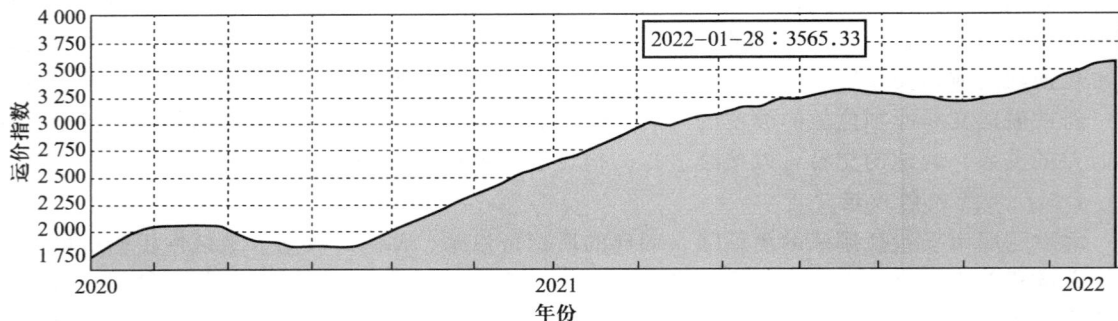

图 4-1　中国出口集装箱运价指数（2020—2022 年）
资料来源：上海航运交易所。

此外，上海航运交易所自 2001 年开始发布中国沿海（散货）运价指数，2009 年后发布上海出口集装箱运价指数、中国进口集装箱运价指数、中国（上海）国际海员薪酬指数、"一带一路"航贸指数等反映我国运输市场走向的重要指标，推出上海到欧洲、美西航线集装箱运价指数衍生品、中国沿海煤炭运价指数及衍生品等众多产品，是为贸易企业、航运企业及众多航运关联产业提供保值避险、价格发现等航运相关服务的重要平台。

第二节　租船合同

租船合同又称租约（Charter Party，C/P），是船舶出租人或船东和租船人按照契约自由的原则订立的协议。按此协议，船舶出租人将船舶的全部或部分舱位提供给租船人使用，并收取一定的运费或租金。

一、租船合同范本

租船合同是租船运输中的基本法律文件，也是船东和租船人权利义务关系划分的重要依据。为了自身的利益，谈判中船方和租方各尽所能，逐字推敲行文以更好地进行自我保护。由于合同内容异常复杂，往往造成旷日持久的谈判过程。为简化手续，提高效率，加快租船合同的签订，国际上很多机构和组织都草拟了标准合同文本供承租双方选择使用。以下列出的是最为常见的租船合同范本。

（一）定程租船合同范本

在定程租船合同范本中，有的具有一定的通用性，如金康条款；有的则针对某种特殊货物的租船业务，如煤炭、谷物等。具体包括：

1. 统一杂货租船合同（Uniform General Charter，GENCON 或简称金康）

该合同由波罗的海国际航运公会（The Baltic and International Maritime Council）的前身波罗的海和白海航运公会于 1922 年制定，是较早的合同范本之一，也是使用较为广泛的合同范本，适用于不同货物的航次租船。后来，该租约经过多次修订。

2. 斯堪的纳维亚航次租船合同（Scandinavian Voyage Charter，SCANCON）

该合同是波罗的海国际航运公会 1956 年专门为斯堪的纳维亚地区的杂货租船业务而制定的合同范本，并在 1962 年修订。

3. 煤炭运输的程租船合同

该合同包括：波罗的海和白海航运公会最早制定的威尔士煤炭租船合同（Chamber of Shipping Walsh Coal Charter Party），美国船舶经纪人和代理人协会制定的美洲威尔士煤炭租船合同等。

4. 谷物运输航次租船合同

该合同包括北美粮食出口协会、北美托运人协会、纽约土产交易联合会制定的"巴尔的摩 C 式"（Baltimore Form C）。该合同范本被广泛用于北美谷物出口，以及澳大利亚谷物租船合同、太平洋沿岸谷物租船合同等。

5. 油轮租船合同

该类合同如美国船舶经纪人和代理人协会 1977 年制定的油轮航次租船合同（Tanker Voyage Charter Party），国际独立油轮船东协会制定的油轮航次租船合同（INTERTANKVOY）、气体航次租船合同（GASVOY）、化工品船航次租船合同（For Transportation of Chemicals in Tank Vessels，BIMOHEMVOY）等。

6. 其他

此外，还有古巴食糖租船合同（Cuba Sugar Charter Party）、波罗的海木材船租船合同（NVBALTWOOD）等专项货物的航次租船合同范本。

（二）定期租船合同范本

常见的定期租船合同范本包括以下三种：

1. 纽约土产交易所定期租船合同（New York Produce Exchange Time Charter，NYPE）

该合同范本最早在 1913 年制定，和很多合同范本一样，也经过了多次修改，最近一次修订是在 2015 年。该范本同时得到波罗的海国际航运公会和船舶经纪人、代理人联合会的推荐。

2. 统一定期租船合同（Uniform Time Charter，BALTIME）

该合同由波罗的海国际航运公会 1909 年制定，经多次修改。

3. 中国定期租船合同标准格式（China National Chartering Corporation Time Charter Party，SINO TIME）

该合同由中国租船公司于 1980 年组织制定。

除上述合同范本外，用于航次租船和定期租船的合同格式还有很多，它们中的一些已经得到波罗的海国际航运公会、纽约土产交易所等机构的认可，或者本身就是在这些机构的主持下制定的，并得到了广泛的使用，这些租船合同被称为标准租船合同。另有一些格式合同是由一些经营大宗货物的租船人制定的，被称为非标准租船合同。

值得注意的是，无论标准租船合同还是非标准租船合同，合同格式的制定人都希望自身利益在合同条款中得到充分的体现，因此，租船人在选用合同范本时除考虑租船形式、所运输的货物外，还要尽量了解合同范本产生的背景，以更好地保护自身利益。

二、定程租船合同

定程租船又称为航次租船，因承运货物、航线等不同，对租船合同的要求也不尽相同。但一般来看，除一般合同都规定的内容(如当事人条款、船东在运输中对所运输货物的责任义务、法律适用条款、仲裁条款等)外，定程租船合同还包括以下主要条款。

(一) 船舶说明

船舶说明条款是程租船合同的关键条款之一，主要说明所租用船舶的船名、船旗和船籍、船龄或船级、船舶吨位等。

船名是识别船舶的重要特征之一。在程租船合同中可以明确指定船名，一经确定，就决定了执行该次航行任务的船舶。履行合同过程中，即使出现技术原因导致原有船舶无法完成航程，船东也不得随意使用替代船舶，否则构成违约，租船人有权取消合同，并同时要求损害赔偿。

如果租船市场行情波动较大，或者船东认为指定船舶的风险过大，也可以要求在船名一栏注明"××船或替代船舶"，这样当无法派遣原定船舶或者出于经济利益的考虑需要其他船舶代为履行合同时，船东可以指定条件符合协议要求的其他船舶完成租船合同。一般主要指船籍、船龄、载重吨等关键技术参数满足租船人的要求。

船旗和船籍也是船舶说明中的重要内容。由于政治、宗教等各种原因，常常有一些国家和地区之间处于战争或冲突状态，船旗和船籍对于船舶的航行安全有着重要的影响作用。

船龄或船级可以帮助租船人了解船舶的技术状况和老化程度，预估航行风险，因此也是必不可少的内容之一。

船舶吨位包括注册吨位和载重吨位。注册吨位的大小将影响航行中运河费、港口费等多项费用，而载重吨位则可以帮助租船人了解船舶可以装载的货物的数量，确保所租用的船舶足以装载所要运输的货物。

(二) 货物

程租船合同关于货物的规定一般包括所承运货物的种类(或名称)、包装和数量。

合同中可以指定所承运货物的具体名称和包装，可以规定装运某种货物，也可以是某几种货物(如规定运送小麦或规定运送小麦和玉米)，也可以笼统规定货物的大类别(如约定运送粮食)，甚至只规定要运送"合法货物"，但这种规定方法对船东来讲风险过大，所以一般船东会在合同中增加"××货物除外"条款，以减少风险，维护自身利益。

提供与合同规定相符的货物是租船人的责任。从安全和经济方面考虑，租约上订明装什么货，租船人就只能装什么货，否则，船方有权拒绝装船，并请求损害赔偿。当然，如果租方准备的货物与原来的约定不符，船方也可以选择接受装货，但可以要求提高运费。

关于货物的数量，一些租约（如金康条款）规定租船人应提供满载满舱的货物。所谓满载，就是租船人提供的货物数量应该能达到船舶载重能力允许的程度，就是说货物装船后的吃水应该达到本次航程所允许的最大限度。所谓满舱，就是租船人提供的货物能够装满货舱。通常，要求轻泡货物达到满舱要求，重货应达到满载要求。

由于船舶的载货量受船舶自身载重能力的影响，也受船舶离港前所携带的燃油、淡水等供给品数量的影响，所以一般航次租船合同中对货物数量的规定都允许有一定百分比的增减幅度，由船方选定。在实际装货前，船长应按合同规定增减范围向租方宣布该船可以装运货物的确切数量，以便于租船人通知货方备货。此时，船方所宣布的数量称为宣载量（Declaration of Deadweight Tonnage）。但船长宣布的载重量应在合同规定的范围内，若超出范围，租船人可以拒绝装船。同时，船方对其所宣布的载重量负保证责任，如所报不实，租方可要求赔偿或减付运费。当然，如果租方未能按宣布的载重量供货装船，也要支付空舱运费（Dead Freight），补偿船东的运费损失。

（三）装卸港口

程租船合同中有关装卸港口的条款也是合同的重要条款。对装卸港口的规定有两种方式：一是具体列明装卸港口的名称；二是不具体列出港口名，只是规定大致的范围，随后可由租船人根据具体的需要进行选择，如规定中国北方港口、美国西海岸港口。后一种港口的规定方法比较灵活，因为如果合同中规定的装卸港口非常具体，租船人就不能随意要求更改或增加装卸港，否则船东可以拒绝更改，也可以要求增加运费。但即使笼统规定装卸港口，也不能无限制地调整装卸港口，一般要求租船人应该在一定时间内选定装卸港口，一经选定后不得更改，否则仍然会遭到船东的拒绝或者要求增加运费。

租船合同中的装卸港，一般要求是安全港（Safe Port），即特定船舶在有关时间内，能够在正常和良好的航行条件下进出，并能保持安全浮泊而不致发生危险的港口。船舶在港口可能遇到的危险是多方面的，既有自然条件方面的因素（如港口的风浪、潮差、航道水深、冰冻），也有政治方面的因素（如港口工人罢工、港口地区骚乱、出现疫情），这些都会构成港口的不安全。

一般情况下，如果租船合同中已经列明了装卸港，则由船方对港口的安全负责，因为船东更可能了解到该港口是否适宜特定船舶顺利出入、停留在港内。如果笼统规定装卸港口，则船东无法事先对港口的安全性作出判断，那么就要由负责指定装卸港的租船人负责港口的安全。无论是哪一方负责港口安全，都不排除在合同签订之后可能发生的意外情况，只要当事人在选港时已经恪尽职守，所选港口也是安全的，只是后来由于不可预计的事情发生，如突发的战争或暴乱、瘟疫流行等导致港口不安全，那么当事人可以要求免责。

与安全港密切相关的是"附近条款"，即要求当卸货港由于某种原因变得不安全时，船东有权命令船舶"驶往附近可以安全到达，并能保持浮泊的港口或地点"，将货物卸下，由此产生的费用由租船人负责。要注意的是，船舶必须是在无法到达指定港口的情况下才能驶往附近区域。另外，这里所谓的附近地区并不一定指地理上的最近港口，可以参考包括港口的国籍、未来货物中转的难易程度等多项因素确定，否则仍然可能引起租船人的争议。

（四）受载日和解约日

受载日和解约日是程租船合同的要件之一。所谓受载日即按合同规定，租方可以接受船舶的最早装货日期。而解约日是按合同规定，租方可以接受船舶的最晚装货日期。两者之间即为船舶的受载期(Laydays)。在受载期内,船方必须使船舶到达指定地点,并准备好装货。租方必须备齐货物准备装船。

如果船舶在受载期前到达装货港,准备就绪,租方可以安排装货,也可以拒绝,等到受载期开始再装船。如果船舶在解约日未能到达装货港,或虽然到达,但各方面没有做好装货的准备,则租船人有权选择解除合同或者继续执行租船协议。有时候,船东或船长明知船舶不可能在解约日之前抵达装货港,做好装船准备,但只要租船人没有提出解约要求,则船东仍有使船舶驶往装货港的义务。为避免跑冤枉路,船东往往在租船合同中加入"质询条款",如金康条款就规定当船舶出现延误情况时,船东会将船舶当前的情况和预计到达装货港的时间告知租船人,请租船人在 48 小时内答复是解除租船合同还是同意新的解约日。

(五)运费

运费是船方提供运输服务应得的报酬,支付运费是租船人必须履行的义务。在租船合同中,一般规定费率(Rate of Freight),即约定运费按每吨货物若干金额计收,或整船包干运费(Lump Sum Freight),即约定整船货物共计支付运费若干。如果采用前者,还应同时明确规定按装入货物的数量或是卸下货物的数量计算运费,必要时还需约定货物数量的度量方法。

运费条款还会明确规定运费的支付期限和支付方式。常见的支付方式有预付运费、到付运费或部分预付、部分到付等。与班轮运输条件下相似,合同中经常规定不管货物灭失与否,预付运费概不退还。

如果采用整船包干运费,若租船人装货不足,则运费照付;若船舶载重量或容积不足,则从包干运费中按比例扣除。

租船运费的高低主要取决于航运市场供求关系。但货物的性质、货价的高低、运程远近、运输难易程度、装卸率高低、装卸费分担方式、运费支付方式、港口费用高低、佣金率等各种因素,均对运费产生影响。

(六)装卸费的划分

定程租船合同中,装卸费用的划分主要采用以下四种方式:

(1)船方负责装卸及费用(Gross Terms,or Liner Terms)。班轮条件,即与班轮服务相似,船方负责安排货物装卸、支付费用,租船人无须支付额外费用。在此种条件下,双方的费用划分以船上吊钩为界。装货时,船方应负责从船边吊钩所及之处把货物吊进舱内并负责理舱;卸货时船方负责安排吊具把货物从船舱内卸到码头上。

(2)船方不负担货物的装卸及费用(Free In and Out,FIO)。一般情况下,凡采用 FIO 条件,散装货的平舱(Trim)和杂货的理舱(Stow)仍属船方的职责。至于舱内货物的捆绑和加固,应由负责装卸货物的租船人承担。因此,为了进一步明确由哪一方负责船舱内杂货的理舱作业和散货的平舱作业,承担相应费用,就需在 FIO 基础上进一步加以规定。如规定 FIOS(Free In and Out,Stowed)条件,表明船方不负责装卸及费用,也不负责理舱;或规定 FIOST(Free In and Out,Stowed and Trimmed),表明在 FIO 的基础上明确船方既不负责理舱及费用,也不负责平舱及费用。

(3)船方负责装货及费用,但不负责卸货及费用(Free Out,FO)。

(4)船方负责卸货及费用,但不负责装货及费用(Free In,FI)。

租船人需要注意的是,租船合同中有关装卸费用的划分方法应该与国际买卖合同中贸易术语的使用相互协调,如贸易合同使用 CIF 术语时,就可以要求船方负责货物的装卸费用,或者船方负责卸货费用。

（七）许可装卸时间

许可装卸时间（Laytime）即在合同条款中规定允许租船人完成装卸作业的时间。许可装卸时间一般用若干日或若干小时表示，也可以用装卸率表示，即规定平均每天装卸若干吨（以若干个舱口为准）。例如，租船人将租一艘载重能力为 15 000 吨的船装运砂糖，使用五个舱口作业，每个舱口日装砂糖 300 吨，则既可以规定每天每个舱口的装卸率 300 吨，也可以规定许可装货时间为 10 日。但由于港口的作业习惯有相当大的差异，因此有时也规定按港口习惯尽快装货或卸货，或者规定按船舶能够收货或交货的最快速度装货和卸货。

当装船时间以"日"计算时，航运界也有多种不同的处理方法，其中常见的有：

（1）日历日（Calender Day），即按习惯的午夜零时至 24 时为一天，与日历时间相符。

（2）连续日（Running Days），即按时钟连续走 24 小时算一天，中间不作任何扣除。

（3）工作日（Working Days），即按港口习惯的工作时间计算装卸日，非工作日的周末和节假日不计算。

（4）累计 8 小时工作日（Working Days of 8 Hours），即无论港口工作时间如何规定，均按已累计工作 8 小时作为一个工作日计算，周末和节假日不计算在内。

（5）累计 24 小时工作日（Working Days of 24 Hours），不管港口习惯作业几小时，均按已累计工作 24 小时算一个工作日。如果港口每天工作 8 小时，那么 3 个作业日才算一个程租船合同的工作日，周末和节假日同样不予计算。

（6）晴天工作日（Weather Working Days），既是工作日，又是晴天可以进行装卸作业时才予以计算。如果遇到刮风下雨，装卸作业不能正常进行，即使是工作日也不予计算。

（7）连续 24 小时晴天工作日，连续与累计不同，连续一般用于昼夜作业的港口，连续工作 24 小时才算一天。如果中间有几小时天气恶劣或由于其他原因不能作业就得扣除。这种规定比较明确、合理，目前采用较多。

除上述计算时间的规定外，由于港口习惯和规定不同，还要对有关问题进一步明确加以规定。例如，在工作日之后补充规定"周末和节假日除外"，周末和节假日"不用不算、用了要算"或"不用不算，即使使用了也不算"等。对于周末及节假日前一天的具体算法也应予以明确，如规定只算到中午 12 点。对星期一或假日后的工作日一般明确自上午 8 点起算。

此外，允许装卸时间自何时起算到何时终止，也要在合同中明确，一般规定自船长递交"装卸准备就绪通知书"（Notice of Readiness）后一定的时间算起。例如，港口正常工作时间是上午 8 点至 12 点，下午 2 点至 6 点，船方在上午 12 点以前递交通知书，则从下午 2 点算起，下午 6 点以前递交则从翌日上午 8 点算起。允许装卸时间的终止时间一般以最后一件货物装上或卸下船舶为准。

此外，装卸时间是合并计算还是分别计算，也就是装卸港口的许可装卸时间是否可以相互抵用也要进行规定，既可以规定相互抵用或不可相互抵用，即装卸时间分别计算。按照目前惯例，速遣费一般规定为滞期费的一半。因此，如果两个口岸装卸速遣天数与滞期天数相等，那么当装卸时间分别计算时，租方仍要付费；若装卸时间合并计算，则可相互抵消。因此，装卸时间定为分别计算还是合并计算，要根据装卸港和所载货物的具体情况由双方商定。

（八）滞期费和速遣费

滞期费和速遣费（Demurrage and Despatch）是相互联系的两种费用。如果租船人负责货物的装卸，而且在租船合同所规定的许可装卸时间内，租方未能将货物全部装卸完毕，致使船舶继续在港内停泊，使船东遭受船期损失，那么自许可装卸时间终了时起，直到全部货物装卸完毕为止的这段时间称为滞期时间。程租船合同通常规定，在船舶出现滞期时，租船人应按约定按天数向船东支付补偿金，或者称滞期费。如果在合同允许的装卸时间届满以前，租方提前完成货物的装卸作业，船舶得以提前离港，船东将节省船舶在港费用并获得船期利益，此时船方应按租船合同的规定向租方支付一定金额作为奖励，这就是速遣费。

租船合同中对滞期费、速遣费的规定一般为每天若干金额，不足一天按比例计算。如果船舶营运成本高，则滞期费也高；反之则低。其费率水平大致相当于租船市场上该船的日租运价及日耗油费。由于滞期时间过长，影响到船方下一个航次的安排，则会给船方造成更大的损失。因此，有的租船合同规定滞期期限最多为 10 天，如果超过 10 天，租船人就要负责赔偿船方的实际损失，称为"滞留损失"（Damage of Detention），其比滞期费要高。同时，由于滞期属违约行为，租船人不仅要支付滞期罚金，而且不能享受租约所赋予的各项扣除权利。因此，租约中如果没有相反的规定，习惯上按"一旦滞期则始终滞期"（Once on Demurrage, Always on Demurrage）的原则办理，即一旦超过许可时间后的装卸时间，原可扣除的周末、节假日及不良天气等因素就不再扣除，而按自然日有一天算一天，均计做滞期时间。

速遣费通常也是用天表示，习惯上规定为滞期费的一半（Despatch Half Demurrage, DHD）。这反映了航运界维护船东利益的习惯做法，当租船市场上供过于求时，租方可以争取打破这种习惯，规定速遣费与滞期费每天金额相同（Despatch Same Demurrage, DSD）。此外，租船方式中，计算节省的装卸时间一般有两种方法：一是以租约中的许可装卸时间减去实际完成装卸作业的时间，即为节省的全部装卸时间（All Time Saved）；二是节省的全部时间减去周末和节假日等非工作日所剩下的时间，即节省的工作时间（Working Time Saved）。前者计算方法对租方有利，后者对船方有利。

除以上条款外，程租船合同中通常还有船东责任条款，留置权条款，双方互有碰撞责任条款，新杰森条款，共同海损条款，仲裁条款，佣金条款，罢工、战争、冰冻等条款，其中的很多内容与班轮提单背面条款、期租船条款非常相似，在此不一一介绍。

三、定期租船合同

通常，定期租船合同包括如下条款：

（一）船舶说明

在定期租船方式下，由于租赁时间较长，船舶的技术指标和性能好坏直接影响船舶的营运效果。因此，在定期租船合同中，对船舶规范的说明比在定程租船合同中规定得更为具体、详细，诸如船名、船旗、船龄、船级、主机型号和制动马力、注册总吨和净吨、载重吨、载货容积、满载吃水量、耗油量、航速等有关船舶的主要规范和技术指标都要加以明确规定。

如果定期租船合同中所规定的船舶规范和技术指标与实际不符，则视性质的轻重，租船人有权向船东提出赔偿或要求取消合同。

（二）货物

在定期租船合同中，对船舶所运输的货物一般不规定具体货物名称，只规定租船人有权装运"法律许可的货物"（Lawful Trade Merchandise），即除装卸港和沿途停靠港法律所禁止装运的货物外，其他货物均可装运。有时，船东为控制风险，会添加限制性规定，如不得装运易燃、易爆物及活牲畜等。

（三）航行区域

由于在签订定期租船合同时往往无法确定船舶未来的航行路线和挂靠港口，因此期租船合同通常规定船舶所航行的区域，即地理上的航行界限、区域范围的大小由船、租双方商定。有些期租船合同将航行区域笼统规定为"世界范围"（World Wide Trade），多数合同会附有限制条件，如规定船舶不得驶往冰冻港口和不安全港口、不得驶往战争区域等。

在租赁期间内，租船人必须按规定的适用范围和航行区域行驶，如果超越规定范围，船长有权拒绝装运或不执行租船人的指令。即使船长接受指示，由于超越规定范围而产生的一切后果，租船人也负有责任。

（四）交船/还船

交船指船东按合同规定时间、地点和条件把船舶及船员交给租方使用。如规定 5 月 10 日至 20 日在大连港×泊位交船，如果超过合同期限，由于船方的原因未能实现船舶的顺利交接，则租船人有权解除合同。相反，如果租船人未及时接船，导致船舶交接失败，也应支付相应的罚金给船方。

还船指租期届满时，租方将原船按与交船时相似的完好状态将船舶还给船东。还船时间以租船期满为准。但船舶最后一个航次完毕时间不一定与租船届满日期恰好吻合，因此，期租合同中一般规定有伸缩期，如规定期满前后 5～10 天还船。如果租船人提前还船，就是"不足期还船"。有的租船合同中约定租船人要对船东因此而遭受的租金损失承担责任。如果租船人在租期届满之后还船，就导致"超期还船"，一般合同规定租船人承担超期责任。如果当时市场租金率高于合同租金率，则租船人按市场租金率计算超期租金；如果市场租金低于合同租金，则按合同租金计算。

此外，交船/还船均须符合一定的条件。一般的租船合同要求：

（1）船舶已准备装货就绪，各船舱均已清扫干净，适于装货。

（2）船上存油量和船上设备符合租约规定。

（3）船舶证件齐全、有效，包括国籍证书、所有权证书、丈量证书、船舶试航证书、船级证书、航行日志、船员名单、轮机日志、卫生日志以及无线电报日志等。

（4）申请有关船舶检验机构对船舶进行检验后作出检查报告。

（5）船舶适航。

最后，在完成上述手续后，船、租双方签署交船/还船证书。

（五）停租

所谓停租（Off-Hire）指在租船期间，由于合同约定的原因导致租船人无法有效使用船舶时，租方可以暂时停止支付租金，即暂时停租。这是一项保护租方利益的条款。

在航行过程中，导致船舶无法有效利用的原因很多，如恶劣天气、港口当局扣押、船舶故障等，一般只规定由于船方人员或物料不足、机器故障、船壳损坏、检验船舶、入坞修理及其他属于船方责任的事故，致使船舶营运中断达一定时间时（如连续 24 小时以上），才被称为"导致租船人不能有效使用船舶"的期间，此时租船人可以停租。如果租金已付，可以相应地按比例扣除。如果上述问题已经得到了妥善解决，船舶重新处于有效状态，能够重新提供服务，并交给租船人使用时，租船人就应恢复支付租金，称为复租（On-Hire）。

船舶停租和复租时，船方和租方双方均须进行相应记录。

（六）转租

定期租船合同大多规定在船舶租赁期间租船人可以根据需要，把船舶转租（Sub-Let）给其他人。特别是在长期租船合同条件下，订立转租条款对保障租船人的利益十分重要。由于转租条款的存在，当租船人暂时无货时，可以依据转租条款将船舶转租他人，收取租金，弥补自己的损失。

船舶转租时，原来租船人就被称为二船东，他既要按原租船协议承担租船人责任，又要按新的转租协议履行船东义务，因此要确保转租合同条款与原租船合同条款之间的协调性，避免出现矛盾情况，造成额外的损失。

（七）租期与租金条款

租期即租船人租用船舶的期限。租期的长短由双方议定，单位可以用日、月、年来表示。通常，租船人在决定租期长短时除考虑货源因素外，还要考虑租船市场租金的波动情况，预计租金上涨时争取长期租船；反之，倾向于短期租船。无论长期租船还是短期租船，租期通常有一定的伸缩性，以适应航运的需要。

租船合同关于租金的约定可以为固定租金，即整个租期内租金不变，也可以在考虑通货膨胀或汇率因素后规定按一定规则调整，降低船东的风险。

与定程租船合同类似，定期租船合同中也包含船东责任与豁免条款、共同海损条款、新杰森条款、双方互有责任碰撞条款、战争条款、仲裁条款和佣金条款等，此处不再详述。

第三节   海运进出口业务流程

随着互联网为代表的数字经济与现实世界商业活动结合得越来越密切，进出口业务流程也呈现更多"数字化"倾向。本节提到的进出口业务环节很多都借助专业服务商的数字化服务平台或海关为首的公共服务平台完成。[①]

一、进口业务

（一）租船订舱

首先，负责货物运输的出口商或进口商要按照贸易合同的规定，根据货物的数量、包装、性能等决定租船或订舱。一般大批量的散装货物利用租船方式进口，批量小的工业制成品通过

[①]   编者认为除个别情形外（如因数字化单证无须多次填写，会减少某些业务环节，缩短进出口业务流程），"数字化"改变的是业务流程和业务环节的执行方法，而非各业务环节的功能、属性，因此本节对进出口业务流程的介绍不再对"数字化"问题赘述。

班轮运输方式，特别是集装箱班轮运输方式完成。

租船订舱一般委托代理完成。委托过程中需给出品名，货物的毛重、尺码，预计的装卸港、交货期，以及托运人的名称和联系方法。对于件杂货，还应给出货物的包装方式，以及长、宽和高，以便承运人妥善安排舱位。贵重物品一般应给出货物的声明价值（通常同时还会支付额外费用），这样一旦出现货物灭失或损坏现象，可以要求承运人按货物的声明价值进行赔偿。如果是危险品，要列明《国际海运危险货物规则》中货物的分类号，准确填报品名，因瞒报、谎报或误报商品的属性、尺码、重量等给承运人造成损失的，托运人还要承担赔偿责任。

（二）掌握船舶动态

掌握进口货物的船舶动态，对提前安排在卸货港的卸货或提货，乃至港口的转运工作至关重要。当前，多数承运人都通过互联网平台或与业务员电话、短信联系的方式提供货物的跟踪查询工作，方便客户掌握在途货物的准确信息。必要时，承运人还会对船期延误给出预警，帮助客户启动应急预案，避免因到货不及时造成的工期延误、供应短缺。

（三）收集和整理单证

进口货物运输单证主要包括商务单证和船务单证。商务单证有贸易合同、发票、提单、装箱单和保险单等，船务单证包括载货清单、货物积载图、租船合同等，如果是程租船，还要整理装卸准备就绪通知书、装卸时间表等，用以计算滞期费、速遣费。数字技术的发展在推动上述所有单证的无纸化、标准化。

（四）报关、报验

进口货物应向海关报关，根据海关要求提供品名、重量、金额、数量等多项内容，并依法缴纳进口关税。需要转关的货物，也要向海关申报，申请海关同意，并监管至目的地，海关查验后放行。某些需接受法定检验的货物还需向商检机构申请报验。当前，口岸管理部门推动"一站式"服务，海关和检疫检验部门通过强化合作可以在同一查验场"一次申报、一次查验、一次放行"，可以有效减少重复开箱费用，提高口岸通过效率，是提升贸易便利化水平的重要内容。

专题阅读 4-1

预报关、国际贸易单一窗口与通关一体化

预报关、国际贸易单一窗口与通关一体化措施是近年来我国推动贸易便利化的主要措施。

预报关制度现已在包括欧美等国在内展开。预报关是货物到港前先行向海关发送舱单（如到港前 24 小时），海关相关部门可以先行展开进口报关的预处理环节。预报关都是通过电子报关系统完成，通过提前申报，海关可以提前审核单据、分析风险、布置监控。对那些不需要进行查验的货物，可以在到港后，尽快完成验收、复核程序，缴税放行；需要查验的，也可以按事先安排尽快查验。预报关安排能够有效提升企业通关效率，缩短进出口货物滞留时间，优化企业国际物流运营绩效，但需要企业对原有运营环节做微调。

国际贸易单一窗口是贸易商"通过单一入口，提交进口、出口及转口所需的相关信息和/或单证"①。单一窗口的模式多样，可以通过单一代理机构完成，也可以通过单一服务平台完成，也并不要求必须采用电子数据模式，但需要贸易相关的各行业与海关为代表的多个政府机构之间的紧密合作，如在中国推动的海关、边检等相关部门"一次申报、一次查验、一次放行"措施。在无纸贸易状态下，进出口商、航运企业可以电子数据形式在单一窗口一次性提交标准化格式的信息和单证，是包括我国在内未来各国提高通关效率、推动贸易便利化的主要举措，联合国贸易便利化与电子业务中心（UN/CEFACT）在其中扮演了重要角色。

通关一体化是我国海关总署推动贸易便利化的另一项举措，被称为"改革开放以来（我国）海关最具革命性的变革之一"②。传统上，我国海关按属地化管理，进出口货物报关、查验、缴税、通关需要在同一地办理。一旦分离，需要办理烦琐的转关手续。2006年海关总署发布《关于决定实施跨关区"属地申报，口岸办验放"通关模式》的公告，允许符合海关规定的企业选择向属地海关单位申报，在货物实际进出境地的口岸海关办理货物验放手续，推动制度创新。2014年后，我国又相继在京津冀、长江经济带、广东地区、丝绸之路经济带、东北地区等区域开展区域通关一体化改革。通过建立区域通关中心，构建统一的申报平台、风险防控平台、专业审单平台和现场接单平台，实现地区性通关作业一体化。2017年，海关总署发布《关于推进全国海关通关一体化改革的公告》，正式宣布通关一体化在全国范围展开。在新的制度安排下，企业可以自主选择报关地点和通关口岸，避免重复作业，提升通关效率。至此，全国海关真正连为一体，消除地域隔阂，全面推动各地海关作业标准化。

（五）监卸和交接

监督人员一般是收货人代表，通过监督卸货过程保证货物的安全。如果卸货/交接过程中发现货物短损，要及时与各方取得联系，办理好残损货物的验证工作，并为日后的索赔做好准备。

如果是集装箱运输，进口方应在提货后尽快完成掏箱作业，将空集装箱归还承运人或送至指定地点，避免可能产生的滞箱费。如果是货主自备箱，则不会产生这部分费用。

二、出口业务

（一）审核贸易条款

出口商重点审核贸易合同及信用证中的装运期、装运港、目的港、转船、分批装运等条款，查看是否与提单等运输单证的要求一致，并要视备货情况决定是否接受上述条款，必要时提出修改意见。

（二）备货、报验

出口商按合同与信用证要求准备货物，妥善包装，刷制运输标志。危险品货物，还要比照《国际海运危险货物规则》中有关危险品运输包装的要求，审核运输包装和运输标志是否符合

---

① UN/CEFACT. Recommendation No. 33：Recommendation and Guidelines on Establishing a Single Window to enhance the efficient exchange of information between trade and government ［M］. United Nations，2005.

② 浙江电子口岸官网. 多地通关如同一关 长江经济带海关区域通关一体化改革正式启动 ［EB/OL］. ［2014-09-29］.

要求。

（三）租船和订舱

租船和订舱一般也是借助运输代理完成的。班轮运输中，出口商通常向班轮公司或代理人发出订舱委托书，形成要约，班轮公司接受订舱后会签发装货单表示接受订舱，运输合同即告成立。

（四）集港

根据船公司要求，出口商在指定时间将货物集中到港区指定仓库以待装船。集装箱运输条件下，一般班轮公司会向货主免费提供集装箱，此时，或者出口商将货物运到指定港区的集装箱场站进行装箱，或者承运人调集空集装箱到出口货物所在地或双方约定的其他地点，完成装箱工作，然后通常由承运人负责将装好后的集装箱运到指定港区。

（五）出口报关和装船

货物集港后，出口商必须备妥出口货物报关单、发票、装箱单、商检证等一切所需单证，向海关申报出口。经海关查验合格后，予以放行。上述工作也可以委托代理或班轮公司完成。

租船运输情况下（班轮运输中个别情况下），必要时出口商还要派人监督装船过程，以随时掌握装船情况，解决可能遇到的问题。

（六）投保

根据所使用的贸易术语和贸易合同的规定，货物装船后，要由相应的贸易方（出口商或进口商）向保险公司投保货物运输保险。

（七）支付运费、领取提单

如果运费预付，则托运人应按约定支付运费，领取船公司签发的海运提单。

三、海运进出口单证

随着数字化技术的发展，下列很多文件以电子单证的方式通过物流服务平台提供。

（一）托运单

托运人应根据贸易合同条款及银行信用证条款的内容填制托运单（Booking Note，B/N），向承运人或其代理人办理货物托运。

班轮运输中，托运单也就是订舱委托书。内容包括托运人名称和联系方法、品名、数量（件数、毛重、尺码等）、装运期、预计装卸港口、包装形式、特殊的配载要求等。

（二）装货单

装货单（Shipping Order，S/O）是船公司或其代理人在接受托运人申请后，发给托运人或货运代理人的单证，同时命令船长将单上所列货物装船。按照国际航运界的惯例，纸介的装货单一般是一式三联。第一联留底为船方缮制装货清单用。第二联在托运人向海关办理出口货物申请手续时作为报关单。第三联即为收货单。

装货单是海运中的主要货运单证之一。它的主要作用有：

1. 它是承运人确认承运货物的证明

承运人签发装货单，即表示已办妥托运手续，承运人已同意承运单上所列货物。装货单一经签订，运输合同即告成立，船、货双方都应受到约束。如发生退关等事件，责任方即应承担责任。

2. 它是海关对出口货物进行监管的单证

托运人可凭装货单以及货物有关的其他单证向海关办理出口货物报关手续，经海关准予后出口，即在装货单上加盖海关放行章。所以装货单又称关单，经加盖放行章后，船方才能接收货物并安排装船。

3. 它是承运人通知码头仓库或装运船舶接货装船的命令

托运人将装货单连同货物送交承运人指定的仓库或船舶。理货人员按积载计划安排装卸工人分票装船后，即将实装数量、装舱部位及装船日期填在装货单上，交船方留存备查。

（三）收货单

收货单（Mate's Receipt，M/P）是货物装船后，承运船舶的大副发给托运人，表示已收到货物并已装船的货物收据。习惯上又将收货单称为大副收据。

收货单也是远洋运输中的主要货运单证之一。其主要作用有：

1. 它是划分船货双方责任的重要依据

根据《海牙规则》，承运人对货物承担的责任是从货物装船后才开始，对于装船前所发生的货损，承运人是不承担责任的。所以货物装船时，承运船舶的大副必须仔细核对货物的实际情况（一般为表面状况）与装货单的记载是否相符。如果不符，应将不同处订正，使两者完全一致，或在收货单上签字或将货物的损坏情况及程度明确地记载于收货单上，这就是所谓的大副批注。有大副批注的收货单，表明所批注的货物损坏发生在装船以前，承运人对此不承担责任。所以收货单是将来处理索赔案件时，承运人据以抗辩的重要依据，也是提单的重要依据。

2. 纸介单证时代，它是据以换取已装船提单的单证

货物装船后，经大副签字的收货单由承运船舶退还给托运人。托运人持收货单，付清须预付的运费，即可换取已装船提单。如果收货单上有大副批注，承运人应如实地将大副批注转注在提单上，这种提单即为不清洁提单。有时托运人为便于结汇，愿意向承运人提交保函，以换取清洁提单，这种做法往往被认为是船方与托运人合谋损害收货人利益，是欺诈，要承担法律后果，应予以避免。

（四）装货清单

装货清单是承运人根据装货单留底，将全船所装货物按目的港和货物性质加以归类，依航次靠港顺序排列而制成的全船装运货物的汇总清单。装货清单是承运船舶的大副编制积载计划的重要依据。其内容包括装货单编号、货名、件数、包装种类、毛重、尺码以及对装运的要求条件（如装在水线下）等编制积载计划所必需的货运资料。此外，装货清单还是现场理货人员进行理货、港口安排驳运、货物进出库场以及承运人掌握托运人备货情况的业务单证。

（五）载货清单

载货清单也称船单，是根据收货单或提单，按目的港分票编制的全船出口货物的汇总清单。它是海关对船舶载货航行进出国境进行监管的单证。如果船方同时装运了危险品货物，还要同时出具"危险品清单"，详细列明船舶所承载的危险品名称、数量等。载货清单的主要作用有：

1. 它是办理船舶出（进）口报关手续的单证

经船长签字的载货清单送海关，据以办理船舶出（进）口报关手续。

2. 它是船舶载运所列货物的证明

载货清单所列货物必须与船舶实际载运货物一致。如果船舶未装货出口，也需填报无货出

口的载货清单。

3．它是业务联系的单证

载货清单的留底，常用作承运人在装货港的代理人拍发"开航货载电报"的依据，也是向船长及船公司或卸货港的代理人发出更正通知的依据。当承运人在卸货港的代理人尚未收到通过邮寄出的货运资料时，也可将随船携带的载货清单副联，用作安排泊位、货物进出库场和卸货的依据。

（六）货物积载计划

货物积载计划（Stowage Plan）是大副在装货前，根据装货清单按货物装运要求和船舶性能编绘的计划受载图，所以又称为货物积载图。

四、索赔与理赔

海上货物运输经常发生货物灭失或损坏的情况，货主因此会向承运人提起索赔。而承运人的理赔是关系到航运企业客户服务质量的大事，应该认真研究国际惯例，参照合同的具体规定，既要考虑理赔会给航运企业收益造成的消极影响，又要看到合理理赔也是安抚客户、争取商誉的良好机会。

（一）索赔原则

租船合同和班轮提单是处理索赔和理赔的主要依据，在这些文件中多数有专门的条款来规定租船人和船东、货主和承运人之间的权利义务关系，同时会规定出现纠纷时适用的法律法规，以及仲裁或诉讼的选择等，这些都是理赔工作的重要依据。从当前航运业的实践来看，多数提单和租船合同都会将《海牙规则》中规定承运人、托运人基本权利义务和责任豁免的第3条和第4条并入租约或提单，因此准确掌握《海牙规则》的基本精神是合理理赔的重要前提。

除此之外，在处理索赔条件时，还应掌握如下原则：

1．实事求是

按照事故的实际情况，分析造成的原因，确定损失的程度或准确数量。

2．有理有据

对外索赔案件，要进行深入、细致的调查研究，掌握货损货差的有效证件。根据运输合同的规定，尊重有关的国际惯例，做到有理有据，是处理货物索赔的基础。

3．合情合理

在复杂的案件中，根据造成损失的各种因素，合理地确定承运人所应承担的责任。从有利案件的及时解决出发，必要时可做些让步，做到合情合理。

4．讲求实效

在货物索赔中，要考虑实际效果。这种效果是多方面的，既要考虑经济利益，也要考虑双方的合作关系；既要考虑当前利益，也要考虑长远利益，力求达到既挽回或减少经济损失，也有利于今后业务往来的可持续发展。

（二）索赔单证

作为货主企业，在决定对外索赔后，要准备下列各项必要的索赔单证：

（1）索赔函。

（2）索赔清单。根据损失的程度和造成损失的原因，确定对外索赔的比例，编制索赔清单。我国《海商法》第 55 条规定按货物装船时的价格，加上海运费、保险费的合计总金额①作为计算完好货物价值的依据，如果贸易合同是以 FOB 价格成交，为了索赔的需要，货主还应提供运费及保险费收据。

（3）货物残、短签证。应由船方和理货人员共同签字。必要时，还应提供商检证书和船舶检验证书。

（4）提单。

（5）商业发票。必要时加附装箱单或磅码单。

（6）费用单证。如需要向船方索赔货物整理、修理费等的有关费用证明单证。

（7）其他。如有必要，还需提供火灾鉴定报告、卫生或动植物检验检疫证明等。

典型案例

中国某进出口公司与美国某销售公司达成协议，从美国进口 2.4 万吨废铁，以 CIF（适用 INCOTERM ® 2020）价格计算。

随后，卖方租船从美国东海岸装货，装货期为 10 月 20 日至 11 月 30 日。卸货港为大连，卸货条件为"每连续 24 小时晴天工作日应卸货 1 500 吨（节假日除外）"。滞期费每日 4 600 美元，连续计算。

载有 24 755.5 吨废铁的船舶于次年 1 月 18 日到达大连，随后递交了《准备就绪通知书》，停泊在锚地准备卸货，但港口一直未安排卸货。以后，大连外轮代理公司通知船东转移到青岛卸货。于是该轮于 2 月 13 日到达青岛，并卸货。随后，船东向租船人索赔滞期费损失。

该案例涉及的滞期速遣费纠纷较为典型，提示租船人慎重拟定装货期条款，密切跟踪船舶动态，及时安排港口装卸，避免巨额损失。

本章小结

本章首先介绍了国际租船业务的几种形式、各自的特点、国际租船市场的一般情况。随后，分别对程租船和期租船的合同范本以及合同条款的具体内容进行了介绍。最后，介绍了海运进出口的一般流程以及所涉及的主要单证。

思考题

1. 定程租船、定期租船和光船租船的区别是什么？
2. 什么是运价指数？ 列举航运市场常用的几种运价指数。
3. 请简述航次租船的主要类型。
4. 为什么说航次期租是程租和期租的一种中间形式？
5. 指出两种常用的定程租船和定期租船合同范本。
6. 在程租船合同中该如何对船舶进行说明？
7. 程租船合同中对货物的说明应包括哪些内容？
8. 什么是宣载量？由谁来宣布？

---

① 《中华人民共和国海商法》1992 年版本的修订工作正在进行中，本项规定可能调整为"货物在交货地交付或应当交付时的价值"。

9. 如何理解安全港？谁来负责港口的安全？

10. 什么是解约日？会产生什么后果？

11. 程租船中，关于装卸费用的划分有哪几种常见形式？

12. 如何理解晴天工作日？其适用于什么情况？

13. 为什么说"一旦滞期则永远滞期"？

14. 期租船过程中，什么情况可能导致停租？

15. 简单概述海运进出口业务流程。

16. 收货单的主要功能是什么？

案例讨论

甲(租船人)、乙(船东)经协议达成程租船合同，合同规定利用 A 轮将 7 万吨小麦由 B 港运往 C 港。A 轮到达 C 港时却发现在该港区的入口处有一座大桥，由于该轮的吊杆过高无法通过该桥，进而无法进入该港卸货。最后，虽然借助驳船将小麦卸在 C 港，但双方对驳船费用的负担问题产生争议。

请问：你认为该由谁来承担这笔费用？为什么？（讨论要点见教师课件）

本章关键术语

□ 定程租船、定期租船、航次期租和光船租船

□ 单航次租船、往返航次租船、连续单航次租船和包运合同

□ 波罗的海运价指数

□ 中国出口集装箱运价指数

□ 金康条款

□ 宣载量

□ 安全港

□ 受载日和解约日

□ 整船包干运费

□ 班轮条件、FIO、FI、FO

□ 许可装卸时间

□ 滞期费和速遣费

□ 停租、转租

□ 托运单、装货单和收货单

□ 装货清单和载货清单

本章阅读资料

港口拥堵推高集装箱租船价格①

2020 年上半年，新冠肺炎疫情从出现到肆虐全球用了不到半年时间。随后，各国反复收紧的疫情防控政策对包括国际航运市场在内的全球供应链造成持续影响。以中、美两国为代表，一方面，中国严格的动态清零措施、全力保障供给的经济政策(如对中小企业减税、提供专项贷款、定向补助等)使得全社会生产能力迅速恢复，继续成为全球市场稳定供给源；与之相反，美国流于形式的防控措施不仅造成确诊人数不断攀升，间接导

---

① 除特殊注明外，数据来自信德海事资讯网。

致交通运输、生产制造等行业劳动力短缺、供给困难，同时漫灌式货币补贴政策推高消费者需求水平，市场供给缺口加大。在此双重作用下，中美贸易逆势增长，2020 年中国对美国出口 31 279.0 亿元，同比增长 8.4%；进口 9 318.7 亿元，同比增长 10.1%。[①]受此影响，集装箱班轮运价连续攀升，北太平洋航线东西流向不均衡情况持续恶化，大量来自远东地区的集装箱随着来自东亚地区的出口物资到达并滞留北美，全球集装箱短缺现象日渐严重。

进入 2021 年，这一窘况并未缓解，又因美西港口装卸效率不足，劳动力短缺等多方面因素导致港口持续拥堵。3 月，洛杉矶港口的周转时间就从平均 3~5 天增加到 11 天。进入下半年，情况继续恶化。港口拥堵造成的航运周期变化迫使航运公司重新部署全球运力以支撑上涨的航运需求。同时，以马士基、达飞等为代表的班轮公司花费巨资买进二手船舶或利用租船方式快速扩大船队规模。锁定船舶、把控运力成为保障航运供应链稳定的重要手段。DHL、泛亚班拿、联邦快递等综合物流服务商以及亚马逊、沃尔玛、好市多等大型零售企业也挤入租船市场，尝试租用集装箱船舶以解决一舱难求的困境。以新集装箱船期租价格指数（New ConTex Index）[②]为代表的集装箱船租船运价一路走高（图 4-2），凸显集装箱班轮运输市场与租船市场的内在联动。

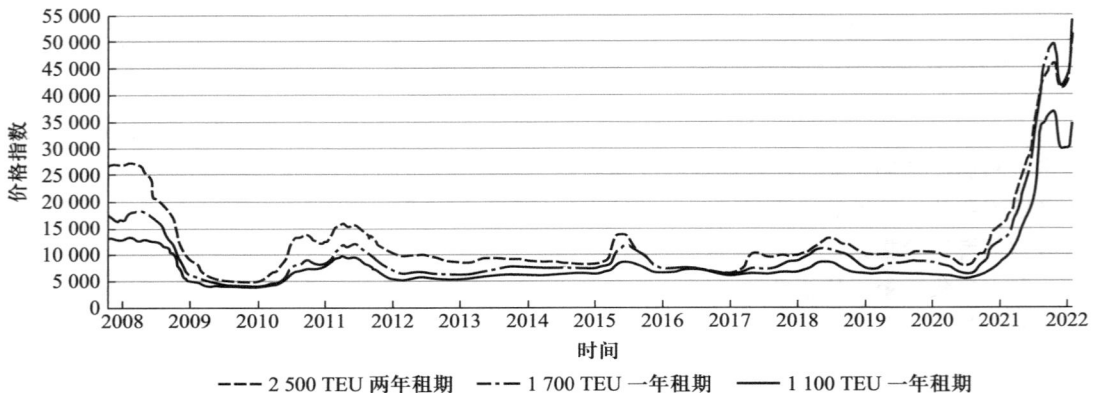

图 4-2   新集装箱船期租价格指数（1 100 TEU、1 700 TEU、2 500 TEU 船型）
资料来源：Hamburg and Bremen Shipbrokers' Association.

即测即评

---

①   国家发改委. 2020 年我国对美国进出口情况［EB/OL］.［2021-02-25］. 国家发展和改革委员会网站.

②   New ConTex 指数（全称 Container Ship Time Charter Assessment Index）是由汉堡和不来梅船舶经纪人协会发布的针对集装箱船舶期租价格的指数。该指数 2007 年 10 月首次发布。2010 年 5 月，修订、扩展后更名为 New ConTex 指数。该指数计算 6 种集装箱船期租合同的每天租金，包括 1 100 TEU、1 700 TEU 的 1 年期租合同，2 500 TEU、2 700 TEU、3 500 TEU 和 4 250 TEU 的 2 年期合同。之后，还在 2011 年、2013 年增加了某些船型 6 个月、12 个月租期的租金价格及市场预测，力图更全面地反映市场动态。

第 五 章
国际航空运输

本章学习要求

通过本章学习，了解国际航空运输发展历史和现状，并掌握航空货运的基本特点；了解航空运输的基本知识及常见的国际航空运输组织；掌握班机运输、包机运输、集中托运等基本航空业务的特点和形式；掌握航空运单的作用、分类和主要内容；了解国际航空区划，掌握航空运价种类、基本运费和声明价值费的计算方法；了解华沙体系的主要构成，掌握《蒙特利尔公约》国际货运相关规定。

第一节 国际航空货物运输概况

一、国际航空货物运输业的产生和历史发展[①]

1911 年，英国人驾驶的飞机将一箱钨丝灯从苏赛克郡的肖拉姆市运至霍拉市，并收费 100 英镑，揭开了世界航空货运的序幕。在民航业发展的早期，形成了欧洲与北美洲两大发展中心，其中，欧洲侧重开展客运服务，而北美洲侧重发展邮递运输事业，并建立起更为完善的航空货运网络。虽然美欧航空业发展速度很快，但直到第二次世界大战前，航空货运依然未普及

---

① 除特别注明外，本部分资料均来自：刘功仕. 航空运输经济手册 [M]. 北京：中国民航出版社，1994.

到日常生活中，世界航空货运仍局限在紧急救援和邮件运输上。

第二次世界大战中，军事需求加速了航空运输业的发展。第一，战备物资运送需求加大促进了航空运输飞机的制造供给；第二，空战培育了众多优秀的飞行员；第三，复杂的战略战术需要一定的技术支持，日趋完善的无线电雷达通信信息技术成为空中管制技术的基石，而在飞行高密度条件下的军事空中管制模式则成为空中管制技术的样板。战争结束后，战时发展起来的军事技术纷纷民用化，战争中经过培训的人员、富余的零部件和后勤管理经验迅速地转化为航空运输业的生产力，民用航空业进入飞速发展的时代。

以航空制造业为例，20 世纪 50 年代，洛克希德 L-188 的货载量是 14 吨；到了 20 世纪 60 年代，喷气式飞机已成为航线上的主力机型，波音 707 的货载量为 30 吨；1970 年 1 月 22 日，号称"巨无霸"的巨型宽体型喷气式飞机波音 747 在泛美航空公司纽约至伦敦的航班上投入运营，该机型全经济舱可以容纳旅客 500 名，货载量达到 120 吨；2007 年，正式投入运营的空中客车 A-380 可搭载乘客 525 名，是当前最大的商用飞机。而苏联时期建造的安-225 最大起飞重量可达 640 吨，迄今为止仍是最大的运输机。运载工具的大型化，降低了民航企业的运营成本，增加了客货流量，带来了可观的规模经济效益。

1974 年，石油危机引发了全球经济的萧条。油料成本上涨给民用航空工业带来致命打击。20 世纪 80 年代，在世界经济持续低迷的背景下，航空货运业发展速度一度降低了不少。进入20 世纪 90 年代，全球航空业放松管制的浪潮推动航空货运业进入又一个飞速发展阶段。在美国政府推动下，出现各种双边、多边航空服务协议和开放航权、开放市场，甚至对缔约国双方开放的城市对、航线准入权不加限制的"开放天空协议"。如 2001 年美国、新加坡、智利、新西兰等国签署的多边航空运输自由化协议，授予所有缔约国第一至第六航权，允许航班代码共享，并开放货运航班第七航权。随着放松管制浪潮深入推进，航空公司开始组建战略联盟，通过代码共享、运力互换、共建服务网络等方式扩大市场份额、降低运营成本，如由墨西哥货运、法航、达美和大韩航空等在 2000 年发起的天合货运联盟。

航空服务也是世界贸易组织（WTO）推动全球服务贸易开放的重要内容。《服务贸易总协定》（GATS，1994）中有关航空运输的主要内容如下：航空器修理和维护、航空运输市场客货营销，以及计算机服务等。

21 世纪初，美国"9·11"恐怖袭击事件，非典疫情等对局部地区航空运输业造成致命性打击。相关数据（见图 5-1）显示，2002 年，全球民航业旅客运输量下降 1.9%，旅客周转量下降 2.9%。其中，北美地区的航空公司损失最为惨重，美国联合航空公司等多家世界级航空公司相继申请破产保护。受 2008 年国际金融危机冲击，航空客货运量再次显著下滑，2009 年全球货运吨千米下降幅度达 8.9%。此后航空市场逐渐复苏，2018 年出现货运峰值，全球货运量 0.588 亿吨，货运周转量 2 317.5 亿吨千米，邮件周转量 70.70 亿吨千米；2019 年，全球航空客运量达到 44.86 亿人次，客运周转量达到 86 856.7 亿人千米，创历史新高。2020 年，新冠疫情使国际民航业再度陷入困境。①

传统民航服务以客运为主，货运服务市场规模有限。但 20 世纪 90 年代以来，航空货运发展迅猛，已成为国际贸易中重要的运输方式。据相关数据统计，到 2020 年，航空货运虽只占

---

① 中国民用航空局发展计划司 . 2020 从统计看民航［M］. 北京：中国民航出版社，2020.

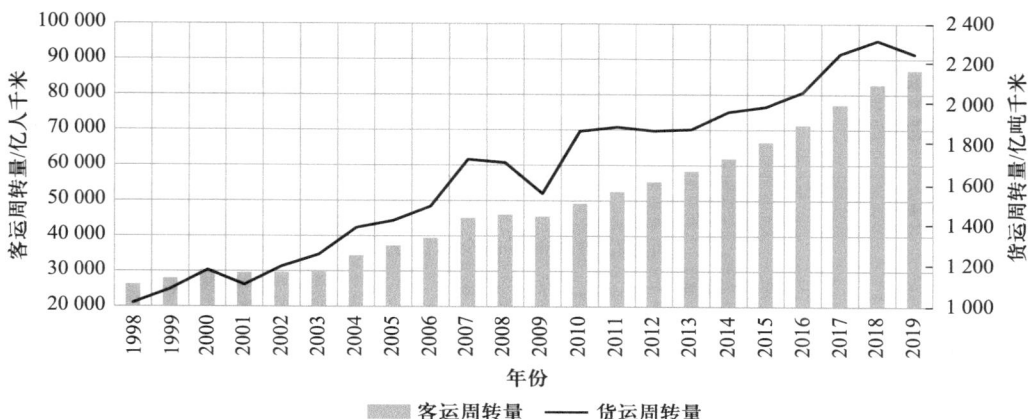

图 5-1　全球客货运周转量（1998—2019 年）
资料来源：国际民用航空组织。

全球贸易运量的 2%，但其运输的货物总值却超过全球贸易货运总值的 40%。民航业特别是货运业务快速发展的影响因素很多，主要包括如下方面：

首先，全球经济的恢复发展，特别是亚太地区经济的崛起，为航空货运业的发展提供了广阔市场，并使得全球航运市场的重心向亚太地区转移。2007 年，亚太地区完成的客运周转量占全球的 26.8%，货运周转量占全球的 36.9%，2015 年分别上升到 34.1% 和 39.5%①，超过欧洲和北美地区，成为规模最大的区域市场。2019 年，亚太地区航空货运周转量占全球的33.9%，继续领先于欧洲的 24.8% 和北美地区的 22.5%，航空客运市场中，亚太地区、欧洲、北美地区占全球客运周转量的比重分别为 34.7%、26.8% 和 22.7%。

其次，随着经济全球化、贸易自由化发展，国际交流更加频繁，"地球村"中的居民联系越来越紧密。放松航空管制激发了市场活力，促进了服务模式创新，开放天空、服务贸易自由化浪潮加剧了航空业的竞争。

再次，以互联网、微电子技术为代表的新的科技革命给航空货运业带来无限商机。新技术的发展使现代工业品更加小巧、价值更高，扩大了航空运输的货物范围。同时，还影响并改变企业生产流通、组织结构、管理方法及人们的生活和思维方式，如计算机网络技术改变了航空货运业的运营理念。一方面，航空企业利用计算机进行航空货运订舱、配载等，提高航空货运效率；另一方面，网络技术为跨国公司带来新的物流及供应链管理思路。基于"零库存"或称及时运输的管理思想的植入，更多航空货运企业着眼于提供快速、准确、高效的服务，有些企业甚至开拓了独具特色的"限时"服务——航空业的分拨业务，并迅速成为推动航空货运业发展的重要力量。跨境电子商务的发展为全球货邮市场提供了新的动力。

最后，以中国为代表的国际空运新兴市场起点低，发展空间较大。20 世纪 90 年代，一度持续平稳的燃油价格降低了航空运输业的成本，刺激了整个行业的发展。虽然航空业易受流行疾病、恐怖袭击、经济危机等的冲击，但其总体发展趋势是持续上升的。

---

① 资料来源：国际民用航空组织。

综上，在过去半个世纪，航空运输业得到了飞速的发展。当前国际贸易中，附加值高的电子设备、医药物资等商品大多使用航空运输，纺织品、食品等日常用品使用航空运输的比重也在逐渐增加。作为国际货运特别是洲际货运的重要方式，航空货运已成为现代物流管理者实现管理目标的重要手段。

专题阅读 5-1

新冠疫情沉重打击全球民航业

2019 年年底，新冠疫情暴发，之后，取消航班、禁航、旅行限制等成为各国新闻媒体上的高频词，也成为 2020 年国际航空市场的主基调。

国际航空运输协会 2020 年年度报告指出：第二次世界大战后，2020 年是国际航空运输被封堵最为惨重的一年，4 月份封航达到顶峰，全球 90% 的航空业务被取消。之后，各国国内航线相继复苏，但因疫情蔓延程度和防疫措施的差异，跨国旅行仍然异常困难。各国不断更新的签证要求、登机要求、部分航线的旅行禁令、检疫要求升级等事实上限制了跨境旅行。此背景下，2020 年全球航空业年客运周转量下降 2/3。

疫情对航空货运市场的影响较为复杂。一方面，与客运市场类似，受定期航班取消的影响，在最严重的 4 月份，全球货运周转量绩效下降 1/4；另一方面，中国在控制疫情后率先恢复生产能力，迅速成为包括医疗物资在内的世界物资重要供给源、全球供应链平稳运行的压舱石。据我国海关总署统计，2020 年，我国进口、出口总值双双创历史新高，进一步巩固了货物贸易第一大国地位。其中，与抗疫、"宅"经济相关的便携式计算机、家用电器、医疗仪器等的出口增长分别达到 20.4%、24.2% 和 41.50%①，而这些产品大多利用航空运输完成进出口业务。

而国际航空货运业，特别是亚太地区，大量使用客机腹舱载运货物。随着客运航班的减少，机腹运力消失，致使运力下降 40%~45%。即便航空公司通过增加货机飞行时间、扩大机队、客机改装等方法促使运力增长 20%，仍不能从根本上解决运力不足的问题。在此期间，包机运输等非定期航班较为活跃。

2021 年，各国疫情仍未得到有效控制，且不断出现病毒变异品种，阻碍了全球民航市场复苏。与此同时，世界主要港口的拥堵，延长了运输周期，增加了供应链断裂风险。为应对危机，一些企业只能选择航空运输，这部分抵消了国际航空客运市场的颓势。2021 年 9 月，全球航空货运需求与 2019 年相比增幅超过 9%。②

二、中国航空货物运输业的产生和发展历史③

1920 年 4 月，中国第一条民用航线京津航线试飞成功，并于同年 5 月正式开辟为不定期航线。1949 年 11 月，建立中国民用航空局，新中国民航事业正式启程。1950 年 7 月，与苏联合

---

① 中国网财经．海关总署：2020 年我国货物贸易进出口总值 32.16 万亿元 [EB/OL]．[2021-01-14]．
② 圣诞礼物到了！美国企业来中国包飞机接货，200 万美元一趟 [EB/OL]．第一财经．[2021-11-21]．
③ 本部分数据除特别指明外，均来自各年度出版的：中国民用航空局发展计划司．从统计看民航 [M]．北京：中国民航出版社．

资成立中苏民用航空股份公司，新中国第一条国际航线正式开通；同年 8 月，新中国国内航线正式开航。① 1950 年全年共开辟航线 7 条，通航里程 11 369 公里。②

改革开放以后我国民用航空市场才得到真正发展。1980 年，民航由空军领导转为国务院领导，同时开始漫长的所有制改革和运行机制改革。③改革涉及航空服务的方方面面：从政企分开，航空公司、机场集团重组，到股份制改革、上市；从运力购置、航材维修，到客货销售、结算网络搭建。随着国内产业结构升级、国民收入快速增长，我国航空客货市场越来越繁荣，现已成为全球第二大民用航空运输市场。

1978 年，全国民航旅客运输量仅 231 万人，旅客周转量 27.91 亿人千米；货邮运输量为 6.40 万吨，货邮周转量 0.97 亿吨千米。到 2000 年，民航旅客运输量就达到 6 721.66 万人，旅客周转量 970.54 亿人千米；货物运输量 196.71 万吨，货物周转量 50.27 亿吨千米；2019 年，民航旅客运输量 41 777.82 万人，旅客周转量 6 311.28 亿人千米；货物运输量 676.61 万吨；货物周转量 240.2 亿吨千米（见图 5-2）。2000—2019 年这 20 年间，客运市场年均增幅超过 25%，货物运输量年均增幅 12%，货运周转量年均增长 19%，都远远超过国民经济增长速度。2020 年春，受新冠疫情影响，全球航空运输市场萎缩严重，后随着中国国内疫情得到有效管控，国内市场已经逐渐恢复。

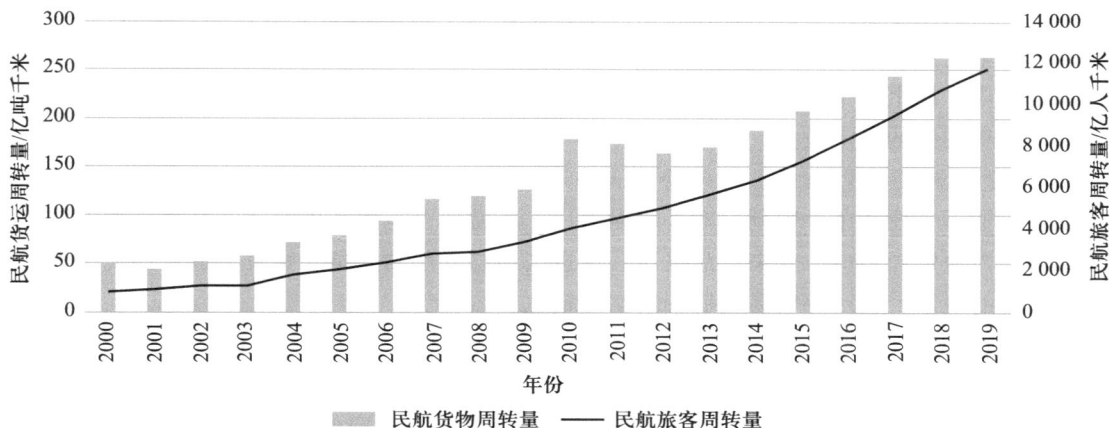

图 5-2 我国航空客货运输量（2000—2019 年）

民航基础设施也大为改观。1978 年，中国民用运输机场只有 78 个，且多为中小型机场。2008 年，中国民航正式运营的民用运输机场达 160 个，包括 31 个 4E、4F 机场。2019 年，中国境内民用运输机场达到 238 个，包括 51 个 4E、4F 型机场，其中，北京大兴国际机场、上海虹桥国际机场、上海浦东国际机场、广州白云国际机场是全球最繁忙机场，北京首都国际机场旅客吞吐量超过 1 亿人次。

此外，民航企业机队规模不断扩大，开辟的航线持续延伸，航班密度不断增加，民航服务

---

① 《当代中国》丛书编辑部 . 当代中国的民航事业 ［M］. 北京：中国社会科学出版社，1989：586-587.
② 大鹏一日同风起 扶摇直上九万里——迈向世界的脚步 中国民航改革开放二十年系列报道之一 ［N］. 中国民航报，1998-12-02.
③ 刘功仕 . 航空运输与市场化改革 ［M］. 北京：航空工业出版社，1998.

网络不断完善。2008 年，中国民航拥有民用运输飞机 1 259 架，开辟定期航线 1 532 条。2021 年，65 家民航公司（其中 12 家为全货运企业）登记注册的飞机共计 4 054 架。国航、东航和南航成为世界级航空运输企业，顺丰等民营航空快递企业不断加快"走出去"步伐。

三、航空货物运输的特点

航空货运适合价值高、体积小、时间敏感性强的产品。其起步晚，但发展迅速。据估算，办公设备、计算机和其他电子产品等制成品占全球航空货运约 1/3 的重量，机械、汽车零部件等占 1/3，医药、化学品和生鲜食品等占另外 1/3[①]。概括起来，航空货物运输的主要特征包括：

（一）运送速度快

从诞生之日起，航空运输就以快速著称。到目前为止，飞机仍然是最快捷的大众交通工具，常见的喷气式飞机时速 600~800 千米，大大缩短了货物在途时间，对于那些易腐烂、变质的鲜活商品，时效性、季节性强的应季时尚产品，抢险救灾、应急物资的运输，这一特点显得尤为宝贵。可以这样说，快速加上全球密集的航空运输网络才可能开辟鲜活商品远距离销售市场，使消费者选择更多样化。

同时，运送速度快也降低了货物在途风险，使得航空运输深受贵重物品、精密仪器生产、流通企业的偏爱。当今国际市场竞争激烈，航空运输的时效性有助于供货商迅速对瞬息万变的市场做出反应，推出适销产品占领市场，更重要的是有助于大幅度降低库存持有成本，缩短订单周期，获得较好的经济效益。

（二）受地面条件影响小，空间跨度大

航空运输不受地理条件限制，对外辐射面广，非常适合地面条件恶劣、交通不便的内陆地区，有利于当地资源出口、外来产品进口，促进当地与外部的人员、物资交流。即便是其他运输方式发达的地区，在对外贸易发展中航空运输也更占优势。

（三）安全、准确

同其他运输方式相比，航空运输的安全性较高。第一，航空运输事故率低。以我国为例，2010—2020 年，运输百万架次的重大事故率的滚动值为零。[②] 即便是 2004 年，每万架次飞行的事故率仅 1.9%，每万小时的事故率 1.2%。[③] 相对于公路上每年数以万计的伤亡事故，航空运输的伤亡事故（尤其是在管理较为完善的国家）较为罕见。虽然美国"9·11"恐怖袭击对人们的心理冲击较大，但到目前为止，航空运输仍被认为是最安全的运输方式之一。第二，航空公司的运输管理制度比较完善，货物的破损率较低，安全性较好，如果采用空运集装箱的方式运送货物，则更为安全。因此，航空运输也是易碎物品、高价值货物长距离运输的主要方式。

（四）节约包装、保险、利息等费用

采用航空运输方式，货物在途时间短、周转速度快，企业可以相应减少存货。一方面，有

---

① 彼得·S. 莫雷尔，托马斯·克莱因. 全球航空货运业 ［M］. 陈斯，禹梦泽，陈迎春，等，译. 上海交通大学出版社，2020：27.
② 中国民用航空局 . 2020 年民航行业发展统计公报 ［R］. 2020.
③ 中国民用航空局发展计划司 . 从统计看民航 2005 ［M］. 北京：中国民航出版社，2005：127.

利于资金回笼，减少利息支出；另一方面，可以降低企业仓储费用。又因航空货物运输安全、准确，货损、货差少，其保险费用较低。且航空运输的包装较为简单，包装成本较低。这些都会降低企业隐性物流成本，进而增加收益。

当然，航空运输也有自己的局限性，主要表现在：

（1）航空货运运费较高，不适合低附加值货物。如北太平洋航线，航空运输的费用比海运高 10 倍以上，极大地限制了航空货运的发展。

（2）航空运载工具——飞机的舱容有限、最大起飞重量有限、地板的承重能力有限，一定程度上限制了大件货物或大批量货物运输。且因货舱的舱门相对狭窄，不能运送一些体积庞大的货物。

（3）飞机飞行安全受恶劣气候影响较大。风、雨或大雾天气都会导致定期航班推迟或停航，延长了整体运输时间，进而造成时效性较高的货物的损失。

无论何种运输方式，均有其优势和劣势。随着一体化物流管理思想的深入发展，企业更加重视航空货运快捷、安全的特点，大力发展适合于航空运输的产品。尤其是高科技领域，产品更新换代的速度更快，且越来越趋向薄、轻、短、小、高附加值，这为航空货运的进一步发展提供了动力。

第二节　国际航空货物运输基本知识

一、航线与航班

（一）航线

民航企业从事运输飞行，必须按照规定的线路进行，这种路线叫作航空交通线，简称航线。为维护空中交通秩序，保证飞行安全，航线不仅确定了航行的具体方向、经停地点，还根据空中管理的需要规定了航路宽度和飞行高度。

按飞机飞行的路线划分，航线分为国内航线和国际航线。飞机飞行线路的起讫点、经停点均在国内的航线，称为国内航线；飞机飞行的线路跨越本国国境，通达其他国家的航线，称为国际航线。其中，亚太地区—北美、北美—欧洲、亚太地区—欧洲为全球最繁忙的国际货运航线。

开辟航线受市场开放程度的影响较大。争取航权是航空公司市场准入的先决条件，一些航空公司借助代码共享等合作方式增加航线覆盖范围，以拓展服务网络。

专题阅读 5-2

代码共享（Code Sharing）

代码共享指一家航空公司的航班号（代码）可以用在另一家航空公司的航班上，如 CZ 本来是中国南方航空公司的代码，但它所表示的航班也能由它的代码共享伙伴三角航空公司或法国航空公司营运。它是航空公司一种有效开拓市场和进行跨国战略联合的方式，现为多数航空公司所采用。

代码共享有如下优势：

□ 通过合作，共同支撑"鸡肋"市场，开辟和培育新市场。某些航线由于客源稀少，单个航空公司无力支撑，通过代码共享则可以在不实际投入运力或少投入运力的情况下继续维持运营。而合作开辟新市场，则可以分散风险，实现双赢。

□ 提高航班密度、平均载运比率，降低运营成本。在不实际增加航次和相应成本的前提下，代码共享扩展了航空公司的服务网络，利用伙伴公司的组织能力，弥补本公司销售力量的不足，同时，提高了市场份额，增加了竞争实力。

□ 特定情形下，越过某些航空市场壁垒，快速进入他国市场。1992 年，美国和荷兰签订的自由化双边协议，允许两国承运人不受限制地在任一国家的任何机场间经营航班，包括边远机场。此后，美国西北航空公司和荷兰皇家航空公司又达成代码共享协议，美国西北航空公司获得了以阿姆斯特丹为基地的欧洲内陆航权，荷兰皇家航空公司则获得了阿姆斯特丹经美国几大门户城市到上百个内陆城市的航班经营权。

□ 集团协作，提高服务质量。代码共享的伙伴航空公司，可以相互使用常旅客计划为乘客累计里程，并在订票、出票、转机、行李转运等各方面提供一体化服务。

实际上，对代码共享的评价是毁誉参半的。因为于乘客而言，享受多样化的航班和时刻选择、一体化的转机服务、优惠的环球票价、共享的休息厅及常旅客计划等优惠的同时，也意味着其实际获得的服务可能并非来自最初选择的航空公司。

无论如何，代码共享已经成为世界航空市场最流行的合作方式，多数航空公司包括我国三大骨干航空公司都在通过代码共享与同行合作。

（二）航班

飞机按照规定的航线，由始发站起飞经过经停站至终点站做运输飞行称为航班。为方便识别，国际航空组织对各航线航班进行了编码，如北京—巴黎有 CA933（中国国际航空公司）、KL2136（荷兰皇家航空公司）等多个航班，前两位字母表示提供班机服务的航空公司，后三位数字为航班号。

目前，民航运输仍然以客运为主，因此航班多为客运航班，一般利用客机或客货混用飞机运输货物。但在如中美、中欧等货运量较大的航线，则开辟有全货运航班。

二、航空运输设备

（一）航空港

航空港又称航空站或机场，为航空运输的起点、终点和经停点，是供飞机起飞、降落和停放及组织、保障飞行活动的场所。近年来，随着空港功能的多样化，除了装卸客货的设施外，港内一般还配有商务中心、娱乐中心、商品展示中心、货运集散中心、快件中心等，用来满足航空客、货运输服务的基本需要。此外，空港周边常常还辟有工业园区、物流园区、保税园区等，以提升空港货物集散、中转、配送能力，吸引电子、医药等高技术高附加值行业的投资，推动临空经济发展。

按照所处位置，航空港分干线航空港和支线航空港。按业务范围，则分国际航空港和国内航空港。其中，国际航空港主要供国际航线的航空器起降营运，港内配有海关、移民、检疫和卫生机构，设立需经政府核准。而国内航空港仅供国内航线的航空器使用，除特殊情况外不对国外航空器开放。

同样，为便于识别，国际航空组织也对各机场进行了编码，如北京首都国际机场为 PEK，巴黎夏尔·戴高乐机场为 PAR。

（二）航空器

航空器主要是指飞机。

飞机通常可分为螺旋桨式飞机、喷气式飞机和超音速飞机。螺旋桨式飞机利用螺旋桨的转动将空气向机后推动，借其反作用力推动飞机前进。螺旋桨转速越高，飞行速度越快。但当螺旋桨转速高到某一程度时，会出现"空气阻碍"（Air Barrier）现象，即螺旋桨四周是真空状态，飞机无法再随着螺旋桨转速的增加而提速。喷气式飞机在 20 世纪 40 年代由德国人制成，是将空气多次压缩后喷入飞机燃烧室内，使空气与燃料混合燃烧后产生大量气体以推动涡轮于机后以高速将空气排出机外，借其反作用力使飞机前进。它的结构简单，制造、维修方便，速度快，燃料费用低，装载量大，使用率高（每天可飞行 16 小时），是当前世界各国机队的主力。超音速飞机是指航行速度超过音速的飞机。如 20 世纪 70 年代英、法两国联合研制的协和式（Concorde）飞机。由于其耗油大、载客少、造价昂贵、使用率低，许多航空公司望而却步。又因其噪声大不符合环保要求，被许多国家的机场拒之门外或者限时起降。目前，受限的协和式飞机已经正式退出民用航空市场。

按照用途，飞机可分为客机、客货混合机和全货机。客机主要运送旅客，行李或货物通常装在飞机腹舱；客货混合机除下舱载货外，还会改装主舱的后部以装运货物；全货机则提供所有可能舱位运送货物。当前，航空运输仍以客运为主，客运航班密度高、收益大，因此，很多航线都借用客机转运货物。不足的是，由于舱位少，每次可运送的货物数量十分有限。全货机运量大，可以弥补客机的不足，但由于经营成本高，只限在货源充足的航线使用。客货混合机是最具灵活性的一种机型，可以同时在主甲板运送旅客和货物，并根据需要调整运输安排。新冠疫情暴发后，客运航班受到较大影响，为应对危机，一些航空公司改装闲置客机以提高载货能力和现有机队的利用率。

按机身宽窄程度，飞机还可分为宽体飞机和窄体飞机。常见的宽体飞机包括 A300、A310、A330、A340、A380、B747、B767、B777、B787、MD11、IL96 等。宽体飞机机身较宽（4.7 米以上），可以在主舱装运标准规格的集装箱，窄体飞机则无法做到这一点。

随着新型自动化技术的迅猛发展，无人机也纳入民航机队中。截至 2020 年年底，我国全行业注册无人机达到 51.7 万架，并且已经广泛参与到通用航空服务当中。一些物流公司也在不断推进无人货运飞机的研制，希望解决交通不便地区配送问题，如京东研制的"京蜓"载重可达数百千克。①

（三）集装设备

航空运输中的集装设备（Unit Load Devices，ULD）主要指为提高运输效率而采用的集装箱、集装板和集装网袋等成组装载设备。为使用这些设备，飞机的甲板和货舱都设置了与之配套的固定系统。

———————

① 环球网.京东自研"京蜓"自转旋翼无人机首飞成功：可载重数百公斤［EB/OL］.［2020-12-24］.

由于航空运输的特殊性，飞机用的集装设备无论是外形构造还是技术性能指标都具有自身的特点。首先，集装设备的重量较其他运输方式的轻。其次，为充分利用飞机的内部空间，集装箱的形状和适用的舱位相对应，如主甲板集装箱和底甲板集装箱。海运中 40 英尺和 20 英尺的标准箱适用于宽体飞机的主甲板。表 5-1 是国际民航组织规定的航空用集装设备。其中，8′×8′ 主舱集装箱虽与海运集装箱尺码接近，但所用材质抗压强度低，较海运集装箱轻。

表 5-1   国际民航组织规定的航空用集装设备

Description Base Dims(尺寸)	Prefix(缩写)	Code and Illustration(代码和图示)
Pallet/Net 2 235×3 175 mm(88×125 in) 2 235×2 743 mm(88×108 in) 2 438×3 175 mm(96×125 in) 2 438×6 058 mm(96×238 $\frac{1}{2}$ in)	PA PB(PD) PM(PQ) PG(PS)	P AIRCRAFT PALLET AND NET
Lgloo/Net 2 235×3 175mm(88×125 in) 2 235×2 743mm(88×108 in) 2 438×3 175mm(96×125 in)	UA UB(UD) UM(UQ)	U NON−STRUCTUAL LGLOO
Structual Lgloo 2 235×3 175 mm(88×125 in) 2 235×2 743mm(88×108 in)	AA(SA)(TA) AB(AD)	A or S or T STRUCTURAL LGLOO
8′×8′ Maindeck Container 2 438×2 981mm(96×117 $\frac{3}{4}$ in) 2 438×3 175mm(96×125 in) 2 438×6 058mm(96×238 $\frac{1}{2}$ in)	AF(AR) AM(AO) AG(S)	A MAIN DECK CONTAINER

续表

Description Base Dims(尺寸)	Prefix(缩写)	Code and Illustration(代码和图示)
LowerDeck Certified Cont. 1 534×1 562 mm(60.4×61.5 in) 1 534×3 175 mm(60.4×125 in)	AK(AV) AL(AW)	A LOWER DECK CONTAINER
Non-Certified Aircraft Cont. 1 534×1 562 mm(60.4×61.5 in) 1 534×3 175 mm(60.4×125 in)	DK(DV) DL(DW)	D NON-CERTIFIED ON TAINER (May be made from material other than metal)

三、有关的国际航空运输组织

（一）国际民用航空组织

国际民用航空组织（International Civil Aviation Organization，ICAO）成立于 1947 年 4 月 4 日，总部在加拿大的蒙特利尔。该组织是根据 1944 年芝加哥国际民用航空公约设立的政府间国际航空机构，是联合国所属专门机构之一。该组织的宗旨①是发展国际航行的原则和技术，并促进国际航空运输的规划和发展，以：

（1）保证全世界国际民用航空安全和有秩序的发展。

（2）鼓励为和平用途的航空器的设计和操作技术。

（3）鼓励发展国际民用航空应用的航路、机场和航行设施。

（4）满足世界人民对安全、正常、有效和经济的航空运输的需要。

（5）防止因不合理的竞争造成经济上的浪费。

（6）保证缔约各方的权利充分受到尊重，每缔约方均有经营国际空运企业的公平的机会。

（7）避免缔约各方之间的差别待遇。

（8）促进国际航行的飞行安全。

（9）普遍促进国际民用航空在各方面的发展。

（二）国际航空运输协会

国际航空运输协会（International Air Transport Association，IATA，简称国际航协）是各国或

---

① 《国际民用航空公约》第 44 条。

地区航空运输企业间的组织，其会员包括全世界 100 多个国家或地区中经营国际、国内定期航班的航空公司。我国的国际航空公司、东方航空公司、南方航空公司等都是国际航协的正式会员。

1945 年 4 月 16 日，国际航协成立于古巴哈瓦那，目前下设公共关系、法律、技术、运输、财务、政府和行业事务六个部门。其主要宗旨是：

（1）促进安全、正常和经济的航空运输以造福于世界各族人民，培植航空商业并研究与其有关的问题。

（2）为直接或间接从事国际航空运输服务的各航空运输企业提供协作的途径。

（3）与国际民航组织及其他国际组织合作。

自成立以来，国际航协在很多方面做出了重大贡献，包括：推动地空通信、导航、航空器安全飞行等新技术开发；制定机场噪声、油料排放等环境政策；与国际民航组织合作制定一系列国际公约；协助航空公司处理相关法律纠纷；筹建国际航空公司清算局；推进行业自动化，促进行业交流；为发展中国家航空运输企业提供从技术咨询到人员培训的各种帮助；制定空运集装箱技术说明、航空货运服务有关规章；培训国际航协代理人等。此外，定期召开的 IATA 会议为会员提供了讨论航空运输规则、协调运价、统一单证、财务结算等问题的场所。国际航空运输业取得的发展离不开国际航协的努力，它的工作使飞行从一种科学现象转变为全世界人人都能够享用的公共事业。

第三节　国际航空货物运输方式

一、班机运输

班机运输（Scheduled Airline）指在固定航线上定期航行的航班。班机运输一般有固定的时刻表、起运地、目的地和经停地，与海运中的班轮运输类似。

按照业务对象，班机运输可分为客运航班和货运航班。顾名思义，货运航班只承揽货物运输，且多使用全货机。因航空运输承运的货量有限，所以货运航班仅由某些规模较大的专门的航空货运公司或一些业务范围较广的综合性航空公司在货运量较为集中的航线开辟。一般航空公司多采用客货混合型飞机，搭乘旅客的同时运输小批量货物。

班机运输是多数贸易商首选的航空货运形式。原因如下：第一，班机运输有固定的航线、起降机场和航期，进出口商可在签署贸易合同前预期货物的起运和到达时间。第二，班机运输的收费标准在一定时间内相对固定，方便进出口商提前核算运费成本，合同履行得到较大保障。第三，近年来货运业竞争加剧，为提升竞争力，航空货运公司不断提升航班的准班率（航班按时到达的比率），并提供快捷的地面服务，在吸引传统的鲜活易腐货物、贵重货物、急需货物的基础上，提出为企业特别是跨国企业提供综合物流服务，正努力成为跨国公司分拨产品、半成品的得力助手。

同时，班机运输在货物运输方面存在很大的局限性。一方面，班机运输多采用客货混合机型，航班以客运服务为主，货载能力有限，不能满足大批量货物及时出运的要求；另一方面，不同班次执飞机型的调整、乘客及行李数量的变化也会直接影响装载货物的数量。

二、包机运输

当货运需求较大时，包机运输就成为首选方式。包机运输通常分为整机包机和部分包机。

整机包机是指航空公司或包机代理公司按照合同中双方事先约定的条件和运价将整架飞机租给租机人，从一个或几个航空港装运货物至指定目的地的运输方式。部分包机则是指有若干航空货运企业或托运人联合包租一架飞机，或是由包机公司把一架飞机的舱位分别卖给几家航空货运企业的服务形式。

与班机运输相比，包机运输更具灵活性，给包机人带来了较大的潜在利益。首先，包机运输可由承租飞机的双方议定航程的起止点和中途停靠的空港；其次，包机运输满足了大批量货物进出口运输的需要；最后，其运费比班机运输形式低，且可随国际市场供需情况灵活调整。但出于安全和维护本国航空公司利益的需要，各国政府会通过增加审批手续等方式大力限制他国航空公司的飞机通过本国领空在本国领土降落，这极大增加了包机运输的营运成本，一定程度上阻碍了其发展。

三、集中托运

集中托运（Consolidation）指集中托运经营人（也称集运商，Consolidator）将若干批单独发运的货物组成一整批，统一向航空公司办理托运，采用一份航空总运单集中发运到同一目的站，由集运商在目的地指定的代理收货，再根据集运商签发的航空分运单分拨给各实际收货人的运输方式，也是航空货物运输中最为普遍的一种运输方式。很多快递企业和物流企业都是作为集运商来开展航空货运业务的。图5-3是集中托运示意图。

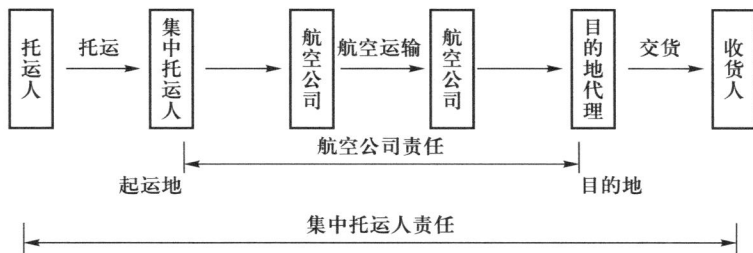

图 5-3 集中托运示意图

与货运代理人①不同，集运商地位与运输服务中的零售商类似，通常以协议方式或持股方式从航空公司获得稳定的批量运力，再销售给有需求的货主，有时甚至实际参与到某些航线的

---

① 严格地说，当前航空货运代理人也并非完全保持传统上代理人的角色。据推测，在航空货运代理业务中大约只有25%属于代理性质，对于大量日常业务而言，航空货运单据都将货运代理商当作托运人。美国运输部制定的条例认为，货运代理商是有两个性质截然不同的法定职能：一是传统的代理职能；二是充当托运人的委托人和接受承运人服务的客户。

运营中。为更好地吸引客户，集运商会同时提供本地集货、配送服务。在运输业务中，集运商具有双重角色，承担全程运输责任：一方面，签发分运单，地位相当于合同承运人，对各个托运人负货物运输责任；另一方面，在与航空公司的关系中，又被视为一整批货物的托运人，对所托运的货物负责。

20 世纪 90 年代以来，集运商进一步融合仓储管理、库存管理、本地配送等物流服务项目，成为综合性物流服务商。货运代理服务是国际运输业务中普遍使用的辅助性服务，国际货代企业依托自身对国际运输市场、各国经贸政策的知识为进出口商提供专业化咨询、通关或其他代理服务。现实中，一些企业会同时兼具上述各类型业务，如国际知名快递公司敦豪（DHL）除提供国际货物集运服务，还进行货运代理，是全球十大国际货运代理商之一。

作为最主要的航空货运方式，集中托运有着鲜明的特征，表现如下：

（1）航空运费的费率随托运货物数量增加梯度下降，当集运商将若干小批量货物组成一大批出运时，能够争取到更为低廉的费率。集运商会留部分支付目的地代理的费用作为收益，让利另一部分给托运人以吸引更多的客户。因此，集中托运服务运费要低于航空公司报价。

（2）专业性服务也有益于托运人。专业性服务包括完善的地面运输服务网络（如仓储服务、配送服务）、拓宽了的服务项目（如进出口报关、报验服务，货物跟踪查询服务），提高了服务质量。

（3）因航空公司的主运单与集运商的分运单效力相同，集中托运形式下托运人结汇的时间提前，加快了资金周转。

但集中托运也有局限性，主要指：

（1）航空公司规定，贵重物品、活动物、尸体、骨灰、危险品、外交信袋等不得采用集中托运的形式。

（2）集中托运的货物出运时间存在一定的不确定性，所以不适合易腐烂变质的货物、应急物资及其他对时间要求高的货物。

（3）对图书等可以享受航空公司优惠运价的货物来讲，集中托运可能不仅不能节约运费，还会加重托运人运费负担。

四、包舱包板运输

包舱包板运输是当前航空货运中常用的一种业务形式，包用人一般是具有一定规模的航空货运代理企业或集运商。这种业务形式可使航空公司获得稳定货源，提高载运比率，增加销售收入，并降低运营风险。

（一）包舱运输

包舱运输指企业根据自身业务需要与航空公司签订协议，在一定时间内包用飞机内的全部或部分货舱、集装箱或集装板。

包舱运输主要有两种形式：固定包舱和非固定包舱。在固定包舱形式下，无论协议人是否充分使用所包舱位，都需按协议运价支付运费。在非固定包舱形式下，航班起飞前一定时间（如 72 小时）内，如果协议人仍然没有确认舱位，航空公司可以将该舱位销售给其他人。

为了更好地控制运输过程，保障其他协议人权益，航空公司一般要求包舱货物的实际重量和体积不得超过包舱合同中规定的最大可用吨位和体积，否则航空公司有权拒绝运输，所造成的损失则由包舱人负责。

（二）包板运输

包板运输指企业在一定时间内包用航空公司一定航线或航班上一定数量的集装箱或集装板来运输货物。包板运输一般只用于直达航班，由协议人负责集装箱/集装板货物的包装和分解作业。

五、航空快递

航空快递（Air Express）是指具有独立法人资格的企业通过自身或代理的网络将进出境的货物或物品从发件人所在地运达收件人所在地的一种快速运输方式。

（一）航空快递的产生和发展

航空快递起步较晚。20世纪70年代，文件、小件行李只能通过邮局运送。因跨国邮政服务效率低，安全性和准确性不高，使从事国际贸易、国际交流的人士深受困扰。

1969年3月的一天，一位美国青年在一家海运公司内等朋友，偶然得知有一艘停泊在夏威夷港的德国船等待着正在旧金山缮制的提单。按正常流程，提单需要一个星期才能到达夏威夷港。这个年轻人表示他愿意乘飞机将文件送到夏威夷，船公司管理人员通过比较发现此举可以节约昂贵的港口使用费和滞期费用，于是将文件交给了他。完成任务后，年轻人立即联络朋友，一起创立了世界上第一家快递公司，专门从事银行、航运文件的传送工作。后来，他们又将业务扩大到样品等小包裹服务。因服务快速、准确，快递业从出现起就深受各界的喜爱。在此背景下，行业得到迅速发展。

我国快递业的兴起与国际贸易的快速发展是分不开的。改革开放后，我国进出口业务数量猛增，贸易商、银行对商业文件的快速传递提出更高的要求。1980年，德国的DHL快递公司进入中国，并与中国对外贸易运输（集团）总公司（简称中外运）成立了第一家中外合资的国际快递公司——中外运—敦豪国际航空快件有限公司，迅速在全国开展业务。随后，联邦快递（FedEx）、美国联合包裹运送服务公司（UPS）、荷兰快递服务商（TNT）这些全球知名的快递公司纷纷入驻中国。同时，中国本土也出现了一批全国性、地区性乃至同城的快递服务公司，如知名的"通达系"（申通、中通、圆通、百世汇通、韵达等）。

进入21世纪，国内快递市场渐趋成熟。为赢得竞争优势，民航、邮政企业纷纷搭建了自己的航空快递网络，中国本土的航空快递企业正在成为国际市场的新兴力量。2009年，民营快递企业顺丰开始组建自己的机队。[①]截至2021年6月，顺丰集团已经拥有全货机66架，开辟了中日、中韩、中美、中欧等多条国际航线。

（二）航空快递的主要业务形式

1. 桌/门到桌/门

桌/门到桌/门（Desk/Door to Desk/Door）也是航空快递公司常用的一种业务形式，流程如下：快递公司在接到预约后派人上门取件，然后将所有收到的快件集中到一起，并根据目的地

---

① 王楠．王卫：顺丰而行：新蓝领时代骄子［M］．北京：北京时代华文书局，2014．

分拣、整理、制单、报关、发往世界各地，到达目的地后，再由当地的分公司办理清关、提货手续，并送至收件人手中。

2. 桌/门到机场

桌/门到机场（Desk/Door to Airport）的业务形式主要针对的是海关当局有特殊规定的货物或物品，快件到达目的地机场后一般是快递公司通知收件人自己去办理相关手续，而不是由快递公司去办理清关、提货手续并送达至收件人手中。

3. 专人派送

专人派送（Courier on Board）是指由快递公司指派专人在最短的时间内将快件直接送到收件人手中。对客户来讲，桌/门到机场形式比较麻烦；专人派送最可靠、最安全，同时费用也最高；桌/门到桌/门的服务介于上述两者之间，适合绝大多数快件的运送。

（三）航空快递的特点

航空快递与传统的航空货运业务、邮政运送业务有很多相似之处。但作为一项专门的业务，它又有独到之处。主要表现在：

1. 收件范围不同

航空快递的收件范围包括文件和包裹两大类。文件主要是指商业文件和各种印刷品。关于包裹，一般要求毛重不超过 32 千克（含 32 千克）或外包装单边不超过 102 厘米，三边相加不超过 175 厘米，现在为吸引客户，快递公司对包裹大小的要求日趋放松。

近年来，为应对激烈的竞争，一些快递公司积极参与跨国企业供应链服务，将业务转向电子、医疗、汽车、机械、纺织等行业零配件、成品市场的物流配送领域；另一些企业专注于消费物流市场，成为跨境电商的重要支撑力量。

传统航空货运业务以贸易货物为主，规定每件货物体积不得小于 5 厘米×10 厘米×20 厘米。邮政企业则以私人信函、包裹为主要业务对象。数字化的推进使得全球范围内纸质信函业务量大规模下降；随着跨境电子商务的发展，国际小包裹运输成为国际邮政、快递企业可拓展的新的业务点。

2. 经营者不同

经营国际航空快递的多为独资或合资的跨国公司，这些公司将业务拓展到世界各地，建立起全球网络。航空快件的传送基本都是在跨国公司内部完成的。

国际邮政业务则通过万国邮政联盟的形式与各国邮政机构合作，一般由两家以上国家邮政机构的合作完成邮件传送。国内邮局提供的邮政特快专递服务（EMS）可以看成是由邮政部门开展的快递服务，是二者的有机结合。国际航空货物运输则主要采用集中托运的形式，或直接由托运人委托航空货运代理人进行，货物到达目的地后再通过发货地航空货运代理的关系人代为转交货物到收货人的手中。除航空公司外，还要依赖航空货运代理人或集运商的协助才能完成业务。

3. 使用的单据不同

航空货运使用航空运单，邮政使用的则是包裹单。航空快递业有自己独特的运输单据——交付凭证（Proof of Delivery，POD）。交付凭证一式四联，第一联用于出口报关，留在始发地；第二联为保留联，贴附在货物表面，随货同行，收件人可在此联签字表示收到货物（交付凭证由此得名），但收件人通常在快递公司提供的送货记录上签字；第三联作为快递公司内部结算的依据；第四联作为发件凭证留存发件人处，该联印有背面条款，一旦产生争议，则可作为判定当事各方权益、解决争议的依据。

4. 服务质量高

航空快递的服务质量更高，主要体现在：

（1）速度更快，一般在一周内完成。自诞生之日起，航空快递就以快捷著称，速度是整个行业的生存之本。

（2）更加安全、可靠。在航空快递形式下，快件运送在同一公司内部完成。因各分公司操作规程、服务标准基本相同，且同一公司内部信息交流更加方便，所以运输的安全性、可靠性也更好。与此相反，因牵涉多家经营者，各方服务水平参差不齐，所以邮政运输和航空货物运输服务的一致性较差。

（3）更方便。航空快递像是陆空联运，将服务由机场延伸至客户的仓库、办公桌，真正实现了门到门服务，且会为一般包裹代为清关，给客户带来极大便利。

当然，航空快递也有自己的局限性，如快递服务覆盖范围不如邮政运输广泛，且费用更高。邮政服务在很多国家被视为公共服务，有政府的大力支持，可以说有人烟的地方就有邮政运输。但航空快递企业是市场化运营主体，其运送网络须建立在商业发达、运量充足的地区。

第四节　国际航空运单

一、航空运单的性质和作用

与国际铁路运单相似，航空运单（Airway Bill）是由承运人或其代理人签发的重要的货物运输单据，是对承托双方均具有约束力的运输合同。航空运单不可转让，因此，无法通过转让航空运单转让货物。

（一）航空运单是托运人与航空承运人之间运输合同的证明

航空运单在托运人与航空运输承运人双方共同签署后才生效，运单上的条款规范了货主与承运人之间的权利义务关系，是航空运输合同存在的证明。

（二）航空运单是承运人签发的已接收货物的证明

航空运单也是货物收据。在托运人将货物发运后，承运人或其代理人就会将其中一份交给托运人（托运人联），作为已经接收货物的证明。除非另外注明，它是承运人收到货物在良好条件下装运的凭据。

（三）航空运单是承运人据以核收运费的账单

航空运单上记载着托运人、收货人各自负担的费用和应支付给承运人、代理人的各项费用，并详细列有各项费用的种类、金额，因此可作为运费账单和发票，承运人联也常被承运人用作记账凭证。

（四）航空运单是报关单证之一

进出口业务中，航空运单是海关申报、关税缴纳、查验放行的核心单证之一。

（五）航空运单可作为保险证书

如果承运人承办保险或托运人要求承运人代办保险，航空运单也可用作保险业务凭证。

（六）航空运单是承运人内部运营凭证

航空运单随货同行。运单上载有该票货物发送、转运、交付等事项，承运人会据此对货物的运输做出相应安排。

正本航空运单一式三份，每份都印有背面条款。其中，一份交托运人，是承运人或其代理人接收货物的收据；一份由承运人留存，作为记账凭证；最后一份随货同行，在目的地交付给收货人，作为核收货物的依据。

二、航空运单的分类

航空运单分为主运单和分运单两大类。当前，随着数字化经济的发展，电子运单逐渐普及。

（一）航空主运单

凡由航空运输公司签发的航空运单都称为航空主运单（Master Air Waybill，MAWB）。它是航空运输公司办理货物运输和交付的依据，是航空公司和托运人订立的运输合同的一部分，每一批航空运输的货物都有相对应的航空主运单。

航空运单一式十二份，包括三份正本、六份副本和三份额外副本。其中，三份正本分别交给航空公司、托运人和收货人；六份副本分别用于提取货物、交目的地机场、交给代理和交第一、二、三承运人；三份额外副本仅供承运人使用。

（二）航空分运单

集运商在办理集中托运业务时签发的航空运单，被称作航空分运单（House Air Waybill，HAWB）。

集中托运时，除航空运输公司签发的主运单外，还需要集运商签发航空分运单。各方的关系如图5-4所示。

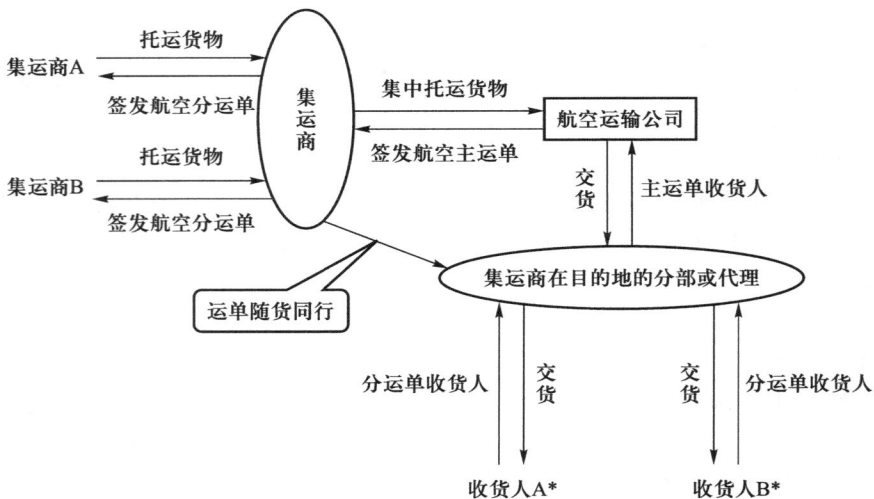

图5-4　航空主运单与航空分运单流转图

作为集运商与托运人之间的货物运输合同，航空分运单合同双方分别为货主 A、B 和集运商。作为航空运输公司与集运商之间的货物运输合同，当事人则为集运商和航空运输公司，货主与航空运输公司没有直接的契约关系。不仅如此，货主与航空公司也没直接的货物交接关系，因为在起运地货物是由集运商交付给航空公司的，而在目的地货物是由集运商或其代理从航空公司处提取并转交给收货人的。

三、电子运单

电子运单（e-AWB），即以数字化形式制作、流转的航空运单。也指一系列航空货运贸易单证，包括主运单、分运单、发票（Invoice）、载货清单（Manifest）、装箱单（Packing List）、原产地证明（Certificate of Origin）等。本质上，电子运单与纸介运单的形式和内容类似，功能和效力一样，但数字化信息传输方式可以大幅度提升国际航空物流相关环节的单证流转速度，带来更高的运营效率。无纸化作业有效减少印刷、邮递、文件存储等多项支出，促进航空货运业实现绿色发展目标。据估算，2017 年，超过一半的航空货运业务借助纸介文件完成，平均每笔业务产生约 30 份单证，仅此一项就能够生成 7 800 吨废纸。①电子运单需要借助统一的信息系统完成，业务流程衔接更为紧密，且系统一般设有数据审核功能，流转过程中无须再次进行数据录入，减少出错比率，提升服务质量。当然，电子运单的推行也有其现实困难，如需要所在国认可数据文件的合法性，同时要求业务伙伴有相匹配的业务流程和信息系统。因此，电子运单的推广需要得到以 IATA 为代表的行业协会和各国政府的大力支持。在各方不懈努力下，截至 2021 年 5 月，电子运单的渗透率（仅限允许使用电子运单的贸易线路）已经达到 75.4%。我国北京大兴国际机场和首都国际机场、上海虹桥国际机场和浦东国际机场、广州白云国际机场、香港国际机场等重要的国际机场都在使用电子运单。②

四、航空运单的内容

与海运提单类似，航空运单也有正面、背面条款之分，且不同的航空公司也会有自己独特的航空运单格式。不同的是，海运提单格式可能千差万别，但航空运单大多借鉴 IATA 所推荐的标准格式（见表 5-2），差别并不大。

这里只介绍这种标准格式，也称中性运单。下面就需要填写的部分栏目进行说明：

① 始发站机场：需填写 IATA 统一制定的始发站机场或城市的三字代码（北京的首都国际机场代码是 PEK），本栏应与⑪栏相一致。

①A IATA 统一编制的航空公司代码。如我国国际航空公司的二字代码为 CA，三字代码为 999。

①B 运单号。

② 托运人姓名、住址（Shipper's Name and Address）：填写托运人姓名、地址、所在国家或地区及联络方法。

③ 托运人账号（Shipper's Account Number）：只在必要时填写。

① SAUV D. e-AWB implementation playbook ［Z］. IATA, 2019.
② IATA. e-AWB International Monthly Report ［R］. 2021.

表 5-2 标准航空运单

Shipper's Name and Address ②	Shipper's Account Number ③	NOT NEGOTIABLE ⑨⑨ AIR WAYBILL ISSUED BY ⑨⑨ ①C Copies 1, 2 and 3 of this Air Waybill are originals and have the same validity ①D

Shipper's Name and Address
②

Shipper's Account Number
③

NOT NEGOTIABLE
AIR WAYBILL ①C
ISSUED BY ⑨⑨

Copies 1, 2 and 3 of this Air Waybill are originals and have the same validity ①D

Consignee's Name and Address
④

Consignee's Account Number
⑤

It is agreed that the goods described herein are accepted in apparent good order and condition (except as noted) for carriage SUBJECT TO THE CONDITIONS OF CONTRACT ON THE REVERSE HEREOF. ALL GOODS MAY BE CARRIED BY ANY OTHER MEANS INCLUDING ROAD OR ANY OTHER CARRIER UNLESS SPECIFIC CONTRARY INSTRUCTIONS ARE GIVEN HEREON BY THE SHIPPER, AND SHIPPER AGREES THAT THE SHIPMENT MAY BE CARRIED VIA INTERMEDIATE STOPPING PLACES WHICH THE CARRIER DEEMS APPROPRIATE. THE SHIPPER'S ATTENTION IS DRAWN TO THE NOTICE CONCERNING CARRIERS' LIMITATION OF LIABILITY. Shipper may increase such limitation of liability by declaring a higher value for carriage and paying a supplemental charge if required. ①E

Issuing Carrier's Agent Name and City
⑥

Accounting Information
⑩

Agent's IATA Code ⑦

Account No. ⑧

Airport of Departure (Addr. of First Carrier) and Requested Routing ⑨

| to ⑪A | By First Carrier | Routing and Destination ⑪B | to ⑪C | by ⑪D | to ⑪E | by ⑪F | Currency ⑫ | CHGS Code ⑬ | WT/VAL PPD COLL ⑭A | Other PPD COLL ⑮A | Declared Value for Carriage ⑯ | Declared Value for Customs ⑰ |

Airport of Destination ⑱

Flight/Date ⑲A ⑲B

Amount of Insurance ⑳

INSURANCE: If Carrier offers insurance, and such insurance is requested in accordance with the conditions thereof, indicate amount to be insured in figures in box marked 'Amount of Insurance'

⑭B ⑮B ⑳A ⑳B

Handling Information ㉑

㉑A SCI

| No. of Pieces RCP ㉒A | Gross Weight ㉒B | kg lb | Rate Class ㉒E / Commodity Item No. | Chargeable Weight ㉒F | Rate ㉒G / Charge | Total ㉒H | Nature and Quantity of Goods (incl. Dimensions or Volume) ㉒I |

㉒C ㉒D ㉒Z

㉒J ㉒K ㉒L

Prepaid ㉔A / Weight Charge / Collect ㉔B

Other Charges ㉓

Valuation Charge ㉕A ㉕B

Tax ㉖A ㉖B

Total Other Charges Due Agent ㉗A ㉗B

Total Other Charges Due Carrier ㉘A ㉘B

⑨⑨ ㉙A ㉙B

Shipper certifies that the particulars on the face hereof are correct and that insofar as any part of the consignment contains dangerous goods, such part is properly described by name and is in proper condition for carriage by air according to the applicable Dangerous Goods Regulations. ㉛

Signature of Shipper or his Agent

Total Prepaid ㉚A / Total Collect ㉚B

Currency Conversion Rates ㉝A / CC Charges in Dest Currency ㉝B

㉜A ㉜B ㉜C

Executed on (Date)   at (Place)   Signature of Issuing Carrier or its Agent

For Carrier's Use only at Destination ㉝

Charges at Destination ㉝C

Total Collect Charges ㉝D

①A ①B

ORIGINAL 3 (FOR SHIPPER)

④ 收货人姓名、住址（Consignee's Name and Address）：应填写收货人姓名、地址、所在国家或地区及联络方法。因航空运单不可转让，所以不可以出现"凭指示"之类的字样。

⑤ 收货人账号（Consignee's Account Number）：同③栏一样，只在必要时填写。

⑥ 承运人代理的名称和所在城市（Issuing Carrier's Agent Name and City）。

⑦ 代理人的 IATA 代码（Agent's IATA Code）。

⑧ 代理人账号（Account No. ）。

⑨ 始发站机场及所要求的航线（Airport of Departure and Requested Routing）：始发站应与①栏填写的相一致。

⑩ 支付信息（Accounting Information）：此栏只有在采用特殊付款方式时才填写。

⑪A （C.、E.）。去往（To）分别填入第一（二、三）中转站机场的 IATA 代码。

⑪B （D.、F.）。承运人（By）分别填入第一（二、三）段运输的承运人。

⑫ 货币（Currency）：填入货币代码。

⑬ 收费代码（CHGS Code）：表明支付方式。

⑭ 运费及声明价值费（WT/VAL，Weight Charge/Valuation Charge）：此时可以有两种情况，即预付（PPD，Prepaid）和到付（COLL，Charge Collect）。如预付在⑭A中填入"×"，否则填在⑭B中。需要注意的是，航空货物运输中运费与声明价值费支付的方式必须一致。

⑮ 其他费用（Other）：付款方式也有预付和到付两种。

⑯ 运输声明价值（Declared Value for Carriage）：在此栏填入托运人要求的用于运输的声明价值。如果托运人不要求声明价值，则填入"NVD"（No Value Declared）。

⑰ 海关声明价值（Declared Value for Customs）：托运人在此填入对海关的声明价值，或者填入"NCV"（No Custom Valuation）表明没有声明价值。

⑱ 目的地机场（Airport of Destination）：填写最终目的地机场的全称。

⑲ 航班及日期（Flight/Date）：填入货物所搭乘航班及日期。

⑳ 保险金额（Amount of Insurance）：只有在航空公司提供代保险业务而客户也有此需要时才填写。

㉑ 操作信息（Handling Information）：一般填入承运人对货物处理的有关注意事项，如"Shipper's Certification for Live Animals"（托运人提供活动物证明）等。

㉒A—㉒L货物运价、运费细节。

㉒A 货物件数和运价组成点（No. of Pieces RCP，Rate Combination Point）：填入货物包装件数。如 10 包即填"10"。当需要组成比例运价或分段相加运价时，则在此栏填入运价组成点机场的 IATA 代码。

㉒B 毛重（Gross Weight）：填入货物总毛重。

㉒C 重量单位：可选择千克（kg）或磅（lb）。

㉒D 运价等级（Rate Class）：针对不同的航空运价共有 6 种代码，它们是：M（Minimum，起码运价）；C（Specific Commodity Rates，特种运价）；S（Surcharge，高于普通货物运价的等级货物运价）；R（Reduced，低于普通货物运价的等级货物运价）；N（Normal，45 千克以下货物适用的普通货物运价）；Q（Quantity，45 千克以上货物适用的普通货物运价）。

㉒E 商品代码(Commodity Item No.)：在使用特种运价时需要在此栏填写商品代码。

㉒F 计费重量(Chargeable Weight)：此栏填入航空公司据以计算运费的计费重量①，该重量可与货物毛重相同也可不同。

㉒G 运价(Rate/Charge)：填入该货物适用的费率。其中，M 代表最低运费，N 代表普通货物运价中 45 千克以下货物运价，Q 代表普通货物运价中 45 千克以上货物运价，C 代表指定货物运价，S 和 R 分别代表等级运价中加价和减价的两种情况，U 代表集装货物运价。

㉒H 运费总额(Total)：此栏数值应为最低运费值或者是运价与计费重量两栏数值的乘积。

㉒I 货物的品名、数量，含尺码或体积(Nature and Quantity of Goods Incl. Dimensions or Volume)：货物的尺码应以厘米或英寸为单位，尺寸分别以货物最长、最宽、最高边为基础。体积则是上述三边的乘积，单位为立方厘米或立方英寸。

㉒J 该运单项下货物总件数。

㉒K 该运单项下货物总毛重。

㉒L 该运单项下货物总运费。

㉓ 其他费用(Other Charges)：指除运费和声明价值附加费以外的其他费用。根据 IATA 规则，各项费用分别用三个英文字母表示。其中，前两个字母是某项费用的代码，如运单费就表示为 AW(Air Waybill Fee)；第三个字母是 C 或 A，分别表示费用应支付给承运人(Carrier)或货运代理人(Agent)。

㉔—㉖ 分别记录运费、声明价值费和税款金额，有预付与到付两种方式。

㉗—㉘ 分别记录需要付给货运代理人(Due Agent)和承运人(Due Carrier)的其他费用合计金额。

㉙ 需预付或到付的各种费用。

㉚ 预付、到付的总金额。

㉛ 托运人的签字。

㉜ 签单时间(日期)、地点、承运人或其代理人的签字。

㉝ 货币换算及目的地机场收费记录。

以上内容不一定要全部填入航空运单，IATA 也并未反对在运单中写入其他所需的内容。但这种标准化的单证对航空货运经营人提高工作效率、促进航空货运业向电子商务的方向迈进有着积极的意义。

第五节   国际航空货物运输运费的计算

一、航空运输区划

与其他运输方式不同的是，国际航空货物运输中与运费有关的各项规章制度、运费水平都

---

① 计费重量的概念请参照本章第五节的有关内容。

是由国际航协统一协调、制定的。充分考虑世界不同国家、地区的社会经济、贸易发展水平后，国际航协将全球分成三个区域，简称为航协区（Traffic Conference Areas，IATA），每个航协区又分成几个亚区。

航协区是从航空运输业务的角度考虑进行划分的，主要依据的是经济、社会及商业条件，因此和世界行政区划有所不同。

（一）一区

一区（TC1）包括北美、中美、南美地区，格陵兰岛，百慕大群岛，加勒比地区和夏威夷群岛。

（二）二区

二区（TC2）由整个欧洲大陆（包括俄罗斯的欧洲部分）及毗邻岛屿、冰岛、亚速尔群岛、非洲大陆和毗邻岛屿、亚洲的伊朗及伊朗以西地区组成，是和政治地理区划差异最多的一个区，主要有三个亚区：

1. 非洲区

非洲区包含非洲大多数国家和地区，但不包括非洲北部的摩洛哥、阿尔及利亚、突尼斯、埃及和苏丹。

2. 欧洲区

欧洲区包括欧洲各国和摩洛哥、阿尔及利亚、突尼斯三个非洲国家以及土耳其。该区只包括俄罗斯的欧洲部分。

3. 中东区

中东区包括埃及、苏丹、伊朗、伊拉克、卡塔尔、沙特阿拉伯、阿拉伯联合酋长国、以色列等国。

（三）三区

三区（TC3）由整个亚洲大陆及毗邻岛屿（已包括在二区的部分除外），澳大利亚、新西兰及毗邻岛屿，太平洋岛屿（包括在一区的部分除外）组成，主要有以下四个亚区：

（1）南亚次大陆区，包括阿富汗、印度、巴基斯坦、斯里兰卡等南亚国家。

（2）东南亚区，包括中国（含港、澳、台）、东南亚诸国、蒙古、俄罗斯的亚洲部分及土库曼斯坦等独联体国家、密克罗尼西亚等群岛地区。

（3）西南太平洋洲区，包括澳大利亚、新西兰、所罗门群岛等。

（4）日朝韩区，包括日本、朝鲜、韩国。

二、计费重量

计费重量（Chargeable Weight）就是据以计算运费的货物数量。航空货物的计费重量和很多因素有关，尤其是货物密度。一件货物的重量可能是货物本身的毛重（重货），也可能是货物的体积重量（轻货），还可能是较高重量分界点的重量。

（一）重货

重货（High Density Cargo）是指那些每 6 000 立方厘米或每 366 立方英寸重量超过 1 千克或

者每 166 立方英寸重量超过 1 磅的货物。①重货的计费重量是它的毛重。如果货物的毛重以千克表示，计费重量的最小单位是 0.5 千克。当重量不足 0.5 千克时，按 0.5 千克计算；超过 0.5 千克不足 1 千克时按 1 千克计算。例如，毛重为 12.2 千克的货物，其计费重量是 12.5 千克；毛重为 12.7 千克的货物，计费重量是 13.0 千克。如果货物的毛重以磅表示，当货物不足 1 磅时，按 1 磅计算。

（二）轻货

轻货（Low Density Cargo）或轻泡货物是指那些每 6 000 立方厘米或每 366 立方英寸重量不足 1 千克或者每 166 立方英寸重量不足 1 磅的货物。

按照 IATA 的规则，轻泡货物以它的体积重量（Volume Weight），也就是将货物的体积按一定的比例折合成重量，作为计费重量，计算方法是：

（1）不考虑货物的几何形状，分别量出货物的最长、最宽、最高的部分，单位为厘米或英寸，测量数值的尾数四舍五入；

（2）将货物的长、宽、高相乘得出货物的体积；

（3）将体积折合成千克或磅，即根据所使用的不同度量单位分别用体积值除以 6 000 立方厘米或 366 立方英寸或 166 立方英寸；

（4）体积重量尾数的处理方法与毛重尾数的处理方法相同。

（三）多件货物

集中托运时，同一运单项下会有多件货物，有重货也有轻货。此时，货物的计费重量就按照该批货物的总毛重或总体积重量中较高的一个计算。首先，计算这一整批货物总的实际毛重；其次，计算该批货物的总体积，并求出体积重量；最后，比较两个数值，并以高的作为该批货物的计费重量。

多件货物混运时，如分别申报每一种类货物的品名、件数、重量、体积，适用不同的运价，则可分别计算计费重量，并算出不同的运价，加总得到总运费。如果混运货物使用同一包装，则按其中运价最高的货物计收运费。

三、国际航空货物运价体系

目前，按指定的途径，国际航空货物运价可分为协议运价和国际航协运价两种。

（一）协议运价

协议运价是托运人与航空公司双方协议制定的价格。为享受更多优惠，托运人会在协议中承诺在一定时间内使用某一最低数量的运输服务。

包舱包板业务中，托运人与航空公司一般会使用协议运价。

（二）国际航协运价

国际航协运价指 IATA 通过运价手册向全世界公布的运价，需要结合国际货物运输规则（The Air Cargo Tariff Rules）使用。航空公司通常以国际航协的运价为基础，对不同托运人报不同折扣价格。

IATA 的运价体系包括：公布的直达运价和非公布的直达运价。

---

① 个别地区使用的是每千克货物 7 000 立方厘米或 427 立方英寸或每磅货物 194 立方英寸的标准来判别重货或者轻货。

四、公布的直达运价

公布的直达运价指航空公司在运价本上直接公布的对由始发地机场运至目的地机场的每一重量单位（千克或磅）货物收取的航空服务费用，一般以起运地的本国货币表示。托运人可以根据货物所适用的直达运价乘以货物的计费重量得到该货物应付的航空运费，该运价一般只在特定时间内有效。

（一）种类

公布的直达运价又分为指定货物运价、等级货物运价、普通货物运价、起码运费和成组货物运价。

1. 指定货物运价

指定货物运价（Specific Commodity Rates，SCR，用字母 C 表示）是承运人根据经常在某一航线上运输某指定货物的托运人的请求或为促进某地区间某一种类货物的运输，经国际航空运输协会同意所提供的优惠运价。

为了使运价更具竞争力，吸引更多客户进而充分利用航空公司的运力指定货物运价比普通货物运价要低。因此，除满足航线和货物种类要求外，适用特种运价的货物还必须达到承运人所规定的货量（如 100 千克）。如货量不足，而托运人又希望适用特种运价，那么货物的计费重量就要以所规定的最低运量（100 千克）为准，该批货物的运费就是计费重量（在此是最低运量）与所适用的指定货物运价的乘积。

2. 等级货物运价

等级货物运价（Class Rates or Commodity Classification Rates，CCR）指适用于指定区域内部或区域之间的特定货物的运价。通常是在普通货物运价的基础上增加或减少一定的百分比，如规定一区和二区之间的聋哑人专用设备按 N 运价的 50%核收。

适用等级货物运价的货物通常有：

（1）活动物、活动物的集装箱和笼子。

（2）贵重物品。

（3）尸体或骨灰。

（4）报纸、杂志、书籍、商品目录、盲人和聋哑人专用设备等出版物。

（5）作为货物托运的行李。

其中（1）~（3）项通常在普通货物运价基础上增加一定百分比，简写为 S；（4）（5）项在普通货物运价的基础上减少一定百分比，简写为 R。

3. 普通货物运价

普通货物运价（General Cargo Rates，GCR）是适用最为广泛的一种运价。当一批货物不能适用指定货物运价，也不适用于等级货物运价时，就适用普通货物运价。

各航空公司公布普通货物运价，通常依据针对所承运货物数量不同规定几个计费重量分界点（Breakpoints）。最常见的是 45 千克分界点，将货物分为 45 千克以下的货物（该种运价又被称为标准普通货物运价，即 Normal General Cargo Rates，简称 N）和 45 千克以上（含 45 千克，简称 Q45）的货物。另外，还可以根据航线货流量不同规定 100 千克、300 千克分界点等。运价随运输货量的增加而降低，是航空运价的显著特点之一。表 5-3 是某航空公司公布的航空货物运价表。

表 5-3   航空货物运价（中国—韩国）

BEIJING	CN CNY	标准	kgs
SEOUL	KR	M	320.00
		N	50.22
		45	41.53
		100	37.52
	2 199	300	21.89

因量大从优，以表 5-2 为例，一件 95 千克的货物，按照 45 千克以上货物的运价计算出的运费（41.53×95 = 3 928.25 元）反而高于一件 100 千克货物所应付的运费（37.52×100 = 3 752.00元）。针对这种不合理的现象，航空公司规定除了要比较货物实际的毛重和体积重量并以高的为计费重量外，如果较高的计费重量分界点计算出的运费更低，则可适用较高的计费重量分界点的费率，此时货物的计费重量为那个较高的计费重量分界点的最低运量。即这件 95 千克的货物可以适用每千克 37.52 元的费率，但货物的计费重量应以 100 千克为准，相应航空运单如表 5-4 所示。

表 5-4   某航空运价的填写方法

No. of Pieces RCP	Gross Weight	kg lb	Rate Class		Chargeable Weight	Rate/ Charge	Total	Nature and Quantity of Goods
			COMMODITY ITEM NO.					
1	95	K	N		100	37.52	3 752	SAMPLE DIMS：××

4. 起码运费

起码运费（Minimum Charges，用字母 M 表示）是航空公司办理一批货物所能接受的最低运费，是航空公司考虑办理小批量货物也会产生的固定费用后制定的（如表 5-3 中的 320.00）。

如果承运人收取的运费低于起码运费，则不能弥补运送成本。因此，航空公司规定无论所运送的货物适用哪一种航空运价，所计算出来的运费总额都不得低于起码运费。若计算出的数值低于起码运费，则以起码运费计收，另有规定的除外。

5. 成组货物运价

除以上介绍的四种公布的直达运价外，航空货运中还有一种特殊的运价，即成组货物运价（United Consignment ULD，Unit Load Devices），它适用于托盘或集装箱货物。

（二）公布的直达运价的相关规定

（1）除起码运费外，公布的直达运价都以千克或磅为单位。

（2）计算航空运费时，应首先适用指定货物运价，其次是等级货物运价，最后是普通货物运价。

（3）如按指定货物运价或等级货物运价或普通货物运价计算的货物运费总额低于所规定的起码运费，按起码运费计收。

（4）承运货物的计费重量可以是货物的实际重量或者体积重量，以较高的为准；如果某一运价要求有最低运量，而货物的实际重量和体积重量都不能达到要求时，以最低运量为计费重量。

（5）公布的直达运价是一个机场至另一个机场的运价，而且只适用于单一方向。

（6）公布的直达运价仅指基本运费，不包含仓储等附加费。

（7）公布的直达运价原则上与飞机飞行的路线无关，但可能因承运人选择不同的航路而受到影响。

（8）运价的货币单位一般以起运地当地货币单位为准，费率以承运人或其授权代理人签发空运单的时间为准。

五、非公布的直达运价

如果甲地至乙地没有可适用的公布的直达运价，则要选择非公布的直达运价。非公布的直达运价分为比例运价和分段相加运价。

（一）比例运价

除公布直达运价外，运价手册还公布一种不能单独使用的附加数（Add-on-amounts）。当货物的始发地或目的地无公布的直达运价时，可将比例运价（Construction Rate）与已知的公布的直达运价相加，构成非公布的直达运价。

需要注意的是，在利用比例运价时，普通货物运价的比例运价只能与普通货物运价相加，指定货物运价、集装设备的比例运价也只能与同类型的直达运价相加，不能混用。此外，在计算中可以用比例运价加直达运价，也可以用直达运价加比例运价，还可以使用两个比例运价，但这两个比例运价不可连续使用。

（二）分段相加运价

分段相加运价（Combination of Rate）指在两地间既没有直达运价也无法利用比例运价时，可以在始发地与目的地之间选择合适的计算点，分别找到始发地至该点、该点至目的地的运价，由两段运价相加组成的全程最低运价。

无论是比例运价还是分段相加运价，中间计算点的选择，即不同航线的选择将会直接影响运价。因此，承运人允许托运人在合理的范围内，以不同计算结果中的最低值作为该货物适用的航空运价。

六、航空附加费

（一）声明价值费

与海运和铁路运输相似，航空承运人也要求将自己对货方的责任限制在一定的范围内，提出声明价值，以控制经营风险。

《华沙公约》规定了因承运人自身疏忽或故意造成的货物的灭失、损坏或延迟的最高赔偿责任限额，为每千克 20 美元/每磅 9.07 英镑/其他等值货币。《蒙特利尔公约》规定的最高赔偿限额为 17 SDR(Special Drawing Rights，特别提款权)。货物的价值超过上述值时，要向承运人付声明价值费(Valuation Charges)，否则承运人不对超出部分的损失承担赔偿责任。

声明价值是针对整件货物的，不允许对货物的某部分声明价值。声明价值费的收取依据货物的实际毛重，计算公式为：

$$声明价值费 = (货物价值 - 货物毛重 × 20 美元/千克) × 声明价值费费率$$

声明价值费的费率通常为 0.5%。多数航空公司在规定声明价值费费率的同时，还要规定声明价值费的最低收取标准。如果根据上述公式计算出来的声明价值费低于航空公司的最低标准，则托运人要按照航空公司的最低标准缴纳声明价值费。

（二）其他附加费

其他附加费包括装箱费、制单费、货到付款附加费、提货费、卡车费等，一般只在承运人或航空货运代理人或集运商提供服务时收取。

第六节　有关航空货物运输的国际公约和法律

一、国际航空法与"华沙体系"

航空活动的跨国特征是与生俱来的，航空立法诞生之初就带有"国际化"属性，多包括协调各国主权、国籍、国家关系等的规范。如《巴黎公约》《芝加哥公约》《东京公约》等国际航空公约都是典型的国际航空公法，主要明确了国家对领空的排他性主权及与航空犯罪有关的管辖权等问题。

随着航空运输市场的产生、发展，业务的"国际性"同样需要各国统一协调国际空运业务中承运人、货主、旅客之间的权利、义务关系。因航空业发展历史较短，暂无法形成自身商业习惯。因此，在广泛吸收了其他运输方式相关国际公约、惯例的精神后，根据航空业的特征进行调整完善，形成了一系列国际航空私法协议，较有影响力的如下：

（1）《华沙公约》(1929 年)。

（2）《海牙议定书》(1955 年)。

（3）《瓜达拉哈拉公约》(1961 年)。

（4）《蒙特利尔(暂时)协议》(1966 年)。

（5）《危地马拉议定书》(1971 年)。

（6）《蒙特利尔第一号附加议定书》(1975 年)、《蒙特利尔第二号附加议定书》(1975 年)、《蒙特利尔第三号附加议定书》(1975 年)、《蒙特利尔第四号附加议定书》(1975 年)。

（7）《蒙特利尔公约》(1999 年)。

《华沙公约》全称为《关于统一国际航空运输某些规则的公约》，1929 年 10 月 12 日，由德国、英国、法国、瑞典、苏联、巴西、日本、波兰等国家在华沙签订。作为最早的航空私法，《华沙公约》的宗旨是调整不同国家"在航空运输使用凭证和承运人责任方面"的有关问题，规定了以航空承运人为一方和以旅客、货物托运人、收货人为另一方的航空运输合同双方的权利、义务关系，确定了国际航空运输的一些基本原则，已为世界多数国家所接受。我国于1958年加入《华沙公约》。

第二次世界大战后，《华沙公约》的某些内容与现实要求脱节，为了解决这一问题，1955年签订了《修订一九二九年十月十二日在华沙签订的统一有关国际航空运输某些规则的公约的议定书》（即《海牙议定书》）应运而生。该协定签订于1955年，1963年8月1日生效。1975年，我国成为《海牙议定书》的缔约国。《海牙议定书》删改了《华沙公约》签订时所使用的过时的政治术语，如宗主国、委任统治权等，保留了承运人过失责任制的基础，并顺应历史的潮流取消了驾驶、飞机操作和领航免责等规定。同时，《海牙议定书》适时加大了承运人对旅客的赔偿责任，延长了航空货运中的索赔时效。

之后的一系列私法协议，也从不同侧面对《华沙公约》进行了修订和增补，以使其更适应现代航空业的发展。如《瓜达拉哈拉公约》对合同承运人进行了阐述；《危地马拉议定书》修订了《华沙公约》和《海牙议定书》有关旅客和行李运输的规定；蒙特利尔的四个议定书则提出以特别提款权（SDR）计算损害赔偿限额，并提出新的承运人责任基础；等等。这些议定书内容相关却又各自独立，它们的缔约国并不一定成为以后各议定书的参加国并受其管辖，但它们都不能脱离《华沙公约》的框架，不能单独使用，所以被合称为"华沙体系"。

在"华沙体系"下，搭乘同一架飞机的不同乘客很可能因为机票购买地国家参与的议定书不同而在出现意外事故时获得差异极大的赔偿，这在某种程度上造成了航空运输业的混乱。因此，从20世纪70年代开始，人们一直在期待涵盖"华沙体系"的公约文本以统一规则。在国际民航组织的大力推动下，1999年5月28日，于蒙特利尔正式通过了《统一国际航空运输某些规则的公约》（简称《蒙特利尔公约》）。2005年，该公约对我国生效。《蒙特利尔公约》统一了相关国际立法，为航空业发展提供了重要保障。

二、《蒙特利尔公约》的主要规定

《蒙特利尔公约》是国际民航组织通过的统一国际航空运输规则的国际私法，是一部多边国际条约，其规定同时面向旅客、行李和货物运输，但这里只介绍货物运输部分。

1. 公约适用范围

《蒙特利尔公约》继承了"华沙体系"的传统，不仅适用于商业性的国际航空货物运输，还适用于包括旅客、行李在内的其他取酬的和免费的国际航空运输。因为有国际邮政公约管辖，所以邮件和邮包的运输并不适用。

"国际航空运输"，按照《蒙特利尔公约》第1条的规定需满足以下两个条件中的任意一个：

（1）航空运输的出发地和目的地分别在两个缔约国的领土内。

（2）虽然航空运输的出发地和目的地处于同一个缔约国的领土内，但有一个约定的经停地在另一个国家（无论该国是否为缔约国）的领土内。

是否中转或运输过程有无间断并不妨碍"国际航空运输"的认定，只要运输合同各方认为几个连续的承运人履行的运输是一项单一的业务活动的，无论其形式是以一个合同订立或者一系列合同订立，就本公约而言，应当视为一项不可分割的运输，并不仅因其中一个合同或者一系列合同完全在同一国领土内履行而丧失其国际性质。

根据该规定，如果一批展品由北京运往芝加哥，但飞机在上海停留以搭乘更多的乘客，那么北京前往上海的航段仍可以认定为属于国际航空运输过程，一旦发生货物毁损事件，仍然应该按照《蒙特利尔公约》的规定进行赔偿。同样，由佛罗里达飞往阿拉斯加在加拿大经停的航班也可以被认定为国际航空运输，尽管起止地都属于美国。

2. 运输凭证

首先，就货物运输而言，航空运单是应该出具的重要运输单证。

其次，航空运单应包括起运地、目的地和经停地，以及货物重量标示。当然，实际业务中仅上述信息是远远不够的，所以 IATA 建议的运单中才会出现托运人、收货人、运费等补充信息。但《蒙特利尔公约》的规定表明只要含有上述三项最基本信息，就可以认定航空运单有效，这样可以避免因业务操作人员失误导致航空运单无效的情况。

最后，也是最重要的，就是航空运单的性质。对此，《蒙特利尔公约》第 11 条明确指出：

（1）航空运单或货物收据是订立合同、接受货物和所列运输条件的初步证据。

（2）航空运单上关于货物的重量、尺寸、包装及包件件数的任何陈述是所述事实的初步证据；除经过承运人在托运人在场时查对并在航空运单上或者货物收据上注明经过查对或者其为关于货物外表状况的陈述外，航空运单上关于货物的数量、体积和状况等信息不能构成不利于承运人的证据。

这与海运提单有着巨大差异。传统的海商法理论中，海运提单是货物所有权的证明，提单可以凭借背书转让，并实现货物所有权的转移。而航空运单不能代表其项下的货物。虽然《蒙特利尔公约》对签发可转让的航空运单不置可否，但在实际业务中，航空运单一般都印有"不可转让"（Not Negotiable）字样，与《华沙公约》的规定相一致，航空运单并不具有可转让性。

3. 承运人责任

《蒙特利尔公约》采用了严格于《华沙公约》和《海牙议定书》的责任制，加重了承运人的责任。根据第 18 条的规定，只要造成损失的事件是在航空运输期间发生的，承运人就应当承担责任。但是，承运人证明货物的毁灭、遗失或者损坏是由下列原因造成的，则可以免除责任：

（1）货物的固有缺陷、质量问题或者瑕疵。

（2）承运人、受雇人或代理人以外的人包装货物的，货物包装不良。

（3）战争行为或者武装冲突。

（4）公共当局实施的与货物入境、出境或者过境有关的行为。

关于赔偿责任限额，《蒙特利尔公约》继续以特别提款权为衡量标准，其第 22 条规定：在货物运输中造成毁灭、遗失、损坏或者延误的，承运人的责任以每千克 17 特别提款权为限，除非托运人在向承运人交运包件时，除承运人证明托运人声明的金额高于在目的地点交付时托运人的实际利益外，承运人在声明金额范围内承担责任。

此外，早在《华沙公约》就根据航空运输的快捷性特点明确规定了承运人对货物运输过程中"因延迟而造成的损失应负责任"。这在当时是极有远见的。由于航空运输的复杂性，承运人的延迟责任显然要低于一般的灭失或损坏的责任。《蒙特利尔公约》第 19 条特别约定：旅客、行李或者货物在航空运输中因延误引起的损失，承运人应当承担责任。但是，承运人证明本人及其受雇人和代理人为了避免损失的发生，已经采取一切可合理要求的措施或者不可能采取此种措施的，承运人不对因延误引起的损失承担责任。这就使承运人免于因航空管制、天气恶劣等因素造成的航班延误承担责任。

4. 航空运输期间

航空货运往往需要借助其他运输方式才能完成货物门到门的服务。为提高航空运输的吸引力，一些航空公司纷纷推出公路航班的服务模式，即通过提供机场到客户的公路运输来扩大航空服务的覆盖范围。因此，航空公司服务期间已经不局限于机场和飞机之上。为更好地保护旅客、行李和货主的利益，《华沙公约》规定的航空运输期间指货物交由承运人保管的全部期间。当然，对于陆运、海运或河运过程中发生的货物的灭失或损坏，只有当这种运输是为了履行航空运输合同，或者是为了装货、交货或转运时，承运人才会负责。至于这种转运是否经过托运人同意，并不妨碍对航空运输期间的确定。

《蒙特利尔公约》坚持了这一立法原则。当货物在公路运输中出现灭失或损坏，只要这种服务是航空公司提供的，是航空运输合同的一个有机组成部分，托运人就可以按照规定索赔。

5. 托运人/收货人义务

航空运单与提单的差异也表现在提交航空运单并不是航空货物交付的重要依据，而托运人对航空货物的控制和是否持有航空运单正本没有丝毫联系。正如《蒙特利尔公约》第 12 条所述：托运人在负责履行运输合同规定的全部义务的条件下，有权对货物进行处置，即可以在出发地机场或者目的地机场将货物提回，或者在途中经停时中止运输，或者要求在目的地点或者途中将货物交给非原指定的收货人，或者要求将货物运回出发地机场。托运人不得因行使此种处置权而使承运人或者其他托运人遭受损失，并必须偿付因行使此种权利而产生的费用。

显然，航空托运人对货物的控制能力远大于海运托运人，他既可以在收货人提货之前或者拒收货物后或者凭空消失后要求承运人将货物提回，也可以要求暂停运输，改变目的地，改变收货人，而转让了正本提单的海运托运人则没有这些权力。

当然，航空托运人的这些权力也是有限度的，如果对收货人的提货行为造成影响或使承运人成本负担加重，承运人还是有权拒绝的。

除此之外，托运人/收货人还要承担一些与海运托运人/收货人相类似的义务，包括：

（1）支付运费。

（2）填写航空运单、提交必要的单证，同时应对航空运单中有关货物的各项说明、声明的正确性负责。如因填写不当使承运人或其他任何有关方遭受损失，托运人应予以赔偿。

（3）受领货物等。

6. 诉讼时效

《蒙特利尔公约》沿袭了《华沙公约》关于诉讼时效的规定，其第 35 条规定，自航空器到达目的地点之日、应当到达目的地点之日或者运输终止之日起两年期间内未提起诉讼的，丧失对损害赔偿的权利。同时，《蒙特利尔公约》还明确指出仲裁是可被接受的争议解决方式。

三、《中华人民共和国民用航空法》中有关规定

《中华人民共和国民用航空法》(简称《民航法》)于 1995 年由第八届全国人大常委会第十六次会议通过,并于 1996 年 3 月 1 日起正式施行。最新的版本于 2021 年 4 月发布。

《民航法》是适用于民航企业航空器适航、国籍、权利,民航企业人员管理、飞行管理、机场建设、航空运输相关赔偿责任、涉外关系等的综合性法规。该法第九章主要是关于公共航空运输(包括旅客、行李和货物运输)的规定。其国际货物运输的有关规定吸收了《蒙特利尔公约》的主要精神,明确指出在涉外关系中对中国已经加入的公约"适用国际条约的规定"[1]。其中,第 107 条第 2 款定义国际航空运输为"根据当事人订立的航空运输合同,无论运输有无间断或者有无转运,运输的出发地点、目的地点或者约定的经停地点之一不在中华人民共和国境内的运输",也与《蒙特利尔公约》相一致。

《民航法》第 125 条有关承运人对货物灭失或损坏责任的规定如下:

因发生在航空运输期间的事件,造成货物毁灭、遗失或者损坏的,承运人应当承担责任;但是,承运人证明货物的毁灭、遗失或者损坏完全是由于下列原因之一造成的,不承担责任:

① 货物本身的自然属性、质量或者缺陷。

② 承运人或者其受雇人、代理人以外的人包装货物的,货物包装不良。

③ 战争或者武装冲突。

④ 政府有关部门实施的与货物入境、出境或者过境有关的行为。

同时,《民航法》针对运输延误也采取推定过失原则:旅客、行李或者货物在航空运输中因延误造成的损失,承运人应当承担责任;但是,承运人证明本人或者其受雇人、代理人为了避免损失的发生,已经采取一切必要措施或者不可能采取此种措施的,不承担责任。赔偿责任限额设定为每千克 17 计算单位。

针对托运人,《民航法》第 119 条也确认:托运人在履行航空货物运输合同规定的义务的条件下,有权在出发地机场或者目的地机场将货物提回,或者在途中经停时中止运输,或者在目的地点或者途中要求将货物交给非航空货运单上指定的收货人,或者要求将货物运回出发地机场;但是,托运人不得因行使此种权利而使承运人或者其他托运人遭受损失,并应当偿付由此产生的费用。

总体上,《民航法》与《蒙特利尔公约》的精神是一致的。

典型案例

关于航空货运最高赔偿限额的作用

某研究机构委托货代企业将损坏的光学设备空运到德国进行维修。货代企业安排该设备搭乘荷兰航空成都—法兰克福的航班运往目的地,按正常业务程序收取运费,签发分运单。由于工作疏忽,设备在途中丢失,经多方查找无果。于是,货代公司按每千克 20 美元的标准向湖

---

[1] 《中华人民共和国民用航空法》第 184 条。

南公司进行赔偿，赔偿总金额共计 600 美元(该货 30 千克)。研究机构表示，该设备市场价格高达 150 万美元，赔偿金额过低，难以接受。货代企业表示，因货主没有事先申报运输声明价值、支付声明价值附加费，只能按法定的最高赔偿限额进行赔付。

该案例揭示了航空货运最高赔偿限额的作用，说明声明价值和因此支付的声明价值费对保障货主权益的重要性。

本章小结

本章首先介绍了国际、国内航空运输业的发展历史及现状，航空货运的主要特点，国际航空货运涉及的基本常识，如航线、航班，主要的国际航空组织等。其次，详细介绍了国际航空运输的主要业务形式及各自的特点，航空运单的种类、主要内容及填写方法。再次，讨论了航空运费的计算方法。最后，以《蒙特利尔公约》和《中华人民共和国民用航空法》为例，阐述了航空运输的基本规则。

思考题

1. 航空货运的基本特点是什么？
2. 航空运输的集装设备有哪些？
3. 国际航空货运有哪些运作方式？它们各有什么特点？
4. 使用集中托运的优势是什么？
5. 如何理解航空运单的作用？
6. 比较航空运单和海运提单的不同。
7. 什么是分运单、主运单？有何区别？为什么电子运单越来越受到重视？
8. 根据 IATA，全球分为哪几个区域？我国在第几区？
9. 什么是计费重量、体积重量？举例说明什么时候使用体积重量作为计费重量。
10. 公布的直达运价有哪几种，如何表示？
11. 几种航空运价的使用顺序是怎样的？
12. 举例说明什么是经济计费重量分界点。
13. 与海运相比，航空运输的承运人基本责任有什么不同？
14. 根据表 5-2 计算，5 千克普通货物应该付多少运费？280 千克货物呢？280 千克的 2199 类货物呢？
15. 如果上述 280 千克的普通货物每千克单价达到 1 000 美元，假定声明价值费为 0.5%，请计算该批货物应缴纳的声明价值费。

案例讨论

某进出口公司 A 依照贸易合同将货物分别交由 B(海运公司)、C(空运公司)运往目的地，并分别取得 B、C 于 6 月 20 日签发的凭指示 B/L 和 MAWB。6 月 25 日，在议付银行审理单证的同时，海运、空运的所有货物在到达目的港后被进口商 D 设法提走，随后 D 以货物不符合合同品质要求为由拒绝支付货款。A 得知消息后，以 B、C 擅自将货物交付他人，对自己造成损失为理由，向 B、C 提出索赔。

请问：A 的索赔理由是否成立？B、C 是否应对由此给 A 造成的损失承担责任？(讨论要点见教师课件)

本章关键术语

□ 航权、航线和航班
□ 航空集装设备

□ ICAO 和 IATA

□ 班机运输、包机运输、集中托运、包舱包板运输和航空快递

□ 主运单和分运单、电子运单

□ 计费重量

□ 体积重量

□ 计费重量分界点、经济计费重量分界点

□ 指定货物运价、等级货物运价、普通货物运价

□ 起码运费

□ 声明价值费

□ 《蒙特利尔公约》

本章阅读资料

全球航空运输业放松管制与航权开放

在经济领域，管制或规制(Regulation)特指"(政府)通过修正或控制生产者或消费者的行为，来达到某个特定的(政策)目的"[①]。19 世纪后期，为解决市场垄断的纷争、保障公共利益，美国社会开始针对公用事业、运输业等众多特定市场制定经济管制政策。如 1938 年联邦政府通过《民用航空法》，并设立美国民用航空局，对民航安全、服务价格、市场准入/企业并购、航线经营权等进行管制。

第二次世界大战期间，美国积累了大量的民航人才及装备，奠定了美国空军在全球的优势地位，这是战后美国民航市场飞速发展的重要驱动力。迅猛发展的民航市场很快成为管制经济学批判性研究的重点。1978 年美国率先推出《航空放松管制法》，提出结束价格、市场准入、航线经营权等核心管制措施，以增加市场活力。随后，其他国家纷纷效仿，全球民航市场进入放松管制时代。为增强竞争力，航空企业广泛运用新科技，创新商业模式，创造了低成本航空公司，收益管理、中枢辐射式服务网络架构等新型管理模式，加速了民航业的发展。

而国际航空放松管制的重要标志是开放航权。所谓航权，简单讲就是航空飞行的权力。航空飞行会对地面安全产生巨大威胁，因此从诞生之日起就受到世界各国质疑。第一次世界大战中，某些国家空战引起了各国规范国际航空的迫切要求。1919 年缔结的《关于管制空中航行的公约》(巴黎公约)首次提出一国对领土上空具有完全的排他性主权。1944 年的《国际民用航空公约》(芝加哥公约)再次确认领空主权原则，并首次衍生出"航权"(图 5-4)的概念，包括：

第一航权：领空飞跃权。即允许他国飞机飞越本国领空前往他国目的地，如俄罗斯允许日本飞机经西伯利亚地区上空飞往蒙古是俄罗斯赋予日本航空公司第一航权。

第二航权：技术经停权。即允许他国飞机因为技术需要(如添加燃料、飞机故障或者因气象原因)降落、经停。超远程的洲际航线往往需要做此类技术经停。

第三航权：下客权/卸载权。即允许航班抵达后卸载货邮、卸下乘客。

第四航权：上客权/装载权。即允许抵达的飞机搭载旅客、装载货物。

第三、第四航权配合一起使用，就构成完整的出发地—目的地往返航班的装/卸权，实现双向载客/货飞行，是航空公司开展常规国际民航商业服务的基础。一般国家都会同时赋予对方航空公司第三和第四航权。

第五航权：中间点权或延远权。即允许他国承运人卸载来自第三国的乘客/货物，或者从授权国装载乘客/货物飞往第三国。第五航权涉及两个以上国家，是多方合作的结果。2003 年，我国批准新加坡航空公司从新

---

① 小贾尔斯·伯吉斯. 管制和反垄断经济学[M]. 冯金华，译. 上海：上海财经大学出版社，2003：4.

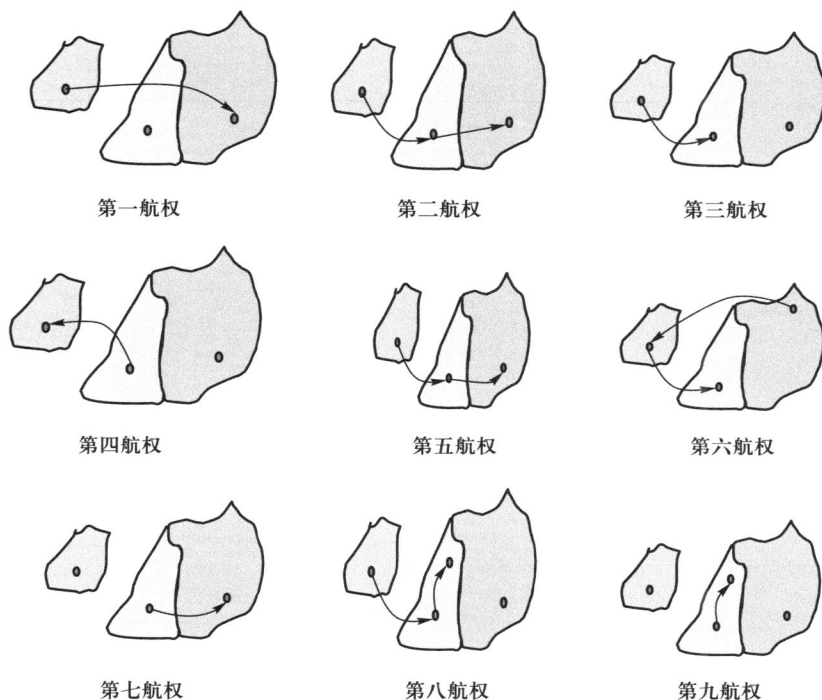

图 5-4　航权

加坡经厦门、南京到美国芝加哥的航线可在厦门、南京装/卸货物是我国首次对外开放第五航权。此外，阿提哈德航空阿布扎比—北京—名古屋航线和国航的北京—马德里—圣保罗航线等也都是使用第五航权，很好地解决了航空运输企业远程飞行的运营难题，有效地提高了相关空港的客、货流量，极大促进了临空经济的发展。第五航权是我国当前推动航空市场开放的主要方向。

第六航权：桥梁权。指某国或地区的航空公司以本国为经停登记国或地区，借助两条国际航线提供连接三国的国际航空服务，如新加坡航空可以借助新加坡到悉尼、新加坡到北京的航线提供悉尼到北京的运输服务。实践中，只要新加坡和澳大利亚、新加坡和中国相互开放了第三、第四航权，新加坡航空就可以新加坡为基地实时提供国际中转服务，建立中枢辐射式航空服务网络，但赋予第六航权会要求两段国际航线共享代码。由于现实意义有限，双边航空服务协议很少涉及第六航权。

第七航权：完全第三国运输权。指某国或地区的航空公司在本土以外经营独立的国际航线。如美国的航空公司运营菲律宾到新加坡的国际货运航线就需要取得第七航权。2020 年 6 月，我国民航局宣布《海南自由贸易港试点开放第七航权实施方案》鼓励国外航空公司承载经海南到第三国(地区)的客货业务，以深入推进海南国际航空运输枢纽建设。这是我国首次尝试开放第七航权。

第八航权：(连续的)国内运输权。指某国或地区的航空公司在他国领域内两地间载运客货的权力(境内经营权)，但要求航班必须从本国起飞，经连续航程飞往另一个城市。如中国国际航空公司的飞机从上海出发，飞往澳大利亚墨尔本，再到悉尼的航线，此时需要第八航权。但多数国家的国内航线并不对外国航空公司开放。

第九航权(非连续的)国内运输权。第九航权是向国外的航空公司完全开放本国两地之间的客货运权。1997 年，欧盟成员国相互开放第九航权，标志着欧盟形成单一航空市场。

航权开放程度反映本国航空市场开放度，一般由政府协议确认，如《双边航空协定》，其内容包括：客/货市场准入、指派的航空公司、运力限制（指定城市对、航班班次及座位数）、票价或运费制定方式等。

即测即评

第 六 章
国 际 陆 运

本章学习要求

通过对本章的学习，了解我国及国际铁路运输发展的历史和现状，掌握铁路运输的特点，理解铁路运输在对外贸易中的作用；了解铁路运输的基础知识，掌握我国对外铁路运输的主要通道；了解国际铁路联运的发展历程，掌握国际铁路联运的重要业务种类、国际铁路运单的特点和国际铁路运费的主要计算方法；了解公路运输的发展现状和我国对外公路运输的主要通道，掌握公路运输服务的基本特点和主要类别；了解 TIR 运输的特点。

第一节 铁 路 运 输

一、铁路运输的发展历史[①]

（一）世界铁路的发展

1825 年，世界上第一条铁路在英国的斯托克顿和达灵顿之间开始运营，长度只有 43.5 千米。随后，铁路运输以其明显的优势，成为世界各国竞相发展的重要运输方式，短期内得到了

---

① 本部分数据除特别指出外，来自：铁道部档案史志中心编：中国铁道年鉴 1999 ［M］. 北京：中国铁道出版社，1999.

迅速发展。19 世纪末，全球铁路线的总长就达到 65 万千米；20 世纪 20 年代末，达到 127 万千米。

第二次世界大战后，航空运输和公路运输成为世界运输领域的亮点，铁路运输发展速度有所减缓，甚至一些发达国家（如美国）还曾大量拆除使用效率过低的铁路线，以提高经济效益。但 20 世纪 70 年代以来，随着人们对环保问题的关注，电气化的铁路运输以其能耗低、大气污染少等特点重新得到重视，以欧洲为代表的一些国家重新出台政策鼓励使用铁路、水运等污染较少的运输方式。

1964 年，日本新干线第一条线路东海道新干线（东京—大阪）首次运行，时速超过 200 千米。随后，法国、英国、德国、韩国等国相继开始运行时速 200 千米以上的城际列车。1969 年，法国高速列车更是跑出 422 千米的实验时速。① 高铁时代正式到来，并已发展成为中距离城际客运市场的主力。

随着铁路技术全面升级，对安全、绿色运输方式的推崇和集装箱运输的普及，21 世纪铁路货物运输再次迎来复兴。但世界铁路运输的发展极度不平衡，发展中国家的铁路基础设施相当薄弱。截至 2020 年，美国仍然保有世界上最长的铁路线，中国、俄罗斯分别位列第二、第三。

（二）中国铁路的发展②

中国铁路发展始于清朝末期。1865 年，英商在北京宣武门外修建 0.5 千米展览铁路，并广为宣传；1876 年，中国第一条营运铁路——上海吴淞铁路正式通车，最终因清政府将其视为"奇技淫巧"而予以拆除。1881 年，为了将唐山开平煤矿的煤炭运往天津，在洋务派坚持下，修筑了唐山至胥各庄这段长约 10 千米的运煤铁路，后人称之为"中国铁路建筑史的正式开端"。1909 年，詹天佑设计的"京张铁路"完工，成为中国自主建设铁路的标志性成就。"中华民国"时期，在境内外各方势力角逐下，京汉铁路等交通大动脉相继投入运营，但由于连年战火及国家半封建半殖民地的性质，新中国成立前，铁路事业的发展畸形且缓慢，大致体现在以下三个方面：

第一，铁路数量少、分布偏。中华人民共和国成立前夕，全国 2 万多千米铁路中，能够维持通车的仅有 1 万多千米，且大都分布在东北和沿海地区。西北、西南的铁路线路总长只有 1 000 多千米，仅占全国铁路的 6% 左右。

第二，建设标准杂、质量差。英、德、法、俄、日、美等国把五花八门的铁路标准都搬到中国，全国轨距宽窄不一，甚至同一线路上的桥、隧界限、曲线和坡度标准都不统一。此外，列强还把本国陈旧、落后的设备高价卖给中国，这些设备质量差、型号极其杂乱，使得我国铁路运营无序，行车安全没有保障。

第三，管理分割、经营落后。不同铁路局各自为政、各行其是，不仅导致不同路段实行不同的规章制度、管理方法，还使车站和机务、工务、电务等设置重复，给旅客与货主乘车、运货带来诸多不便。

即使这样，作为现代交通工具，铁路还是对当时物资交流、人员往来等起到了重要作用。

---

① 克里斯蒂安·沃尔玛尔. DK 铁路史 [M]. 陈帅，译. 北京：中信出版集团，2021.
② 中国政府网. 中国铁路百年史话 [EB/OL]. [2006-06-19].

1949年，铁路年客货周转量达到314.01亿吨千米。新中国成立初期，铁道部接管了大陆原有铁路，修复主要干线，使其连接成一个整体。之后，兴起铁路建设高潮，铁路运输成为国民经济的重要支柱。1952年，全国铁路营业里程增加到22 876千米，客货换算周转量达802.24亿吨千米；到1965年年底，全国铁路营业里程达34 406千米，客货换算周转量达3 174亿吨千米。随后，由于历史原因，我国铁路运输发展进程缓慢。20世纪80年代中期，随着国家经济体制改革政策的出台，铁路建设再次加速，机车制造、通信、运营技术、电气化水平等大幅提升。同时，为实现把铁路企业建成相对独立、自主经营、自负盈亏的经济实体的新的战略目标，铁路部门开始实施一系列新的举措：为适应货主的要求开行重载组合列车；发展直达运输和集装化运输；提高列车运行速度，开行"夕发朝至"列车、城际快速列车、旅游列车、"公交"列车和行包专运列车等。1998年，客、货列车平均时速分别达到54千米和32千米，每营业千米的货运密度2 129万吨千米，而著名的煤炭专用线路——大秦铁路重载列车超万吨。

之后的10年，"提速"成为中国铁路发展的关键词，六次大面积提速后，时速超200千米的干线里程超过6 000千米。2003年，我国首条快速客运专线秦皇岛—沈阳通车，全线设计时速200千米。2008年，京津城际铁路全线贯通，这是我国第一条时速300千米的城际铁路，标志着中国铁路建设进入"高铁"线路快速延伸的时期。截至2020年年底，全国铁路营业里程高达14.6万千米，复线率59.5%，电气化率72.8%，全国铁路网密度152.3千米/平方千米。其中，高铁总里程接近4万千米，占世界高铁总里程的2/3，世界排名第一。由铁路完成货运周转量30 514.46亿吨千米，每营业公里货运密度3 493万吨千米；旅客周转量8 266.19亿人千米（旅客周转量远低于疫情前2019年的14 706.64亿人千米）。[1]

> **专题阅读6-1**
>
> 青藏铁路与西藏铁路网
>
> 青藏铁路北起西定，南到拉萨，全长1 956千米。
>
> 自20世纪50年代开始设计，历经几代人的努力，2006年7月1日青藏铁路全线开通。青藏铁路分两段：西宁至格尔木段814千米，1984年开始投入运营。格尔木至拉萨段全长1 142千米，2006年开始通车。
>
> 青藏铁路是目前为止全世界海拔最高的铁路。它结束了西藏自治区无铁路的历史，标志着我国的铁路网真正意义上"覆盖全国"[2]。
>
> 2014年，青藏铁路延长线拉萨—日喀则段开通，构成西藏铁路网的另一重要干线。"十四五"期间，稳步推进川藏雅安—林芝段建设，规划、落实滇藏、新藏等更多进藏线路。未来还将穿越喜马拉雅山脉抵达尼泊尔首都加德满都，创造世界铁路建设史上又一奇迹。

2016年，国务院批准通过了2016—2025年全国《中长期铁路网规划》（简称《规划》），提出树立和贯彻落实创新、协调、绿色、开放、共享的新发展理念，发挥铁路骨干优势作用，以增加有效供给、明晰功能层次、提升服务效能、兼顾效率公平为重点，着力构建布局合理、覆

---

① 中国政府网.2020年交通运输行业发展统计公报［EB/OL］.［2021-05-19］.
② 资料来源：新华网青海频道。

盖广泛、高效便捷、安全经济的现代铁路网络，全面提升铁路核心竞争力和服务保障能力。2021 年通过的《国家综合立体交通网规划纲要》中，铁路网包括 7 万千米高速铁路（含部分城际铁路）和 13 万千米普速铁路，计划形成以"八纵八横"高速铁路主通道为骨架、区域性高速铁路衔接的高速铁路网和以若干条纵横普速铁路主通道为骨架、区域性普速铁路衔接的普速铁路网。其中，"八纵八横"高速铁路主通道中，八纵为：沿海通道；京沪通道；京港（台）通道；京哈—京港澳通道；呼南通道；京昆通道；包（银）海通道；兰（西）广通道。八横为：绥满通道；京兰通道；青银通道；陆桥通道；沿江通道；沪昆通道；厦渝通道；广昆通道。规划中，京津冀、长江三角洲、粤港澳大湾区、成渝双城经济圈等重点城市群还将率先建成城际铁路网。

货运方面，《规划》提出，要加快货运枢纽建设。首先，合理布局铁路物流中心、铁路集装箱中心站及末端配送服务设施，扩大货物集散服务网络。其次，按照"无缝化"衔接要求，完善货运枢纽多式联运、集装箱运输、邮政快递运输、国际联运以及集疏运等"一站式"服务设施，提升枢纽集散能力和服务效率。再次，优化货运枢纽编组站，完善货运机车车辆设施，并布局建设综合维修基地、应急救援基地以及配套完善铁路战备设施等。复次，结合新线建设，继续完善普速铁路网，实施既有铁路扩能，强化集装箱、快捷、重载等运输网络，形成高效率的货运物流网。最后，以发展枢纽型园区经济为导向，推进传统货运场站向城市物流配送中心、现代物流园区转型发展，如在北京、上海、广州、重庆、成都、西安、郑州、武汉、长沙、乌鲁木齐、义乌、苏州、哈尔滨等城市以及满洲里、绥芬河、二连浩特、阿拉山口、霍尔果斯等口岸建设具有较强国际运输服务功能的铁路枢纽场站。同时，积极推进铁路直通港区，推进港铁协同管理。

（三）铁路运输的特点

1. 运载量大

铁路运输单车运量大，运输成本较为低廉，比较适合运送货值低、货量大、非紧急的大宗商品。我国铁路棚车的载重约为 60 吨（不同车型存在差异），敞车最多可达 80 吨。大同—秦皇岛的重载运煤专线最长的专列超过 200 节车厢，运送煤炭 2 万吨；以中欧班列为代表的集装箱专列最少为 41 节车厢，每节车厢可运送 1 个 40 英尺标准集装箱或 2 个 20 英尺标准集装箱。我国铁路运输的重点商品包括煤炭、矿产、钢铁、建材等。图 6-1 为我国 2020 年铁路运送的货物，其中，煤炭占比 40%，金属矿石占比 18%，钢铁及有色金属占比 10%。

集装箱运输方面，美国率先开始在铁路车辆上搭载双层标准集装箱。随后，加拿大等发达国家也大量开行双层集装箱列车。目前，美国铁路双层集装箱运量已占集装箱总运量的 70% 以上，在有效提高运力的同时，也方便了与以水运为代表的国际运输方式的衔接。2004 年，我国首次在上海—北京线路上试运行双层集装箱。①之后，舟山—绍兴等区段开行双层集装箱班列，最多使铁路运输能力提高 38%。②但因我国各地铁路建造时间不等，对铁路沿线桥梁、涵洞等限界的要求各异，不能够完全满足双层集装箱运输模式对铁路限界的要求，我国还不能大范围使用这种新型运输模式。

---

① 中国新闻网．铁路首列集装箱班列将在北京上海间开行［EB/OL］．［2004-04-12］．
② 国际在线．中国铁路首开双层集装箱班列［EB/OL］．［2018-12-18］．

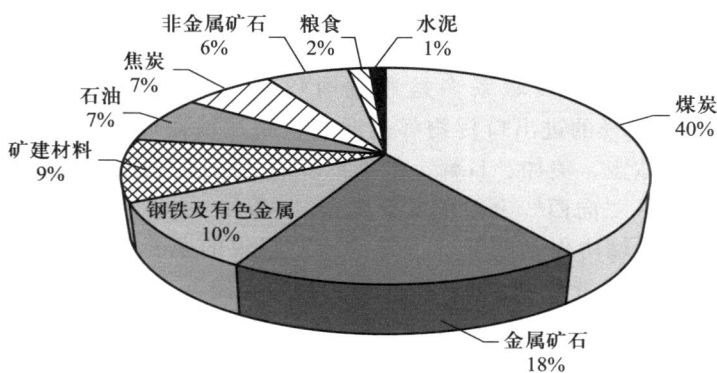

图 6-1 我国铁路运输的主要货物结构(2020 年)

资料来源:国家统计局。

2. 运送速度快

随着铁路技术升级、机车的内燃机化和电气化及高速铁路的快速发展,铁路机车的运行速度越来越快。2022 年,我国高铁列车的运行时速最高可达 350 千米。虽然货运列车行车的技术时速约 50 千米,但因铁路的五次大面积提速,集装箱快运列车、五定班列等服务范围的推广,铁路货运从收货到交付的服务速度仍有明显的提升。

3. 能耗少,污染低

铁路的内燃机化和电气化,大大提高了其能源利用率。以中国为例,2014 年我国铁路内燃机车油耗为每万吨千米 27.2 千克[①],远低于卡车的运输能耗。从世界范围看,为改善环境,欧洲国家纷纷出台相关政策,鼓励货主选择低污染、低能耗、不拥堵的铁路运输。

4. 受天气条件的限制少,安全可靠

铁路运输是一种全天候、四季皆宜的运输方式。因在固定的专有线路上行驶,容易把控运输时间,最重要的是,其事故发生率较公路运输低很多。

5. 灵活性差,无法实现门到门服务

铁路只能沿固定的路线行驶,因此,在托运人仓库—起运地车站和收货人仓库—目的地—车站之间,需借助卡车运输完成提货、送货服务,两端车站必须完成卡车到火车、火车到卡车的换装过程。按门到门的运送时间和运送费用计算,短途运输中,铁路运输的运送成本和运送时间都要高于公路运输。

不仅如此,铁路的基础设施建设成本高、建设周期长,某种程度上也限制了铁路运输在世界范围内的发展。从各国的实践看,为达到规模经济,特定市场区域内铁路运营的企业通常较少,几乎处于垄断状态,因此,缺乏竞争也使得铁路运输整体服务质量较差。

(四)铁路运输在对外贸易中的作用

铁路运输是陆上运输的主要方式之一,在我国国民经济中占有非常重要的地位。它在对外贸易中的重要作用主要体现在:

---

① 资料来源:国家统计局。

首先，铁路运输把亚欧大陆连成一体，为增强我国与其他亚欧国家之间的经济联系提供十分有利的条件。新中国成立初期，我国的主要贸易国是亚洲、东欧的社会主义国家，与蒙古、朝鲜、越南、苏联等国家间经贸联系多是通过国际铁路联运或亚欧大陆桥来完成的。如1950—1960年，我国约50%的进出口货物都是通过铁路运输完成的。当前，我国主要对外贸易伙伴已经变为东盟、欧盟、美加、日韩，虽然更多借助海运完成对外贸易运输服务，但铁路运输仍然是我国西部地区"向西"开放的主要媒介。

其次，国家间铁路运输协作是践行"一带一路"倡议的主要力量。2013年，习近平主席提出建设"新丝绸之路经济带"和"21世纪海上丝绸之路"的合作倡议；2015年国家发改委、外交部、商务部联合发布了《推动共建丝绸之路经济带和21世纪海上丝绸之路的愿景与行动》，指出未来合作重点包括政策沟通、设施联通、贸易畅通、资金融通和民心相通。结合我国双向开放战略，铁路运输将成为我国与欧洲、东南亚、中亚、西亚等众多亚欧大陆地区市场联系的新通道。

最后，铁路运输是我国进出口货物集散和省际外贸物资调拨的主要方式。进口货物向内地的疏运和出口货物向沿海港区的集中，尤其是石油、煤炭和很多大宗原材料的调拨工作，主要是由铁路部门承担。

二、铁路运输的基础知识

（一）铁路线路

铁路线路是由铁路路基、桥梁隧道和轨道组成的整体工程结构，是铁路机车和车辆运行的基础。本教材重点关注铁路货运，因此只介绍与之相关的铁路轨距和铁路限界问题。

1. 铁路轨距

铁路轨距（Rail Gauge）是铁路线上两股钢轨头部的内侧距离。世界各国的轨距主要分宽轨、标准轨和窄轨三种，大于标准轨的为宽轨，小于标准轨的为窄轨。其中，标准轨为1 435毫米，我国大陆地区和欧美多数国家使用的是标准轨。苏联地区大多使用1 520毫米的宽轨，如俄罗斯铁路。而东南亚地区多数为窄轨，如我国海南岛和台湾曾经使用的是1 067毫米的轨距。且由于历史原因，昆明铁路局部分区段使用的是被称作米轨的1 000毫米的轨距。[1]

2. 铁路限界

铁路限界（Rail Line Demarcation）是为了确保机车、车辆在铁路线路上运行的安全，防止机车、车辆撞击邻近铁路的建筑物和设备，而对机车、车辆和接近线路的建筑物、设备所规定的不允许超越的轮廓尺寸线。

铁路限界分为机车车辆限界和建筑物接近限界。机车车辆限界是机车车辆横断面的最大极限，它规定了机车车辆不同部位的宽度、高度的最大尺寸和底部零件至轨面的最小距离。同货运相关的主要是机车车辆宽度和高度的最大尺寸，它和桥梁、隧道等限界互相制约，保证在车辆运行情况下，不会因摇晃、偏依而与桥梁、隧道和其他设备相互接触而影响行车安全。

与此相对应，当货物装车后，任何部位的高度和宽度超出机车车辆限界时就称为超限货物。对超限货物，要采取特殊的方法来组织运送。

---

[1]   资料来源：国际铁路运输政府间组织官网。

（二）铁路车辆

铁路车辆是运送旅客和货物的工具，它本身没有动力装置，需要由机车牵引才能在路上行驶。根据铁路机车的动力性能、客货运量不同，铁路机车可拖挂多部铁路车辆。

按用途和车型划分，铁路货运车辆可分为通用货车（见图 6-2）和专用货车（见图 6-3）两大类。

图 6-2　通用货车

图 6-3　专用货车

1. 通用货车

通用货车分为平车、敞车和棚车三类。

平车（Flat Cars），又称平板车。多数平板车的车体只有平的底板，部分平板车有较低的侧墙和端墙，并且能够翻倒，还有的平板车车体下凹。平板车主要适合运送重量、体积较大的大型货物，所以有时被称为长大货物车，海运的 20 英尺、40 英尺标准集装箱可以直接换装到铁路的平板车上。

敞车（Open Cars）。车体包括端墙、侧墙和地板，主要运送散装或包装货物，必要时可加盖篷布，以避免雨水损坏正在运送的货物。

棚车（Covered Cars）。车体由端墙、侧墙、棚顶、地板和门窗等部分组成。因为棚车避免了风吹雨淋可能给货物造成的损害，且车厢内的货物也不容易被偷盗，所以主要用于运送价值较高的工业制成品。

2. 专用货车

专用货车是专门用于运送某些货物的车辆，包括保温车、罐车和家畜车等。

保温车（Cold Storage Cars）指可以对车体内温度进行控制的车辆，主要用于运送易腐烂变质的新鲜蔬菜、鱼肉等和需要保温运输的化工产品。

罐车（Tank Cars）。车体为圆筒形，罐体上设有装卸口，主要用于液体形态的石油、盐酸等液体化工品，或者水泥等建筑材料的运输。有的罐车同时具有温控功能。

家畜车（Livestock and Poutry Cars）。用于运送活的家禽、家畜等的专用车。车内有给水、饲料的装置，还给押运人员留有空间。大陆地区"供应港澳地区鲜活冷冻商品三趟快运货物列车"就使用家畜车由湖北、上海、河南常年向港澳地区供应猪、牛、羊、鸡、鸭、鹅等活牲畜与家禽，俗称"三趟快车"。

其他专用车还包括煤炭专用车、矿石专用车等。

（三）我国通往邻国的铁路干线和国境车站

自20世纪50年代起，铁路联运就是我国与邻国间对外经济贸易联系的渠道，为我国双边贸易发展创造了有利的条件。与我国接壤的国家中，俄罗斯、哈萨克斯坦、蒙古、朝鲜、越南、老挝均和我国开办了国际铁路联运业务。表6-1列出了我国与邻国之间铁路联系的通道。

表6-1　我国通往邻国的铁路干线

通道	我国铁路干线	我国国境站	邻国国境站	我国轨距/毫米	邻国轨距/毫米	附注
中国—俄罗斯	滨州线	满洲里	后贝加尔	1 435	1 520	中—俄、哈、蒙的铁路轨距不同，货物需要换装；蒙、俄的铁路轨距差4毫米，可直接过轨；中朝铁路轨距相同，昆河线为米轨，货车可以直接过轨；越南铁路连接我国凭祥一段为准轨和米轨的混合，经凭祥可以直接过轨。云南昆明—老挝万象的电气化铁路按中国铁路标准建设，是可直接与国内铁路网连通的跨国铁路
中国—俄罗斯	滨绥线	绥芬河	格罗迭科沃	1 435	1 520	
中国—俄罗斯	珲马线	珲春	卡梅绍娃亚	1 435	1 520	
中国—哈萨克斯坦	北疆铁路	阿拉山口	德鲁日巴	1 435	1 520	
中国—哈萨克斯坦	伊霍铁路	霍尔果斯	霍尔果斯	1 435	1 520	
中国—蒙古	集二线	二连浩特	扎门乌德	1 435	1 524	
中国—朝鲜	沈丹线	丹东	新义州	1 435	1 435	
中国—朝鲜	长图线	图们	南阳	1 435	1 435	
中国—越南	梅集线	集安	满浦	1 435	1 435	
中国—越南	湘桂线	凭祥	同登	1 435	1 435/1 000	
中国—越南	昆河线	山腰	老街	1 000	1 000	
中国—老挝	昆万铁路	磨憨	磨丁	1 435	1 435	

三、国际铁路联运

（一）国际铁路联运公约

国际铁路联运指在两个或两个以上国家的铁路运输中，铁路部门使用一份运输单据，以连带责任办理货物的全程运送，并且在由一国铁路向另一国铁路移交货物时，无须收、发货人参加的运输方式。

与其他运输方式不同，铁路运输市场化程度较弱，政府主导地位明显，世界范围内各国铁路运输的主体都为国营企业。1825年，英国工程师斯蒂芬孙建成世界第一条货运铁路后，欧亚大陆即兴起了铁路建设高潮。到19世纪末，欧洲已形成30多万千米的铁路网络，铁路运输方式在欧洲获得了空前的发展。因疆域狭小、领土相连的地理特性，欧洲各国间频繁的贸易往来主要是通过铁路运输来完成的。为协调各国间国际铁路运输有关问题，以1890年的《伯尔尼公约》为基础，成立了国际铁路运输政府间组织（OTIF）。

OTIF就各国铁路基础设施使用、运输车辆使用、客货运输规则等多方面内容进行磋商，形成了一系列与之相关的国际协议，如 *The Contract of International Carriage of Passengers by Rail*

(CIV)，*The Contract of Use of Vehicles in International Rail Traffic*（CUV），*The Contract of Use of Infrastructure in International Rail Traffic*（CUI）等。其中，与货运有关的协议为《国际铁路货物运输公约》（*Convention Concerning the International Carriage of Goods by Rail*，CIM）[①]，简称《国际货约》。《国际货约》的成员国被称为"国际货约国"，遍及欧洲、北非、西亚等地区，如亚美尼亚、奥地利、比利时、保加利亚、克罗地亚、捷克、丹麦、芬兰、法国、德国、希腊、匈牙利、伊朗、伊拉克、爱尔兰、意大利、拉脱维亚、黎巴嫩、立陶宛、马其顿、摩纳哥、摩洛哥、荷兰、挪威、巴基斯坦、波兰、葡萄牙、罗马尼亚、俄罗斯、塞尔维亚、斯洛伐克、西班牙、瑞典、瑞士、叙利亚、土耳其、乌克兰、英国、约旦等。

作为欧亚大陆地缘政治的产物，铁路合作组织（OSJD，简称铁组）是亚欧大陆另一个重要的政府间国际铁路合作组织。第二次世界大战后，面对东、西方国家之间日益紧张的政治局面，为推动相互之间国际铁路客、货运输服务，1951年苏联、阿尔巴尼亚、《国际货约》的成员国保加利亚、匈牙利、罗马尼亚、波兰、捷克斯洛伐克和民主德国（东德）为代表的东方阵营各国共同编制了第一批国际铁路联运客、货运输文件，包括《国际联运铁路旅客及行李运送协定（国际客协）及其办事细则》、《国际联运铁路货物运送协定（国际货协）及其办事细则》、《国际联运铁路旅客、行李和包裹运价规程》、《国际铁路直达联运货物运送协定参加国铁路货物运送统一过境运价规程》（统一货价）、《国际联运车辆互用规则（货车规则）》、《国际客运协定和国际货运协定清算规则》等。因签署《国际铁路货物联运协定》（简称《国际货协》），这些国家被称为"国际货协国"。[②]随着中国、朝鲜、蒙古、越南、古巴等国相继加入，《国际货协》的成员达到13个。1956年，为协调各国间的铁路联运，《国际货协》部长级会议决定在原《国际货协》和《国际客协》的基础上成立铁路合作组织。

20世纪90年代，苏联解体、东西德国统一，欧洲政治版图巨变，受东欧政治局势的影响，铁组成员国出现重大调整。再后来，铁组重组，成员包括阿塞拜疆、阿尔巴尼亚、阿富汗、白俄罗斯、保加利亚、匈牙利、越南、伊朗、哈萨克斯坦、朝鲜、吉尔吉斯斯坦等国家。其中，保加利亚、匈牙利、波兰、罗马尼亚、俄罗斯等国同时参加《国际货约》和《国际货协》。1991年6月，作为缔约方，中、朝、蒙、苏联、保加利亚、罗马尼亚等国的铁路部门在华沙宣布使用《统一过境运价规程协约》[③]（简称《统一货价》），用来解决成员国间铁路运输过程中所需运输手续、过境费用的计算、铁路货物分类、过境里程和货物运费计算等问题。

在过去的半个世纪中，为实现亚欧大陆全面的铁路运输协作，OTIF和铁组两大国际铁路合作组织积极就相互之间铁路运输标准、运作流程、运价、海关手续、车辆互用规则、铁路间财务清算等问题进行了磋商，并取得了一定进展。即便如此，分歧依然存在，如中国和西欧多数国家都为标准轨，而以独联体为代表的国际货协国多为宽轨，因此无论从西欧的"国际货约国"进入"国际货协国"，还是从中国进入周边的"国际货协国"，都无法实现原车过轨，必须经过一定的换装作业。

---

① 曾于1980年进行修订，见国际铁路运输委员会（CIT）官网。
② 资料来源：铁路合作组织官网。
③ 《国际铁路货物联运统一过境运价规程》（简称原《统一货价》）是《统一过境运价规程协约》的附件。1991年签署的《统一过境运价规程协约》（简称《统一货价》）是在原《统一货价》的基础上修订而成的，如将原有的卢布计费方式改为以瑞士法郎计费，具有独立的法律地位。

同时，两大组织也就国际铁路联运规程问题达成了一致意见。1997 年，在《欧亚多式联运的组织和运营问题协定》中正式提出尝试货物运送全程按编制的"统一国际货约/国际货协运单"（CIM/SMGS 运单）办理。2006 年，乌克兰率先试运行"统一国际货约/国际货协运单"，效果很好。随后，乌克兰、白俄罗斯、俄罗斯、波兰、德国等国相继展开试运行。在此基础上，2011 年 12 月，《国际货约/国际货协运单指导手册》（简称《运单指导手册》）作为《国际货协》第 22 号附件颁布。对于亚欧直通铁路运输运单的样式、使用文字、填制内容说明、参加国家铁路、适用条件、费用支付、运输径路及转发地点、协议原则等内容，该手册中均做了详尽规定。其成员国由《国际货协》和《国际货约》的成员组成，基本包括了亚欧大陆铁路运输的主要发运国和过境国。

此外，我国还分别与俄罗斯、蒙古、朝鲜、越南等国签有《国境铁路协定》，规定了办理联运货物交接的国境站、火车站及货物交接的条件和方法、交接列车的运行方法等。且相关国家铁路部门之间会定期召开联运会议，定期商定过境货物年度计划等。

（二）国际铁路联运业务的种别

国际铁路联运办理的服务分别为零担、整车和集装箱运输。

1. 零担运输

零担指按一份运单托运重量不超过 5 000 千克、按体积或种类不需要单独车辆运送的货物。重量不足 10 千克、体积小于 0.1 立方米的货物不能按零担运输办理。

2. 整车运输

整车指按一份运单托运、按体积、重量或种类需要单独车辆运送的货物。某些情况下，虽然所需运输货物的数量不足，但根据铁路有关部门的规定，必须按整车办理运输。如需要冷冻、冷藏或加温运输的货物，按规定需整车运输的危险品货物，易于污染其他货物的污秽品，未装容器的活动物等。

3. 集装箱运输

集装箱运输指符合国际标准化组织的规定的 20 英尺、40 英尺标准集装箱，可办理国际集装箱铁路联运。以集装箱为单位，可快速实现不同列车、卡车与列车，甚至列车与船舶之间的换装，因此，集装箱是铁路货运、公铁联运、海铁联运的主力。中欧班列一般采用国际集装箱专列的方式完成服务。

国内铁路发展史上，曾出现了与海运集装箱不同的铁路集装箱标准，包括 1 吨箱、5 吨箱、10 吨箱等多种专门适用于国内铁路运输的集装箱型号。

（三）国际铁路联运运单

国际铁路联运运单（Consignment Note）即参加国际铁路货物联运的铁路部门与托运人、收货人之间缔结的铁路联运合同，明确了作为承运人的联运各国铁路部门和托运人、收货人在货物运输过程中的权利、义务划分，以及双方应承担的责任，可以享有的豁免权等，对当事双方都具有法律约束力。

如表 6-2 和二维码中图片所示，国际铁路联运运单包括铁路联运中使用的一整套票据，由 6 张带编号的 6 联和若干补充运行报单组成。第一联为运单正本，将随同货物到达目的站；第四联由发货人留存；第六联是交给收货人的货物到达通知单；其他各联交予不同铁路部门或承运人使用。

表 6-2　国际铁路联运运单

第 N 张	各张名称	各张的领收人	各张用途
1	运单正本	收货人	随同货物至到站
2	运行报单	将货物交付收货人的承运人	随同货物至到站
3	货物交付单	将货物交付收货人的承运人	随同货物至到站
4	运单副本	发货人	运输合同缔结后，交给发货人
5	货物接收单	缔约承运人	缔约承运人留存
6	货物到达通知单	收货人	随同货物至到站
无编号	运行报单（补充联）	承运人	给货物运送途中的承运人（将货物交付收货人的承运人除外）

资料来源：《国际铁路货物联运协定》。

CIM/SMGS 运单

国际铁路联运运单主要包括以下内容：

1. 发货人信息和发货人声明

填写发货人名称及通信地址，发货人可以是自然人或法人。如有必要还要填写发货人声明，说明对运单相关内容的修改，或指出特种货物的运输要求等。

2. 收货人信息

注明收货人的全部名称和准确通信地址。

3. 发站、国境站、到达路和到站

发站即国际铁路联运的起运地，要按照运价规程中的发站全称完整填写。

国境站包括货物通过的发送路国境站和过境路的出口国境站，有时还需注明要通过的进口国境站，根据注明的国境站可以确定货物经过的确切路线。

到达路即货物进口国的铁路部门。到站与发站的写法相同，要注明全称。运往非货协国家的货物由站长办理转发时，还要记录国际货协参加路最后过境路的出口国境站。

4. 货物信息

货物信息包括货物名称、包装种类、运输标志、货物重量、件数等，集装箱货物还要注明集装箱的种类、类型以及是否属于铁路部门的集装箱。无论是不是集装箱货物，在必要时还可以填写货物的声明价值。

货物名称的填写要符合《国际货协》的有关规定，注明状态和特征。包装的填写要详尽，使用集装箱运输的还要记载集装箱内货物包装的种类、集装箱编码。

5. 发货人承担的过境铁路费用

据实填写应由发货人承担的过境铁路运输费用。

6. 联运业务类别

联运业务类别包括零担、整车和集装箱运输方式。

7. 发货人签字

在对联运运单内容核对无误后，发货人应签字或加盖戳记。

8. 其他

其他内容包括在运单上填写应该由哪一方负责装车、车辆或集装箱上铅封的个数和记号、确定货物重量的方法等，都按当事人的需要据实填写。

（四）国际铁路联运费用

国际铁路联运费用包括货物运费、杂费和其他费用，它的计算和核收须遵循《国际货协》《统一运价》和铁道部《铁路货物运价规则》的规定或运输合同约定。实际业务中，一些物流企业或集装箱班列运营企业也可能合并计算这些费用，以包干运费的方式向货主统一计收。

1. 运送费用的核收

国际铁路联运费用一般由以下三个部分组成：

（1）发送路运送费用。一般按发送路国内运价规则以发送国货币在发站向发货人或根据国内现行规定核收。如北京出口货物到哈萨克斯坦，则北京到阿拉山口的运输费用就在北京以人民币向发货人收取。

（2）到达路运送费用。按到达路的国内运价规则以到达路的货币在到站向收货人或根据国内现行规定核收。上例中，如果中方是进口国，则中国铁路就成为到达路，阿拉山口到北京的运费就是到达路运送费用，应该以人民币计算，向北京的收货人收取。

（3）过境路运送费用。这部分费用的处理较为复杂，要按过境路参加《国际货协》或《统一货价》的情况或按相应的国际公约在发站向发货人核收，或在到站向收货人核收。

2. 国际铁路货物联运国内段运送费用的计算

根据有关规定，我国通过国际铁路联运的进出口货物国内段运送费用的核收应该按我国《铁路货物运价规则》进行计算。方法是：

（1）根据货物运价里程表确定从国内发站至到站的运价里程。

（2）根据货物品名查找铁路货物运输品名与代码表，确定适用的运价号。

（3）按货物适用的运价号，分别在"铁路货物运输基准运价率表"（见表6-3）中查出适用的发到基价（基价1）和运行基价（基价2）。整体而言，随着当前铁路货物运输市场化改革进程的深入，国家颁布的铁路货物运价更多以市场指导价格存在，铁路运输企业可以此为基准做价格浮动。

（4）根据货物适用的发到基价加上运行基价与货物的运价里程相乘之后的乘积就是单位运价，再和按铁路货物运价规则确定的计费重量（集装箱货物为箱数）相乘，计算出运费。

$$运价＝基价1＋基价2×运价公里　运费＝运价×计费重量 \qquad 6-1$$

（5）如需缴纳其他杂项费用，则还应该加上杂项费用得到总运费。

$$总运费＝运费＋杂项费用 \qquad 6-2$$

表 6-3　铁路货物运输基准运价率表

办理类别名称	运价号	基价 1		基价 2	
		单位	标准	单位	标准
整车	1			元/轴公里	0.525
整车	2	元/吨	9.50	元/吨公里	0.086
整车	3	元/吨	12.80	元/吨公里	0.091
整车	4	元/吨	16.30	元/吨公里	0.098
整车	5	元/吨	18.60	元/吨公里	0.103
整车	6	元/吨	26.00	元/吨公里	0.138
整车	机械冷藏车	元/吨	20.00	元/吨公里	0.140
零担	21	元/10 千克	0.22	元/10 千克公里	0.001 11
零担	22	元/10 千克	0.28	元/10 千克公里	0.001 55
集装箱	20 英尺箱	元/箱	440.00	元/箱公里	3.185
集装箱	40 英尺箱	元/箱	532.00	元/箱公里	3.357

资料来源：发展和改革委员会.《关于深化铁路货运价格市场化改革等有关问题的通知》。

3. 国际铁路联运过境运费

国际铁路联运过境费用按照各国间协议，如《统一货价》，进行计算。方法如下：

（1）根据所应经过的国境站，在过境里程表中找到货物通过各个国家的过境里程。

（2）根据货名，查找通用的货物品名表，确定货物应适用的运价等级。

（3）根据运价等级和各过境路的运送里程，找出符合该批次货物的运价率。

（4）以运价率乘以计费重量得到货物以慢运整车运费额为基础的基本运费，如果是其他类别的运送方法，还要在基本运费的基础上分别乘以不同的加成率。如图 6-4 所示。

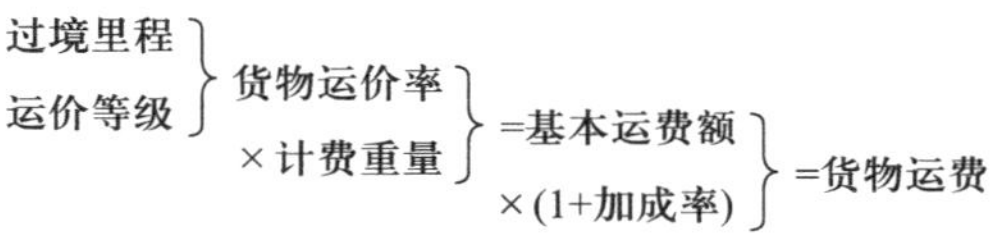

图 6-4　铁路运费计算方法

（五）国际铁路货物联运承运人责任

国际铁路货物联运的承运人就是参加联运的各国铁路部门。国际铁路货物联运是以各国铁路部门整体的名义与发货人、收货人之间订立和履行铁路货物运输合同的，参与铁路联运的各国铁路部门从承运货物时起至到站交付货物时止，对货物的灭失、损坏和运到逾期承担责任。

铁路部门承运货物后，应在最短的时间内将货物运至最终到站。货物的运到期限指货物从发站至到站所允许的最大限度的运送时间，由发送时间、运送时间和特殊作业时间三部分组成。其中，发送时间为一天，由发送路和到达站平分；运送时间要根据慢运、快运以及零担、整车等不同情形分别计算，如集装箱运输按 150 千米/昼夜计算；特殊作业时间一般指国境站更换轮对的时间，按 2 天计算。如果货物实际运送天数超过规定的运到期限的天数，就被称为运到逾期，造成逾期的铁路部门将按规定的比例向收货人支付逾期罚款。《国际铁路货物联运协定》规定：逾期不超过总运到期限 1/10 的，为运费的 6%；逾期超过总运到期限 1/10，不足 3/10 的，为运费的 18%；逾期超过总运到期限 3/10 的，为运费的 30%。

四、中欧班列

中欧班列（China Railway Express，CR Express）是由中国铁路总公司组织，按照固定车次、线路、班期和全程运行时刻开行，运行于中国与欧洲以及"一带一路"沿线国家间的集装箱铁路国际联运列车。

中欧班列的发展得益于我国西部大开发政策，也是中西部内陆地区经济发展增速、国家"向西开放"力度不断加大、"一带一路"倡议逐步实施的必然结果。2005 年，中欧班列第一趟集装箱货运专列"如意号"由内蒙古呼和浩特开往德国法兰克福，全程运距 9 814 千米，运行 18 天，比海运缩短 27 天，开启了亚欧铁路直通运输的新探索。2007 年，深圳北站发送前往捷克帕尔杜比采国际联运直达专列。2008 年，中德国际集装箱示范列车试运行，货车从北京大红门出发，途经蒙古、俄罗斯、白俄罗斯、波兰到达德国汉堡，全程 15 天，运行 9 902 千米。其中，中国境内 829 千米；蒙古、俄罗斯、白俄罗斯境内 7 957 千米；波兰、德国境内 1 116 千米。随后，各地相继启动面向欧洲的国际铁路集装箱货运专线服务：2011 年，首发渝新欧（重庆—新疆—德国杜伊斯堡）线路；2012 年，首发汉新欧（武汉—新疆—捷克/波兰）线路；2013 年，首发蓉欧（成都—新疆—波兰罗兹）、郑欧（郑州—德国汉堡）线路；2014 年，首发义新欧（义乌—新疆—西班牙马德里）线路，以及湘欧（长沙—德国杜伊斯堡）、苏满欧（苏州—满洲里—波兰华沙）等线路。这些铁路集装箱货运专线是我国对外贸易的新型通道。此外，天津、武汉等地开出的经中部通道的二连浩特出境至蒙古和俄罗斯，经东部通道的黑龙江满洲里/绥芬河出境至俄罗斯，经俄罗斯西伯利亚大铁路送达欧洲的国际专列，是中欧国际铁路通道的一部分，共同搭建起中欧班列集装箱运输网络。

2014 年，独联体和欧盟国家铁路部门要求直达集装箱班列每列必须在 41 车以上。由于国内各发运地货运量无法实现满载，一些地区出现搭载集装箱空箱运输的现象。为了更充分利用现有资源，统筹运营协调能力，中国铁路总公司与各地开行中欧班列的平台企业共同促成了《中欧班列组织管理暂行办法》，提出在西安、成都、重庆、郑州、乌鲁木齐等多地设立中欧班列集散中心，汇集各地发往欧洲的零散集装箱，统一在集散站配成整列，由统一运输组织以统一品牌标志（中欧班列）名义发运，以减少空载，提高运营效率。此后，中欧班列的发展进入加速度阶段。截至 2022 年年初，可通达境外 23 个国家 180 个城市，为亚欧贸易提供了新途径，也为"一带一路"沿线国家的深入合作提供了新的契机。

受新冠疫情影响，各国不断调整的入境检疫要求和航运限制，打乱了跨国空运、海运的节奏，致使运价飙升。在此背景下，部分贸易商转而尝试利用受影响较小的国际铁路运输通道，中欧班列出现爆发式增长。2020 年，中欧班列全年开行 12 406 列次，较 2019 年增长 50%[1]；2021 年，中欧班列开行 1.5 万列次，同比增长 22%。[2]其中，2020 年，重庆还开通首趟"中国邮政号"，开辟了国际邮件应急疏运新通道。

此外，为满足疫情期间跨境电子业务迅猛增长的需要，开通了 B2B 跨境电商出口专列。于国际铁路运输而言，这是一种新的商业模式。

中欧班列主要有东、中、西三条通道。西通道由新疆阿拉山口/霍尔果斯口岸出境，经哈萨克斯坦与俄罗斯西伯利亚铁路相连，经白俄罗斯、波兰、德国等通达欧洲各国，也可经哈萨克斯坦跨里海，进入阿塞拜疆、格鲁吉亚、保加利亚等欧洲国家，或经吐尔尕特/伊尔克什坦连接规划中的中吉乌铁路；中通道由内蒙古二连浩特口岸出境，经蒙古国与俄罗斯西伯利亚铁路相连；东通道由内蒙古满洲里/黑龙江绥芬河口岸出境，接俄罗斯西伯利亚铁路，通达欧洲各国。规划中，未来的中欧班列通道可以连接东亚、东南亚各国，从而构建亚欧大陆运输动脉。

中欧班列在欧亚大陆间建立直通的贸易通道，为贸易商提供新选择的同时，也存在很多问题。第一，运输费用仍然过高。一般来说，铁路运费高于海运，低于空运。《国际货协》规定各国铁路执行各国国内运费标准，过境铁路运输则按原《统一货价》的标准定价。但按以上标准计算的运费，比我国铁路运费高一倍以上。欧盟成员国铁路均参加了《国际货约》和"欧洲统一的铁路体系"，并都执行欧盟铁路统一运费标准，加之欧盟较高的人工成本和管理成本，所以运费特别是回程运费居高不下。第二，受沿线国家政治稳定性影响较大。与海运和空运相比，陆运对沿途地区安全要求更高，沿线地区出现的政治冲突将直接影响正常的铁路运输服务活动。2022 年年初，乌克兰和俄罗斯间冲突不断升级，直接导致某些集装箱班列服务暂停或取消，给贸易商带来更多的不确定性风险。

第二节　公路运输

一、公路运输概况

(一)公路运输的发展

公路运输是陆地运输方式之一，既可以作为一种独立的运输方式，借助卡车、公路完成任意两个节点之间的货物位移过程，也可以作为一种辅助运输方式，协助水运、空运、铁路运输完成码头、车站与货主之间的衔接，承担商品集疏的任务。

19 世纪末期，公路运输随汽车的诞生而产生，初期主要进行短途运输。第一次世界大战后，公路运输进入发展阶段，成为短途运输的主力，并进军长途运输市场。第二次世界大战后，随着汽车制造技术的进步和道路状况的改善，公路运输进入迅速发展阶段。20 世纪 60 年

---

[1]　增长 50% 2020 年中欧班列全年开行 12 406 列 [N]. 新华社，[2021-01-19].
[2]　2021 年中欧班列开行 1.5 万列同比增长 22% [N]. 北京商报，[2022-01-04].

代，继美国之后，世界各国兴起修建高速公路的热潮，为车辆提供良好的运行条件。同时，技术性能良好、安全措施完备的新型客货汽车极大地促进了公路运输市场的繁荣，公路运输在陆运市场中的比重不断上升。20世纪末，全球公路总里程达到2 770万千米，按货运量计算，公路运输已经成为很多国家的主导运输方式，是满足现代物流门到门服务的重要手段之一。

1917年，我国成立了第一家专门开展公路运输业务的汽车运输公司，开始了我国公路运输业。新中国成立后，随着公路建设投资的增加和汽车制造业的发展，公路运输迅速发展。改革开放后，特别是1984年放开公路运输管制后，公路运输成为最早开始市场经济模式的运输方式。20世纪90年代，我国掀起公路建设高潮，公路网逐渐完善。1999年，中国的公路总长只有135万千米，不及美国的22%（美国当年的公路里程总长达到630万千米，占全球的23%）。但截至2020年年底，我国公路总里程达519.81万千米（等级公路494.45万千米，高速公路16.10万千米），公路网规模仅次于美国，位居世界第二。

当前，我国内陆地区交通状况明显改善，基本实现村村通目标。同时，我国汽车量急速攀升，1999年全国民用汽车拥有辆1 453万辆，2020年达到27 340.92万辆，增长17.8倍（见图6-5）。除小轿车数量增长迅猛外，载货汽车由2002年的812.22万辆增长到2020年的3 042.64万辆，其中27.6%为重载卡车。在此背景下，我国公路货运规模持续攀升，2020年，全年完成公路货运量近473亿吨，占比达到72%。[①]

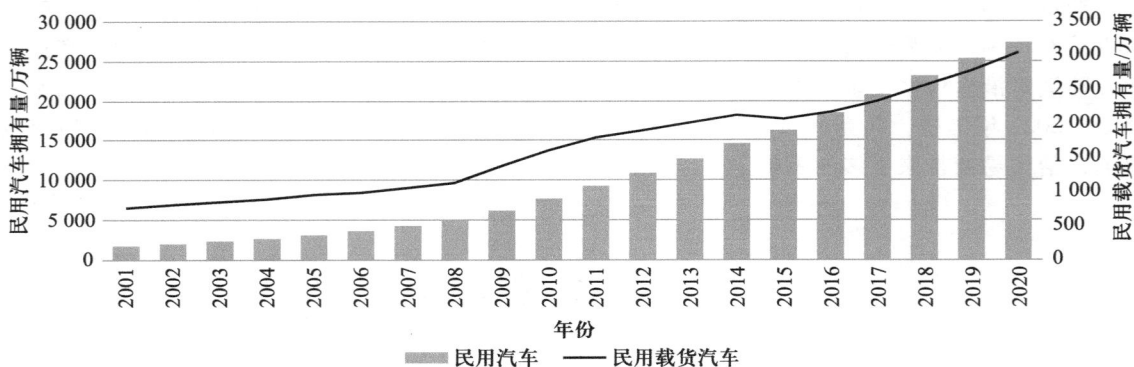

图6-5　我国汽车拥有量（2001—2020年）

资料来源：国家统计局。

道路是公路运输的载体，是推进交通运输高质量发展的关键。2005年我国发布的《国家高速公路网规划》指出国家高速公路网是建立综合运输体系以及加快公路交通现代化的要求，主要连接大中城市，包括国家和地区性经济中心、交通枢纽、重要对外口岸；承担区域间、省际以及大中城市间的快速客货运输，提供高效、便捷、安全、舒适、可持续的服务。规划中，国家高速公路网采用放射线与纵横网格相结合的布局方案，目标是形成由中心城市向外放射，以及横连东西、纵贯南北的大通道。该网络由7条首都放射线、9条南北纵线和18条东西横线组成，简称为"7918"。2013年我国出台的《国家公路网规划（2013—2030年）》提出国家公路网

---

① 资料来源：国家统计局网站。

由普通国道和国家高速公路两个层次的路网构成。普通国道由 12 条首都放射线、47 条北南纵线、60 条东西横线和 81 条联络线组成，总规模约 26.5 万千米；国家高速公路网由 7 条首都放射线、11 条北南纵线、18 条东西横线，以及地区环线、并行线、联络线等组成，约 11.8 万千米。到 2030 年"建成布局合理、功能完善、覆盖广泛、安全可靠的国家干线公路网线，实现首都辐射省会、省际多线连通、地市高速通达、县县国道覆盖"的目标。后又在 2022 年印发的《国家公路网规划》中做了调整，未来的高速公路网由 7 条首都放射线、11 条北南纵线、18 条东西横线及若干条地区环线、都市圈环线、城市绕城环线、联络线和并行线组成；普通国道网由 12 条首都放射线、47 条北南纵线和 60 条东西横线及若干联络线组成。

其中，主要高速公路网络如下：

（1）首都放射线。

G1：北京—哈尔滨（北京—宝坻—唐山—秦皇岛—锦州—沈阳—四平—长春—哈尔滨）。

G2：北京—上海（北京—天津—沧州—济南—莱芜—临沂—淮安—江都—江阴—无锡—苏州—上海）；

G3：北京—台北（北京—廊坊—沧州—德州—泰安—曲阜—徐州—蚌埠—合肥—铜陵—黄山—衢州—建瓯—福州—台北）；

G4：北京—港澳（北京—保定—石家庄—邯郸—新乡—郑州—漯河—信阳—武汉—咸宁—岳阳—长沙—株洲—衡阳—郴州—韶关—广州—深圳—香港（口岸））；

G5：北京—昆明（北京—保定—石家庄—孟州—太原—临汾—西安—汉中—广元—绵阳—成都—雅安—西昌—攀枝花—昆明）；

G6：北京—拉萨（北京—张家口—集宁—呼和浩特—包头—临河—乌海—银川—中宁—白银—兰州—西宁—格尔木—拉萨）；

G7：北京—乌鲁木齐（北京—张家口—集宁—呼和浩特—临河—额济纳旗—哈密（梧桐大泉）—伊吾—巴里坤—奇台—阜康—乌鲁木齐）；

（2）北南纵线。

G11：鹤岗—大连（鹤岗—佳木斯—鸡西—牡丹江—敦化—通化—丹东—大连）；

G15：沈阳—海口（沈阳—辽阳—鞍山—海城—大连—烟台—青岛—日照—连云港—盐城—南通—常熟—太仓—上海—宁波—台州—温州—宁德—福州—泉州—厦门—汕头—汕尾—深圳—广州—佛山—开平—阳江—茂名—湛江—海口）；

G25：长春—深圳（长春—双辽—阜新—朝阳—承德—唐山—天津—黄骅—滨州—青州—连云港—淮安—南京—溧阳—宜兴—湖州—杭州—金华—丽水—南平—三明—梅州—河源—惠州—深圳）；

G35：济南—广州（济南—菏泽—商丘—阜阳—六安—潜山—望江—景德镇—鹰潭—南城—瑞金—河源—广州）；

G45：大庆—广州（大庆—松原—双辽—通辽—赤峰—承德—北京—霸州—衡水—濮阳—开封—周口—麻城—黄石—吉安—赣州—龙南—连平—广州）；

G55：二连浩特—广州（二连浩特—集宁—大同—太原—长治—晋城—洛阳—南召—南阳—襄阳—荆州—常德—娄底—邵阳—永州—连州—广州）；

G59：呼和浩特—北海（呼和浩特—和林格尔—右玉—朔州—岢岚—吕梁—吉县—运城—

灵宝—卢氏—十堰—房县—保康—宜都—慈利—张家界—新化—武冈—新宁—资源—荔浦—平南—玉林—北海(铁山港))。

G65：包头—茂名（包头—鄂尔多斯—榆林—延安—铜川—西安—安康—达州—重庆—黔江—吉首—怀化—桂林—梧州—茂名）；

G69：银川—百色（银川—惠安堡—庆城—旬邑—西安—安康—岚皋—城口—万州—忠县—涪陵—南川—道真—瓮安—贵阳—罗甸—乐业—百色(龙邦口岸))；

G75：兰州—海口（兰州—广元—南充—重庆—遵义—贵阳—麻江—都匀—河池—南宁—钦州—北海—湛江—海口）；

G85：银川—昆明（银川—惠安堡—彭阳—平凉—华亭—宝鸡—留坝—汉中—巴中—广安—重庆—内江—宜宾—昭通—昆明）；

（3）东西横线。

G10：绥芬河—满洲里（绥芬河(口岸)—牡丹江—哈尔滨—大庆—齐齐哈尔—阿荣旗—满洲里(口岸))；

G12：珲春—乌兰浩特（珲春(防川)—敦化—吉林—长春—松原—白城—乌兰浩特）；

G16：丹东—锡林（丹东—海城—盘锦—锦州—朝阳—赤峰—克什克腾旗—锡林浩特）；

G18：荣成—乌海（荣成—文登—威海—烟台—东营—黄骅—天津—霸州—涞源—朔州—鄂尔多斯—乌海）；

G20：青岛—银川（青岛—潍坊—淄博—济南—石家庄—太原—离石—靖边—定边—银川）；

G22：青岛—兰州（青岛—莱芜—泰安—聊城—邯郸—长治—临汾—富县—庆阳—平凉—定西—兰州）；

G30：连云港—霍尔果斯（连云港—徐州—商丘—开封—郑州—洛阳—西安—宝鸡—天水—兰州—武威—嘉峪关—哈密—吐鲁番—乌鲁木齐—奎屯—霍尔果斯(口岸))

G36：南京—洛阳（南京—蚌埠—阜阳—周口—漯河—平顶山—洛阳）

G40：上海—西安（上海(浦东新区)—崇明—南通—扬州—南京—合肥—六安—信阳—南阳—商州—西安）

G42：上海—成都（上海—苏州—无锡—常州—南京—合肥—六安—麻城—武汉—孝感—荆门—宜昌—万州—垫江— 广安—南充—遂宁—成都）

G50：上海—重庆（上海—湖州—宣城—芜湖—铜陵—安庆—黄梅—黄石—武汉—荆州—宜昌—恩施—忠县—垫江— 重庆）

G56：杭州—瑞丽（杭州—黄山—景德镇—九江—咸宁—岳阳—常德—吉首—遵义—毕节—六盘水—曲靖—昆明— 楚雄—大理—瑞丽(口岸))

G60：上海—昆明（上海—杭州—金华—衢州—上饶—鹰潭—南昌—宜春—长沙—邵阳—怀化—麻江—贵阳—安顺— 曲靖—昆明）

G70：福州—银川（福州(长乐)—南平—南城—南昌—九江—黄梅—黄石—武汉—孝感—襄阳—十堰—商州—西 安—平凉—中宁—银川）

G72：泉州—南宁（泉州—永安—吉安—衡阳—永州—桂林—柳州—南宁）

G76：厦门—成都（厦门—漳州—龙岩—瑞金—赣州—郴州—桂林—都匀—贵阳—毕节—泸州—隆昌—内江—成都）

G78：汕头—昆明（汕头—梅州—韶关—贺州—柳州—河池—兴义—石林—昆明）

G80：广州—昆明（广州—肇庆—梧州—玉林—南宁—百色—富宁—开远—石林—昆明）

（4）地区环线。

① 辽中地区环线（铁岭—抚顺—本溪—辽阳—辽中—新民—铁岭）

② 杭州湾地区环线（上海—杭州—宁波—上海）

③ 成渝地区环线（成都—绵阳—遂宁—重庆—合江—泸州—宜宾—乐山—雅安—成都）

④ 珠江三角洲地区环线（深圳—香港（口岸）—澳门（口岸）—珠海—中山—江门—佛山—花都—增城—东莞—深圳）

⑤ 首都地区环线（承德—遵化—玉田—蓟州—宝坻—宁河—武清—廊坊—固安—涿州—涿鹿—张家口—崇礼—沽 源—丰宁—承德）

⑥ 海南地区环线（海口—琼海—三亚—东方—海口 ）

（5）都市圈环线。

哈尔滨—长春—杭州—南京—郑州—武汉—长株潭—西安—重庆—成都—济南—合肥都市圈。

高速公路网建成后，将彻底改变我国中西部地区交通落后的局面，同时提高东部发达地区的路网密度，大大缓解当前因基础设施不足而造成的经济发展瓶颈问题。

（二）公路运输的特点

公路运输所使用的设施包括公路、公路车站和行驶在公路上的车辆。公路的投资和保养成本较高，因此，各国的公路建设主要由政府负责，并通过收取燃油税或养路费等方式收回投资。而车站和车辆通常由企业自行建设和购买。

公路运输主要特征包括：

1. 普遍性

目前，全球公路网的密度居各运输方式之首，许多国家的公路可通达各个乡村甚至各户家庭的门口。公路运输几乎可将任何货物送至任何地点。

公路运输是实现边境贸易的重要运输方式。我国疆域辽阔，陆上边境漫长，长期以来，我国与周边国家和地区的经济贸易往来多由公路运输实现。

2. 灵活、适货性强

完善的公路运输网、种类型号繁多的卡车，使公路运输具有超强灵活性。主要体现在：可根据货主的需要选择最为适合的运载工具和运输路线；实现从托运人到收货人的门到门服务。因此，公路运输既是国际运输终端服务的重要环节，也是物流服务的主体。

3. 快捷可控

整车运输不必经过码头、车站的中转过程，可以更好地实现门到门服务。通过严密的运输管理体制，可以安排货物减少中转环节，精准控制在途时间，有效避免或减少了货物因中转造成的运输延迟、货物短少或损坏的情况。同时，多频次、小批量的运输方式，有助于企业降低库存成本。基于以上优势，公路运输成为配合即时物流管理、物流战略的首选运输方式。

4. 投资少，市场竞争激烈

公路属于公共基础设施，对使用公路运输的企业而言，固定资产的投资主要集中在货站和卡车方面。因此，相比于其他运输方式，公路运输的固定资本投入少；世界各国对公路运输大多采取较严格的市场准入政策，导致公路运输市场竞争异常激烈。

5. 单车运量小，能耗高，成本高

虽然汽车的最大载重能力和公路的承重能力不断提高，但常规卡车的单车运量还是远远低于其他运输工具。运输途中产生的高油耗、司机的人工成本、过路过桥费用等分摊下来，就拉高了每单位货物平均运送成本。因此，公路运输更适合中短途的运送服务。

6. 污染严重

从洛杉矶汽车尾气引起的光化学污染事件，到高速公路上来往车辆疾驶而过的嘈杂，从北京每日上演的交通拥堵，到新闻中时时传来的运输车辆倾覆造成化工原料泄漏事件，公路运输在提供便利的同时已经成为多数国家大气污染、噪声污染、光污染、水污染的重要源头之一。因此，世界各国开始大力推广更加环保的水路、铁路运输方式。新能源汽车的出现为解决汽车运输污染问题提供了新的突破口，但到目前为止，新能源汽车主要还是用于客运，在货运中并不普遍。

尽管存在不足，公路运输还是物流运输活动中适用面最广的一种运输方式。除管道运输外，其他三种运输方式（铁路运输、水运、航空运输）都需要公路运输配合，完成从码头、车站到货主所在地的短途运输服务。

二、公路运输基础知识

（一）公路

公路就是汽车行驶的公共道路，由路基、路面、桥梁、涵洞、隧道等组成。从不同角度，公路分类不同：

1. 按技术等级分类

公路按技术等级可分为等级公路和等外公路。

等级公路又可以分为高速公路、一级公路、二级公路、三级公路和四级公路。其中，高速公路为专供汽车分道分向行驶的全封闭干线公路，行车速度快（每小时 60 千米以上），通过能力强。其中，六车道高速公路设计的年平均昼夜交通量为 6 万~10 万辆车，是国家公路交通运输的命脉。

一级公路连接重要政治、经济中心，设计的年平均昼夜交通量为 1.5 万~3 万辆车。二级公路连接政治、经济中心或大的工厂、矿区、港口等，设计的年平均昼夜交通量为 3 000~7 500 辆车。三级公路是连接县和县以上城市的一般干线公路，设计的年平均昼夜交通量为 1 000~4 000 辆车。四级公路指沟通县、乡、村的支线公路，设计的年平均昼夜交通量为双车道 1 500 辆车以下，单车道 200 辆车以下。

2. 按在路网中的地位分类

按在路网中的地位，公路可分为国道、省道、县道、乡道和专用公路。

国道是国家的干线公路，具有全国性的政治、经济和国防意义，包括重要的国际公路、国防公路，连接首都与省、自治区首府和直辖市的公路，以及连接各大经济中心与港站口岸的公路。国道由国务院公路交通主管部门规划，依法修建、管理和养护。

省道是省级干线公路，具有全省性政治、经济意义，是连接省内中心城市和主要经济区的公路，以及省际不属于国道的重要公路。由省级公路交通主管部门规划、修建、管理和养护。

县道具有全县性政治、经济意义，连接县与县主要商品生产集散地，以及不属于国道、省道的县际公路，由县级公路交通主管部门规划、修建、管理和养护。

乡道是直接为乡、村、镇经济、文化、行政服务的公路，以及不属于国道、省道、县道的乡、村(镇)际及乡与外部连接的道路，由县政府管理。

专用公路是企业或其他建设单位建设、养护、管理，专为或者主要为企业提供运输服务，或供企业同外部连接的道路。

（二）公路货运业务的种类

公路货物运输业务种类繁多，按照不同的标准可以有多种业务分类方法，常见的有：

1. 整车运输、零担运输和集装箱运输

在公路运输中，一次托运货物的重量、性质、体积或形状需要一辆汽车单独托运的，为整车运输。零担运输与其相反。为满足特殊货物需要，有罐车、拖挂车等多种专用车辆满足不同行业运输需要。

集装箱运输是以集装箱为单位办理的公路运输服务，需要采用专用的集装箱车辆进行运送。

2. 班车运输和包车运输

班车运输是运输企业按一定的时间表，经过一定的路线，以稳定的运输服务价格提供公路运输服务的方式。班车运输模式下，开车、停车、到站的时间都有事先的约定，便于货主按需预订货位。

包车运输也称为租车运输，指把车辆包给承租人使用的公路运输方式。通常有计程包车运输和计时包车运输两种，与海运中的航次租船和定期租船非常相似。计程包车运输的运费按货物运输里程计算（可以是吨千米，也可以是车千米），双方需要约定运输服务的起点和终点、沿途经过的路线、开车/停车的时间、所运输的货物、装卸费用/过路过桥费用的划分等。计时包车运输方式下，按承租人包车的时间结算租金，双方要商议确定燃油等费用划分、驾驶员用餐/休息时间扣除、路桥费支付方法、行车风险的承担等。

专题阅读 6-2

网络货运平台与无车承运人

无车承运人的概念源于航运业的"无船承运人"。实践中，无车承运人常常借助互联网技术提供服务，所以多以网络货运平台的方式出现，大量的车货匹配平台都是无车承运人的典型代表，如美国的罗宾逊公司。2016年，我国交通运输部在全国启动无车承运人试点工作；2019年年底，试点工作结束；2020年，交通运输部、国家税务总局等制定《网络平台道路货物运输经营管理暂行办法》后，无车承运人正式使用"网络平台道路货物运输经营者"的名称。

早期，无车承运人主要关注长途货运市场，通过所掌控的众多社会车辆信息为货主企业提供资讯服务或运输服务。随着互联网技术的普及，一些企业设立网络交易平台，通过提供即时、准确的货物信息、运力信息促成货运服务业务的达成，有效解决卡车回程空返，以及运力闲置问题。随着"共享"经济概念的深入，一些网络货运平台逐渐将业务深入到市内短途货运服务。

按照交通运输部的定义，无车承运人"是以承运人身份与托运人签订运输合同，承担承运人的责任和义务，通过委托实际承运人完成运输任务的道路货物运输经营者。无车承运人依托移动互联网等技术搭建物流信息平台，通过管理和组织模式的创新，集约整合和科学调度车辆、站场、货源等零散物流资源"①。因此，无车承运人具有完全的承运人地位，可通过有效组织运力为货主提供运输服务，同时对运输过程中出现的货损货差依法担责，必要时还可以依法向实际承运人(车主)追偿。

借助互联网，网络货运平台不仅可以迅速将业务扩展到更多的区域，还可以通过吸纳会员的方式更快速采集、提供运力和货物信息，更好促成线上交易，同时为货主与车主提供全程跟踪查询、运费支付、出具发票，甚至代办保险等辅助服务。但运输服务也存在很多问题：首先，运输服务较为复杂，所运货物类别、属性、市值千变万化，服务标准化难度较高；其次，因运费与货值(服务收益与责任)差异较大，存在较高的道德风险；再次，线上与线下信息不对称，难以保障线下实体的真实性、可靠性，维护客户权益；最后，互联网时空的全覆盖特征与税务征缴环节的属地性特征、市场反垄断要求相矛盾，不利于进行市场监管。

为规范平台运营，2020年，交通运输部发布了《网络平台道路货物运输经营管理暂行办法》。该规定再次重申网络货运平台承担合同承运人角色，"以承运人身份与托运人签订运输合同，委托实际承运人完成道路货物运输，承担承运人责任的道路货物运输经营活动。网络货运经营不包括仅为托运人和实际承运人提供信息中介和交易撮合等服务的行为"，并将网络货运道路运输经营企业的认证权力下放地方。

3. 其他

其他常见的公路运输服务方式包括：

(1) 按公路运输的范围，可分为城市间运输服务和市内配送。市内配送是我国发展最快的货运市场，同时，也是受交通管制政策限制最多的市场。

(2) 按运输距离，可以分为长途运输服务和短途运输服务。

(3) 按所运输货物的属性，可以分为普通货物运输、超限货物运输、冷冻冷藏货物运输和危险品运输等。后三种公路运输方式往往需要使用专用的运输车辆完成。

(三) 我国外贸公路运输口岸

对外公路运输服务借助公路口岸完成。公路口岸指国际货物公路运输中，供人员、货物和运输车辆出入境的国境车站。

我国国土幅员辽阔，共有14个陆地接壤国家，其中，只有俄罗斯、蒙古、朝鲜、越南、老挝、哈萨克斯坦与我国有铁路相通，因此，我国边境贸易主要通过公路运输来实现。

《国家"十四五"口岸发展规划》以推进平安、效能、智慧、法治、绿色口岸建设为目标，从口岸硬件设施、通行能力、投入产出、运行安全、口岸通关便利化、智慧智能、管理服务、带动能力、绿色环保和社会效益等方面带动口岸高质量发展。全面加强边境口岸发展，推动形

① 交通运输部办公厅《关于推进改革试点加快无车承运物流创新发展的意见》。

成枢纽口岸、物流节点口岸、便捷运输通道为一体的边境口岸开放体系，提升边境口岸跨境服务能力。其中，绥芬河、满洲里、珲春、丹东、圈河、二连浩特、塔克什肯、霍尔果斯、阿拉山口、伊尔克什坦、吐尔尕特、卡拉苏、红其拉甫、吉隆、樟木、友谊关、河口、磨憨、瑞丽等口岸被列为重点枢纽口岸示范工程。

表 6-4 列举了我国主要边境口岸：

表 6-4　我国主要边境口岸

区域	主要口岸
东北	中俄：满洲里、绥芬河、珲春、同江铁路口岸；满洲里、绥芬河、东宁、珲春、黑河、黑瞎子岛公路口岸 中朝：丹东、图们、集安、（南坪）铁路口岸；丹东、南坪、圈河、长白、图们、临江、集安公路口岸
北部	中蒙：二连浩特、（策克）、（甘其毛都）、（珠恩嘎达布其）铁路口岸；二连浩特、策克、甘其毛都、珠恩嘎达布其、阿尔山、满都拉、塔克什肯公路口岸
西北	中哈：霍尔果斯、阿拉山口铁路口岸；霍尔果斯、阿拉山口、巴克图、吉木乃、都拉塔公路口岸 中吉：伊尔克什坦、吐尔尕特公路口岸；（中吉乌铁路口岸） 中巴：红其拉甫公路口岸 中塔：卡拉苏公路口岸
西南	中越：凭祥、河口铁路口岸；河口、友谊关、东兴、水口、龙邦、天保公路口岸 中缅：（瑞丽铁路口岸）；瑞丽、畹町、腾冲猴桥、孟定清水河、打洛公路口岸 中老：磨憨铁路口岸；磨憨、勐康公路口岸 中尼：吉隆、樟木、普兰、里孜公路口岸
备注	括号内为国家规划要建设但目前尚未启动建设的项目

资料来源：《国家"十四五"口岸发展规划》。

1. 中国—俄罗斯

该线有满洲里—后贝加尔、黑河—布拉戈维申斯克、绥芬河—波格拉尼奇内、同江—下列宁斯阔耶、珲春—库拉斯基诺等口岸。其中，满洲里、绥芬河为国家一级口岸。

2. 中国—朝鲜

该线有丹东—新义州、图们—南阳、南坪—七星、临江—中江、长白—惠山等品岸。其中，丹东是中朝之间重要的边境口岸。

3. 中国—蒙古

该线有二连浩特—扎门乌德、珠恩嘎达布其—毕其格图、甘其毛都—嘎顺苏海图、策克—西伯库伦、阿尔山—松贝尔、满都拉—哈登宝力格、塔克什肯—布尔干等品岸。其中，二连浩特是中蒙间重要的边贸口岸。

4. 中国—越南

该线有凭祥—河口铁路口岸、山腰—老街百年米轨铁路站，以及水口—东兴等公路口岸。

5. 中国—缅甸

该线有畹町、瑞丽、景洪、打洛、腾冲猴桥、孟定清水河等口岸，目前有的已经成为重要的边境旅游风景区。

6. 中国—老挝

西双版纳自治州勐腊县的磨憨口岸、普洱市的孟力康口岸是中国—老挝边境贸易的主要通道。连接昆明、万象的中老铁路经过磨憨口岸。

7. 中国—巴基斯坦

红其拉甫—苏斯特是中巴之间唯一的口岸，仅在每年 5 月 1 日至 10 月 30 日开放，是季节性口岸。

8. 中国—哈萨克斯坦

该线包括霍尔果斯—霍尔果斯、阿拉山口—德鲁日巴、巴克图—巴克特以及吉木乃、木扎尔特、都拉塔等。其中，霍尔果斯、阿拉山口是铁路、公路并用的口岸。

9. 中国—吉尔吉斯斯坦

该线有吐尔尕特和伊尔克什坦口岸。

10. 中国—塔吉克斯坦

卡拉苏公路口岸是中国唯一对塔吉克斯坦开放的陆路口岸。

11. 中国—尼泊尔

该线有西藏的樟木、普兰、吉隆和里孜等口岸。其中，普兰位于中国、印度、尼泊尔三国交界处。

12. 中国—印度

西藏日喀则市的亚东县与印度锡金段的乃堆拉山口相接，是我国同印度边境贸易的传统口岸。在中印关系紧张期间，封闭过 40 多年，直至 2006 年，才重新恢复边贸通道。该口岸为中印贸易陆路运输主要通路，有助于形成未来中国—南亚陆路大通道。

三、国际公路运输

（一）我国同周边国家的国际公路运输

我国同越南、俄罗斯、乌兹别克斯坦、吉尔吉斯斯坦、哈萨克斯坦、巴基斯坦、塔吉克斯坦等多国签署了双边或多边的汽车运输协定，确定双方对开的公路运输口岸、公路运输线路，规定汽车过境运输方法等。这些协定很大程度上促进了中国同周边国家的经贸往来、文化交流及边境贸易的发展。

（二）公路运输相关国际组织

1948 年，主要由欧洲国家参与的国际道路运输联盟（International Road Union，IRU）于日内瓦成立。该组织的目的是通过国际公路客货运输，促进国家间人员、物资交流和社会、经济持续发展，进而推动欧洲战后重建的步伐。目前，该组织经联合国授权管理着跨境通关的国际公路运输系统，并拥有包括中国道路运输协会在内的 100 多个会员国。

（三）国际公路货物运输公约和协定

为统一公路运输所使用的单证、规范承运人责任，联合国的欧洲经济委员会草拟了《国际公路货物运输合同公约》(*Convention on the Contract for the International Carriage of Goods by Road*，CMR)。该公约于 1956 年通过，对公路运输单证、承运人责任、索赔、诉讼等做了较为详尽的规定，主要适用于欧洲公路货物运输。同年，为了便于开展集装箱联运，欧洲经济委员会成员国还缔结了有关集装箱运输的关税协定，该协定的宗旨是相互间允许集装箱免税过境。后来，基于该协议，又形成了《国际公路运输公约》(*Transport International Routier*，TIR)。1975 年，对该公约进行了修订，覆盖多式联运方式。相关研究表明，TIR 可以有效缩短运输时间（多达 80%）、降低运输成本（多达 38%）[①]，因此深受业界认可。目前，每年颁发的 TIR 许可超百万册。

2016 年，中国正式加入联合国 TIR 公约，成为第 70 个缔约国。随后，海关总署分批开放霍尔果斯、伊尔克什坦、二连浩特、满洲里、绥芬河、大连港、吉木乃、巴克图、阿拉山口、都拉塔等口岸办理 TIR 运输。2019 年，我国开始全面实施该公约。

TIR 系统是全球通用的国际跨境货物运输海关中转和担保系统，也是贸易便利化措施在国际运输中的体现。如果承揽集装箱运输的公路承运人持有 TIR 手册（手册由有关国家政府批准的运输组织发行），就可以在海关签封完好情况下，由发货地到目的地中途不接受检查，不支付关税，也不提供押金。TIR 系统极大地便利了公路跨境运输和国际多式联运，有效提升了国家间集装箱运输效率，促使国际公路运输成为与现有海、空、铁路竞争的又一物流通道。同时，也为推动中国向西开放，尤其是内陆地区深度融入"一带一路"互联互通、增强与周边和沿线国家的经贸往来提供了强有力的支持。

典型案例

TIR 系统带来便利

2019 年，俄罗斯运输企业 D–Trans 的卡车从上海出发，经满洲里进入俄罗斯，再穿行白俄罗斯、乌克兰、罗马尼亚、保加利亚到达土耳其伊斯坦布尔，行程 1.3 万千米，用时 19 天。这并非该公司首次尝试中欧公路运输，2018 年该公司的另一辆卡车曾经从中国新疆的霍尔果斯进入哈萨克斯坦，最终到达俄罗斯首都莫斯科。随着 TIR 在中国全面施行，借助 TIR 手册，穿越中俄边境时不再需要换装，俄罗斯企业可以更加高效、快速的公路运输完成欧亚国家之间的国际运输服务。

该案例从一个侧面说明 TIR 协议为中国国际公路运输市场带来的发展潜力。

本章小结

本章首先介绍了铁路运输的发展历史、特点及基础知识；其次，介绍了国际铁路联运和中欧班列的发展；再次，介绍了公路运输基本状况、公路运输特点、最新实践；最后，简单介绍了我国对外公路运输口岸和国际公路运输公约。

[①] 资料来源：国际公路运输协会。

思考题

1. 公路运输、铁路运输的基本特点是什么？

2. 什么是铁路轨距？ 它对国际铁路联运有哪些不利影响？

3. 《国际货协》和《国际货约》以哪些国家为主？

4. 什么是运到逾期？

5. 什么是中欧班列？ 中欧班列的开行有什么重要意义？

6. 什么是整车运输、 零担运输？

7. 什么是无车承运人？ 如何理解货运平台在运输服务中扮演的角色？

8. 卡车运输企业为什么要申请 TIR？

案例讨论

根据计划，中吉乌铁路建设项目 2023 年即将开始，如果你是该项目经理，该如何将产于广东的建筑材料送往吉尔吉斯斯坦和乌兹别克斯坦的沿线建设工地。（讨论要点见教师课件。）

本章关键术语

□ 铁路轨距和铁路限界

□ 国际铁路联运

□ 铁路运输中的整车、零担和集装箱运输

□ 国际货协和国际货约

□ 国际铁路联运运单

□ 中欧班列

□ 公路运输中的班车和包车运输

□ 无车承运人

□ TIR

本章阅读资料

中 老 铁 路

中老昆万铁路简称中老铁路，是从云南昆明到老挝万象的国际铁路，也是中国为主投资修建、中老两国共同运营的电气化铁路，已成为我国西南地区重要的国际物流通道。

该铁路全线采用中国铁路建设标准。因沿线地质结构复杂，施工技术难度大，曾创造多项建设施工的世界纪录。其中，昆明—玉溪段属于国内高铁线路网，设计时速为 200 千米，2016 年通车；玉溪—磨憨口岸，以及老挝境内的磨丁口岸—万象设计时速为 160 千米。

中老铁路是 "一带一路" 标志性工程。2021 年 12 月 3 日，铁路全线正式通车运营。虽然新冠疫情造成的边境管控措施带来诸多负面影响，但在开行首月，仍然累计发送旅客 67 万人次，发送货物 17 万吨。[①]2022 年 1 月，苏州—万象等国际货运列车相继开行。中老铁路使老挝迈入铁路运输时代，已成为老挝重要的主干运输线路，为这个位于中南半岛腹地的内陆国家注入了新的活力，同时也提供了更多发展机会。该铁路不仅是老挝新的出海通道，更是老挝对接中国庞大市场的纽带，且有望发展为辐射缅甸、泰国、柬埔寨、越南的重要运输节点。

2006 年，联合国亚洲及太平洋经济社会委员会（亚太经社会）通过了《泛亚铁路网政府间协定》，决议构建

---

① 中国网．中老铁路交出"满月"亮眼成绩单客货运输两旺[EB/OL]．[2022-01-04]．

泛亚铁路网，中老铁路是该设想中的一部分。在该构想中，东南亚铁路将从中国出发，经中南半岛，最终抵达马来半岛的终点——新加坡。其中，有三条可行通道可穿行中南半岛，东通道主体在越南、柬埔寨境内，中通道主体在中国、老挝和泰国境内，西通道则经缅甸到泰国曼谷。

中老铁路践行了"一带一路"倡议中的互联互通理念（设施相通和贸易畅通），以自身为示范，加速推进中国与东盟国家间的物流通道建设。2022年1月1日，以中国、东盟等国家为主的《区域全面经济伙伴关系协定》（Regional Comprehensive Economic Partnership，RCEP）开始生效。RCEP区域是全球吸引外资最多、经济增速最快、最为活跃地区，其人口、GDP和出口规模约占全球三成，蕴含着巨大的市场潜力。中老铁路运输通道的开辟可以大幅降低区域内国际物流成本，削减贸易壁垒，促进区域内部经济与市场融合，全面推动区域经济一体化进程。

即测即评

第 七 章
国际多式联运

通过本章学习，理解成组运输的主要类型，了解集装箱的特征、种类，集装箱产生和发展的过程，掌握托盘运输、集装箱运输的特点、主要关系方、运输方式和主要单据；掌握国际多式联运的基本特点、优势和承运人责任范围，了解国际多式联运公约的基本内容；了解邮政快递的基本特点。

第一节　成组运输

从托盘运输到集装箱运输，成组运输的发展成为开展多式联运服务的重要前提。

一、成组运输概述

成组运输(Unitized Transport)指利用一定的方法，把分散的单件货物组合在一起，成为一个规格化、标准化的大运输单位进行运输。

成组运输经历了漫长的发展过程。最初，人们仅仅用绳索、铁皮将若干件货物捆扎在一起作为一个运输单位；后来，出现了供货物堆放的垫板；再后来，垫板逐渐发展成托盘，并出现了与之相匹配的机械化装卸工具——叉车；20世纪50年代，出现了集装箱，成组化运输至此进入最高发展阶段。

与件杂货运输方式相比，成组运输有很多优势。首先，更便于进行机械化、自动化作业，有效提高了运输、装卸效率，缩短了运输工具的周转时间，并大幅度提高了运输速度。其次，简化了托运标记和标签的使用，降低了破损和盗失的概率，增加了安全性，减少了货损货差，降低了全程运输成本。同时，货主可享受到成组运输所带来的更加安全、迅速、低廉的货物运输服务。

基于这些优点，成组运输已成为货物运输的重要形式和未来的发展方向。为了推动成组运输方式的广泛使用，各行各业的大型企业纷纷建立起适合本公司产品，又与成组运输的托盘或集装箱的标准尺寸相匹配的运输包装标准。这样，公司在收到订单时，可以立即根据订单数量选择适合的包装并快速计算出所需运载工具的空间，便于预订运输服务。同时，与其他物流管理活动相配合，还可提升转运速度。

二、托盘运输

（一）托盘

托盘（Pallet）由可以承载若干数量物品的负荷面和叉车插口构成的装卸用垫板组成，是为了便于货物装卸、运输、保管和配送等而使用的成组运输、储存工具，被誉为"活动的地面""移动的货台"。欧洲海关大会将国际运输中所使用的托盘定义为：一种装置，一定数量的货物排放在其层面上，形成一组货物以供运输，或用机械化设备对其进行搬运、码放。该设备一般包括被托架分开的两个层面或由支脚支撑的单层。其总高度恰好适于利用叉车和托盘车对其进行搬运；可以有或没有上层结构。

传统托盘以木制为主（见图 7-1），但随着全球环保压力增大，各国开始使用塑料托盘（见图 7-2）、金属托盘、玻璃纤维托盘等新型托盘。这些托盘防潮、耐腐蚀、易清洁、硬度高、使用寿命长，深受货主喜欢。但塑料托盘价格高，且无法按使用需求定制规格；金属托盘自身重量大，且易锈蚀。因此，有些企业开始尝试使用纸制托盘，这种托盘不会产生虫害问题，符合环保要求，价格低廉，且承重能力强。

图 7-1　木制托盘

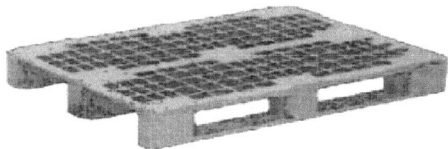

图 7-2　塑料托盘

（二）托盘运输的优势与局限性

托盘是 20 世纪物流产业两大关键性创新之一。20 世纪 40 年代，美国军队在太平洋战争中首次使用托盘来改善货物搬运效率，以保证后勤物资供应。目前，托盘在世界范围内得到了广泛认可，一些发达国家的托盘使用率超过 80%。托盘的应用主要体现在两个方面：运输和存储。其中，货物带托盘的存储方法实现了存储作业的机械化，不仅减少了换装时搬运、码货等重复性作业，还提高了装卸效率，加快了出入库效率，提高了仓库利用率。

托盘运输是指将货物按一定的要求成组装载在托盘上(见图7-3),并按要求捆扎加固组成一个运输单位,最后利用铲车或托盘升降机进行装卸、搬运、堆存的运输方式。使用托盘运输不仅可以提高运输机械化程度,还可以与集装箱配合以提高运输效率,大量节约物流时间和成本。

图 7-3　托盘运输的方式

1. 托盘运输的优势

托盘运输的优势主要表现在:

(1)货物装卸、搬运和出入库都可以充分利用叉车等机械化工具,有利于提高装卸和运输效率、缩短运输时间、减小劳动强度、降低运输成本等。越库作业(Cross-docking)一般以托盘为最小作业单位。

(2)以托盘为运输单位,便于清点货物数量,提高理货速度,增大的运输单元还可以有效降低货损货差事件发生的概率。

(3)托盘较为便宜,投资小,收益较快。

2. 托盘运输的局限性

在推广货物托盘化运输过程中,也存在许多问题。

(1)托盘的标准化问题。托盘是物流作业中最基本的集装单元,会随着货品在生产、流通企业之间流转,因此它必须与货品的生产线、产品包装、叉车、货架、公路铁路运输车辆、轮船、集装箱和仓储设施等诸多方面有较为严格的尺寸匹配关系。从某种意义上说,托盘标准部分决定了各物流环节的运作成本。但除瑞典①外,其他各国的托盘规格则五花八门。国际标准化组织(International Standards Organization, ISO)的 ISO 6780《联运通用平托盘主要尺寸及公差》中有六种建议标准,如表7-1所示。

_____

① 　早在1947年托盘发展初期,瑞典就确定了 800 mm×1 200 mm 的规格,为随后公路铁路联运、仓库包装设计创造了有利的条件。

表 7-1　六种托盘国际标准一览表

规格尺寸(mm)	制式	普遍使用国家或地区	托盘形状
1 200×1 000	米制	欧洲	长方形
1 200×800	米制	欧洲	长方形
1 140×1 140	米制	澳大利亚	正方形
1 219×1 016	英制(48×40 in)	美国、加拿大	长方形
1 100×1 100	米制	日、韩	正方形
1 067×1 067	英制(42×42 in)	澳大利亚	正方形

资料来源：吴清一．再论我国托盘共用系统的建立．物流技术与应用，2004(1)：15-19.

我国是全球制造大国，20 世纪 80 年代开始，出口贸易使得各类托盘在国内都有使用。2002 年中国物流与采购联合会托盘专业委员会曾在北京、天津、上海、广州四大城市对 300 多家企业进行调查，发现我国在流通中使用的托盘包括 2 000×1 000、1 500×1 100、1 500×1 000、1 400×1 200、1 300×1 000、1 200×1 000、1 200×800、1 200×1 100、1 100×1 100、1 100×1 000、1 100×900、1 000×1 000、1 000×800、1 200×1 200、1 300×1 600、1 300×1 100（单位：mm）等几十种规格。后经过相关部门的不懈努力，物流界日益关注托盘标准化问题。在综合考虑我国运输工具、商品包装等多种因素后，2007 年推出国家标准——《联运通用平托盘　主要尺寸及公差》(GB/T 2934—2007)，主要推荐 1 200×1 000 和 1 100×1 100 两种规格的托盘，其中，前者为优先推荐规格。

（2）托盘的所有权与回收问题。通常，每个使用托盘的货主或货运公司都拥有自己的托盘，但运输结束后，全部回收这些托盘所需的成本相当大。对此，曾经有人提出使用"低成本的一次性托盘"，如 LCNR 托盘。但这些低价低质的一次性托盘必须用塑料加固后，才可达到可供装载货物和叉车移动的坚固程度，实用性不大。还有人提出组建托盘共用库，即所有的使用者将自己的托盘贡献给托盘库，并根据其贡献大小享有使用托盘库中托盘的权利。

（3）除托盘使用中产生的问题外，托盘运输自身的缺陷也阻碍了托盘的广泛使用。例如：

① 托盘是开放性的，对货物的保护有限，而且无法像集装箱那样以密封状态通关，实现国家间快速的流转。

② 托盘承运的货物种类有限。最适合使用托盘运输的货物就是箱装或硬纸盒装的货物，如日用消费品。工业用的大件货物和形状不规则的货物都不适合使用托盘运输。散装的和需要冷冻、冷藏的货物也无法单独使用托盘运输。

③ 托盘虽然投资小，但其要增加一部分托盘购置费用，另外，托盘的体积和重量相应减少了运输工具所承载货物的数量，因而增加了运费。

因此，除了考虑运输环节，企业还需重点考虑仓储、配送服务的便利性，在分析物流总成本的基础之上决定是否使用托盘运输。

三、集装箱运输

（一）集装箱

1. 集装箱的定义

集装箱（Container）又被称为货柜。国际标准化组织将货运集装箱描述为一种运输设备，其根据集装箱装卸、堆放、运输中安全的需要，规定集装箱应该满足以下条件①：

（1）具有足够强度，能长期反复使用。

（2）中途转运无须移动箱内货物，可直接换装。

（3）可进行快速装卸，且便于从一种运输工具换装到另一种运输工具。

（4）便于货物的装满或卸空。

（5）内容积达到 1 m³ 或 1 m³ 以上。

集装箱的特点使其在国际货物运输中具有独一无二的优越性。然而，在集装箱使用之初，各国的集装箱大小标准不一，大大影响了集装箱的运输优势。为推动集装箱在国际货物运输中的使用，在西方国家的强烈倡导和越来越多国家的响应下，1964 年，国际标准化组织颁布了世界上第一个集装箱规格尺寸的国际标准。1978 年，我国制定了第一个集装箱国家标准。

国际标准化组织 ISO/TC 104 技术委员会规定的第一系列标准集装箱的 4 种箱型分别为：A型、B 型、C 型和 D 型（规格、尺寸见表 7-2），各标准型号集装箱之间的关系如图 7-4 所示。此外，为便于计算集装箱数量，一般在实践中采用 20 英尺集装箱作为集装箱计算单位，或称20 英尺集装箱换算单位、国际标准箱单位（Twenty-foot Equivalent Unit，TEU②）。目前，多数国家已将国际标准化组织设定的标准作为国家标准。专业运输组织，如劳埃德船级社（Lloyd's Register of Shipping）也接受了该标准。

表 7-2   第一系列标准集装箱规格尺寸和总重量

规格（FT）	箱型	长度 公制（mm）	长度 英制（ft in）	宽度 公制（mm）	宽度 英制（ft in）	高度 公制（mm）	高度 英制（ft in）	最大总重量 kg	最大总重量 lb
40	1AAA	12 192	40'	2 438	8'	2 896	9'6"	30 480	67 200
	1AA					2 591	8'6"		
	1A					2 438	8'		
	1AX					<2 438	<8'		
30	1BBB	9 125	29'11.25"	2 438	8'	2 896	9'6"	25 400	56 000
	1BB					2 591	8'6"		
	1B					2 438	8'		
	1BX					<2 438	<8'		

---

① 资料来源：ISO 830《集装箱名词术语》。

② TEU 可代表标准箱。

续表

规格 （FT）	箱型	长度		宽度		高度		最大总重量	
		公制 （mm）	英制 （ft in）	公制 （mm）	英制 （ft in）	公制 （mm）	英制 （ft in）	kg	lb
20	1CC	6 058	19' 10.5"	2 438	8'	2 591	8'6"	24 000	52 900
	1C					2 438	8'		
	1CX					<2 438	<8'		
10	1D	2 991	9' 9.75"	2 438	8'	2 438	8'	10 160	22 400
	1DX					<2 438	<8'		

资料来源：中国国际货运代理协会 . 国际海上货运代理理论与实务 . 北京：中国商务出版社，2005：37.

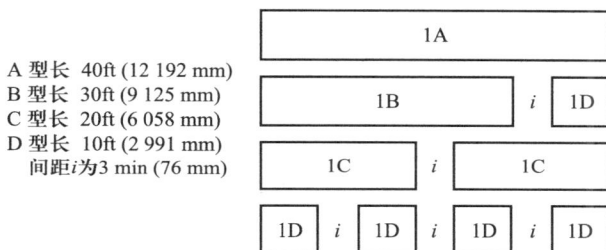

A 型长　40ft（12 192 mm）
B 型长　30ft（9 125 mm）
C 型长　20ft（6 058 mm）
D 型长　10ft（2 991 mm）
间距 *i* 为 3 min（76 mm）

图 7-4　第一系列标准集装箱长度关系图

2. 集装箱的种类

为使集装箱适应不同条件下不同类型货物的运输工作，出现了多用途集装箱，主要包括以下八种：

（1）干货集装箱（Dry Cargo Container），又称杂货集装箱或通用集装箱，适用于各种干杂货，包括日用百货、食品、机械等。

杂货集装箱要求防水、防光，是使用最为广泛的集装箱。常用的杂货集装箱有 20 英尺和 40 英尺两种，箱体多为封闭式，一般在箱体的一端设有箱门（见图 7-5）。

（2）冷藏集装箱（Refrigerated Container），也称冷柜。这种集装箱自带制冷设备，可根据所运输货物的需要调节温度，避免因温度变化导致货物品质下降，广泛用于冷链物流。冷藏集装箱适于运输水产品、肉蛋、乳制品、新鲜蔬菜、水果等需冷冻、冷藏的各类生鲜货物，以及需要温控的化工品、医疗产品等。

图 7-5　杂货集装箱

（3）散货集装箱（Solid Bulk Container）。散货集装箱（见图 7-6）主要适于装载谷物、饲料、水泥、化学制品等各种散装的粉状或颗粒状货物，可以节约包装费用，提高装卸效率。

图 7-6   散货集装箱

这种集装箱有从箱底卸货的，一般箱底是漏斗形的，便于卸货；有从箱门处卸货的，一般箱门内侧分上下两半开启，以防卸货时货物急剧倾出。同时，箱子顶部还会有 2~3 个装货口，用于装载粉状和颗粒状货物。

（4）开顶式集装箱（Open Top Container），也称敞顶集装箱。这种集装箱没有箱顶，一般用可折式顶梁支撑的帆布、塑料布等制成的帐篷来遮挡风雨。

开顶式集装箱（见图 7-7）可以使用起重机从顶部进行装卸，主要用于装运玻璃板、钢制品、机械等重货或难以从箱门进入的大件货物。运输过程中，为防止货物发生移动，一般在箱内两侧各埋入几个索环，通过穿过索环的绳索捆绑箱内货物。

图 7-7   开顶式集装箱

（5）框架集装箱（Flat Rack Container）。框架集装箱（见图 7-8）没有箱顶、箱壁，两端也可以卸下，只留箱底和四角立柱来承受货载。作业时，既可从顶部用起重机装卸货物，也可从侧面用铲车进行装卸。主要用来装载不适合装载于干货集装箱或开顶集装箱中的长大货物、超重货物、轻泡货物、重型机械、钢管、裸装机床和设备。

（6）罐式集装箱（Tank Container）是一种专门适于运送酒类、油类和液体化工品的集装箱，由罐体和箱体框架两部分组成（见图 7-9）。罐体的顶部和底部分别设计了供吸入、流出液体的装货孔和排货孔。有的罐式集装箱同时还具有温控功能，便于运送某些需要温控的液体化工品。

（7）汽车集装箱（Car Container）是专为运送小型轿车而设计的集装箱。没有侧壁，只有框架和箱底，可以装载一层或两层小轿车。

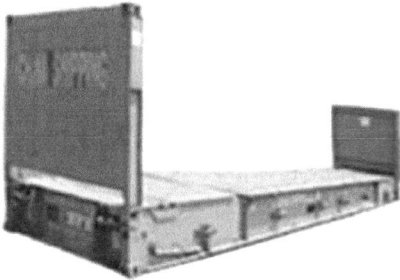

图 7-8　框架集装箱

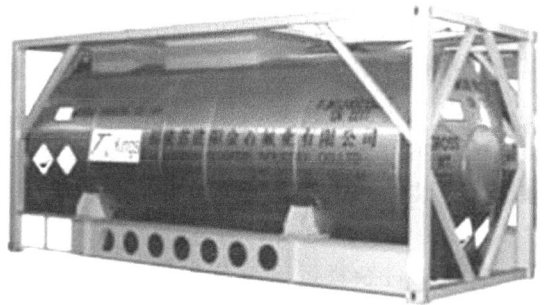

图 7-9　罐式集装箱

（8）挂衣集装箱（Hang Container）专门为挂运成衣而设计的集装箱。集装箱内有用于吊挂衣服的横杆、衣架，衣服可以直接挂在集装箱内运输，集装箱成为可移动的小型仓库，节省大量包装成本和熨烫、仓储费用。

此外，还有许多有专门用途的集装箱，如可通风且带有喂养装置的活牲畜集装箱，用于运输生皮等渗漏性货物的兽皮集装箱，适于装载不需要冷冻但要求通风、防止汗湿的通风集装箱等。

（二）集装箱运输的产生和发展

作为成组运输的高级形式，集装箱运输在运输业发展中具有深远的影响，被人称为"集装箱革命"，是运输现代化的重要标志之一。

19 世纪后半叶，英国兰开夏出现了一种运输棉纱和棉花的新型载运工具——一种带有活动框架的托盘。这种托盘被认为是集装箱运输的雏形，后人称之为"兰开夏托盘"（Lancashire Flat）。20 世纪初，英国、美国、德国等国家先后出现了简单的集装箱运输，并逐渐认识到作为运输容器/运输包装，集装箱对协调铁路、公路的运输极为有利。1928 年，各国在世界公路会议上探讨了国际运输公路、铁路中使用集装箱的方案。随后，欧洲各铁路间签署了有关集装箱运输的协定。1931 年，在法国成立了集装箱运输的国际组织——国际集装箱协会，集装箱运输得到了广泛宣传。但由于当时公路、铁路运输之间竞争激烈，未能在联运问题上达成一致意见，加上需要巨大投资，所以集装箱运输并未被推广使用。

海上集装箱出现后，集装箱运输在全球范围内广泛使用。20 世纪五六十年代，装卸效率低下、船舶在港口滞留时间过长和不断上涨的装卸搬运费用等问题，抵消了因技术进步带来的船舶航行速度的提升和航行时间的缩短等优势，据统计，美国—欧洲、远东、南美等多条定期航线上船舶停泊时间占航次时间的比例已经达到 40% ~ 50%，日本—纽约航线上普通货船的装卸费用占到船舶运营总成本的 60% 左右。为帮助班轮经营者提高效率、有效降低成本，1956 年，美国泛大西洋轮船公司（Pan-Atlantic Steamship Co.），也就是后来的海陆公司（Sealand Service Inc.）率先对一艘航行于纽约—休斯敦航线的油轮进行了改装，在甲板上设置了装载集装箱的平台，一次可承载 16 个集装箱。试航三个月以后，该船装卸速度明显加快，平均每吨货物的装卸费由原来的 5.83 美元降为 0.15 美元，经济效益显著。随后，该公司又陆续将改造的、新建的全集装箱船投入国内、国际航线的运营。随着其他发达国家的效仿，海上集装箱运输逐渐在全球拉开帷幕。目前,集装箱运输已经成为海上货物运输的主流方式。

我国集装箱运输始于 20 世纪 50 年代。1955 年,铁道部成立集装箱运输管理部门,在国内办理小型集装箱运输。1973 年,中国对外贸易运输(集团)总公司(中外运)与日本班轮公司合作,开辟了我国首条集装箱运输试运航线。1983 年,我国铁路正式接运经港口进出的国际集装箱。1986 年铁道部运输局同中国远洋运输公司(中远)、中外运先后签订海铁联运协议,办理国际集装箱海铁联运业务。此后,集装箱多式联运在我国逐步开展起来。

(三)集装箱运输的特点

传统的件杂货运输包装各异,规格、标准不一,不适合进行标准化、机械化、自动化作业。特别是位于内陆地区的托运人和收货人,如果使用远洋运输方式,还需经过铁路车辆或卡车到船舶的换装作业等多个环节、多道手续才能完成。因此,件杂货运输速度慢、效率低、货损货差严重。相比于件杂货运输,集装箱运输可以在以下方面获得明显收益:

(1)提高装卸效率,降低货运成本,缩短运输时间。集装箱运输是将单件货物集合成组装箱,便于进行机械化作业。单位运输、装卸量的增大提高了装卸作业的效率,相应缩短了运输时间。传统的万吨货船原来需要 10 天左右才能完成装卸作业,而采用集装箱运输方式后 24 小时就可以装卸完毕。机械化作业也降低了装卸工人的作业强度和人工成本。

此外,集装箱也可以被看做小型存储单元,中转时货物可以留在集装箱内,露天堆放在集装箱堆场里,减免了仓储手续,节约了仓储费用。图 7-10 为义乌国际物流中心的集装箱堆场。

图 7-10　义乌国际物流中心的集装箱堆场

(2)简化了手续,便于进行国际多式联运,实现门到门服务。集装箱可以作为一个单独的运输工具,它能与车、船分开,以箱为单位对货物进行搬运作业。因此,转运时可直接以集装箱为单位换装到新的运输工具(车、船等)上,无须从箱内取出货物重新装卸。此外,在国际集装箱运输中,货物在发货地装箱,经海关铅封后,可以一票到底,中途转关无须开箱再次检验,从而简化了货运手续。基于这一特性,集装箱非常适合开展国际多式联运,并能真正实现门到门服务,还由此开拓了 TIR 运输模式。

(3)节约包装费用,减少货损货差,提高运输服务质量。集装箱结构坚固,强度大,能有效保护其中的货物免受运输、装卸中外界的挤压撞击。因此,实践中,有人将集装箱看作货物的运输包装,简化甚至取消了某些商品原来的包装。例如,很多成衣制造商使用挂衣箱运送货物,这种集装箱内专门设计有一排排的衣架,服装可以直接挂在集装箱内,省略了原来的纸箱包装。不仅如此，这样运输的衣物不会产生很多褶皱，到目的地后无须熨烫，经简单整理后就可以直接摆上货架，节省了不少运作成本。但这也会导致集装箱空间利用率下降，单位运输成本上升。

同时，集装箱一般都具有水密特征，不受恶劣天气的影响，箱中的货物不会因日晒雨淋受损，且集装箱加大了单位装卸、搬运量，降低了货物失窃的可能性，相应地集装箱货物的保险费率也较低。

（四）集装箱运输关系人

集装箱运输关系人包括以下七种：

1. 无船承运人

无船承运人不掌握运载工具，只经营集装箱运输的揽货任务，并和托运人签订包括海运在内的全程运输合同。其中，有的无船承运人同时兼营装箱、拆箱、内陆运输和集装箱中转、内陆集装箱货运站的业务。

2. 实际承运人

实际承运人是指实际承担集装箱货物运输工作的航运公司、航空公司、公路运输公司、铁路公司等。

3. 集装箱租赁公司

集装箱租赁公司是指随着集装箱运输业发展起来的专门从事集装箱租赁业务的新兴企业。租用人可能是货主企业，也可能是实际承运人。

4. 联运保赔协会

联运保赔协会是随集装箱运输的发展而兴起的一种由船公司互保的保险组织，对集装箱运输中可能遭受的一些损害进行统一的保险。

5. 集装箱码头经营人

集装箱码头经营人是指具体办理集装箱码头装卸、交接、保管工作的企业，受托运人或承运人及他们的代理人的委托提供集装箱相关服务。

6. 集装箱货运站

集装箱货运站（Container Freight Station，CFS）是指在内陆交通便利的地区设立的提供集装箱装箱、拆箱、交接、中转或其他服务的专门场所。

7. 货主

集装箱运输中，一般由承运人免费提供集装箱。在特殊情况下，货主会使用自己的集装箱运输货物，被称为货主自备箱。

（五）集装箱运输方式

1. 集装箱货物装箱方式

根据集装箱货物装箱方式可以分为整箱和拼箱两种。

（1）整箱（Full Container Load，FCL）。这是指货主自行将货物装满整箱后，以箱为单位进行托运的集装箱运输方式。

整箱托运时，如果使用的是承运人的集装箱，需要先将空的集装箱运到托运人的工厂或仓库；接着，货主安排货物装箱，同时要求海关人员监管装箱作业，并在装货作业完成后给集装箱加锁和海关铅封；然后，承运人将装满货物的集装箱运到集装箱场站，托运人取得场站收据；最后，托运人凭场站收据换取多式联运提单或运单。如果货主使用的是自备箱，就可以省略第一步调空箱的过程，其他不变。

（2）拼箱（Less Than Full Container Load，LCL）。如果托运人运送的货物数量较少，不足以构成一个整箱，那么可以使用承运人提供的拼箱服务。

拼箱服务中，承运人会将来自不同托运人的货物按照货物的性质、数量、目的地进行分类整理，把去往同一目的地的一定数量的货物拼装入一个集装箱内。到目的地后需要拆箱，一般是承运人安排将集装箱内的货物取出，由货主自提或由承运人送货到收货人指定的工厂或仓库。拼箱运输时，货物的分类、整理、集中、装箱/拆箱作业都在集装箱场站进行。

2. 集装箱货物交接方式

根据整箱和拼箱两种运输方式，集装箱货物有四类交接方法：

（1）整箱交、整箱接。这是最为常见的集装箱交接方式。托运人在工厂或仓库自行安排集装箱装箱作业，然后运送到指定的集装箱场站交付给承运人，到目的地后，托运人完成接货再行安排集装箱拆箱作业。承运人和货主之间的货物交接都以集装箱为单位进行，并不负责集装箱装箱、拆箱作业。

（2）拼箱交、拆箱接。货主在集装箱码头货运站或内陆的集装箱中转站将货物交给承运人，承运人负责安排拼箱和装箱作业。货到目的地港口货运站或内陆集装箱中转站后，承运人先行安排拆箱作业，收货人再凭单提货。集装箱装箱、拆箱作业都由承运人负责完成。

（3）整箱交、拆箱接。货主自行装满集装箱后，将货物交给承运人。到目的地后，承运人在集装箱场站安排拆箱作业，收货人凭单提货。这里，集装箱场站的作用类似于分拨中心。

在同一地区有众多小型客户的供应商倾向于选择这种交接方式。例如，美国企业出口医疗设备到中国，如果各企业进口的量都很小，不足以装满整箱，出口商就会将若干收货人的货物，拼箱交付运输。货到中国口岸后，由承运人安排拆箱作业，各实际收货人按所购买数量提货。

（4）拼箱交、整箱接。运输数量不足整箱的托运人将货物运到集装箱场站后，交给承运人，承运人进行分类整理，把同一收货人的货物集中在一起集拼成整箱后进行运输，货到目的地后再以整箱的方式交给收货人。

与整箱交、拆箱接的方式相反，拼箱交、整箱接的方式适用于大型进口商。如欧洲某企业在中国浙江采购来自众多小型供应商的圣诞节装饰品。如果各供应商的供货批量都不大，进口商就会安排承运人在集装箱场站接收来自各托运人的货物，拼成整箱进行运输。货到目的地后，则由进口商以整箱方式接货，统一安排进口国内陆的转运、配送服务。

3. 集装箱货物交接地点

根据贸易条件和集装箱货物交接方式不同，集装箱货物交接地点可分为：

（1）门到门（Door to Door）。从发货人工厂或仓库到收货人工厂或仓库，适于整箱交、整箱接的方式，是最能体现集装箱运输优势的方式。整个过程中，托运人与承运人、承运人与收货人以整箱方式办理货物交接。

（2）门到场/站（Door to CY/CFS）。从发货人的工厂或仓库到码头集装箱堆场（Container Yard，CY）或目的地集装箱货运站（Container Freight Station，CFS），而从场站到收货人工厂或仓库一段由收货人自行安排非集装箱运输。因此，该交接地点较为适合整箱交、拆箱接的方式。随着多式联运的发展，这里的场站多指内陆地区的集装箱中转中心。

（3）场站到门（CY/CFS to Door）。从码头集装箱堆场或起运地集装箱货运站到收货人工厂或仓库，从托运人工厂或仓库到集装箱场站一段为非集装箱运输，适合拼箱交、整箱接的方式。

（4）场站到场站（CY/CFS to CY/CFS）。从起运地集装箱场站到目的地集装箱场站，适合拼箱交、拆箱接的方式。

（六）集装箱运输流程和运输单据

集装箱运输的主要特色就是可以在内地办理集装箱货物的托运工作，因此，除包括委托订舱等传统业务流程外，集装箱运输还增加了以下业务：

（1）发放空箱。即承运人按托运人所需的集装箱数量调集空集装箱到托运人工厂或仓库。

（2）集装箱场站的交接。场站接收整箱或待安排拼箱的货物，验收后签发场站收据，目的地场站也要分别按整箱和拆箱的方式与收货人进行交接。

在集装箱运输中，场站收据是一份重要文件，是货物交接情况的证明，类似传统海运中的收货单，可用来换取提单。此外，为加快业务流转速度，明确业务方间的权利义务关系，还会使用集装箱装箱单、（集装箱）设备交接单等单证。

第二节　国际多式联运实践

多式联运，就是指常见的水运、铁路运输、公路运输和航空运输四种基本运输方式（本节讨论的为普通货物的多式联运，不考虑管道运输）组合在一起形成的连贯的、门到门的货物运输方式，一般存在一个自最初起运地到最终目的地的全程运输合同，在某个对全程承担责任的运输公司的统一调度安排下完成货物运输工作。例如，从美国洛杉矶出口货物到俄罗斯的哈巴罗夫斯克，可以先利用班轮运输将货物由洛杉矶运至大连，再经大连到满洲里的铁路运到俄罗斯边境，然后借助公路运输送货上门，完成全程运输服务。

多式联运是在集装箱运输的基础上产生并发展起来的，是多种运输方式有机结合的一种新型货运方法。多年来，我国交通部门努力推进多式联运的使用，包括公铁、海铁、陆空联运，以及沿海地区、长江沿线的公水、水铁联运等。但因我国供多式联运专用的中转设施不足、内陆运输集装箱化率有限，其在运输市场的占比不足3%。[①] 2017年，交通运输部联合18个部门发布《关于进一步鼓励开展多式联运工作的通知》，提出要着力破解多式联运末端微循环瓶颈制约，重点推进全国主要港口集疏港铁路、公路建设，完善铁路集装箱中心站、铁路物流等进出配套道路设施，制定有利于"门到门"一体化运输组织的多式联运服务规则。2021年，新颁布的《国家综合立体交通网规划纲要》中再次提出将推动多式联运服务网络建设作为重要目标。

一、国际多式联运概述

（一）国际多式联运的特征

根据《联合国国际货物多式联运公约》的规定，国际多式联运指按照多式联运合同，以至

---

① 新华网．我国多式联运量占全社会货运量不足3%［EB/OL］．［2018-09-10］．

少两种不同的运输方式，由多式联运经营人将货物从一国境内接管货物的地点运至另一国境内指定交付货物的地点的运输方式。

根据上述定义，国际多式联运具备以下主要特征：

1. 国际多式联运至少涉及两种基本运输方式

是否涉及至少两种运输方式是判断多式联运的重要特征。但为履行单一运输方式下的运输合同而使用另一种运输方式，如为履行航空货运服务而向货主提供起运地和目的地卡车运输服务，就不属于多式联运。

2. 国际多式联运的经营人必须对全程运输承担责任

在联运经营人对全程运输承担责任的基础上，不同的多式联运合同可对国际多式联运人责任范围做出不同的规定。这有别于传统的分段运输方式，但并不排除多式联运经营人分段寻找实际承运人完成各运输方式段的货物运输服务。

3. 国际多式联运的承运人和托运人之间应有一份多式联运合同

该合同涵盖从最初的起运地到最终目的地之间的运输过程，且明确规定托运人、收货人和多式联运经营人之间的权利义务和责任豁免等事项。

4. 国际多式联运过程中应使用全程的多式联运单据

国际多式联运单据也称多式联运提单，是证明国际多式联运合同成立、多式联运经营人已经接管货物、并负责按合同条款交付货物的单证，和海运提单一样具有通过转让而转移对货物控制权的作用。

5. 国际多式联运过程中执行全程单一费率

传统的分段运输方式下，各分段运输的承运人分别计算和收取各段运费。国际多式联运中，则由多式联运经营人在考虑其自身全程运输责任的基础上，根据各分段运输的成本，制定由发货地到目的地的全程运价，以包干形式向货主收取全程运费。

6. 国际多式联运必须具备国际性

这是区别国内多式联运和适用《联合国国际货物多式联运公约》的基本要求。

（二）国际多式联运经营人的性质

由国际多式联运的定义可以看出，国际多式联运经营人具有以下性质：

1. 独立的当事人

国际多式联运经营人作为全程运输的承运人与托运人签订多式联运合同，签发多式联运提单，收取全程运费，并承诺将货物运抵目的地，交付收货人。因此，虽然国际货运代理从事国际多式联运服务，但国际货运代理并不是托运人或收货人的代理，也不是实际完成各段运输任务的实际承运人的代理，而是对全程运输独立承担责任的缔约方。

2. 具有双重身份

国际多式联运经营人具有双重身份，实际业务中，国际多式联运经营人一般不会完全依靠自身力量完成全程运输服务工作，而是同各分段的航运公司、航空公司、卡车公司等实际承运人签订分段运输服务协议。因此，除我们所熟悉的承运人身份外，国际多式联运经营人还是各分段运输协议的托运人和收货人。

3. 国际多式联运经营人并不一定拥有运载工具

国际多式联运经营人主要有两种类型：一种掌握运载工具（多数为船舶等长途运载工具），

如班轮公司在利用自有的船舶、运输网络提供海运服务的同时，将业务扩展到陆地，与公路运输相衔接向客户提供门到门的全程服务；另一种是无船承运人（Non-Vessel Operating Carrier），也被称为无船公共承运人（Non-Vessel Operating Common Carrier，NVOCC）①，他们或是码头经营人，或是货运代理人，自身并不拥有船舶等运载工具，在与客户签订多式联运合同后，需要与实际承运人签订分包合同来完成各区段的运输服务。

（三）国际多式联运经营人的责任范围

国际多式联运经营人的责任期间从接收货物开始到交付货物为止。关于具体责任范围和赔偿限额，国际上则有三种不同做法：

1. 统一责任制

统一责任制下，多式联运经营人需按统一标准对货物的灭失和损坏承担责任，即无论货损发生在哪个区段、哪种运输方式下，多式联运经营人都按一致的原则承担责任，按约定的统一赔偿限额进行赔偿。

于货主而言，统一责任制简单明了，可有效把控货物在途风险。于多式联运经营人而言，则增大了其经营风险，通常情况下，多式联运经营人具有双重身份——全程运输承运人和各分段运输协议的托运人和收货人。因不同身份适用于不同的国际公约，而不同的公约对责任义务的规定差异较大（如《海牙规则》、《蒙特利尔公约》），所以统一责任制下，多式联运经营人对货主所承担的赔偿责任很可能与他对实际承运人的索赔权利不对等。

2. 分段责任制

分段责任制又称网状责任制，它的基本原则是按照各运输方式所应遵循的国际公约，分段确定承运人的赔偿责任和赔偿责任限额。例如，海运主要依据《海牙规则》，空运主要依据《蒙特利尔公约》。出现隐蔽性货损或不明区段的货损时，如货物霉变，因很难确定货损出现的时间及运输阶段，也就无法找到可依据的公约，这种情况下，合同一般会规定依据《海牙规则》处理。当然，也可以按约定的其他方式办理。

通过分段责任制，多式联运经营人成功地将对货主的赔偿责任和对实际承运人的索赔权利结合到一起，可以很好地控制经营风险。但货损出现的时间会直接影响到可能获得的损害赔偿范围，增加了货物在途风险的不确定性，因而是货主不愿意采取的责任方式。

3. 修正的统一责任制

修正的统一责任制又被称为混合责任制，是介乎以上两种责任制之间的责任制度。它试图平衡货主与多式联运经营人之间的风险负担，在责任范围的确定上，它与统一责任制相同，在赔偿责任限额方面则与分段责任制相似。

二、国际多式联运的组织

（一）国际多式联运的组织形式

理论上说，国际多式联运是任何两种以上基本运输方式的组合，可能是铁路—公路联合而

---

① 两种称呼之间存在微妙的差异，体现在普通法系的国家对"公共承运人"有特定的理解。

形成的驮背运输①，也可能是公—海—空组合的联运。实际业务中，各国常用的国际多式联运组织形式如下：

1. 海陆联运

这是最常见的一种国际多式联运方式。

具体步骤为：首先，内陆地区的托运人或收货人与航运企业或无船承运人签订由内陆出口地到内陆进口地的国际多式联运协议；其次，托运人在内陆集装箱场站将货物转交承运人控制，得到多式联运提单，或者多式联运经营人派遣车辆将空的海运集装箱调拨到托运人内陆仓库，装上货物，签发多式联运提单；再次，货物通过铁路运输或公路运输运抵海运段的装货港，在装货港（也可以在内陆出口地）完成出口报关，装上远洋船舶运到预定的卸货港；最后，再转由铁路或公路送达收货人仓库，也可以由收货人到港口自提货物。

2. 陆桥运输

陆桥运输也叫大陆桥运输（Land Bridge Transport），一般以集装箱为媒介，利用横贯大陆的铁路、公路系统为中间桥梁，将大陆两端的海洋连接起来，是典型的海—陆—海运输方式。

大陆桥运输最早出现于 1967 年，当时受战争及其他因素影响，苏伊士运河和巴拿马运河都处于关闭停航状态，远东与欧洲之间的航运被迫绕道好望角或合恩角。运距的延长、油价的猛增都极大地增加了企业的营运成本。在此背景下，美国率先使用大陆桥——北美大陆桥，由日本出口到欧洲的货物，先经北太平洋航线到达美国西海岸，上岸后利用美国横贯东西的铁路/公路运输系统运送到大西洋沿岸港口，接着转乘北大西洋航线到达欧洲口岸。后来，因大陆桥运输给美国东岸港口造成了巨大压力，加之巴拿马运河重新投入使用，北美大陆桥渐渐退出市场。目前，使用较多的是北美的小陆桥或微陆桥，货物从美西口岸经陆上运输系统到达墨西哥湾沿岸，或者到达内陆地区，不必横穿北美大陆。

20 世纪 70 年代，另一条知名的陆桥西伯利亚大陆桥诞生。西伯利亚大陆桥也称第一亚欧大陆桥，以俄罗斯的西伯利亚铁路为桥梁，沟通太平洋西岸的远东地区和欧洲的波罗的海、黑海沿岸，以及大西洋东岸港口。实际上，最早的亚欧大陆桥东起符拉迪沃斯托克（海参崴）的纳霍特卡港，向西至莫斯科后兵分三路：一路到达波罗的海的圣彼得堡，转船到西北欧港口；一路由铁路系统进入东欧、西欧各国；一路去往黑海沿岸，转船到中东、地中海沿岸。西伯利亚大陆桥对联系欧亚大陆东西两端起到了积极作用，但俄罗斯港口漫长的冰冻期、东西货运量的严重不平衡、西伯利亚铁路陈旧的设备和紧张的运力及苏联、东欧地区政治环境的巨变，都极大地限制了大陆桥运输的发展。近年来，伴随着经济战略的调整，俄罗斯中央政府对西伯利亚大陆桥日益重视，大陆桥的运量开始回升。

与我国关系最为密切的大陆桥是"新亚欧大陆桥"。该陆桥东起江苏连云港，经我国陇海—兰新—北疆铁路出阿拉山口到达哈萨克斯坦等中亚地区，并穿越白俄罗斯、波兰、德国等欧洲国家，最远可到达荷兰的鹿特丹。虽然新亚欧大陆桥比西伯利亚大陆桥的运距缩短 2 000 多公里，在途时间减少 5 天，但对该线的利用并没有达到预期，原因如下：一是俄罗斯出台了系列支持西伯利亚大陆桥的政策；二是苏联解体后的各个国家铁路部门之间的协作存在很

---

①　一般指利用铁路平板车搭载集装箱进行长途运输，再由拖车完成门到门服务的混合运输形式。此外，西方国家还开发出"铁公路（一种既有公路用轮胎，又有铁路用车轮的运载工具）"进行公—铁联运。

多问题。当前，新亚欧大陆桥的主要使用者是日、韩，大量物资经由该线路到达哈萨克斯坦等中亚、西亚国家。

3. 海空联运

20世纪60年代，美国率先开始海空联运。当时，由远东到达美国东海岸和内陆地区的货物，会先经海运运抵美国西海岸，再利用美国发达的航空运输体系送至目的地。

海空联运既可以控制运输成本，又可以缩短运输时间，因而深受货主喜欢。不过，因航空运输与海运的巨大差异，特别是海运集装箱和空运集装箱的不兼容性，很大程度上限制了海空联运的发展。当前，使用海空联运的主要是远东到欧洲、中南美洲、中东及非洲的货物。

4. 陆空联运

内地的货物通过公路/铁路运输方式到达航空枢纽，再借助枢纽城市的空运转运到世界各地，这种方式即陆空联运。如义乌的小商品先运到上海，再由航空运输送往欧洲。陆空联运有助于扩大航空枢纽服务的辐射范围。

（二）国际多式联运的优势

与传统的分段运输方式比较，国际多式联运有着无可比拟的优势：

1. 手续简便

国际多式联运中，托运人只需办理一次托运手续，支付包干费用就可以实现全程运输。一旦货物出现灭失或损坏，可以直接找全程运输的总负责人——国际多式联运经营人进行交涉，避免了繁杂的索赔程序。

2. 运输时间短

国际多式联运可借助集装箱快速完成门到门的服务。第一，集装箱运输中装卸及转运的高效便捷缩短了货物的运送时间；第二，多式联运经营人对各航程时间统一合理的安排，有效地减少了中转时间。运输时效的提高，为货主争取了更好的市场机会。

3. 运输风险小

国际多式联运以集装箱为运输单位。借助集装箱箱体的保护，箱内的货物的失窃、毁损风险有所降低。虽然要经过多个运输阶段、使用多种运输方式、经过多次装卸作业，但集装箱可以直接换装，避免了转运中可能出现的货物灭失和损坏，减少了运输风险。国际多式联运经营人全程的统一调度和安排，也在一定程度上降低了货物转运中的巨大风险。

4. 节约费用

首先，集装箱本身就可被视为运输包装，因而采用集装箱运输的货物可以简化原有的运输包装，节省包装费用；其次，能够更加充分地利用运输工具，一定程度上降低了运输成本。最后，国际多式联运经营人在业务中积累的丰富经验，有助于为客户设计最佳运输路线、提供更加可靠的运输服务，进而降低总的运输成本。

5. 托运人及早结汇

采用分段运输方式时，内陆货主必须等到货物运达出口港、装上远洋船舶后才可取得远洋提单，并凭此单向银行办理结汇。而采用国际多式联运，托运人在内陆出口地将货物交付给国际多式联运经营人时，就可取得多式联运提单，并办理结汇手续。提早结汇加快了托运人的资金周转速度，并降低了其出口成本。

三、国际多式联运公约

1980 年，世界上第一部关于国际多式联运的公约——《联合国国际货物多式联运公约》在日内瓦签署，该公约旨在调整国际多式联运经营人与托运人、收货人之间的权利、义务关系，对国际多式联运业务的规范发展起了一定的指导作用。

（一）国际多式联运经营人的赔偿责任

1. 国际多式联运经营人的责任基础

与《汉堡规则》相似，《联合国国际货物多式联运公约》采取推定过失原则。而且赔偿责任的范围既包括货物的灭失、损坏，也包括运输延迟，即：多式联运经营人对于货物的灭失、损坏和延迟交付所引起的损失应负赔偿责任，除非多式联运经营人证明其本人、受雇人或代理人或其他任何人为避免事故的发生及其后果已采取了一切所能合理要求的措施。[①]

关于全程运输与各分段运输服务的关系，《联合国国际货物多式联运公约》采用修订的统一责任制。在判断承运人的责任范围方面，全程服务采用统一的推定过失原则为责任基础，但在确定承运人的赔偿限额方面，则考虑不同运输方式的差异：赔偿责任以灭失或损坏的货物的每包或其他货运单位计不得超过 920 记账单位，或按毛重每千克计不得超过 2.75 记账单位；国际多式联运如果根据合同不包括海上或内河运输，则多式联运经营人的赔偿责任按灭失或损坏货物毛重每千克计不得超过 8.33 记账单位。[②]

2. 国际多式联运经营人的责任期间

与专门针对海上运输的《汉堡规则》不同，《联合国国际货物多式联运公约》第 14 条认为，多式联运经营人的责任期间应该自其接管货物之时起到交付货物时为止。

（二）托运人保证条款

《联合国国际货物多式联运公约》对该问题的规定与《汉堡规则》也基本一致。

首先，托运人应该保证所提供的货物品类、标志、件数、重量和数量、危险货物的危险属性等事项准确无误，如果是危险品，托运人还应该以适当的方式在危险货物上注明危险标志或标签，否则必须赔偿多式联运经营人，即使托运人已经将多式联运单据转让。[③]

其次，如果多式联运经营人遭受的损失是由于托运人的过失或疏忽造成的，托运人对这种损失应负赔偿责任。[④]

（三）国际多式联运单据

国际多式联运单据即多式联运提单。《联合国国际货物多式联运公约》第 5 条规定多式联运经营人接管货物时，应签发多式联运单证，既可以是可转让的，也可以是不可转让的。随后的第 6 条、第 7 条指出，指示单据可凭背书转让，不记名单据交付即可转让，而记名单据不可转让。

此外，2009 年签订的《联合国全程或者部分海上国际货物运输合同公约》（简称《鹿特丹规

---

① 《联合国国际货物多式联运公约》第 16 条。
② 《联合国国际货物多式联运公约》第 18 条。
③ 《联合国国际货物多式联运公约》第 12、23 条。
④ 《联合国国际货物多式联运公约》第 22 条。

则》)试图规范与海运相关的联运服务，但因其推出时间较短，对业界的影响还需拭目以待。

国际货运代理人协会联合会推荐的多式联运单证

第三节　邮政快递服务

邮政快递服务是邮政快递企业综合运用各种运输方式，为客户提供的一种寄递服务，包括收寄、分拣、运输(一般指城际运输)、再次分拣、投递等典型运营环节。运营过程中，可能只使用公路运输一种运输方式，也可能包括水、铁、空等多种运输方式(如第五章中的航空快递)。因而，严格上讲，邮政快递服务并非一种独立的运输方式。

与一般货运服务相比，邮政快递服务覆盖域更广，服务网络更完善，用户规模更加庞大(几乎全民使用)，且因收寄、投递环节深入用户所在的村镇、社区，有利于解决货运"最后一公里"问题。但其运输环节和分拣环节与普通货运服务差异较小，表现在：城际运输可通过铁路、公路、航空、水运等运输方式完成；分拣环节较为依赖仓库/配送中心的运营效率。

一、我国邮政发展历史

今天的邮政服务与历史上的邮政服务有着本质上的不同。

我国邮政历史可以追溯到春秋战国时期的邮驿制。当时，各诸侯国设立驿站，专门用于传送官府文书。及至宋代，又设立了"急递铺"，主要用于递送紧急公文。[1]无论是邮驿制度还是"急递铺"，都是国家行政正常运行必不可少的支柱。

我国近代邮政开始于列强入侵。清末，列强通过海关把控邮务办事处，建立起类似于西方国家的邮政体系，并发行了具有里程碑意义的大龙邮票。辛亥革命后，"中华邮政"替代"大清邮政"，成为国家经办的、面向公众的通信服务机构，并通过各类运输工具和运输服务方式完成信息(信函、包裹)传送任务。1914 年，中国加入万国邮政联盟，开始开展国际互换包裹、信函等业务。我国邮政体系逐渐成形，但受战乱影响，发展缓慢，覆盖范围十分有限。截至1949 年年底，全国邮政营业网点只有 26 328 处，铁路邮路总长 2 万千米，公路邮路总长 4.4 万千米。[2]

新中国成立后，我国邮政事业得到飞速发展。截至 2020 年年底，全国邮政营业网点近 35 万个，已经实现村村通邮，包括铁路、公路、航空运输在内的邮路总长度达到 1 187 万千米。

---

[1]　修晓波. 邮政史话 [M]. 北京：社会科学文献出版社，2011.

[2]　资料来源：国家统计局网站。

这 70 余年间，邮政业务的主体结构也出现颠覆性变化。以最典型的寄递业务①为例（见图 7-11），1985 年，全国邮政系统共运送信函 46.78 亿件，包裹数 7 612.7 万件，报刊期发 30 172 万份；1994 年，寄送的包裹数出现峰值，达到 15 908 万件；2002 年，函件数量达到顶峰，共完成 106.01 亿件。之后，三项基本业务量一路下滑，到 2020 年，函件数只有 14.18 亿件，包裹数 2 030.6 万件。发生显著变化的原因在于：一方面，随着固定电话、电报、移动电话、互联网技术等通信技术的发展，文字书信普遍被更为便捷、高效和更具亲和力的语音、视频等沟通方式替代，且因电子数据的即时性，私人间实体信函也在逐渐退出人们的视野。另一方面，快递市场百花齐放、百家争鸣，且又异军突起。民营企业以快速、灵活的运营方式和便捷高效的服务，不断蚕食邮政企业原有市场，并成为电子商务中网络零售订单的主要送货模式和消费物流服务市场的主体。

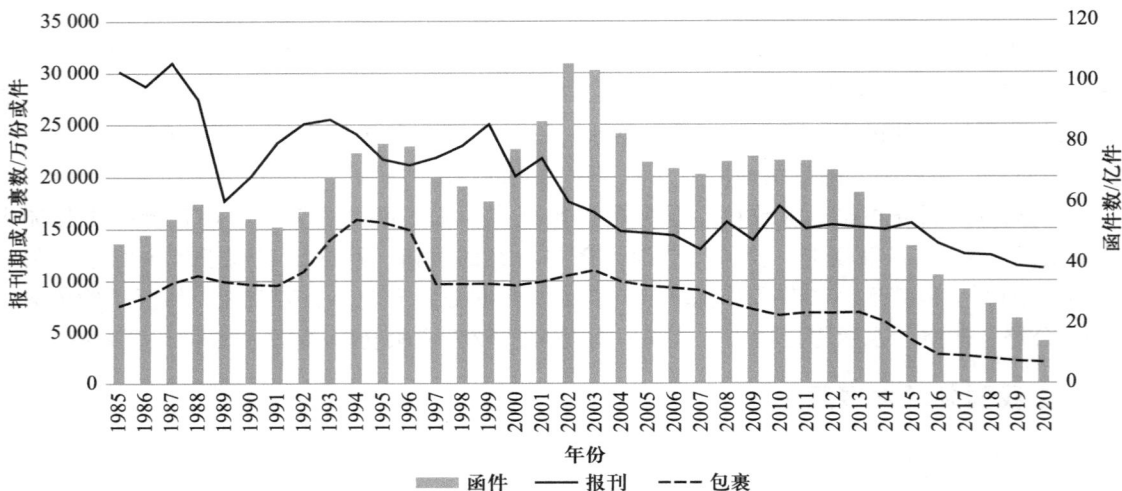

图 7-11   全国邮政业务量统计（1985—2020 年）

资料来源：国家统计局网站。

二、邮政普遍服务

（一）邮政普遍服务的概念

邮政服务来源于国家向每位公民提供基本通信服务的义务，它主要以私人信函、包裹为对象，向所有公民提供一种统一标准的、能支付得起的普遍服务。正如万国邮政联盟宪章上所说，邮政服务是通过对快件的收揽、分拣、运输、递送来满足成员国特定的社会和经济目标的通信服务模式。

在我国，邮政基本服务又被称为邮政普遍服务，指"按照国家规定的业务范围、服务标准，以合理的资费标准，为中华人民共和国境内所有用户持续提供的邮政服务"②，主要包括

---

① 邮政部门的其他业务包括邮票发行、汇兑业务、邮政储蓄。

② 《邮政法》第 2 条。

信件、包裹、印刷品寄递服务等。其中，"普遍"性体现为服务主体的普遍性（邮政分支机构遍布全国各地）和服务对象的普遍性（寄件人、收件人）。

此外，邮政服务还具有国家公共服务基本保障功能，是社会公用事业。中国邮政的普遍服务范围广泛，包括信件、印刷品、包裹、汇票等。按照国家规定办理机要通信、国家规定报刊的发行，以及义务兵平常信函、盲人读物和革命烈士遗物的免费寄递等特殊服务业务，具体体现在较为全面的业务种类、均一低廉的服务资费、遍布全国各地的服务网点、深入千家万户的投递网络等方面。不仅满足了本国境内包括城市、农村、海岛、边疆在内的所有居民的基本通信需求，还在保证国家政令畅通、传播方针政策以及各种信息方面发挥着重要作用。

（二）国家为邮政服务提供保障

《中华人民共和国邮政法》（以下简称《邮政法》）规定：国家保障中华人民共和国境内的邮政普遍服务。邮政企业按照国家规定承担提供邮政普遍服务的义务。国务院和地方各级人民政府及其有关部门应当采取措施，支持邮政企业提供邮政普遍服务。同时，国家邮政管理部门须对邮政普遍服务的业务范围、服务标准和资费水平进行监督管理，以保障中华人民共和国境内所有用户能够真正享有空间上可及、经济上可承受的寄递服务。

为保障邮政普遍服务的可持续性发展，我国和很多国家一样采取邮政普遍服务的邮政企业专营制度，即国务院规定范围内的信件寄递业务由邮政企业专营。《邮政法》还以类似负面清单方式提出快递企业不得经营由邮政企业专营的信件寄递业务，不得寄递国家机关公文，外商不得投资经营信件的国内快递业务。

为保障邮政企业普遍服务的开展，法律要求各相关部门对邮政企业提供必要支持。如《中华人民共和国邮政法实施细则》（1990年）要求规划建设部门保障邮政设施配套建设，在新建区域、拆迁地区规划和建设与之配套的邮政企业分支机构和邮政设施，居民小区设邮政信报箱或收发室，车站、饭店等公共场应有办理邮政业务的场所。为保障邮政运输，要求优先提供有效的车次、航班、舱容；相关运输部门应当在车站、机场、港口、码头妥善安排装卸、储存邮件和作业所需的场地、出入通道、房屋，以及通报行车或者航行情况的信息设施；运输单位承运的邮件应当先于货物发运；载有邮件的船舶应当悬挂邮旗，各有关港口对于悬挂邮旗的船舶应当优先放行；运邮船舶发生海难必须抛弃所载货物时，非至最后，不得抛弃所运邮件；执行邮件运输和投递任务的车、船、邮政工作人员通过桥梁、渡口、隧道、检查站时，有关方面应当优先放行；带有邮政专用标志的邮政车辆在运递邮件时，凭公安机关核发的通行证，可以不受禁行路线、禁停地段的限制；运邮车辆或者邮政工作人员在运递邮件途中违章，有关主管部门应当记录后放行，待其完成运递任务后，再行处理。针对国际邮件，还要求海关应当按照邮政企业通知的作业时间表派员到场监管国际邮袋、查验进出口国际邮递物品；逾时不到场，延误运递时限造成的相关责任，由海关承担。海关依法查验国际邮包时，在设关地应当与用户当面查验。

三、快递服务

（一）快递服务是典型的商业服务

快递服务是典型的商业服务，市场供求受一般经济规律影响。但根据《邮政法》的规定，快递企业需要向邮政管理部门申请快递业务许可证，并接受国家邮政管理局的监督。

快递服务的基本特性是限时服务，指在承诺的时限内快速完成的寄递活动。同样是传送信函、包裹，快递以其快捷、准时（按承诺时间）的服务，为客户创造了更多的时间价值。快递服务的时限，随寄出地和收件地的距离、两地快递行业发展水平，以及承担服务的快递企业服务质量的差异而有所不同。快递国家标准《快递服务　第 3 部分：服务环节》（GB/T 27917.3—2011）5.4.7 规定：同城快件为 3 个日历天，省内异地和省际快件为 7 个日历天。国家邮政局快递服务采用了更高标准时限准时率——国内异地快递服务时限 72 小时准时率。

快递服务另一特性是限制所运送物品的重量和体积。20 世纪 70 年代，快递服务主要对象是对时限要求较高的商业文件，小型货样、展品，以及配合电子、汽车等行业 JIT 管理模式的零配件等。20 世纪末，电子商务，特别是 B2C、C2C 网络销售模式的兴起，带动了快递行业的迅猛发展。如我国数量庞大的淘宝用户促进了通达系的兴起发展，京东集团则具有网络零售商和快递企业双重身份。为更好地服务目标市场，快递企业针对快件小型、高价的特性设计配备了相应的运输、分拣设施，并普遍采用限重的做法。如顺丰公司将超过 20 千克的物品视为大件，UPS 要求单个包裹的长度不超过 270 厘米等。超出规定重量、体积范围的物品，一般被视为零担货物，由集团内零担或物流部门负责。

专题阅读 7-1

中国快递发展指数

中国快递发展指数（China Express Development Index，CEDI）是国家邮政管理局推出的力图清晰刻画中国快递市场发展程度的量化指标体系。该指标能够从市场发展规模、服务质量、发展普及率、发展趋势预估等不同方面综合反映快递市场发展水平、评价行业发展状况、昭示行业发展动态。其中，发展规模包括业务量和业务收入；服务质量指数包括满意度、时限准时率和有效申诉率；发展普及指数包括快递深度和网点密度；发展趋势指数包括业务增长预期和经理人预期等二级指标。数据来源于国家邮政总局市场监管数据、国家统计局的统计数据、市场调查数据。

2014 年，我国首次公开发布 CEDI。最初，其以 2010 年一季度指标为基期值，经过多次微调，现以 2016 年 3 月为基期、100 为基期值。2018 年后，开始发布月度指数。新的 CEDI 也包括 11 个二级指标，其中，发展规模指数包括业务量和业务收入；服务质量指数包括公众满意度、72 小时准时率和用户申诉率；发展能力指数包括快递深度、网点密度、劳动生产率和支撑网络零售额；发展趋势指数包括业务增长和快递资本市场增长预期。

（二）我国快递服务市场的飞速发展

我国快递业的发展与国家改革开放的步伐相一致。1985 年，中国邮政成立专营快递的中国速递服务有限公司（EMS），正式开启快递服务。在此前后，全球四大快递公司 FedEx、DHL、UPS、TNT，以及以日本为代表的区域性快递企业相继通过代理、建立合资企业等方式进入中国，布局国际快递业务。

20 世纪 90 年代，长江三角洲地区、珠江三角洲地区迅猛发展的进出口贸易，催生出对商务文件快速传送的庞大市场需求。但限于国内市场尚未完全开放，跨国经营的合资快递企业无法提供本土服务，且因邮政运营体制固化、服务意识不强等客观因素存在，以中国速递服务有限公司为代表的全面依托于邮政服务网络的国有快递企业也无法满足市场要求。在此背景下，顺丰、申通等民营快递公司先后成立，并以价格低廉、服务灵活的优势在竞争中脱颖而出，迅速占领了市场。随后各民营快递公司与淘宝等电商企业紧密合作，中国快递行业进入飞速成长的 20 年。据统计，2008—2020 年，快递业务量每年增幅都超过 20%，最高年增幅达到 61.6%（见图 7-12）。2007 年，全国快递业务量 12 亿件，行业收入 342.59 亿元。2015 年，我国成为世界第一大快递市场，业务量首次突破 200 亿件大关，达到 206.66 亿件，行业收入 2 045 亿元。其中，网购订单占比约 90%。2020 年，新冠疫情暴发后，"宅经济"发展，极大地促进了网络零售及快递服务市场的增长。至 2021 年，全国快递企业完成业务量 1 083 亿件，业务收入 10 332.3 亿元，日均快递业务量近 3 亿件。

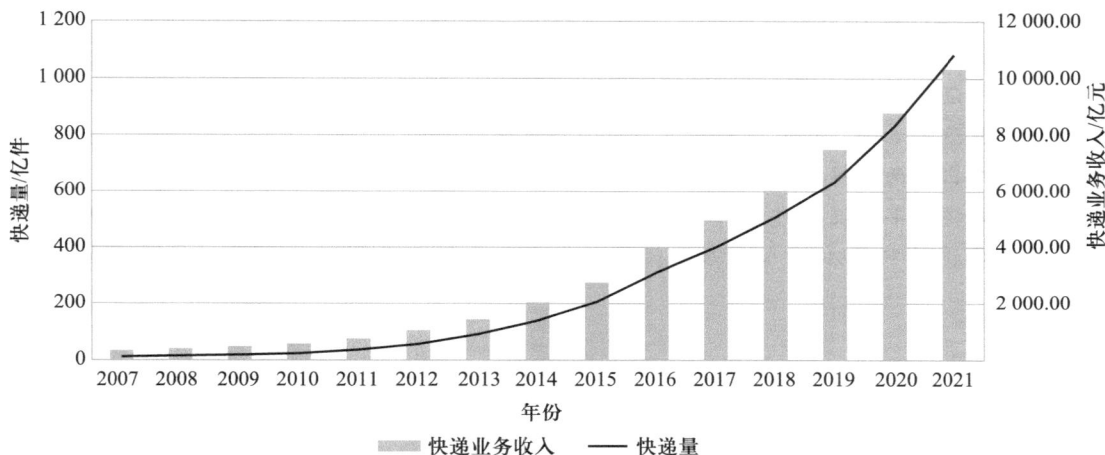

图 7-12　我国快递市场数据统计（2007—2021 年）

资料来源：国家统计局网站，国家邮政总局网站。

与此同时，我国快递与全球市场也在加速融合。2001 年，我国正式加入世界贸易组织，承诺逐步开放国内快递市场。2005 年，彻底取消对外资快递企业的股权限制要求后，联邦快递等国际巨头开始建立独资企业经营在华业务。此时，以顺丰、通达系为代表的民营企业在国内市场中的地位已经稳固。2016 年，随着我国民营快递企业陆续上市，整体竞争优势越发显著。近年来，随着跨境电商的发展，这些企业加快了"走出去"的步伐，开始在东南亚、欧美等国以代理、合资、独资、联盟等多种形式构筑自己的全球快递服务网络。

四、万国邮政联盟

万国邮政联盟（Universal Postal Union，UPU）的前身为 1874 年 10 月 9 日成立的、总部位于瑞士首都伯尔尼的"邮政总联盟"（1878 年更名为万国邮政联盟），其宗旨是促进、组织和改善国际邮政业务，发展邮政方面的国际合作，以及在力所能及的范围内给予会员国所需要的邮政技术援助。

作为当前联合国处理国际邮政事务的专门机构，万国邮政联盟制定了《万国邮政公约》。公约主体内容包括：对函件业务的规定，如函件的种类、交付邮资和重量及尺寸的限制、禁寄物品、海关监管、查询和补偿、转运费和终端费的结算等；函件航空运输规则，如使用航空运输函件的加快航空附加费、航空函件的改寄和退回、航空运费的计算和结算等。

典型案例

匈牙利某贸易公司与温州进出口公司签订童装出口协议后，温州进出口公司以委托人身份将货物装入一40′集装箱交由中国香港某公司出运，并获得全程多式联运提单。该清洁提单表明接货地为厦门，装货港为香港，卸货港为布达佩斯。货抵香港后，被换装到航运公司的船上，并签发目的港为科波尔、收货人为香港公司的不可转让的海运提单。货到科波尔港后，由铁路运达布达佩斯。匈牙利贸易公司提货时发现集装箱内无货，遂将香港公司告上法庭。

厦门海事法院经过调查认为：香港公司签发的全程多式联运提单有效。多式联运经营人承担货物的全程运输责任，对匈牙利贸易公司的损失进行赔偿。

该案例中出现两套提单：多式联运提单和海运提单。两类提单的属性一致。其中，香港公司作为多式联运提单签发人对多式联运全程（厦门到布达佩斯）承担货物运输责任；航运公司作为国际海运段的实际承运人、海运提单签发人，承担香港到科波尔港海运段的货物运输责任。

本章小结

本章首先介绍了成组运输、集装箱运输的特点、业务模式和涉及的关系方。其次，讨论了国际多式联运的特点、相关的当事人以及国际多式联运经营人所承担的责任，并简要介绍了国际多式联运业务的组织方式、《联合国国际货物多式联运公约》的主要内容。最后，详细介绍了邮政快递服务发展的历史及特征。

思考题

1. 成组运输的主要形式有哪些？
2. 举例说明托盘运输的优势和局限性。
3. 集装箱运输的特点有哪些？
4. 集装箱运输的主要关系人有哪些？他们都扮演什么角色？
5. 举例说明什么是整箱交、拆箱接。
6. 整箱交接适用于哪种情况？
7. 国际多式联运的特点是什么？
8. 说明国际多式联运经营人的性质。
9. 什么是网状责任制、统一责任制？它们与修订的统一责任制有什么区别？
10. 国际多式联运的优势有哪些？
11. 列举邮政普遍服务的实例，说明其基本特点。
12. 快递服务与邮政服务、普通货运服务有哪些不同？

案例讨论

2005年，国内多家新闻媒体报道了来自美国慈善机构的捐赠物品被发现是"医疗垃圾"的事件。这些"捐赠垃圾"包括心脏手术包、医用套服、医用手套、敷料、纱布、胶带、垃圾桶、导管及套件、缝合线、轮椅等。其中，绝大部分是过期物品，甚至有1998年就过期的医用管。也有部分是重复使用的二手货，包括医疗器械，裸放在集装箱内的内含变质物质的一次性注射器，已外流的试剂、消毒膏及液体，大量带有污渍、霉点以及破损掉色的被褥、服装及手术服，有修理痕迹的破损轮椅等。

在本次事件中，除应追究国外慈善机构的责任外，请结合集装箱运输的特点讨论为什么会出现这种现象，及运输服务提供商是否应对此事件承担一定责任。（讨论要点见教师课件）

本章关键术语

- □ 成组运输
- □ 集装箱运输中的整箱和拼箱/拆箱
- □ 无船承运人和实际承运人
- □ CY 和 CFS
- □ 国际多式联运
- □ 国际多式联运经营人
- □ 统一责任制、分段责任制、修订的统一责任制
- □ 国际多式联运单证
- □ 国际多式联运公约
- □ 邮政普遍服务
- □ 快递服务

本章阅读资料

《国家综合立体交通网规划纲要》

2021年2月，中共中央、国务院印发《国家综合立体交通网规划纲要》，提出到2035年，基本建成便捷顺畅、经济高效、绿色集约、智能先进、安全可靠的现代化高质量国家综合立体交通网，实现国际国内互联互通、全国主要城市立体畅达、县级节点有效覆盖，有力支撑"全国123出行交通圈"（都市区1小时通勤、城市群2小时通达、全国主要城市3小时覆盖）和"全球123快货物流圈"（国内1天送达、周边国家2天送达、全球主要城市3天送达）。交通基础设施质量、智能化与绿色化水平居世界前列的发展目标。

未来的综合立体交通网将以铁路为主干，以公路为基础，融合水运、民航、管道等各类运输方式。其中，国家骨干交通网络将围绕6条主轴（京津冀—长三角主轴；京津冀—粤港澳主轴；京津冀—成渝主轴；长三角—粤港澳主轴；长三角—成渝主轴；粤港澳—成渝主轴）、7条走廊（京哈走廊、京藏走廊、大陆桥走廊、西部陆海走廊、沪昆走廊、成渝昆走廊、广昆走廊）、8条通道（绥满通道、京延通道、沿边通道、福银通道、二湛通道、川藏通道、湘桂通道、厦蓉通道）展开。同时，在京津冀、长三角、粤港澳大湾区、成渝地区双城经济圈建设国际性综合交通枢纽集群，完善多层次一体化的综合交通枢纽城市和综合交通枢纽港站。

在对外联络方面，首先，发展多元化国际运输通道，重点打造新亚欧大陆桥、中蒙俄、中国—中亚—西亚、中国—中南半岛、中巴、中尼印和孟中印缅7条陆路国际运输通道。其次，发展以中欧班列为重点的国际货运班列，促进国际道路运输便利化。再次，强化国际航运中心辐射能力，完善经日韩跨太平洋至美洲，经东南亚至大洋洲，经东南亚、南亚跨印度洋至欧洲和非洲，跨北冰洋的冰上丝绸之路4条海上国际运输通道，保障国家重点物资国际运输，拓展国际海运物流网络，加快发展邮轮经济。复次，依托国际航空枢纽，构建四通八达、覆盖全球的空中客货运输网络。最后，建设覆盖五洲、连通全球、互利共赢、协同高效的国际干线邮

路网。

　　在货运方面，推动建设综合货运通道与内陆港系统。第一，推进交通基础设施与运输网、信息网、能源网融合发展，构建多式联运网络，完善供应链服务体系。第二，加快综合货运枢纽多式联运换装设施与集疏运体系建设，统筹转运、口岸、保税、邮政快递等功能，提升多式联运效率与物流综合服务水平。

即测即评

第 八 章
国际物流包装与存储技术

本章学习要求

通过对本章的学习，掌握物流包装的分类、各类别包装的一般特征以及包装的主要功能；了解常见包装标志的种类及其适用范围；掌握条形码、RFID 电子标签的含义，理解条码、RFID 技术、便携式终端和 IC 卡在物流管理中的重要作用；了解仓储系统的基本构成，理解物流管理中仓储系统的重要作用；了解仓库中的各类设备及其常见种类与功能。

第一节 包 装

一、包装的分类

包装，指"为在流通过程中保护产品、方便储运、促进销售，按一定技术方法而采用的容器、材料及辅助物等的总体名称。也指为了达到上述目的而采用容器、材料和辅助物的过程中施加一定技术方法等的操作活动"[①]。

商品按包装的形式不同，有散装货物、裸装货物和包装货物的区别。散装货物一般指煤炭、

[①] 《物流术语》（GB/T 18354—2021）。

矿砂、石油等大宗货物，这些货物呈液态、气态或是小颗粒的固体形态，运输当中不需要另加包装，需要使用专门的装卸、运输工具，如抓斗、油罐等进行装卸、运输、存储作业。裸装货物如大型机械、汽车等，大多数体积庞大，抗外界碰撞及不良天气影响的能力较强，运输、仓储过程中也不需要包装。我们生活中使用的大多数日用品或办公用品都属于包装货物，即在商品外部存在这样或那样的其他材料，用以保护货物或吸引人们购买，这些材料就被称为包装物。

（一）按包装的功能分类

按包装的功能不同，包装可分为销售包装和运输包装。

1. 销售包装

销售包装是指直接接触商品并随商品进入零售店和消费者直接见面的包装，又称小包装或零售包装，也称内包装。

销售包装将随商品摆放在货架，供消费者或用户选择，因此，包装的主要目的是协助、促进商品的销售。为达到目的，销售包装通常制作精美，颜色鲜艳，外形独特，如方便面包装；一些高档商品的包装还十分讲究装潢、设计，如香水包装。食品和化妆品包装是这类包装的典型，它们的包装设计也是工业设计中非常重要的组成部分。

与此同时，还有一些销售包装表面看来朴实无华，或者不如上述包装绚烂多姿，但它们很好地解决了顾客购买批量和零售点内货架空间紧张的难题，也是常见的销售包装模式，如饮料的包装和计算机主板的包装。这种类型的销售包装往往用于功能性商品（必需品）或技术含量较高、品牌差异化明显的商品。

销售包装按包装样式不同，又可以分为盒式包装、袋式包装、实物包装等。盒式包装是以硬纸板为材料，按照商品的不同样式，经过折叠后，胶合成的盒子式包装形式。如上述的计算机主板包装，它的特点是简洁，节省空间，运输方便，非常适用于硬物类商品的包装。袋式包装主要用于食品等软物类，它的优点是密封式包装，对商品的保护性较好。手提袋也是这个类型中的一种，但不是密封的。实物包装指商品本身的包装，如润肤露、洗发水、饮料等产品本身的包装。

在我国计划经济时代，生产厂家对销售包装关注不够，出现了"一流质量，二流包装，三流价格"的现象。随着市场竞争越来越激烈，企业越来越关注销售包装对销售的促进作用，也就出现了各种各样琳琅满目、各具特色的包装形态。

2. 运输包装

运输包装又称大包装或外包装，也叫工业包装。顾名思义，是指以满足运输、仓储要求为主要目的的包装。

与销售包装相比，运输包装强调在满足仓储、运输运作要求的基础上尽量考虑包装的经济性、安全性，因此外观设计多简单实用，包装用料也相对经济，瓦楞纸盒是常见的包装形式。

有的时候，在商品的销售包装和运输包装之间还有一层中包装，中包装将若干个小包装组合在一起，在销售过程中一部分随同商品出售，另一部分则在销售中随之消耗，因而有时也被列为销售包装。它在保护商品、方便存储的同时，有利于清点、计数商品的数量。图8-1是某药品的三种包装形式，依次分别为内包装、中包装和外包装。[①]

---

① 图片来自海王银河医药物流网。

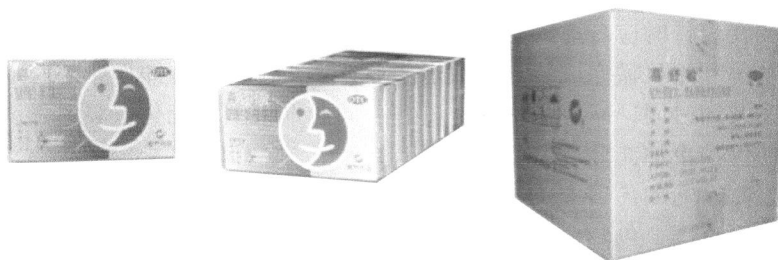

图 8-1　某药品的内包装、中包装和外包装

当前，外包装或运输包装中出现了成组化包装的趋势，又称为单元化或集装化包装，是将若干小单位的货品通过一定的技术措施组合成尺寸规格相同、重量相近的大型标准化的组合体，称为单元货物(Unit Loads)，以提高搬运效率，降低成本。

从理论上说，单元货物的体积重量越大，货物搬运成本越低。但很多小型件杂货商品，如多数的生活日用品，由于个体较小(包括体积、重量)，包装形式多样，因此不适合直接进行搬运作业。即使一些瓦楞纸箱包装的药品、办公用品等，虽然相对增大了作业单元，但仍然不能充分利用机械化作业的优势。所以，往往需要再进行一定程度的组合，以便于运输、搬运、装卸效率的提高。单元化包装的形式很多，主要有①:

(1)托盘。托盘是为了使物品能有效地装卸、运输、保管，将其按一定数量组合放置于一定形状的台面上。这种台面有供叉车从下部叉入并将台板托起的叉入口。以此为基本结构的台板和在这种基本结构基础上所形成的各种形式的单元化包装器具都可统称为托盘。最典型的是平托盘，其变形体有柱式托盘、箱式托盘;有底部安装滚轮的，用人力推送的滚轮箱式托盘、滚轮保冷箱式托盘;有折叠式托盘、薄板托盘(滑板)，还有装运桶、罐等与货物外形一致的特殊构造的专用托盘。载重量一般可分为 1 吨、1.5 吨、2 吨。

(2)集装箱。最典型的是普通干货集装箱，其他的有罐式集装箱、台架式集装箱、平台集装箱、折叠式集装箱等，多为长方形，可装卸 5~40 吨商品。

(3)集装容器。典型集装容器是集装袋(见图 8-2)，其变形体有集装罐、集装桶等。集装袋又称集装包，大多是由聚丙烯、聚乙烯等聚酯纤维纺织而成的塑料编织袋包装。其容量一般为 1~5 吨，最高可达 13 吨，适用于装运粉粒状、颗粒状的商品。

目前托盘成为使用最普遍的一种单元化包装工具。在配送系统中，为充分利用托盘成组作业的优

图 8-2　集装袋

---

①　关于托盘和集装箱的详细资料，请见本书第 7 章。

势，在产品尺寸、原始包装、运输包装、托盘、车辆和仓库货架尺寸等之间应注意保持一定的比例关系。外包装在设计时应考虑既能充分利用托盘空间，又能在托盘上形成稳固的组合。

成组化包装基本利用机械完成装卸、搬运作业，大大降低了装卸作业的劳动强度，提高了装卸效率，缩短了装卸时间，减少了货损、货差。同时，大型单元化包装的强度和防护能力大大提高，对货物的保护更加充分。

（二）按照包装的使用范围分类

按照包装的使用范围，包装分为专用包装和通用包装。

专用包装是指专供特种商品使用的专用包装，如碗形的方便面包装、啤酒饮料中的易拉罐包装等。这类包装往往是制造企业针对特殊商品专门设计而成的，专用性较强。

通用包装是指能广泛用于多种商品的包装容器。因为不针对任何特定商品，一般没有经过专门设计，而是根据标准尺寸生产制造，可以用于对包装无特定要求的产品或者标准规格的产品。瓦楞纸箱和集装袋都是这类包装的代表。

（三）按包装使用的次数分类

按包装使用的次数，包装分为一次用包装、多次用包装和周转包装。

一次用包装指只能使用一次，无法回收利用的包装。这类包装随商品一起出售，或者在销售使用中被消耗掉，无法多次使用。大多数包装都属于此类性质。

多次用包装指可以反复使用的包装，这类包装在回收后经过加工整理可以重复使用，如液化天然气气罐、某些厂家使用的玻璃制啤酒瓶等，但多数多次用包装属于外包装或中包装。

周转包装指仅用于制造企业或零售企业之间供商品周转用的包装，很多为成组包装，如图8-3所示的可装24瓶啤酒的塑料啤酒箱。这类包装一般经过简单整理后就可以重复使用，通常仅在流通环节使用，不随商品一同出售。

图 8-3　周转包装

（四）其他分类

除以上分类方式外，还有其他一些分类方法，如：

（1）按照包装造型分类，有箱、包、桶、袋、捆、罐、篓筐等包装。

（2）按使用材料分类，有纸制、木制、金属、塑料、陶瓷、玻璃、竹、柳等包装。

（3）按包装用材料的质地分类，有硬包装、半硬包装和软包装。

（4）按包装程度分类，有全部包装和局部包装。

（5）按包装防护目的分类，有防潮包装、防锈包装、防霉包装、真空包装、遮光包装、防震包装等。

二、包装的作用及功能

（一）保护功能

保护功能即保护商品不受损害或其他外来因素影响、破坏的作用。这也是商品包装最基本的功能，体现了商品包装最初始的目的。

包装的保护功能主要体现在：

（1）保护商品在装卸、运输、存储过程中免受外来力量的冲击、碰撞，防止运输途中运载工具震动、颠簸而导致的商品变形和表面破损。因此，运输包装一般都有一定的强度，能够抵御或缓解外力的作用，保护商品在装卸、移动、运输和入库存储的过程中不致受到毁损。

运输方式不同，对运输包装强度的要求也有所差异。一般来讲，海上运输因为货物遇到碰撞、颠簸的风险最大，所以对包装的要求最为严格。而集装箱由于硬度和强度较好，在一定程度上减轻了货物自身外包装的压力。

（2）防止商品受潮、发霉、变质、生锈、氧化，或产生其他一些化学变化。商品包装，特别是封闭性包装（如真空包装）能够有效地阻隔外部水分、潮气、光线甚至空气，避免商品因此受损。

（3）防止有害生物的侵袭。特别是食品，如果包装封闭不严，容易造成细菌繁衍、昆虫入侵和老鼠的啃食，所以需要利用各种包装形式防止上述情况发生。

（4）防止丢失、散失、异物混入。对面粉等一些散装货物添加包装主要的目的是减少运输、存储环节外来的污染。而对体积小、重量轻的药品、电子元件进行保护，除防止外来侵害外，还可以和零售环节的销售活动结合起来，起到避免丢失的作用，如芯片、小型存储设备的销售包装通常数倍于自身的体积，其目的之一就是配合超市自助式销售模式，减少偷盗的可能性。

（二）促进销售功能

这是销售包装的重要功能之一。出色的包装能够使产品在众多的产品当中脱颖而出，吸引消费者巡视的目光，刺激他们的购买欲望，部分商品还通过包装显示产品的市场定位，促进销售。如中高档烟酒、化妆品通过别致考究的包装彰显品牌独特而华贵的形象，而低档的文具、日用品，如灯泡仅仅用不厚的纸套环绕灯泡，通过简单、实用的包装传递物美价廉的信息。还有的时候包装本身因为具有的艺术性或实用性而成为消费者追逐的对象，如某些食品生产厂家使用一些类似塑料饭盒的包装盒，消费者可以在享用完食品后对包装二次利用，有力地促进了销售。

销售包装还应该便于携带和使用。销售包装随商品出售，需要考虑消费者的携带和使用，因此某些销售包装本身带有手提，或带有便于开口的装置，供携带和随时使用。

包装还对商品价格产生影响，因为包装成本本身是产品价格的有机组成部分，无论是内包装还是外包装，包装材料的增加、材质的升级必然导致商品价格提升。

（三）降低物流成本，提高物流运作效率

包装，特别是运输包装中的集合包装，主要功能就是降低物流成本，提高物流运作效率。

首先，成组包装如集装箱、托盘、集装袋等包装形式将小件货物组合成大的集合包装形式，利用机械化、自动化装卸设备同时处理多件货物，提高了装卸效率，缩短了装卸时间，促进了作业成本的降低。

其次，标准化的包装规格、形状、尺码与运载工具、货架规格完美配合，充分利用了运载工具和仓库的有效空间，既减少了资源闲置带来的浪费，也避免了因为货物规格与集装箱、货舱不一致而产生的衬垫等填充材料成本（使用填充材料的主要目的是避免货物与舱壁直接碰撞）。

包装还在一定程度上改变了商品的外部形态和物理性质,对物流成本造成一定的影响。例如,宜家的平板包装模式,实际上就是改变以往家具经销商将家具装配完好后再运输、存储、销售的模式,代之以针对完全拆散之后的板材、柱、把手、螺钉和螺母进行保管和运输。这些变化大大提高了存储空间和运输工具的利用率,减少了物品在储运过程中的损坏比率,降低了物流成本。

(四)其他功能

包装还提供了其他一些功能,如借助包装标志识别产品、协助作业的功能,利用包装强度的变化增加商品的堆垛高度,有效提高仓库单位面积存储能力的功能,通过食品、药品等包装的改进延长产品的生命周期的功能,在包装上增加条码以提高自动化作业水平的功能等。

三、包装标志

包装标志就是在包装外部印制、粘贴或书写的标志,内容包括商品的名称、品牌、规格、等级、数量、体积等,它是识别商品的重要依据。其中,内包装的标志主要是为销售服务,外包装也就是运输包装的标志与物流运作息息相关。

本章讨论的主要是运输包装上书写、压制、刷制的各种以文字、数字、图形为基本形态的记号。这些标志按其用途一般分为运输标志、指示性标志、警告性标志和回收标志。

(一)运输标志

运输标志又被称为唛头,主要内容包括目的地信息、收货人信息、件数/批号等,还有的包含货物的名称、规格、型号、毛重、装箱尺码、出厂时间等,内容繁简不一,差距较大。

国际物流中,为更好地办理货物的交接,需要在很多单据上填写运输标志信息,由于运输标志各不相同,给单据的流转工作造成一定的不便。为规范运输标志,联合国欧洲经济委员会简化国际贸易程序工作组,在国际标准化组织和国际货物装卸协调协会的支持下,制定了标准化的运输标志向各国推荐使用。

标准化的运输标志完全由数字和字母信息组成,不包括几何图形,也不加任何广告性宣传及图形,主要内容包括:

(1)收货人或买方的英文名称缩写或简称。

(2)参照号,如运单号、合同号或发票号。

(3)目的地。

(4)件数号码。

例如,某批货物的运输标志如下:

SINOCHEM

AM0301A001

SHANGHAI

No. 1-100

运输标志的主要目的在于识别货物,因此要注意必须用清晰、不褪色的涂料刷写,且字迹应大小适中,易于辨认,刷制标志部位要得当。而且各件货物刷制运输标志的位置应该一样,方便查找。

（二）指示性标志

指示性标志的主要目的是提示人们在装卸、搬运、运输、保管过程中需要注意的事项，一般都是以简单醒目的图形和文字在包装上标出，所以也称为注意标志。

根据国家标准《包装储运图示标志》（GB/T 191—2008），指示性标志如表 8-1 所示。

表 8-1 国家标准包装储运图示标志

序号	标志名称	图形符号	标志	含义	说明及示例
1	易碎物品		 易碎物品	表明运输包装件内装易碎品，搬运时应小心轻放	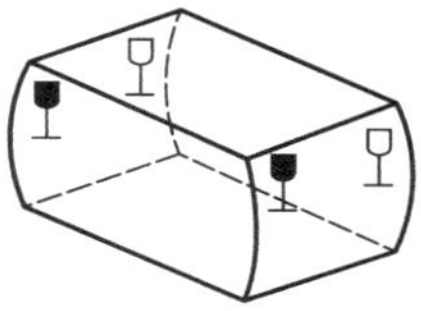
2	禁用手钩		 禁用手钩	表明搬运运输包装件时禁用手钩	
3	向上	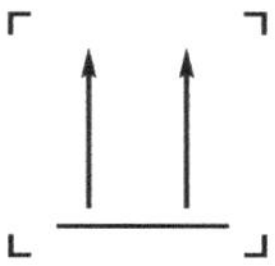	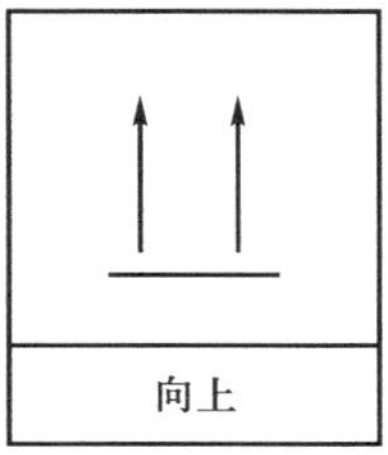 向上	表明该运输包装件在运输时应竖直向上	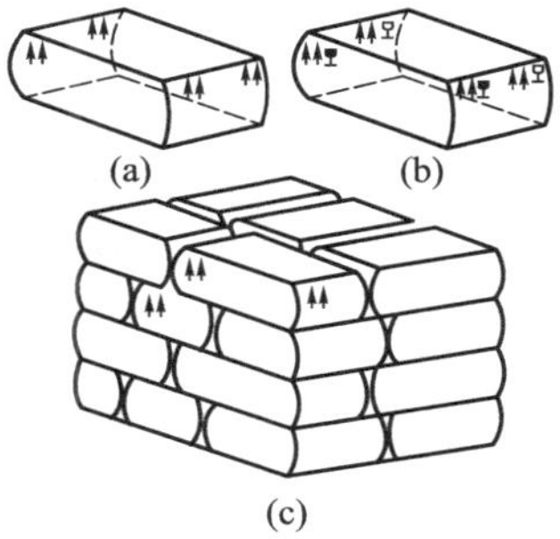 (a) (b) (c)
4	怕晒	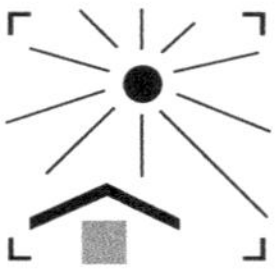	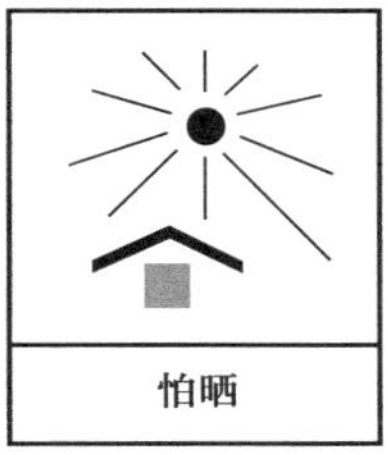 怕晒	表明该运输包装件不能直接照晒	

序号	标志名称	图形符号	标志	含义	说明及示例
5	怕辐射		怕辐射	表明该物品一旦受辐射会变质或损坏	
6	怕雨		怕雨	表明该运输包装件怕雨淋	
7	重心		重心	表明该包装件的重心位置，便于起吊	该标志应标在实际位置上
8	禁止翻滚		禁止翻滚	表明搬运时不能翻滚该运输包装件	
9	此面禁用手推车		此面禁用手推车	表明搬运货物时此面禁止放在手推车上	
10	禁用叉车		禁用叉车	表明不能用升降叉车搬运的包装件	

续表

序号	标志名称	图形符号	标志	含义	说明及示例
11	由此夹起		由此夹起	表明搬运货物时可夹持的面	
12	此处不能卡夹		此处不能卡夹	表明搬运货物时不能用夹持的面	
13	堆码质量极限	...kgmax	...kgmax堆码质量极限	表明该运输包装件所能承受的最大质量极限	
14	堆码层数极限	n	n堆码层数极限	表明可堆码相同运输包装件的最大层数	包含该包装件，n 表示从底层到顶层的总层数
15	禁止堆码		禁止堆码	表明该包装件只能单层放置	
16	由此吊起		由此吊起	表明起吊货物时挂绳索的位置	应标在实际起吊位置上
17	温度极限		温度极限	表明该运输包装件应该保持的温度范围	

（三）警告性标志

警告性标志又称危险货物包装标志，凡在运输包装内有爆炸物、气体、易燃液体、易燃固体、氧化物、毒害品、放射性物质、腐蚀性物质或其他危险物品时，都必须在运输包装上刷制相应的危险品标志。

图 8-4 所示的标志为常见的危险货物标志。

(符号：黑色，
底色：橙红色)

(符号：黑色，
底色：橙红色)

(符号：黑色，
底色：橙红色)

(符号：黑色，底色：橙红色)
★★项号的位置——如果爆炸性
是次要危险性，留空白。
★配装组字母的位置——如果爆
炸性是次要危险性，留空白。

(符号：黑色，
底色：正红色)

(符号：白色，
底色：正红色)

(符号：黑色，
底色：绿色)

(符号：白色，
底色：绿色)

(符号：黑色，
底色：白色)

(符号：黑色，
底色：正红色)

(符号：白色，
底色：正红色)

(符号：黑色，
底色：白色红条)

(符号：黑色，
底色：上白下红)

(符号：黑色，
底色：蓝色)

(符号：黑色，
底色：蓝色)

(符号：黑色，
底色：柠檬黄色)

(符号：黑色，底色：
红色和柠檬黄色)

（符号：白色，底色：
红色和柠檬黄色)

(符号：黑色，
底色：白色)

(符号：黑色，
底色：白色)

（符号：黑色，底色：白色，附一条红竖条）
黑色文字，在标签下半部分写上：
"放射性"
"内装物＿＿＿"
"放射性强度＿＿＿"
在"放射性"字样之后应有一条红竖条

（符号：黑色，底色：上黄下白，附两条红竖条）
黑色文字，在标签下半部分写上：
"放射性"
"内装物＿＿＿"
"放射性强度＿＿＿"
在一个黑边框格内写上："运输指数"
在"放射性"字样之后应有两条红竖条

（符号：黑色，底色：上黄下白，附三条红竖条）
黑色文字，在标签下半部分写上：
"放射性"
"内装物＿＿＿"
"放射性强度＿＿＿"
在一个黑边框格内写上："运输指数"
在"放射性"字样之后应有三条红竖条

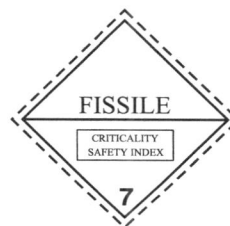

（符号：黑色，底色：白色）
黑色文字
在标签上半部分写上："易裂变"
在标签下半部分的一个黑边
框格内写上："临界安全指数"

（符号：黑色，底色：上白下黑）

（符号：黑色，底色：白色）

图 8-4　危险货物包装标志①

危险货物标志的标打可采用粘贴、钉附及喷涂等方法。标志的位置规定如下：

（1）箱状包装，位于包装端面或侧面的明显处。

（2）袋、捆包装，位于包装明显处。

（3）桶形包装，位于桶身或桶盖。

（4）集装箱、成组货物，粘贴四个侧面。

---

① 《危险货物包装标志》（GB 190—2009）。

危险品包装件应按其类别贴相应的标志。但如果某种物质或物品还有属于其他类别的危险性质，包装上除了粘贴该类标志作为主标志以外，还应粘贴表明其他危险性的标志作为副标志。同时，需要注意标志应清晰，并保证在货物储运期内不脱落、掉色。

此外，联合国政府间海事协商组织还制定了《国际海运危险品货物标志》。这套标志已经被许多国家采用。有的国家在进口危险品时要求在运输包装上标打该组织规定的危险品标志，否则不能卸货。因此，在供出口的危险品货物上，要标打我国和国际两套危险品标志。

（四）回收标志

回收标志（参考 GB/T 18455—2022）规定了可回收利用的包装容器和包装组分的材料识别标注及其标识要求，适用于可回收利用的纸、塑料、铝、铁等包装容器和包装组分。包装回收标志包括常用包装回收标志、塑料包装回收标志和复合包装材料的包装回收标志。回收标志的目的在于包装废弃物使用之后可以明确地分类，同时提示有关各方采取措施回收利用，有效地消除国际贸易障碍。

当前，资源供需矛盾日益突出，生态环境问题严重。其中，包装材料的浪费和包装垃圾的堆积，导致废弃物种类不断增多，严重地威胁了我们的生态环境和自然资源。而绿色包装的出现，极大地改善了这种现状，为实现社会的可持续发展开辟了一种有效途径。特别是近年来，无论是国际还是国内，都越来越重视绿色包装体系的建立、绿色包装产品评价以及垃圾回收等问题。

常用包装回收标志及其说明见表 8-2。

表 8-2   常用包装回收标志

材料名称	回收标志	说明
纸		适用于纸盒、纸箱和纸浆塑模等制品 在标志下方可标注"纸"
塑料		基本图形
铝		在标志下方可标注"铝"
铁		在标志下方可标注"铁"

塑料包装回收标志包括一般塑料包装回收标志和可生物降解塑料回收标志。常用的一般塑料包装代号及其缩略语见表 8-3。图 8-5 给出了实例。

表 8-3　常用塑料包装代号及缩略语

材料术语	聚对苯二甲酸乙二醇酯	高密度聚乙烯	聚氯乙烯	低密度聚氯乙烯	聚丙烯	聚苯乙烯
代号	01	02	03	04	05	06
缩略语	PET	PE-HD	PVC	PE-LD	PP	PS

国际物流中的包装标志除按要求包含上述运输标志、指示性标志、危险品标志和回收标志外，还要特别注意适应进口国对包装本身和包装标志的要求，特别是食品、饮料、药品、卫生用品，很多国家要求销售包装必须以本国文字标识产品的品名、特征、产地、数量等因素，否则将不得销售。不仅如此，各国语言文化的差异导致同样的颜色、花纹可能在不同的国家里具有截然相反的含义，因此要适当变更销售包装以适应当地市场的需要。

图 8-5　一般塑料包装回收标志的实例

运输包装也要适应进口国的要求，如指示性标志和危险品标志上附带的文字，一般使用英语或目的地国语言刷写，便于装卸、搬运、仓储作业。而且进出口货物的品名和商标一般不显示在外包装上，以防止偷盗。

第二节　包装信息化技术

包装信息化主要依赖于自动识别技术。自动识别技术是建立在计算机与通信技术高度发展基础上的综合应用技术，是一种自动化的信息数据采集分发手段。为产品包装配备信息化的识别工具有效弥补了人工数据输入速度慢、识别成功率低、劳动强度大等缺陷，有助于减少库存占用、缩短出货时长和动态监控物品运行全流程，从而实现智能物流的目标。它由标签、标签生成器、标签识读器与信息管理终端等设备组成。在物流过程中，标签生成设备将物流信息写入标签中，并附着于物流单元的包装上，识读器识别标签并将信息分发至各个处理终端，保证物流信息与实际货物的同步运行，经过信息处理终端的处理，确定标签及其附着的物流单元的下一步归属，顺利流向下一个环节。物流包装信息技术发展至今，演化出了条形码、RFID、EDI、RFDC、便携式终端与 IC 卡等多种技术。

一、条形码

（一）条形码的概念

条形码（Barcode），简称条码，是由条形码符号与人工识读代码两大部分构成的一种编码，其通过光电扫描识读设备转换为脉冲信号，并被解读为一定的数字或字母，表示生产国、制造商、商品名称、生产日期、图书分类号、邮件起止地点、类别、日期等各种信息。最常见的条形码是零售店中印制在各种商品销售包装上的条形码，是由反射率相差很大的黑条（简称条）和白条（简称空）组成的，条形码的宽度和排列顺序遵循一定的规则（见图 8-6），依次为左侧空白区或静区（前）、起始符、数据符、中间分隔符、终止符、右侧空白区或静区（后）。

图 8-6　条形码结构

条形码最早是由诺曼·伍德兰在 19 世纪 50 年代提出的概念。1974 年人们在美国俄亥俄州的一家超市完成了历史上第一次条形码购物扫码，扫描的第一件产品是一包箭牌口香糖。在此后的半个世纪中，条形码在多数行业中得到了广泛的应用，并在各种读码设备的配合下，成为现代物流信息系统的重要信息采集手段。这些信息既可以被零售商用来代表特定的商品，被图书出版商用来代表某特定书籍，也可以被快递公司用来代表某特定快件，被仓库用来代表货架上一定的货位，还可以用来代表某家供应商或特定制造企业，甚至被用于相关领域的身份识别，可以说我们今天的生活几乎无处不有条形码的身影。

我国对于条形码的研究始于 20 世纪 70 年代。从 80 年代中期开始，我国一些高等院校、科研部门及一些出口企业，把条形码技术的研究和推广应用逐步提到议事日程。1988 年我国成立中国物品编码中心，大力推广条形码技术，并统一进行管理。1991 年，我国正式加入国际物品编码协会，该协会分配给我国的国别号为"690"。因此，标有"690"条形码的出口商品即表示我国生产的商品。

（二）条形码的分类

条形码种类很多，常见的有 20 多种码制，一般可以分成一维条形码和二维条形码，近年来还出现了三维条形码。一维条形码是我们生活中最常见的条形码，常常作为商品标签被广泛运用于商店、医院、图书馆等场景。

1. EAN 码

EAN 码是欧共体的"欧洲物品编码协会"（European Article Numbering Association，EAN）吸取 UPC 的经验而确立的物品标志符号。该协会于 1977 年改名为"国际物品编码协会"（International Article Numbering Association）。迄今为止，使用 EAN 码的该协会成员已有数十个。除欧洲外，亚洲许多国家也使用此码。我国于 1991 年参加该协会。这是当今世界上最广为使用的商品条码，已成为电子数据交换（EDI）的基础。

EAN 码由前缀码、厂商识别码、商品项目代码和校验码组成。前缀码是国际 EAN 组织标识各会员组织的代码，我国为 690、691 和 692；厂商识别码是 EAN 编码组织在 EAN 分配的前缀码的基础上分配给厂商的代码；商品项目代码由厂商自行编码；校验码是用于校验代码的正确性。在编制商品项目代码时，厂商必须遵守商品编码的基本原则：一个商品项目只有一个代码，一个代码只标识一个商品项目。

2. UPC 码

1970 年美国超级市场委员会制定了通用商品代码 UPC（Universal Product Code）码。美国统一编码委员会（UCC）于 1973 年建立了 UPC 码系统，并全面实现了该码制的标准化。UPC 码成功地应用于商业流通领域中，对条码的应用和普及起到了极大的推动作用。

3. ISBN 码

国际标准书号（International Standard Book Number，ISBN），是国际通用的图书或独立出版物（定期出版的期刊除外）代码。2007 年后的 ISBN 由 13 位数字组成，分为 5 段，即 3 位 EAN（欧洲商品编号）图书产品代码"978"、组号（国家、地区、语言的代号）、出版者号、书序号和检验码。

4. ISSN 码

国际标准连续出版物号（International Standard Serial Number，ISSN）是一种类似于 ISBN 的图书出版物代码。

（三）二维条码

1. 二维条码的类型

如今移动支付的兴起使得二维条码被世人熟知并广泛运用。二维条码的产生源于一维条码无法满足使用需要的现状，后者携带信息量有限，且对汉字或图像的表示非常困难，限制了条形码的应用范围。国外的研究人员早在 20 世纪 80 年代便已经开始对二维条码技术进行研究，原本是将其运用于公安、军事和外交领域的个人证件管理。随后，它被美国、德国等国家逐渐扩展到邮政、物流以及工业生产行业。

我国对于二维条码的研究始于 20 世纪 90 年代初期，中国物品编码中心对几种常见的二维条码进行了技术规范和翻译。[①] 而随着国内用户对于二维条码需求的日益增加，我国技术人员在借鉴国外相关经验的基础上，制定了我国自己的二维条码国家标准，如 2017 年中国物品编码中心带头起草了《商品二维码》（GB/T 33993—2017），基于此的国家二维条码综合服务平台已于 2017 年 7 月 31 日正式上线。

现在，我们口中的二维条码一般是指 QR Code，也就是支付宝、微信支付、火车票等通用的二维条码格式，这也是目前最常用的二维条码形式。它的构成元素包括位置探测图形、位置探测图形分隔符、定位图形、校正图形、格式信息、版本信息、数据和纠错码字（见图 8-7）。

除 QR Code 之外，常见的二维条码还有 PDF417、Code 49、Code 16K、Code One 等。与一维条码一样，二维条码也有许多不同的编码方法也称码制。就编码原理而言，通常可分为以下两种类型：

（1）行排式二维条码。又称堆积式二维条码或层排式二维条码，其编码原理是建立在一维条码基础之上，按需要堆积成二行或多行。它在编码设计、校验原理、识读方式等方面继承了一维条码的一些特点，识读设备与条码印刷同一维条码技术兼容。有代表性的行排式二维条码

① 杨军，刘艳，杜彦蕊. 关于二维码的研究和应用［J］. 应用科技，2020（11）：11-13.

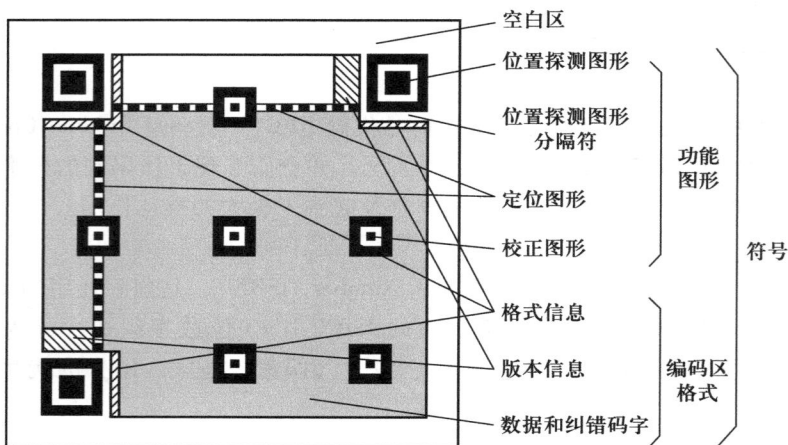

图 8-7   二维条码结构示意①

有 Code 16K、Code 49、PDF417 等。

（2）矩阵式二维条码。又称棋盘式二维条码，是在一个矩形空间通过黑、白像素在矩阵中的不同分布进行编码而成。在矩阵相应元素位置上，用点（方点、圆点或其他形状）的出现表示二进制"1"，点的不出现表示二进制的"0"，点的排列组合确定了矩阵式二维条码所代表的意义。具有代表性的矩阵式二维条码有 Code One、Maxi Code、QR Code、Data Matrix 等。

2. 二维码的特点

与一维条码相比，二维条码主要具有以下特点：

（1）信息容量大。二维条码是一种高密度、高信息含量的便携式数据文件，根据不同的条空比例，每平方英寸可以容纳 250~1 100 个字符。在国际标准的证卡有效面积（相当于信用卡面积的 2/3，约为 76 mm×25 mm）上，可以容纳 1 848 个字母字符或 2 729 个数字字符，约 500 个汉字信息。这种二维条码比普通条码信息容量大几十倍。大容量使得二维条码能够把过去使用一维条码时存储于后台数据库中的信息包含在条码中，用户可直接通过阅读条码得到相应的信息，因此它可以广泛用于数据结构复杂的管理领域。

（2）编码范围广。一维条码以显示数字和字母信息为主，而二维条码可以将图片、声音等各种信息收入其中，因此照片、指纹、掌纹、签字、声音、文字等凡可数字化的信息都可以通过编码组成二维条码信息，是实现证件及卡片等大容量、高可靠性信息自动存储、携带并可用机器自动识读的理想手段。

（3）保密、防伪性能好。二维条码具有多重防伪特性。它可以采用密码防伪、软件加密及利用所包含的信息如指纹、照片等进行防伪，因此具有极强的保密、防伪性能。

（4）译码可靠性高。普通一维条码的误码率约为百万分之二，而二维条码的误码率不超过千万分之一，译码可靠性极高。

（5）修正错误能力强。二维条码采用了世界上最先进的数学纠错理论，这种隐含于符号内

---

① CSDN. 二维码（QR code）基本结构及生成原理 [EB/OL]. [2016-11-27].

的错误修正技术，可以有效地防止译码错误，提高译码的速度及可靠性，还可以将由于条码符号破损、玷污等丢失的信息破译出来。甚至如果破损面积不超过 50%，也可以照常将丢失的信息破译出来。

（6）容易制作且成本很低。利用现有的点阵、激光、喷墨、热敏/热转印、制卡机等打印技术，即可在纸张、卡片、PVC，甚至金属表面上印出二维条码。由此所增加的费用仅是油墨的成本，因此二维条码又称"零成本"技术。

（7）条码符号的形状可变。同样的信息量，二维条码的形状可以根据体积、面积及美工设计等进行自我调整。

表 8-4 直观地展示了一维条码和二维条码的特点与异同之处。

表 8-4　一维条码与二维条码的异同

项目	一维条码	二维条码
基本形状	1234567890123	
显示内容	可显示英文、数字和简单符号	可显示英文、中文、数字、符号和图形
信息容量	小，仅能存储一个代号，使用时通过这个代号调取计算机网络中的关联数据库	大，二维条码是一种高密度、高信息含量的便携式数据文件，根据不同的条空比例，每平方英寸可以容纳 250~1 100 个字符
编码范围	以数字和字母信息为主	广，二维条码可以将图片、声音等各种信息收入其中，因此照片、指纹、掌纹、签字、声音、文字等凡可数字化的信息都可以通过编码组成二维条码信息
保密性	低	高（可加密）
译码可靠性	误码率约为百万分之二	高，误码率不超过千万分之一
可读性	污损后可读性差	污损 50%仍可读取完整信息
成本	低，且识别设备所需成本与费用较低	低，用现有的点阵、激光、喷墨、热敏/热转印、制卡机等打印技术，即可在纸张、卡片、PVC，甚至金属表面上印出二维条码
美观程度	形式单一、不易改变	条码符号的形状可变，可以自行调整体积、面积及美工设计等

资料来源：党争奇．智能仓储管理实战手册［M］．北京：化学工业出版社，2020. 有改动．

（四）条码在物流管理领域的应用

条码功能丰富、种类多样，输入速度快、准确率高，作为一种自动识别技术，已经成为推进物流管理发展的重要技术手段，在物流管理领域得到了广泛的运用。

在仓储管理中的入库验收环节，仓库管理系统可以根据货物的供应商、品名、型号、规格、产地、包装等为其分配唯一的编码。根据订单将订货数据传送给手持终端或传货带固定终端，入库作业时①，仓库管理人员利用条码扫描枪、激光扫描仪等扫描货物包装上的条码，条码信息进入计算机后，计算机借助后台的数据库或者二维条码本身记录货物入库信息，经核对无误后可直接确认。根据现有的货架闲置情况，以及货物本身的规格、属性安排库位。随后，按照计划，货物被搬运到计算机指定库位，工作人员在将货物安放稳妥之后再利用手持扫描仪或其他扫描设施输入库位条码，计算机系统则动态调整该种货物的库存资料（库存数量、入库时间、存储地点等）。

在库存管理环节中，工作人员一般用手持终端扫描仓库库位上的商品条码和位置条码，输入实际库存数量，将综合数据传送至计算机系统，与数据库中的原始数据相对比，就可以进行盘亏、盘盈统计，做出各种库存损益和分析报告。

在出库环节中，仓库接到订单信息后会根据数据库信息和先进先出或批次管理原则判断应该先出库的货物，搜索系统中所记录的货物所在库位，发出出库指令。同时，仓储管理系统可以根据各项工作的难度和强度协调搭配，自动生成工单（指定搬运人员或自动搬运设备），给出拣选货物的路径。工作人员或搬运设备根据事先安排好的出库计划到达指定货物处，找到相应货物，扫描货物条码和货位上的条码，记录出库信息。仓库管理系统再次动态调整仓库内库存信息、库位闲置信息等。

类似的管理方法也可以用于运输管理中，装车前可以扫描条码记录货物开始运输时间，同时借助车船上的全球定位系统（GPS）跟踪车辆信息。在转运或到达目的地后再次扫描货物条码，就可以记录转运过程或运输终止时间。

由以上仓储或运输管理环节得到的信息既可以提供给客户做货物跟踪查询，也可以作为库存信息成为库存控制的基础数据之一。无论哪种情况，都是通过利用产品标志的条码记录单件产品所经过的物流环节，从而实现对单件产品的跟踪管理。

条码的使用解决了物流运作过程中数据量大、信息采集环节多的难题。首先，条码标志的唯一性可以保证在整个物流过程中借助数据库对货物实行单件管理。其次，条码扫描仪扫描准确率较人工录入有较大幅度的提高，扫描仪扫描速度快，提高了各环节的运作效率，缩短了出入库时间，为进一步降低物流成本提供可能性。不仅如此，由于条码制作简易，操作简单，而且可以根据物流管理的需要灵活运用，因此受到了物流管理者的推崇，成为物流管理者不可或缺的重要工具。

二、RFID 技术

（一）RFID 概念及其基本原理

无线射频识别（Radio Frequency Identification，RFID）的载体为电子标签。它是 20 世纪 90

---

① 没有原包装商品条码的商品需准备内部条码，将其贴在包装上。

年代兴起的一种非接触式的自动识别技术，可通过无线电信号识别特定目标并读写相关数据，中间不需要建立机械或光学的接触，具有精度高、抗干扰性强的特点，既可以用于各种恶劣自然环境条件下的野生动物跟踪识别，也可用于识别公路上的汽车等高速运动的物体，或同时识别多个标签，且在识别过程中无须人工干预。

最基本的 RFID 系统由标签（Tag）、读写器（Reader）和天线（Antenna）三部分组成。

标签（见图 8-8a），也称为应答器或智能标签，由内置天线和芯片组成，具有唯一的电子编码。它能附着在待识别目标对象上，具有智能读写和加密通信的功能，工作的能量是由阅读器发出的射频脉冲提供，通过无线电波与读写设备进行数据交换。

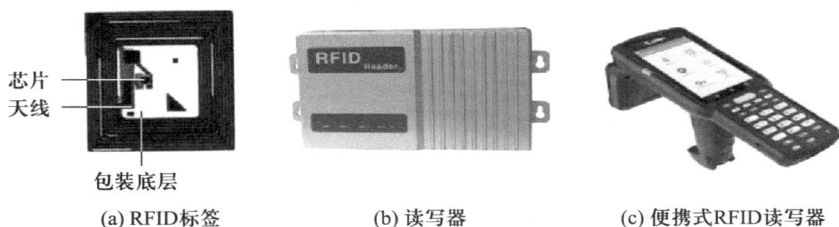

芯片
天线
包装底层
(a) RFID标签　　　(b) 读写器　　　(c) 便携式RFID读写器

图 8-8　不同 RFID 设备

读写器（见图 8-8b），或称阅读器，是一个捕捉和处理 RFID 标签数据的设备，有便携式和固定式两种。它可以是单独的个体也可以嵌入到其他系统之中，可以将主机的读写命令传送到电子标签，再把从主机发往电子标签的数据加密，将电子标签返回的数据解密后送到主机。读写器具有长时间稳定工作及抗干扰能力强的特点。

天线，是一种以电磁波形式将前端射频信号接收或辐射出去的设备，可以实现信息交换，分为电子标签天线和读写器天线两大类。

RFID 技术的基本原理是电磁理论。由阅读器通过发射天线发送特定频率的射频信号，当电子标签进入有效工作区域时产生感应电流，从而获得能量被激活，并将自身编码信息通过内置天线发送出去；读写器的接收天线接收到从标签发送来的调制信号，经天线调节器传送到读写器信号处理模块，经解调和解码后将有效信息送至后台主机，并进行有关数据处理；若为修改信息的命令，就需提供改写内容。若经判断其对应的密码和权限不符，则返回出错信息。其工作原理示意图见图 8-9。[①]

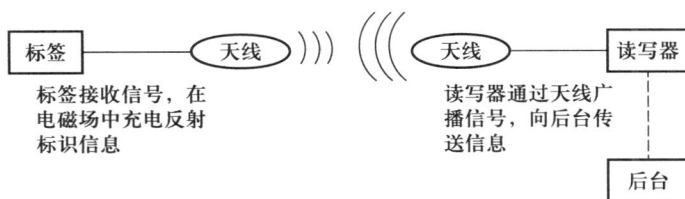

标签接收信号，在电磁场中充电反射标识信息　　读写器通过天线广播信号，向后台传送信息

图 8-9　RFID 工作原理示意

① 周文泳. 现代仓储管理 [M]. 北京：清华大学出版社，2020. 有改动.

（二）RFID 的特点与优势

RFID 具有以下特点：

（1）免接触。通过射频信号自动识别目标对象并获取相关数据，这对建设智能无人仓来说意义重大，只需人工或机器一次贴标，就能在计算机的处理指引下完成入库、盘货、分拣、出库等全部流程。

（2）环境适应性强。RFID 芯片与读卡器对水、油和化学药品等物质具有很强的抵抗性，可以工作于各类恶劣环境，例如对生长在恶劣环境中的野生动物进行跟踪识别。

（3）抗干扰能力强。技术先进，识别宽容度高，识别距离灵活，穿透性强，能够无屏障阅读，还可以识别公路上的汽车，或同时识别多个物体。RFID 标签对贴标位置宽容度高，不仅适用于各类不规则的包裹，也降低了对物流传送带的设计要求，不像条码识别那样需要将位置调整为正对识读装置。

（4）高度定制化。RFID 芯片标签可以重复地新增、修改、删除内部储存的数据，方便信息的更新和芯片的重复利用。如供应商在出货时贴上 RFID 标签，可以被不同的分销商仓库快速识别，减少了因信息格式不同导致的摩擦成本。

（5）内部容量大。芯片数据容量大，并且随着技术的发展，还有继续增大的趋势，尤其是在逐渐兴起的生鲜物流中，包装上的 RFID 标签不仅可以囊括上一级供应商的信息，还可以将生鲜产品的所有溯源信息包含在内，包括产地、打包时间、各运输节点信息等。

此外，相较于传统的一维和二维条码，RFID 技术还具有如下优势：

（1）条码通过光电扫描读取其中的数据信息，一维条码要借助背后数据库的支持，二维条码可以提高数据的承载量。但无论哪一种，扫描仪只能接收视野范围内的条码信息。而电子标签的非接触性特征意味着只要标签处于接收器的工作范围内就可以被读取。因此，超市中收银员要将商品上的条码正对扫描仪来读取商品代码，而携带公交 IC 卡的乘车人完全可以将卡留在包内，将书包靠近读卡器就可以完成公交车票的刷卡任务。

（2）条码只提供固定内容的信息，而部分电子标签还具备写入功能，可以随时对标签内容进行更新。

（3）条码一般印制在纸、塑料薄膜、金属表面或其他媒介物上，使用寿命较短。如果标签被划破、污染或是脱落到一定程度，扫描仪就无法辨认目标。而电子标签实现了非接触操作，应用便利，无机械磨损，使用寿命也较长（≥10 年或读写 10 万次）。卡的抗污染能力和耐久性强，而且可以在恶劣环境下工作，对环境要求低（工作温度：−25 ℃～+70 ℃）。

（4）封装方式多样化。电子标签外形超薄，大小形状不一，而且能够封装在纸张、塑胶制品（PVC、PET）等各种材料内，可应用于不同场合，也可层压制卡。

（三）RFID 技术的应用

从当前应用的情况看，RFID 系统的常见工作频率分为三个主要的射频范围：低频（LF）、高频（HF）和超高频（UHF）。它们因应用、最大读取范围以及所使用的 RFID 标签和读写器类型而不同。

大多数低频系统的工作频带是 125～134 kHz，可实现 10 厘米的读取范围。典型的应用领域包括动物识别、出入控制、汽车出入以及有高密度液体和金属的环境。与超高频和高频系统相比，低频系统的数据传输速率更低，读取距离更短，但适于在严苛环境下使用。

高频近场通信（NFC）RFID 系统的工作频带是 13.56 MHz，读取范围从近接触到 50 厘米不等。典型的应用包括图书馆媒体管理、自动化制造、博彩筹码管理、身份证、NFC 支付卡或智能手机应用的非接触式支付，以及消费者互动。HF 标签需要特殊的读写器，而 NFC 标签在几厘米的距离内几乎可以被任何智能手机读取。

超高频 RFID 的工作频率范围是 860~960 MHz。典型的读取距离是从近距离接触到 20 米以上，这使其应用范围非常广泛，可用于库存和供应链管理、智能制造、航空行李追踪、体育计时等应用。[①]

电子标签因为其具有防冲撞性、封装任意性、使用寿命长、可重复利用等特点，非常适合于现代仓储管理系统。它避免了现有条码标签复制、不防污、不防潮等缺点，减少了人工录入的烦琐和高错误率，是现代物流管理的理想技术之一。它可以将电子标签封成卡状，贴在每个货物的包装上或托盘上，在标签中写入货物的具体资料、存放位置等信息。同时，在货物进出仓库时可写入送达方的详细资料，在仓库和各经销管道设置固定式或手提式卡片阅读机，以辨识、监测物流过程。通过这种模式，可以有效管理货物装箱作业，减少人为损失；实现信息全面收集自动化，减少出错率；随时核对产品来源，提高管理精度，更有效地进行质量监督；随时更改标签资料而无须更改产品包装；全程跟踪库存货物的物流运作过程，减少损失和失误。

总之，RFID 在节省人工成本、提高作业精确性、加快处理速度、有效跟踪物流动态等方面已经显示出巨大的发展潜力。目前，在国内已广泛地应用到人员身份识别、校园一卡通、出租车防伪营运证、物流等领域。在国外，更是被广泛地应用到航空包裹管理、档案图书管理、人员识别系统、加油站系统、物品管理、医疗系统、看护管理、物流系统、电子票证等各行各业，涉及工业自动化、商业自动化、交通运输控制管理等众多领域。2004 年 11 月初，美国 *VAR Business* 杂志完成的一项技术状况调查报告，评出了 2005 年"七大热门科技走向"，其中把射频识别技术作为 2005 年科技业的突破性技术。

专题阅读 8-1

2002 年 5 月 7 日，英国最大的零售商玛莎百货（Marks & Spencer）宣布采用 Intellident 系统公司提供的美国得州仪器公司的电子标签替代原有的条码标签去追踪其 350 万个循环使用的食品托盘及推车的冷冻食品供应系统。

在 Intellident 公司的方案中，TI 的无线感应电子标签与出入口设备及多功能手持读取设备相配套。通过手持设备可以了解并管理每个托盘上附带的电子标签上 2 年半内的使用资料。Intellident 公司同样设计了可同时读取多个电子标签的读写设备，以读取货盘和推车上全部的托盘。而且这种无线感应读取方式比原有的条码读取方式更加快速准确，更容易实现系统的自动化管理。此外，电子标签和条码一样可以贴附在物体上，而且可以重复使用，不像条码只能使用一次。玛莎百货统计的年度预算中显示：电子标签将会比条码系统节省 10% 的花费。

---

① 沈永成. 浅谈 RFID 系统中的频段特性及主要应用领域 [J]. 山东工业技术，2017(24): 116.

経过玛莎百货对 TI 智能标签的广泛试验，其标签可同时读取的特性，使得读取托盘的时间比使用条码标签时减少了 80%。当推车载有 25 个托盘通过入口时，使用电子标签读取只需要 5 秒钟，而且非常准确可靠。原先使用条码时却需要 29 秒钟。同时，该系统加快了玛莎百货用可回收塑料托盘供应食品的速度。"电子标签跟踪的方式将给我们提供更快速高效的管理过程，使我们能够对从生产到最终仓库储存的一系列工序都进行跟踪管理。"玛莎百货的莱思·马奥尼（Keith Mahoney）先生说："这个项目的成功运行将提高我们的供应效率，缩减管理开销，给我们提供了更多的时间去安排产品交货和入库。"

资料来源：全球电子产业网。

三、便携式终端技术与 IC 卡

（一）便携式终端

便携式终端（Portable Data Terminal，PDT）是一种袖珍的信息设备，一般包括一个扫描器、一个体积小但功能齐全并装有数据存储器的计算机、一个显示器和供人工输入的机械键盘或虚拟键盘。在只读存储器中装有常驻内存的操作系统，用于控制数据的收集与传送。[①]

便携式终端具有多种用途与使用方法，一般都是可编程的，允许编入或安装一些应用程序。操作时，便携式终端先扫描位置标签，货架号码、产品数量等信息就被采集到了存储器，存储器中的数据可以随时通过射频识别通信技术或者 IC 卡等技术传送到后台的主计算机，主计算机将客户产品清单、发运标签、产品代码和数量等再传回便携式终端，作为在库信息更新和作业管理之用。

在仓储管理的整个环节，便携式终端都能有效提升工作效率。在入库管理中，工作人员使用便携式终端轻扫商品，可以将所有信息录入仓储数据库，减少差错率、缩短入库时间、简化人工工作，便于维护和管理。在库管理中，盘货或查询时，只需要轻扫或输入商品关键词就能立刻反映出该产品的商品信息；在对在库商品进行养护管理时，养护者对仓库中需养护的产品进行实时查询，只需轻扫即可立即反映出该产品的养护记录表，判断是否进行相应的在库货物养护。在出库环节中，商品出库时直接与仓储数据库连接，利用便携式终端把采集的数据传送给信息管理系统，将所有出库商品数量及时在仓储数据库中扣除，时效性强。同时，还可对入库时的商品进行批号跟踪，了解每一批商品从入库到出库的整个运转流程，设计出有效的管理方案。

（二）IC 卡

IC 卡（Integrated Circuit，IC），我国将带有中央处理器（CPU）的 IC 卡统称为智能卡。国际标准化组织（ISO）在 ISO 7861 标准中规定的 IC 卡，是指嵌入微处理器和储存器等的聚氯乙烯醋酸（PVCA）材料制成的塑料卡，IC 芯片的数据卡、CPU 和储存器可以集成在一个芯片上。根据卡中所嵌入的集成电路不同，IC 卡可以分为储存卡、CPU 卡、非接触式 IC 卡、光卡、非接触式智能 IC 卡。

IC 卡在物流管理中常常出现于拣货环节。IC 卡拣货是一种计算机辅助的拣货方式，利用

---

① 秦惠林，朱杰. 便携式终端在智能仓储管理系统中的应用 [J]. 中国流通经济，2006(07)：38-40.

计算机与条码扫读器的组合，将订单由计算机主机拷贝到 IC 卡上，拣货人员将 IC 卡插入计算机，根据计算机上所指示的货位，刷取货位上的条码，如果与计算机的拣货资料不一致，终端就会发出警告声，直到找到正确货位。如果与计算机的拣货资料一致，就会显示拣货数量，拣货完成后确认并抽出 IC 卡即完成拣货操作。拣货信息通过 IC 卡传回主机，同时将料账扣除。IC 卡拣货也是一种无纸化的拣货系统，但不是即时处理系统，而是批次处理系统。此种拣货方式可以用在按单分拣方法中，也可以用在批量分拣方法中，尤其适用于货物品项很多的场景，即多品种、小批量拣货。①

第三节　存储技术

一、仓储系统

（一）仓储系统的含义

系统泛指由一群有关联的个体组成，根据某种规则运作，能完成个别元件不能单独完成的工作的群体。它是由相互作用、相互依赖的若干要素结合而成的有机整体，而它本身又是其从属的更大系统的组成部分。从人们的实际生活出发，有助于我们更好地理解从系统角度出发的仓储活动。如今在我国的许多家庭住宅中，成员往往会将一个房间设置为单独的衣帽间，用于储存衣物，每年都会将破损的衣物丢弃，置换为新的衣物。在这样的一个衣帽间中往往会设置几个衣柜与抽屉，家庭成员会为每个柜子根据性别、季节等要素存放不同的衣物，还会规划衣柜的位置，常用的衣物放在易于拿取的柜子，而不常用的非应季衣物则放在底部或深处的柜子。在这样一个家庭衣物存储系统中，构成要素包括家庭成员、各类衣物、衣柜、抽屉等，承担着提供家庭衣物储存和拿取的功能，并成为整个家庭生活大系统中不可或缺的部分。

"仓"也称为仓库，为存放物品的场地，由于功能和设计的差异，其外在形式多样，可以为房屋、容器或洞穴等，具有保护物品的作用；"储"表示收存以备使用，具有收存、保管与交付使用的意思；"仓储"则为承担着商品的储存与分拨、调度功能的有机整体。仓储系统一般包括库房、货场及起重机、叉车等装卸搬运设施和输送机等分拣设备，在现代化物流的语境中，还包括仓储的软件系统和覆盖入库、验收、储存、盘点等物流全过程的配套管理工作机制。仓库，是物料流动过程的起点和终点，原材料、半成品或产成品在仓库存储、运作，并发生相应费用，从而增加了整个系统的成本。因此，只有当企业通过仓库的存储、运作获得的利益可以抵消因物流运作环节增加而提高的成本时，仓储系统才有存在的价值。

仓储业至今已有几百年的历史，按照其发展过程，可以分为人工仓储、机械化仓储、自动化仓储、集成自动化仓储和智能自动化仓储五个历史阶段。最早，物资的输送、存储和管理主要依靠人工实现，效率低下，后来引入了人工操作机械存取设备，减少了人工的使用。20 世纪 50 年代后，自动化技术的发展为仓储行业带来了自动导引运输车、自动货架、自动存取机

---

①　田源. 仓储管理［M］. 3 版. 北京：机械工业出版社，2019.

器人等自动控制机械，但是依旧无法实现无人化运行，系统集成化程度不高。20 世纪 90 年代以来，人工智能的发展促使仓储技术向更高级的智能化方向发展，不仅具有无人参与的功能，还具备一定的自动决策能力，利用计算机的算力实现系统决策。[①]

党的二十大报告在"建设现代化产业体系"中提出"建设高效顺畅的流通体系，降低物流成本"，而建设现代化智能化的仓储系统是促进生产效率提升、推动产业分工深化的重要举措，也将成为现代化产业体系的主要组成部分。

（二）仓储系统的构成要素

下面从仓储系统运行的角度，简要介绍仓储人员、仓储对象、仓储硬件设施、仓储管理软件与仓储工作机制。

1. 仓储人员

人是仓储活动的行为主体，通常可以分为管理者和操作者两类。随着仓储管理的智能化和自动化，基层仓储操作者的数量正在减少。

2. 仓储对象

货品是经济活动中涉及实体流动的物质资料，也是仓储的对象。对于任何物质材料而言，要成为货品需要满足参与经济活动和发生实体流动两个标准。广义上看，仓储货品是指组织内现有一切实物动产和即将进入组织的在途产品。狭义上看，仓储货品具有如下四个特征：一是仓储过程中不发生价值转移，但在特定条件下价值增值；二是具有明确的来源和去处；三是需要保管维护才能维持使用价值；四是储放单元化、集成化。

3. 仓储硬件设施

仓储硬件设施包括储存空间、装卸搬运设备、保管设备、计量设备、养护检验设备、通风照明设备、消防安全设备、劳动防护设备和其他用途的设备工具等。例如，储存空间是一种建筑空间，在其内可以保管货品，可进行出库托运作业。储存空间通常包括分拣区域的作业空间、柱子间隔、库房高度和通道。装卸搬运设备包括起重机、自动导航车、叉车、液压升降平台和各类输送机。保管设备包括各式货架、托盘及托盘堆垛机以及新式的密集储存技术。

4. 仓储管理软件

现代化仓储体系的最大特点之一是多功能集成，除了传统的库存管理外，还要实现对流通中的货品的检验、识别、计量、保管以及集散等功能，这些都依赖于仓储管理系统。几种典型的仓储管理软件系统有：

（1）RFID 仓储管理系统，基于 RFID 识别技术与计算机数据库管理查询相结合，成为货物识别、追踪、管理和查验的工作平台，包括配送需求、提货送货、货物入库和配送超时反馈等功能模块。

（2）仓储管理系统（Warehouse Management System，WMS），通过入库业务、出库业务、仓库调拨、库存调拨和虚仓管理等功能，对批次管理、物料对应、库存盘点、虚仓管理和即时库存管理等功能综合运用，有效控制并跟踪仓库业务的物流和成本管理全过程，实现或完善企业仓储信息管理，除了独立执行库存操作，还可与其他系统的单据或凭证结合使用，提供全面的企业业务流程和财务管理信息。

---

① 党争奇．智能仓储管理实战手册［M］．北京：化学工业出版社，2020.

（3）仓储控制系统（Warehouse Control System，WCS），位于智能仓储管理系统和物流设备之间的中间层，负责协调、调度底层的各种物流设备（如输送机、堆垛机、穿梭车、机器人、自动导引运输车等），使底层物流设备可以执行仓储系统的业务流程。

5. 仓储工作机制

仓储工作是指从商品入库到商品发送出库的整个仓储作业全过程，分为订货、补货、拣货、入库、储存、盘点、流通加工、出库、装卸搬运。整个工作机制是以达到仓储组织目标，针对仓储人员、对象、设备等衍生创设出的一整套管理机构、管理制度、管理过程和管理方法构成的整体方法和流程。

二、仓库的设施与设备

这里将着重叙述用于物理储存货物的储存技术，包括仓库及其设备设施。广义上的仓库设施是指用于仓储的仓库建筑物，一般由主体建筑、辅助建筑和辅助设施三类构成。而狭义上，我们将除主体建筑之外的仓储业务所需的所有辅助设施与技术装置机具统称为仓库设施或设备。其中，辅助建筑是指办公室、停车场（库）、维修间、休息区、变电室、食堂、宿舍等建筑设施，往往被划分到与仓储区有明显间隔的生活区以保证一定的安全区隔，这些辅助建筑往往提供了除仓储活动以外的工作功能与生活功能，保障了劳动力的再生产。而辅助设施是指除仓库工作人员之外的其他必要机具设施，以其所完成的物流作业顺序可分为包装设备，装卸搬运设备，保管设备，流通加工设备，运输设备，计量设备，通风、照明、保暖设备，消防安全设备以及其他必要设备。这些设施或设备是仓储管理中不可缺少的物质基础，也是提高劳动生产率、保证仓储及其作业安全、提升仓储服务质量和节省仓储运作成本的必要条件。

改进和优化仓库的设施或设备的管理，是仓库经营中的重要问题。尤其是在当今仓储管理自动化、智能化的大背景下，仓储设施设备的智能化改造应用也成了业界与学界的共识。

（一）包装设备

包装设备即包装机械，是指完成全部或部分包装过程的机器设备。包装过程包括充填、封口、裹包、贴标等主要工序。按照包装设备功能可分为灌装机械、充填机械、裹包机械、封口机械、贴标机械、清洗机械、干燥机械、杀菌机械、捆扎机械、集装机械、多功能包装机械以及完成其他包装作业的辅助包装机械和包装生产。[1]

以下是几种常见的包装机械：

1. 裹包机械

用挠性包装材料进行全部或局部裹包产品的包装设备称为裹包设备。常见的有折叠式裹包机和接缝式裹包机等，如图 8-10 所示。

2. 贴标机械

这是将成卷的不干胶纸标签（纸质或金属箔）粘贴在产品或规定包装上的设备，产品的形式分为直线式贴标机和回转式贴标机。贴标机是现代包装不可缺少的组成部分。如今的标签形式从纸质条码或文字逐渐扩展到 RFID 芯片、NFC 芯片等，成为智能自动化仓储的基石，所有

---

[1]　肖生苓. 现代物流设施与设备［M］. 北京：科学出版社，2017. 图 8-16 亦改编自此书.

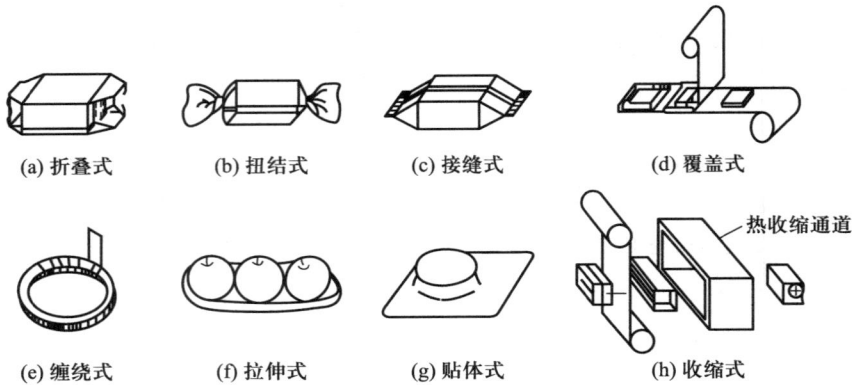

图 8-10   多种形式裹包机械示意图

的后续入库、盘货、出库等流程都依赖贴标机械准确无误的贴标操作。①

3. 集装机械

集装机械常常与装卸搬运机械联合使用，最常见的集装机械就是堆垛机。早期的堆垛机为桥式堆垛机，在 20 世纪 60 年代后随着立体仓库的出现，巷道式堆垛机逐渐成为堆垛机的主流。我国的郑州机械纺织厂在 20 世纪 70 年代首次结合使用立体仓库与巷道式堆垛机，并运转至今。巷道式堆垛机是自动化立体仓库的核心物料集装设备，主要用途是在高层货架的巷道内往复穿梭运行，将位于巷道口的分散物料集中存入货架的货格。

（1）堆垛机的工作原理。堆垛机具有三个方向的移动能力控制自身与支臂的动作以实现在货架上集装货物，而其自身则承载在天轨和地轨之间。

（2）堆垛机的分类。按结构分类，堆垛机可分为双立柱、单立柱、双立柱双轨宽轨距、四立柱、桥式和悬臂桥式；按导轨配置分类，可分为直线导轨式、曲线导轨式、横移导轨式和辅助导轨式。

（3）堆垛机的优点。

一是通道宽度小，仓库空间的利用率高。由于受轨道的严格制约，巷道式堆垛机所需运行通道宽度比其他各类机械都小，一般来讲只是叉车的 1/2，因此可以节约空间占用，提高仓库的有效作业/存储区域。

二是稳定性好。借助轨道的支撑，巷道式堆垛机可以大大提高装卸作业的高度。巷道式堆垛机按高度可分为低层型(5 米以下)、中层型(5~10 米)及高层型(15~50 米)三种类型，可对应于不同高度的货架，和叉车的工作高度互为补充。

三是运行速度高，提高仓库进出货工作效率。一般运行速度为 80~120 米/分钟，高速型可达到 200 米/分钟，升降速度一般为 20 米/分钟，高速型可达 50 米/分钟，货叉支臂的伸缩速度则在 12~50 米/分钟。自动巷道式堆垛机则利用自动化控制技术，在计算机的指挥下自动寻找货物，通过机械手快速完成货物的存取工作，实现全自动化操作，但一般仅限于存取标准化货物。

———————————————

① 中国包装网. 包装机械贴标机的功能介绍和发展 [EB/OL]. [2013-05-23].

（二）装卸搬运及其设备

在同一区域内，改变存储对象的存放状态和空间位置的活动被称为装卸搬运，它仅仅衔接运输、保管、包装、配送、流通加工等各物流环节的活动，本身并不创造价值。装卸搬运具有作业量大、方式复杂、作业强度分布不均和安全标准苛刻等特点。

1. 装卸搬运的工作原则①

（1）省力化原则。指的是节省人力和物力，具体的方法有：减少搬运次数，集装化装卸运输，利用物资的自重和落差尽量往下搬。尽量做到水平装卸，如将仓库的作业台与卡车车厢置于同一高度直接用手推车进出。简单的原则是：能往下则不往上，能直行则不拐弯，能机械则不人力，能滑动则不摩擦，能连续则不间断。

（2）易装性原则。指的是从物资的静止状态转变为装卸状态的难易程度，货物摆放尽量整齐，易于整合搬运。

（3）顺畅化原则。指的是作业场内无障碍，作业不间断，作业通道畅通。具体来说，就是对生产容错性提出要求，当某一个搬运环节出错的时候，不会影响仓储系统别的工作的进行，物件的摆放和运行轨迹需要合理编排、避免交叉。

（4）系统化原则。指的是用系统化设计得出最短的距离和最省力的设备组合，完成装卸搬运，如流水线作业，用输送带连接各个工序，各个工序之间的衔接搬运连续不断，如皮带传送机、辊道输送机和旋转货架的联合使用。

2. 装卸搬运设备的分类

按照作业性质，可分为装卸机器、搬运机器和装卸搬运二合一机器三类。典型的装卸机器有装卸葫芦、固定式吊车；搬运机器种类较多，有搬运车、手推车及各类输送机；装卸搬运二合一机器兼具两种功能因而较受关注，有1+1>2的效果，这类机械主要有叉车、龙门吊、AGV等。

按照设备工作原理，可分为叉车类、吊车类、输送机类、作业车类、管道运输设备类和自动导引运输车。

按照动力来源，可分为：重力式装卸搬运，如滚轮式、辊式运输机；动力式装卸搬运设备，细分为内燃机或电动机驱动，大多数机具属于此类；人力式搬运设备，主要是手动叉车、手推车等小型机具。

3. 重点装卸搬运设备

（1）起重机。它是对物资进行提升、下降和水平移动的专用型装卸机械，是借助各类吊索具从物品上部实施装卸的机械，适用于大件规制的物资。常用的起重机有电动葫芦、龙门起重机、桥式起重机、汽车起重机等。

电动葫芦，是一种轻便、结构紧凑、动作简单的起重设备，因其重量轻、体积小、维修方便的优势，在物流仓储与装备制造业中广泛运用。电动葫芦通常安装在具有一定跨度和高度的轨道上，形成电动单轨式起重机，电机旋转带动钢丝绳或铰链将重物提起。

龙门起重机，又被称为门式起重机，俗称龙门吊，是构架结构的装卸搬运机械。它由两个沿轨道运行的支脚和横跨在上部的横梁组成，启动时吊装机械提起重物，支脚沿着轨道前进后退。龙门吊具有占地面积少、提升高度高和起重能力大等优点，能够提起300吨以上的重物。

----

① 徐正林，等．一本书看懂现代化物流 [M]．北京：化学工业出版社，2017.

桥式起重机，一般由桥梁、沿轨道（X 轴方向）运行的大车运行机构、起重小车和司机室组成，工作原理与龙门起重机类似，起重小车的升降结构在 Z 轴方向升降货物，沿轨道运行的方向（Y 轴）移动货物。

桥式起重机原理示意图

汽车起重机，是在载货汽车底盘上安装起重机械的一种改装特种车辆。汽车起重机在转台上一般设有起重司机室，作业时需要打支腿。它具有方便灵活、通达性强等特点。

（2）叉车又称为铲车。它是比较常用的装卸搬运二合一设备，由万能装卸机支撑，其种类众多。按照动力装置不同可分为内燃叉车（燃料分为汽油、柴油和天然气）和蓄电池叉车，蓄电池叉车常用于室内、短距离和小运量的作业，而内燃机叉车常用于室外、长距离和大运量的作业。按照结构又可划分为平衡重式叉车、插腿式叉车和前移式叉车、侧面式叉车等类型。叉车能够减轻装卸工人的体力劳动、提升装卸效率。除此之外，叉车的机动灵活性好，尺寸小、重量轻，能够在作业区域内任意调动并与其他起重运输机械配合工作，也可以一机多用，配备各种工作属具，如货叉、铲斗、臂架、串杆、货夹、抓取器，可以适应各种品类、形状和大小的货物装卸工作，扩大装卸范围。

常见的叉车类型如下：

① 平衡重式叉车。它是最常用的叉车类型，由门架、货叉、动力及平衡系统组成（见图 8-11）。其动力较大、底盘较高，具有较强的地面适应能力，普遍用于装卸货物和室外搬运，货叉在车体的正前方。

② 支腿式叉车。它的结构紧凑，货叉在两个支腿之间，装卸托盘或载货运行稳定性好。但由于其整体尺寸和转弯半径小，只适用于窄通道和室内堆垛与搬运作业。

③ 前移式叉车。此类叉车也有两条前伸的支腿，但前支轮较大，支腿较高。货叉取货物时，支腿不插入托盘插口中，而是货夹和门架一起前移。其优点是车身小、重量轻、机动性好，适合在较窄的室内仓库作业。

④ 侧面式叉车。它的门架和货叉在车体侧面。当货叉获取货物之后，沿着门架上升到高于载货平台的高度后，门架沿着导轨下降，货物便放在叉车的载货平台上。侧面式叉车主要用于搬运长、大的货物，由于货物沿着叉车纵向放置，道路的宽度不会影响货物运输。其优点是稳定性好、速度快、视野宽广，适合室外操作。如图 8-12 所示。

⑤ 步行叉车。人工操作，可以移动较少货物到一定高度，非常便于操作，但速度仅限于人步行速度。

（3）自动导引运输车。它（AGV）是具有电磁或激光等自动导引装置，能够沿着规定的引导路线行驶，具有安全保护以及各种运载功能的运输车。它属于轮式移动机器人，是工业应用中可充电的自动搬运车，不需要操作员控制，适用于高劳动成本、危险或环境敏感区域的作业，适用搬运货物为中小体积的物资或移动式货架托盘。

图 8-11 叉车基本结构示意图

图 8-12 侧面式叉车

AGV 搬运效率高，每小时能达到 30 次，每次搬运质量在 50~5 000 千克，速度可变，为每分钟 20~100 米，搬运距离可达 30~500 米，其设备扩展性强，设计线路随时可变，还能组成编队应对输送线中的分流、合流，但不适用于立体搬运。AGV 的种类繁多，并且分类依据众多。具体而言，按照引导路径方式分类，有固定路径和自由路径两类；根据引导距离，可分为磁感应引导、激光导引、磁铁—陀螺引导和计算机视觉引导；按照运行方向分类，可分为前后向和万向类；按照移载方式，可分为链式运输机移载、动力辊道移载、带式输送机移载、无动力辊道移载、升降台式移载、伸缩叉移载、载货台移载、机械手移载、叉车式移载；按照有无轨道，可分为自走有轨式、机械动力有轨式、电磁动力有轨式、符号式导轨车、线路标注式导轨车和自动导航无轨车。① 接下来介绍几种常见的自动导引运输车。

① 装配型自动导引车。它被认为是 20 世纪 80 年代最伟大的发明，一般被用作如汽车底盘、发动机等的装配平台。

汽车底盘装配型自动导引车

② 牵引型自动导引车。这种导引车往往将货架附上轮子牵挂在自动导引车后方，或者使用辊筒输送，承受物品重量的货架由滚轮或支脚承载在地面上，自动导引车不承受物资重量，降低了损坏概率，节约了动力和能源。

牵引型自动导引车

③ 叉车式自动导引车。这款车型相当于自动导引车和叉车的结合版，在叉车的货叉上装有传感器，配合 RFID 等电子标签技术，可以准确叉取托盘货物并运输到指定地点。相对于传

① 陈浙明，张海宇，马青 . 物流设备自动化技术发展趋势［J］. 起重运输机械，2021（S1）：41-43.

统叉车，配合自动导引装置的叉车能够节省人力资源，并将驾驶舱置换成其他有用的机具，节省了空间。

叉车式自动导引车

（三）运输设备及特点

在仓储管理中，运输设备主要指的是各类输送机，它们沿着一定的输送路线，不间断地运载，装货、输送、卸货连续进行，不会因为空载而造成运货间断，具有较高的运输速度和作业效率。它们具有以下特点：结构简单，便于实现自动化，维护成本较低，但通用性差，无法运载多种不同规格的货物，也不能运载重量很大的货物。输送机的种类丰富，分类依据也较多，接下来主要介绍带式输送机、链式输送机、辊筒输送机。

1. 带式输送机

带式输送机是物流输送设备中最为经济的一种，按其输送能力可分为重型和轻型两种，前者如矿用带式输送机，后者多在电子、食品等轻工业行业中应用。它的工作原理是首尾相接的环形输送带嵌套在输送机的主动轮和从动轮上。主动轮通过电动机、减速传动系统驱动后，依靠和输送带之间的摩擦力，驱动输送带做循环运动，输送带上的物资随着带子的运动而被传送到指定位置。工作原理如图 8-13 所示。

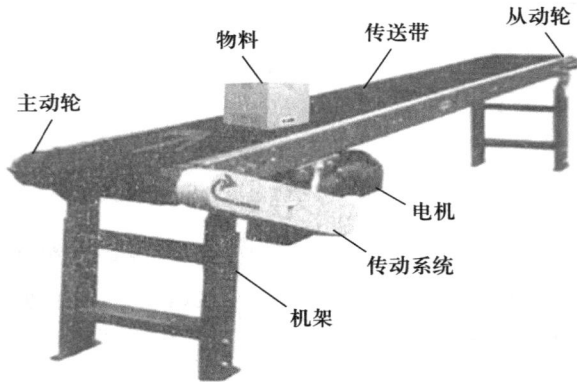

图 8-13 带式输送机原理示意图

带式输送机具有以下特点：① 输送能力强、效率高；② 结构简单、动作单一、自重小、造价低、受载均匀、速度稳定；③ 输送距离长，并且可以多台单机联合组成一个长距离输送线路；④ 便于编程和自动化操作。因此，它适用于在水平平面或接近水平的平面上连续输送散货和小型物件。带式输送机可以分为平带式输送机、斜带式输送机、弧形带式输送机。[1]

① 金跃跃，等. 现代化智能物流装备与技术［M］. 北京：化学工业出版社，2020.

2. 链式输送机

链式输送机是指用绕过若干链轮的连续运动的无端链条输送货物的机械。其结构原理与带式输送机很相似，区别主要在于带式输送机用输送带牵引和承载货物，靠摩擦来驱动和传递牵引力，而链式输送机则用链条牵引，用固定在链条上的板片来承载货物，靠耦合驱动来传递牵引力。链式输送机可用于输送单元负载货物，如托盘、塑料箱、链条上装设各种附件，扩展成滑动式、推杆式、滚动式、推板式、推块式等多种链式输送机。典型的链式输送机如图 8-27 所示。

链式输送机相对于带式输送机具有以下优点：耐高温和低温，工况宽容度高；运行速度可控可调，高低速均可；能在水平、循环和陡坡等多种运行环境中搬运物料；噪声小，消耗功率小，寿命长；输送能力大，甚至可以达到每小时 1 000 吨；牵引链比传送带强度高，适宜长距离输送。

3. 辊筒输送机

辊筒输送机是由许多按一定间距架设在固定支架上的辊柱组成的用以运输物资的输送机，辊柱可以自主转动，利用摩擦力带动辊筒上的物资向前移动，也可以人力推动向前，但后者已被逐步淘汰。辊筒输送机可实现直线、曲线、水平、倾斜各种工况下的运行，也能达到分流、合流等要求。它具有以下特点：① 布置灵活，输送线路易于封闭；② 衔接方式简单紧凑，利用升降台就能把输送机与其他设施连接起来构成立体输送线路；③ 功能多样，具有重力式、动力式和人力式多种驱动和存放物资的形式，在输送线路上可完成物品回转、翻转和升降作业，满足后续工艺要求；④ 输送平稳，定位准确，便于对输送过程中的物品进行加工、检验装配等流水线作业，或用于自动化生产线。典型的辊筒输送机如图 8-14 所示。

| (a) | (b) |

图 8-14 辊筒输送机

（四）保管设备及功能

这是仓库保管商品的主要设备，对在库商品质量的维护有着重要的作用。在各种类型的仓库中，保管设备都是不可缺少的，且数量很大。保管设备通常可分为以下两种：① 苫垫用品。主要包括苫布、垫垛用品等。这类设备在机械化水平低、仓库建筑标准低的条件下，是仓库必要的保管设备。② 存货用具。包括各种货架、货橱等。货架是仓库中常用的装置，是专门用于放置成件物品的保管设备，在批零业务量大的仓库中起的作用很大，既方便商品存取与进出业务，又能提高仓容利用率，是仓储面积的扩大和延伸。货橱是储存贵重商品或有特别养护要求的商品的必备设备。接下来介绍工业货架的相关知识。

货架是指用支架、隔板或托架等材料组成的立体储存货物的设施。货架在物流及仓储管理中具有重要地位。随着物流现代化、智能化迅速发展，工业货架数量持续增多，设计多变以适应不同的储存需求和上下游协同工作需求，并增添了联网功能。

1. 货架的功能作用

（1）货架是一种架式结构物，可充分利用仓库的立体空间，提高库容利用率，扩大仓库储存能力。

（2）存入货架中的货物，互不挤压，可保证货物完整，减少损失。

（3）货架中的货物，存取方便，便于清点及计量，可灵活实施先进先出、后进先出等各种库存策略。

（4）保证存储货物的质量，易于采取防潮、防尘、防盗、防破坏等措施，提高货物存储质量。

（5）许多新型货架还对结构及功能进行专门设计，以利于实现仓库的机械化及自动化管理。

2. 货架的分类

按照货架的发展历史，可分为传统式货架（包括层架、层格式货架、抽屉式货架、橱柜式货架、U形架、悬臂架、棚架、鞍架、气罐钢筒架等）和新型货架（包括旋转式货架、移动式货架、装配式货架、调节式货架、托盘式货架、进车式货架、高层货架、阁楼式货架、重力式货架、屏挂式货架）。按照货架的适用性，可分为通用货架和专用货架。按货架的封闭程度分类，主要有敞开式货架、半封闭式货架、封闭式货架等。按结构特点分类，有层架、层格架、橱架、抽屉架、悬臂架、三脚架、栅型架等。按货架的可动性分类，主要有固定式货架、移动式货架、旋转式货架、组合货架、可调式货架、流动储存货架等。按货架的制造材料分类，主要有钢货架、钢筋混凝土货架、木制货架、钢木合制货架等。按货架高度分类，主要有低层货架（高度在5米以下）、中层货架（高度在5~15米）、高层货架（高度在15米以上）等。按货架结构分类，可分为组合可拆卸式货架和固定式货架。

3. 常见货架

（1）托盘式货架。保管托盘和托盘单元的货架叫托盘式货架。托盘式货架适用于品种、重量、批量一般的储存，通常在6米以下的3~5层高度。托盘式货架具有存储方便、拣货效率高、储存密度低等特点。它的最佳布置原则是缩短拣货路程和时间，提高效率，货架的长度方向往往垂直于货场，以提升进出货的便利度。

（2）流动储存货架。流动储存货架在拣货作业中应用较广，每层设计有流利条（辊筒输送装置），物品能够依靠自重或外在动力流向出口。在存取物品过程中，物品从货架的一层通道存入，由另一侧通道取出，物品在具有一定倾斜角度的流动条上，由于其自重分力向出口方向自动下滑。流动储存货架具有以下特点：用于大量储存和短时发货的物品；满足先进先出的物流原则；用于少批量多品种的拣货作业；储存空间比托盘式货架多50%左右；拣货方便，安装显示器后可实现智能自动拣货；空间利用率高，与叉车搭配使用。

（3）移动式货架。移动式货架是通过动力或手动使货架左右移动便于存取作业的设施，分为有轨式和无轨式、手动式和电动式。固定式货架和移动式货架空间对比，在相同的储存量及货架数量条件下，移动式货架占用空间小，空间利用率是托盘式货架的3倍。因为此种货架平时相互依靠，密集排列在一起，可以密集储存货物。存取货物时，通过手动或电力驱动使货架沿轨道横向移动，形成通道。作业完毕，再将货架移回原来位置。这样，就克服了普通货架每列必须留出通道的弊病，减少了仓库作业通道数。电力移动式货架具有变频控制功能，可控制驱动和停止时的速度，以防止货架开关上的物品抖动、倾斜或倾倒。在接近传感器的适当位置安装了光电传感器、能够刹车制动的齿轮马达，提高了定位精度。移动式货架的优点包括：节省空间，储存空间是一般固定式货架的 3 倍；适合少品种、大批量、低频率保管；节省地板面积，地面使用率达 80%；可直接存取每一项货品，不受先进先出的限制；高度可达 12 m，单位面积的储存量可达托盘式货架的 2 倍左右。

（4）驶入式货架又称为进车式货架。驶入式货架具有叉车的出入口及通道。驶入式货架是指托盘的存放由里向外逐一存放。叉车进出使用相同通道，储存密度非常高，但是存取性差，不易做到先进先出的管理。驶入式货架以 4 层 3~5 列为宜。其特点是：储存密度高，存取性差，适合少品种大批量储存，最高可达 10 m，不易做到先进先出管理，不宜存储太长、太重的物品。

（5）驶出式货架。用于保管托盘单元的驶出式货架又叫贯通式货架，具有叉车能够通过全货架的通道。与驶入式货架不同，没有背部拉杆封闭，通道贯通始末。通道两端均可存取物品，可实现先进先出管理。其特点是：空间利用率可达 85%；适用一般叉车存取；高度受限，一般在 6 米以下。

（6）后推式货架。叉车按照顺序将托盘单元存入货架，又按照逆序拣货，由于货架滑轨向前方倾斜，托盘单元自动滑向叉车以待捡取。它的特点有：储存密度高；比一般托盘式货架节省 1/3 空间，增加了储位；适用于一股叉车存取；适用于少品种大批量物品的储存；托盘单元自动滑向叉车侧；不宜用于太重物品的储存；不能实现先进先出的存取原则。

（7）轻型货架。它适用于储存箱品和散品等重量轻、体积小的商品，广泛用于办公室、商店、仓库和物流中心的小商品储存。其特点是：拆装容易、防震、耐用，并用挂钩或螺钉固定，可自由调整存放高度及间隔。货架高度一般在 4 m 以下。根据货架隔板每层承载能力，可分为轻量型（承载 75~100 千克）、中量型（200~300 千克）和重量型（承载 1 000~5 000 千克）三种类型。

（8）悬臂式货架。它是由 3~4 个塔形悬臂和纵梁相连而组成的，又称为悬臂架、悬臂式长形料架。悬臂架为边开式货架的一种，可以在架子两边存放货物，但不便于机械化作业，存取货物作业强度较大。一般适于轻制的长条形材料存放，可用人力存取操作。重型悬臂架可用于存放长条形金属材料。

（9）旋转式货架又称回转式货架。它是适应目前生产及生活资料由少品种大批量向多品种小批量发展趋势而发展起来的一类现代化保管储存货架。它的原理是：固定在环形链条上的货架随链条的正反转而转动，承载物品的托盘与货架连接，在计算机指引下托盘停止在指定处待命拣货。旋转式货架操作简单，存取作业迅速，适用于电子元件、精密机械等少批量多品种小物品的储存及管理。货架转动很快，可达每分钟 30 米的速度。存取效率很高，通过计算机控制，可实现自动存取和自动管理。此外，旋转式货架的空间利用率较高。其特点为：节省人力，增加空间，与普通货架相比，可节约 67% 的空间；由标准化的组件构成，适用于各种空间配置；存取入出口固定，货品不易丢失；计算机快速检索和寻找储位，拣货快捷；取料口高度符合人机学，适宜作业员长时间工作；储存物可以是纸箱、包、小件物品。①

（五）其他设备

1. 计量设备

计量设备是商品进出库计量、点数，以及在库盘点、检查中经常使用的度量衡设备。仓库中使用的计量装置种类很多，从计量角度可以分为：重量计量设备，包括各种磅秤、地下及轨道衡器、电子秤等；流体容积计量设备，包括流量计、液面液位计；长度计量设备，包括检尺器、自动长度计量仪等；个数计量装置，如自动计数器及自动计数显示装置等；综合的多功能计量设备等。这类设备的管理，对商品进出库工作效率关系重大。

2. 养护检验设备

这种设备是商品入库验收与在库养护、测试、化验，以及防止商品发生变质、失效的一系列技术装备。主要有测湿仪、红外线装置、空气调节器以及测试、化验使用的部分仪器和工具。此类设备在大型及特种仓库中使用较多，小型通用仓库中使用较少。

3. 安全设备

安全设备包括保障消防安全和劳动安全的必要设备。例如，各种报警器、灭火器材、劳动保护用品等。根据仓库所存储的商品特性及作业特性需要配备不同的劳动防护用品，能在不同的作业环境下保护人体的不同部位、不同器官。常见的防护设备有安全帽、安全带、绝缘手套、防毒面具、面罩、防护镜、耳塞、防护服、遮光镜、防毒口罩、绝缘靴等。

典型案例

总部位于巴西巴拉那州马林加市的时尚品牌 Lado Avesso 在 2021 年正式启用了 iTag 智能标签生产公司的 RFID 技术。该时尚品牌的信息技术（IT）部门经理沃瑞迪安娜（Veridiana Silva）表示："随着 RFID 标签的全面引入，运营流程将得以优化，并具有更多的灵活性。同时，贴在标签上的 RFID 贴片，十分与众不同，顾客可以使用特定手机 App 获取相关信息，引发了他们的兴趣。"

Lado Avesso 采用 RFID 技术的最初目的是简化公司的交付和计费流程，并跟踪供应链中的产品。"RFID 标签生产成本的降低使我们的项目变得可行，我们在 2020 年年初就开始测试 RFID，一直到 2021 年，我们所有的业务都开始通过 RFID 技术进行交付和计费。"

根据 Veridiana 的说法，项目实施中最具挑战性的部分是运营管理，因为这需要与公司的所有部门合作，从原料供应、生产和开发，到涉及公司收入的最终销售部分。她认为"整个公司的合作对于这样一个项目的成功至关重要"，甚至连服装设计师都受到了新技术的影响。

"我们无须借助外部机构即可打印所有标签，这对仓库管理例如物资分拣等带来了变化。但公司从条形码标签转换为 RFID，这也需要员工接受关于新流程的培训。"

而将 RFID 引入流程的好处之一是统一了服装的标签。Veridiana 进一步解释说："我们保持了服装的产量，同时加快了周转的速度。另一个好处是优化了仓库盘货的流程，这是我们与

---

① 徐正林，等 . 一本书看懂现代化物流［M］. 北京：化学工业出版社，2017.

iTag 共同开发的部分。"

随着时间推移，该公司分析了世界趋势和巴西市场的消费偏好后，力图将品牌的影响力扩大到各个细分领域。

Veridiana 指出，全面了解库存的好处带来了从生产线延伸而来的收益，因为产品一经制造就贴上了 RFID 标签。得益于与 iTag 的良好合作，Lado Avesso 的 RFID 项目取得了成功，"如果有人问我是否会重新开始整个 RFID 部署过程，我肯定会说是"。

该案例说明以 RFID 为代表的信息化物流技术的引入，极大地简化了公司的仓库管理，加快了库存的周转，使得企业的运营流程充分优化，经营具有更大的弹性。

资料来源：RFID 世界网．巴西时尚品牌实施 RFID 项目，跟踪从工厂到商店的货物［EB/OL］．［2021-09-30］．有改动．

本章小结

本章首先介绍了物流包装的主要分类、基本作用和功能，以及包装标志。其次，介绍了包装的自动识别技术，包括条形码和 RFID 技术等。最后，介绍了仓储系统，包括定义、构成与作用，着重介绍了各种仓储设备。

思考题

1. 举例说明包装的基本作用和功能。
2. 什么是包装标志？它分成哪几个种类？
3. 什么是二维条码？它为什么受到人们的普遍重视？
4. 什么是电子标签？它与条码有哪些不同？
5. 仓储系统的主要作用是什么？
6. 仓库中常用的设施和设备有哪些？
7. 试列举常见的三种货架，并分析其主要用途。

案例讨论

全流程智能无人仓设计——以京东无人仓为例

我国物流业飞速发展的背后，物流成本一直是制约行业前进的难题，仓储作为物流中重要一环，在成本和效率等方面的问题日益突出。无人仓设计就是在这样的现实要求与企业技术管理创新的驱动下孕育而生的。无人仓的基本含义是无人作业的仓库，即全部仓储作业都实现无人化，实质是自动化技术与智能系统的结合，以机器替代人力，并逐步向复杂的动作推进，最终演化为仓储作业全流程（收货、存储、拣货、包装、分类、发货）无人化，系统具备自感知、自适应、自决策、自诊断、自修复能力。

在电商领域，由于商品品类繁多，数量巨大，订单碎片化，且配送需求多种多样，仓库物流作业难度较其他场景更大，建设无人仓难度非常大。2014 年，京东物流上海"亚洲一号"建成投产，其仓库管理、设备控制、分拣和配送信息系统等均由京东开发并拥有自主知识产权，90% 以上作业已实现自动化。经过三年的应用，在 2017 年 10 月，京东集团宣称业内首个全流程无人仓上海"亚洲一号"基地三期建设完成并投入使用，无人化作业覆盖货物入库、存储、包装、分拣全流程，大幅提升了作业效率及准确率。该无人仓在 2018 年的"6·18"购物节期间经受住了海量订单的检验。截至 2018 年 6 月底，京东已经有 27 个不同层级的无人仓投用，分布在北京、上海、武汉、深圳、广州、沈阳等全国多地，使京东的日订单处理能力同比增幅达 1 415%。

京东无人仓的标准，是涵盖"作业无人化""运营数字化"和"决策智能化"三个层面的。在作业无人化方面，无人仓要具备"三极"能力——极高技术水平、极致产品能力、极强协作能力。京东无人仓内各种机器人多达上千台,智能设备使用密度极高,通过自动立体式存储、3D视觉识别、自动包装等技术,兼容并蓄,实现了各种设备、机器、系统之间的高效协同。而在运营数字化方面,最能体现其智慧化的地方,不是其按照指令进行操作、执行的能力,而是其自主决策、判断、纠错以及自我修复的能力。比如,"小红人"不仅能以最优线路完成商品的拣选,出现常规故障时也能在30秒内自动修复。决策智能化,关键在于数据能让上游供应商和下游的配送做到更及时的响应,快速调整决策,进而形成全供应链的共同协同、共同智能化。此外,无人仓还能大幅度降低工人的劳动强度,效率是传统仓库的10倍,实现成本、效率、体验的最优。

从技术上对无人仓设计进行溯源,无人仓是建立在自动化立体库(AS/RS系统)、机器人、输送系统和人工智能算法与自动感知识别技术基础之上的。自动化立体库具有自动存储以及分拣的功能,是基于大数据、控制技术及计算机通信技术等发展起来的综合应用系统。自动化立体库中的设备大多以各种自动化机器为主,如京东在"亚洲一号"库中使用的多层穿梭车机器人、AGV搬运机器人,可多通道同时作业,自动导引载货物等,解决了传统人工带来的作业节奏不均衡等问题。机器人作业是无人仓最大的特征,物流仓储工作靠各种各样的机器人来支撑。整个仓储作业流程的每一个环节,如入库、码垛、分拣等,都根据机器人的功能和特性进行了分工。京东主要采用四种机器人:AGV搬运机器人,能做到自动导引载货物,即自动根据控制系统发出的指令把货物从一个位置搬到另一位置,并能自动灵活更改路径,实现避让与路径优化,搬运重量上限达到300千克,运行速度可超过每秒2米;自动多层穿梭车机器人,作业区域主要在各高层的立体货架之间,对高层立体货架的货物进行搬运,作业效率高并且能够精准定位,每小时进出库吞吐量达1 600箱,作业运行速度高达6米/秒;DELTA分拣机器人,根据作业内容不同都用上了2D、3D识别以及2.5D视觉技术,使得机器人能与环境做到有效配合,自动更换端拾器,实现快速以及不间断的拣选,承载重量最大值为5千克,作业运行空间直径只要160厘米;六轴机器人6-AXIS,用于仓库货物的快速搬运、拆码垛,搬运重量高达165千克,定位精准度保持在±0.05毫米。输送系统是一个把所有的机器人以及自动化立体库等环节连接起来的物流系统,应用历史悠久,技术完善。如今在无人仓中,在原有的输送系统基础上应用了自动检测、自动识别以及感知技术等,使输送系统能更加有效地与各种机器人进行配合。人工智能算法与自动感应识别技术,是无人仓的灵魂。机器人在人工智能算法与自动感应识别技术的支持下获取所有商品以及设备的信息,从而进行采集和识别,同时系统会根据传送回来的信息生成决策和指令,机器人再根据这些决策和指令分别对货物的入库、上架、拣选、补货、出库等各个环节进行自动作业,并根据订单和用户要求自动做出调整以及优化作业。

为了履行社会责任,京东物流在无人仓的规划中融入了低碳节能的理念,其在系统中应用了包装材料的算法推荐,可以实现全自动体积适应性包装。简单来说,京东物流的仓内打包环节中,需要使用不同尺寸的纸箱,由于商品的大小体积规则不一,人工打包难免会出现"小商品大包装"或者"大商品小包装"以致造成包装过度或者纸箱破损的情况,而有了系统的推荐和全自动打包系统,这个问题就大大缓解了。数据显示,中国快递行业一年消耗纸箱超过100亿个。而智能耗材算法推荐可以保证纸箱、包装袋等包装物的精确使用,让每一立方厘米纸箱都能发挥它的价值。

无人仓技术已经成为一种发展趋势,未来是"智能+无人"。我国物流行业仓储成本普遍提高,加上各领域机器人技术成熟,机器替代人的时代即将到来已成为不争的事实。像京东物流、菜鸟网络以及亚马逊等电商行业的巨头也早已加入无人仓的建设和应用中,使作业效率大幅度地提升。正如京东总裁刘强东所说,在不久的将来,在世界整个零售领域里面,所有的基础设施,不管是硬件设备还是软件设备,都将会变得如此可塑化、智能化和普遍化,无人化时代、智慧物流时代再也不是遥不可及而是触手可及了。

资料来源:吴爱萍.无人仓技术的研究分析——以京东无人仓为例.电子商务,2018(10):51-52+57;任芳.京东:朝着终级无人型仓库迈进——访京东物流首席规划师、无人仓项目负责人章根云.物流技术与应用,2018(23):130+132-133;宋杰.探秘京东全流程无人仓.中国经济周刊,2018(22):59-61.有改动。

请根据本案例讨论仓储智能化、自动化、无人化的实现有什么难点,以及实现仓储的"三化"有什么社会价值。(讨论要点见教师课件)

□ 包装与其分类
□ 运输标志、指示性标志、警告性标志和回收标志
□ 条形码和 RFID 电子标签
□ 仓库及其设备的功能和分类

进出口贸易中包装条款的规定

进出口贸易合同的包装条款，一般包括两个方面的内容：

（1）包装材料和包装方式。如木箱装、纸箱装、钢桶装、麻袋装等，并根据需要加注尺寸、每件重量或数量、加固条件等。

（2）运输标志。按惯例一般由卖方设计确定，也可由买方决定，如定牌生产中，卖方按买方要求在出售的商品或包装上标明买方指定的商标或品牌。但为避免今后可能出现的知识产权纠纷，在签订进出口贸易合同时，必须在合同中注明。

订立合同包装条款时还应注意：

（1）对包装的要求应该明确。有些包装术语，如"适合海运包装""习惯包装"等，词义含糊，无统一解释，会导致贸易双方有不同理解而引起争议，因此除非买卖双方事先取得一致认识，应避免使用。尤其对一些高价值、易损坏的物品，特别应在合同中对包装条件作出明确的规定，必要时还要针对货物特征增加一些诸如防震措施、防盗设施等特殊的包装条件。

（2）包装费用一般都包括在货价内，合同条款不必列入。但如买方要求特殊包装，并因此增加了包装费用，则必须在合同中详细说明包装费用的计算方法、费用的承担方。如由买方承担，还应注明卖方应何时收回包装费用。如果包装材料由买方供应，条款中应明确包装材料到达时间，以及逾期到达时买方应负的责任。如果包装标志由买方决定，也应规定标志到达的时间(标志内容须经卖方同意)、逾期不到时买方应负的责任等。

此外，有的合同还会规定对进出口商品的内、外包装，以及包装标志进行检验，有的还要出具包装检验证书(Inspection Certificate of Packing)。在此情况下，双方应该在进出口合同中明确规定检验机构、检验方法、检验标准、对残损货物的处理方法等。

即测即评

第九章
国际采购、仓储与配送管理

本章学习要求

　　通过对本章的学习，了解采购与供应管理的基本含义，理解采购与供应管理在企业经营管理中的重要作用；了解采购的基本流程，掌握各项流程的基本内容；理解供应管理中仓储的重要作用，掌握仓储及配送自动化的概念、优缺点与实现方式；掌握仓库与配送中心建设的类型、数量、选址等多种决策的影响因素与重要性；理解影响配送网络的因素和配送网络决策的主要内容。

第一节　国际采购

一、采购与供应管理

（一）采购与供应管理的含义

　　采购（Purchasing）就是从企业外部购买商品或服务以满足企业经营的需要。从当今世界经济发展的情况看，几乎没有哪家企业可以完全自主生产所需的原料、零部件，也不可能完全由企业内部职能部门提供生产经营所需的全部服务，它们或多或少都在通过采购过程利用外部资源实现生产经营的目标。其中，最常见的就是制造企业为生产而进行的原材料、零配件、供给品的采购，及经销商、零售商为再销售而进行的采购。

采购，按一般人的理解通常更多地和购买行为联系到一起，是与外部供应商谈判获得更好供货条件的过程。但随着企业一体化管理思想的进一步深化，对采购职能的要求也在进一步提高。特别是对于制造企业，原材料、零配件的采购数量、采购规格、送货的时间和地点与生产计划密切联系，采购商品的质量直接关系到成品的质量，采购成本的提高直接导致经营成本显著上升。因此，越来越多的企业将采购纳入战略管理的范畴之内，以交易为基础的采购职能也就逐渐演化为以流程为导向的、兼顾多个环节的供应管理（Supply Management）。

与传统的采购相比，供应管理的内涵要大得多，它不仅包括通过与供应商协议获得所需商品或服务的过程，还包括识别及确认企业当前需求或潜在需求以及管理所获得商品/服务的职能。国外的采购协会就将其定义为："（一个）系统管理观念，是为了使物料成本、质量、服务等各个因素更好地发挥作用。它是通过巩固下列活动而完成的：采购、运输、库存管理、物料的内部分配"①。因此，多数企业的采购与供应管理包括如下内容：

（1）识别和确认需求。

（2）根据企业需求和对市场的预测进行采购活动时间安排。

（3）寻找商品与服务的供应来源。

（4）审查、选择潜在供应商。

（5）洽谈合同，比较价格、质量和服务水平，确定贸易条件。

（6）跟踪合同的执行情况，进行有效的合同管理。

（7）如果质量控制部门不负责检测购进商品的质量，那么采购部门还要负责质量检验。

（8）评价所购买的产品、服务的价值，评定供应商的业绩。

（二）采购与供应管理的重要作用

采购与供应管理是企业的重要职能，对企业经营管理的成败起到关键作用。一般认为，其重要作用主要表现在：

1. 对企业财务绩效影响巨大

采购支出在很多企业中是占比最高的一项成本。以美国为例，2004年美国制造企业原料采购金额占销售额的比例达52.7%，如果加上资本项的采购支出则采购额占销售额的比例达到55.4%。不仅该年，在之前的15年间美国制造企业原料采购金额占总销售额的比例从未低于51%，原料与设备的采购金额则一般在55%以上。② 由此可以看出，强化采购与供应管理、降低采购成本对企业成本管理的重要作用。

采购对企业财务状况的巨大影响还表现在采购职能所产生的杠杆作用上。以销售额为100万元的企业为例，如果当前利润率为5%，即利润总额为5万元，假设原材料等的采购成本为50万元，那么采购成本每降低10%，在销售金额不变的情况下就可以带来5万元的额外利润，企业利润率就会增长100%。但如果依靠增加销售量来提高利润，则要困难得多，因为产量的增长同时会带来原料需求量的同步增长和用工人数或工人劳动时间的延长，工资总额会因此提高。这样，销售额增长带来的利润空间会被相应抵消。

---

① 米歇尔·R.利恩德斯，哈罗德·E.费伦.采购与供应管理［M］.张杰，张群，译.北京：机械工业出版社，2001.

② 资料来源：美国商务部人口普查局。

采购成本的变化还会对企业的资产回报率（Return on Assets）产生影响。接续上例，假定企业资产为 50 万元，库存占总资产的 30%，则库存金额为 15 万元。此时，如果成功地将采购成本下降 10%，即由 50 万元降为 45 万元，企业资产会相应减少 5 万元，总成本也会减少 5 万元，降为 90 万元。同时，库存同步下降 10%，为 13.5 万元。在新条件下，利润上升 5 万元，毛利率则出现大幅度上升，达到 10%，投资周转率增加到 2.22 次，资产回报率大幅度上升，达到 22%。表 9-1 说明了采购成本下降对企业资产回报率的影响。

表 9-1   某企业采购成本下降对企业资产回报率的影响

序号	采购额/万元①	总资产/万元②	库存/万元③=30%×②	总成本/万元④	销售额/万元⑤	利润/万元⑥=⑤-④	毛利率/%⑦=⑥÷⑤	投资周转率/次⑧=⑤÷②	资产回报率/%⑨=⑦×⑧
1	50	50	15	95	100	5	5%	2	10%
2	45	45	13.5	90	100	10	10%	2.22	22%

当然，采购成本下降，并不会轻易实现。一方面，它要依靠谈判者娴熟的谈判技巧，对市场行情的良好把握，通过价格的下降实现；另一方面，可能通过采购与供应效率的提高，减少浪费来完成，特别是通过与供应商更好地协调沟通，减少中间环节，使流程各环节的衔接更加顺畅来实现。

2. 对产品质量和客户服务水平产生影响

采购的原材料、零配件将进入生产环节，并成为最终产品的组成部分。其他辅料也会以各种方式参与到生产过程中，因此企业采购管理能力的高低，特别是对所采购物料质量的控制能力会直接影响到最终产品的质量。2006 年 6 月，齐齐哈尔第二制药有限公司假药案轰动一时，多人因药物中毒导致肾衰竭而死亡。该事件发生的原因之一就是该厂采购管理不善，将所购进辅料"二甘醇"当作"丙二醇"投放到"亮菌甲素注射液"中。

近几年，几起影响较大的汽车产品召回案例的背后，也或多或少地存在零配件质量不符合要求的情况，这些都和采购与供应职能有着千丝万缕的联系。

采购与供应职能，特别是制造企业的采购与供应管理还与生产流程密切相关，直接影响到生产计划的顺利进行。当前，许多制造企业采纳了 JIT 生产模式，采用拉动式供应链管理方法，以销定产，努力降低产成品库存，追求对市场的快速响应能力。在物料管理方面，这些企业大多采用 MRP 或 MRPII 技术，充分利用原料需求与成品需求之间的派生关系，随时根据市场反馈信息、生产计划的变动情况调整采购计划或原材料库存管理计划。

由于 JIT 模式强调各流程之间的紧密衔接，因此上下游环节之间为减少浪费，往往有意减少甚至取消了作为缓冲的库存。无论是恶劣天气、地震、飓风之类的自然灾害，还是恐怖袭击、罢工骚乱之类的社会问题，一旦供应商供给能力受到影响，或者供货渠道受到干扰，都可能造成短时间内供货中断，所以，卓越的采购与供应管理不仅可以通过优化管理降低库存成本和采购成本，还应具备应对突发事件的能力，可以通过使用应急供货通道或者启用备用供应源的方法保障生产、销售，提高客户服务水平。

除此之外，还可能产生其他方面的影响。西方国家采购领域一直以来讨论的热点问题就是采购中的道德问题，如能否使用雇用童工的供应商，能否在发展中国家不顾当地农民最低生活需要以低价收购农产品，对恶意造成环境污染的供应商是否能熟视无睹等。一些国际知名的跨国公司在这些方面的做法曾经遭到舆论的强烈谴责，有些消费者甚至联合抵制它们的产品，所有这些都说明采购与供应管理可能对企业整体形象产生深远影响。

（三）采购与供应管理的国际化

第二次世界大战后，随着科技的进步、贸易自由化的推动，全球贸易快速增长。1950—2000 年，全球贸易总额增加了 103 倍，年均增长率达到 11%，世界各国经济不断融合，经济全球化已经成为不争的事实。

经济全球化，就是各国经济突破距离、语言文化、政治经济制度的差异而不断融合的趋势，其主要表现就是采购全球化、生产全球化和市场销售的全球化。在宏观上就表现为对外贸易出口额的增长。即使在 20 世纪的最后 10 年间，国际贸易的增长仍然超过了世界产出的增长步伐。1990—2000 年，世界出口额的年均增长幅度达到 6.8%，而同期世界 GDP 的年增长率仅为 2.3%。全球各国的对外贸易依存度在不断攀升。在微观上，经济全球化为企业在全球范围内优化资源提供了前提保障，在此基础上跨国企业将最佳供应源的搜索范围扩展到世界各个角落，国际采购的比重越来越高。

1. 企业进行国际采购的原因

国际采购最初是为了消极应对激烈的市场竞争，现在已经成为很多企业积极采取的战略措施之一，是降低成本、提高品质、实现企业竞争优势的重要手段。综合来看，企业采购走向国际化可能出于以下原因：

（1）降低成本。激烈的市场竞争使很多来自发达国家的企业纷纷采取走向国际市场，寻找适合的供应商的国际战略。以中国为例，由于较低廉的劳动力价格，成为家电、服装、日用百货等多种产品的重要生产基地。

出口国企业的价格优势还可能源于本国货币汇率的降低，特别是那些技术含量低、产品差异不大的原材料，本币汇率的提升会直接导致企业能够以更加低廉的价格得到来自海外的供货。

（2）获得更先进的技术，满足用户对产品质量的要求。对中国这样的发展中国家，由于本国技术发展水平的限制，汽车、计算机产品等科技含量较高的产品在现阶段虽然已经部分实现了国产化，但为保障产品质量，一些关键零部件（如发动机、芯片）特别是高端产品的零部件还要从国外进口。

（3）获得国内无法得到的资源或产品。由于地理位置和自然条件的差异，各国资源的分布并不均匀，典型的如石油、稀有金属等产地就集中在全球若干地区，为获得有效供给，全球采购是企业必然的选择。

（4）对等贸易的要求。某些时候，出于政治的原因，或者出于缩小贸易逆差的原因，往往需要签订国际采购协议。例如，中国购买空中客车或者波音飞机的背后就往往有着这样或那样的对等贸易的要求。

（5）其他原因。除此之外，还有各种各样的原因导致企业全球采购。例如，有的企业进口原料是为了借此压低国内厂商的销售价格，另一些企业在国外采购则是因为在供应源所在地有直接投资，为服从当地政策或法律要求而采购。

2. 国际采购所遇到的问题

国际采购解决了本地市场供应不足的难题，使企业获得更低成本、更高质量的原料和服务，但也带来了很多其他的问题，主要有以下三方面：

（1）采购提前期偏长。与一般的国内交易不同，国际采购涉及的线路长、环节多、情况复杂，因此采购提前期通常较长。

首先，国际采购中供应源与采购者之间的距离遥远，运输时间较长。国际运输以海运和空运为主，虽然空运速度较快，但因为运输成本高，多数企业无力承担昂贵的航空运输服务。因此，直到如今，国际贸易的主要运输方式仍然是海运。海运运价低廉，但运输速度较慢，特别是跨洲运输，动辄超过一个月。此外，由于运输环节多，运输时间的波动较大。为保证供货，采购方将不得不提高库存保有量，从而产生较高的库存成本。

其次，国际采购所涉及的进出口国家海关检验问题也可能导致采购期延长。虽然从世界各国的情况看，多数海关当局都在以不同的方式简化海关手续，利用先进的信息技术提高海关检验的速度，但"9·11"恐怖袭击事件之后，以美国为首的发达国家出于反恐的需要不断要求海关承担起安全防范的任务，并为此制定了一系列新的政策，如船舶驶离起运港前24小时发送装箱单到美国卸货港等，这些措施又在一定程度上延长了采购期。

最后，国际贸易特有的信用证结算方式虽然保证了买卖双方的利益，减少了结汇风险，但反复的信用证申请、审核程序，更多关系方的介入，再次延长了国际采购的提前期。

（2）经营风险较大。与国内交易不同，国际采购要承担多种国际业务所特有的经营风险，如汇率风险、语言差异导致的沟通风险、各国法律和商务规则不同导致的风险等，所有这些致使企业在进行国际采购前要深入了解国际贸易、国际金融的种种制度安排，采取必要的积极的防范措施。否则，不仅无法得到期望中成本降低的收益，而且可能适得其反。

国际采购的风险还反映在采购方难以了解供应商真实的信用状况和供货情况，并成为国际贸易欺诈案件的受害者。也正因为如此，在国际物流领域贸易方广泛使用代理（如进出口代理、国际货运代理）来协助处理相应的商务难题。

（3）各种隐性成本偏高。国际采购的采购方往往追求采购价格低廉，却会忽略一些可能产生的隐性成本，如国际采购必然涉及的进出口关税、为规避风险使用代理的费用、国际运输以及运输过程中的保险费用、为评估供应商或洽谈采购合同所产生的国际差旅费用、汇率市场波动产生的损失、为安全结汇所产生的信用证交易费用、与供应商往来沟通产生的国际通信费用、因为采购期延长导致的更高的库存费用等，所有这些费用都应该计入国际采购的成本核算当中，而不应该仅仅考虑供应商的报价。

总之，与国内采购相比，国际采购有着更为复杂的经营环境，因而需要企业在决策之前有更充分的准备。

二、采购与供应管理的具体方法

（一）采购流程

采购职能是企业与供应商相连接的关键环节。功能完善、运行良好的采购程序可以大大降低采购风险，提高企业竞争能力。

总的来说，企业采购的目标可分为四方面：获取企业所需数量和质量的产品或服务；尽可能降低成本；确保供应商提高服务质量和加快交付速度；巩固与供应商之间良好的供需关系，寻求替补供应源。也有人将采购部门的目标简述为从适当的来源、以适当的价格、适当的送货方式（包括时间和地点）获取适当数量①的各部门所需要的商品和服务。为达到这些目标，采购过程一般包括以下环节：

（1）确认需求并制定采购计划。一般由产品的使用部门发出采购请求，还要求对需求进行具体描述，例如，商品类别、详细的规格信息、数量、需要的时间、大致价格、用途，以及其他有用信息。

（2）确定供货源，寻找、评估潜在的供应商。

（3）与潜在供应商谈判，决定供货价格、供货时间和地点、合同条款等。

（4）发出采购订单或签署采购协议。

（5）跟踪订单的执行过程，确保所供商品与合同要求一致。在此期间，采购部门要督促供应商按时送货。一旦发现问题，应及时采取行动，如采用加急运输方式、寻找替代货源、与供应商协商重新安排生产等。采购部门还负责就任何关于送货要求的调整与供应商进行协商。

（6）接收货物。接收时，要经过收货部门对产品进行检验，以确保收到产品的质量、数量与订购要求相符，同时确定货物的在途损失，填写收货报告。如果货物与采购订单的要求相符，就可将货物交由需求部门管理或收入仓库；如有不符，还须进一步检查或采取其他行动。

（7）支付货款。

当然，并不是每项采购都必须经过以上各环节，对于有稳定供货源的采购就可以省略确定供货源环节，而且一般企业与长期往来的供应商之间有较为成熟的供货模式和标准的供货协议，所以只要更新供货时间、地点、数量、价格就可以，无须就价格条件、支付方式或争议解决方法等合同条款重新谈判。

（二）确认需求

采购之初首先要解决"买什么"的问题，在制定采购计划之前通常要考虑购买之后将作何使用、使用的频率、使用的环境、能够承受的价格等多种因素，所以一般的采购计划书中至少包括需求数量、需求价格、产品的功能和质量四个基本要素。四个因素相互影响、相互作用，成功的采购计划书应该是各项因素的最佳组合。其中，功能仍然是起决定作用的因素。

1. 需求数量

需求数量是采购过程中首先需要确定的因素，它将影响产品的设计、分类乃至整个采购过程。例如，需求少量单件产品，就要尽量选择市场上的通用产品；若需求较大，则可以在产品设计和生产中考虑利用规模经济进行个性化设计。

2. 需求价格

需求价格一定程度上反映了买方购买该产品愿意支付的代价，与产品的使用效用和购买者对产品售价的预期有关。

3. 产品功能和质量

需求功能也就是产品的最终用途，它在采购计划书中占据重要地位，决定着计划书的其他

---

① 又被称为 5R，即 Right Quality、Right Quantity、Right Place、Right Time 和 Right Price。

所有方面，也是计划书中最难以确定的部分。功能说明与企业对所购产品或服务的质量要求密切相关，功能说明应该包括产品的特性方面的详细说明，也应该同时确定产品所需达到的质量水平。一般而言，功能说明可通过以下方法或方法组合来进行描述：

（1）商标。使用商标对产品进行描述是批发和零售企业中最常用的方式，在生产制造过程中也被使用。它尤其适用于以下情况：① 所订购的产品属于通用的标准化产品；② 产品已申请专利或制造过程是保密的；③ 供应商具备买方所不具有的专门知识；④ 购买的数量相当少，不值得买方专门制定计划书；⑤ 供应商已经通过广告或直接营销宣传，在买方的顾客中塑造了良好的形象。

仅按商标购买时，采购商信赖的是供应商的良好声誉和品质，并且假设供应商会为维护其声誉而保证产品质量，满足客户的需要。

按商标购买的主要问题是成本。具有商标的产品价格通常高于没有商标的产品价格，因此，有时编制计划书进行购买比仅按商标购买成本更低，在初级原材料的采购中尤其如此。凭商标购买的另一主要问题是商标的局限限制了可选择的供应商数量，从而降低了购买的竞争性。

（2）编制关于产品物理和化学性质、制造材料和方法以及功能的说明书。描述产品性质的方式有许多种，包括下述一种或几种的组合：① 产品的物理和化学性质。买方必须说明所需原材料的物理和化学性质，如购买石油时通常说明其含硫量等。② 产品制造材料和制作方法。有时产品的功能取决于其制造方法，如热轧钢和冷轧钢的功能就截然不同，此时就需要明确说明。③ 产品的功能。描述产品应达到的一定功能或功效。

无论采取上述何种方法，说明书都必须注意以下问题：

第一，要使说明书起作用，必须对说明书进行仔细设计。否则，可能导致所购买的产品不能满足需要。然而，说明书太过细致又会增加成本，可能挫伤供应商的积极性。

第二，说明书必须有利于产品供应渠道多元化和产品供应的竞争性投标。

第三，如果使用性能说明书，则必须确保买方购买的产品达不到所要求的效果时，由卖方负责。同时买方必须提供一系列衡量和检验的标准。

第四，有些产品可能难以制定说明书，不适于使用说明书进行采购。

第五，如果说明书由买方制定，则成本可能较高。因此，通常仅在采购量较大或者没有其他可选的办法时才使用。

说明书按其来源主要分为买方说明书和通用说明书。买方说明书由于制作成本较高，所以仅在无法使用标准说明书或订购批量十分大时才使用；通用说明书则是由政府或行业组织、研究机构经过多年研究而制定的，通常用于原材料、半成品、零配件或复合材料，采购者可以依据实际情况进行选用。由于这些标准已被广泛接受，所以供货来源充足，而且由于通用产品被广泛接受，制造、出售的价格较非标准产品更低。

（3）编制设计图。设计图详细描述零件和装配件的具体构造，还包含完工程度、耐用度、使用材料等方面的信息。当其他方式无法对零部件的构造及其相互配备的方式进行说明时，设计图是最常用的方法。设计图通常由生产工艺设计部门制定，其制定成本较高，但对所需零部件的说明准确而详尽，主要用于专用设备的采购。

（4）其他。除以上方法之外，还有很多说明产品的方法。如当需要特殊颜色或式样时，使用样品进行说明等，还可以根据需要同时使用多种描述方法，如可以采购某一品牌计算机，同时注明计算机各部分的技术参数。

需要注意的是，产品说明的方法应该与所订购产品的特性密切相关，同时也将直接影响到未来交付货物的品质，因此应该力求准确，当然也应同时兼顾采购计划的制作成本。

（三）交易条件的确定

价格不是采购决策中的唯一决定因素，但它是采购决策中最重要的内容之一。采购价格的变化可以对企业成本产生重要影响，但价格因素必须与质量、数量、功能、服务等其他因素综合起来考虑。

在国际采购中，采购价格的制定往往与交付条件、运费承担、风险转移等内容结合在一起，目前常用的国际商会制定的《国际贸易术语解释通则》（INCOTERMS）对国际上通用的价格条件进行了很好的归纳总结。该规则 2020 年修订版将贸易术语分为以下几组：

（1）E 组，包括：

EX-Works（EXW）工厂交货（……指定地点）。

（2）F 组，包括：

FCA（Free Carrier）货交承运人（……指定地点）。

FAS（Free Alongside Ship）船边交货（……指定装运港）。

FOB（Free on Board）船上交货（……指定装运港）。

（3）C 组，包括：

CFR（Cost and Freight）成本加运费（……指定目的港）。

CPT（Carriage Paid To）成本、保险费加运费付至（……指定目的港）。

CIF（Cost，Insurance，and Freight）运费付至（……指定目的港）。

CIP（Carriage and Insurance Paid To）运费、保险费付至（……指定目的港）。

（4）D 组，包括：

DAP（Delivered at Place）目的地交货（……指定地点）。

DDP（Delivered Duty Paid）完税后交货（……指定目的港）。

DPU（Delivered at Place Unloaded）目的地卸货后交货（……指定目的港）。

其中 FAS、FOB、CIF、CFR 是适用于海运和内河水运的规则，而其余术语是适用于任一或多种运输方式的规则。

（四）供应商管理

1. 供应商选择信息的获得

采购部门的主要职责之一就是不断寻找可能的供货渠道。国际采购中，有助于判断确定供应渠道的信息包括：

（1）我国的商务部和国际贸易促进委员会会提供某些国外供应商的信息。

（2）驻国外的使领馆可以帮助确认当地供应商的资信情况，在华的外国使领馆也会提供外国供应商的信息。

（3）各国的采购协会或相关的行业组织都会提供本国供应商的相关资料。

（4）各大银行大多提供国际结算服务，也可以提供外汇、支付方面的咨询帮助。

（5）同行企业也可能提供有价值的供应源信息。

（6）各种贸易杂志、贸易指南也可以提供一些广告，帮助了解国外供应商情况。

（7）互联网也是信息的重要来源，可以通过国外供应商的网站加深对供应商的了解，当然互联网信息的可靠性容易受到质疑，所以应该在确认后再使用。

（8）其他，如供应商发送的商品目录等也可能是获得供应商信息的渠道。

2. 选择供应商的因素

采购的目的包括获得适当数量、质量、送货服务、价格等，在确定所需购买的产品后，还需要对供应商进行选择。

战略采购管理强调企业与供应商之间休戚与共的共存关系，因此好的供应商不仅应具备提供符合要求的产品的能力，还应为客户提供良好服务，实现供应链伙伴之间的共赢关系。产品功能、数量、质量和价格是采购管理中的重要组成因素，同样也是筛选潜在供应商的基础。一般认为，在选择供应商的过程中需考虑的因素包括：

（1）技术能力。供应商是否具备生产和供应买方所需产品的能力？是否有产品更新改进计划？是否能够帮助买方改进产品？这些问题都很重要，因为买方常常依赖于供应商的产品改进来使自己的产品得以改进或成本降低。好的供应商可以对采购计划提出改进建议，从而改进买方产品或降低生产成本，甚至可以协助采购部门制定采购计划。

（2）生产能力。供应商必须能够生产完全满足产品说明书的要求的产品，使产品缺陷降到最低，这意味着供应商必须具备相应的生产设施、质量控制措施、合格的生产人员、良好的生产计划和质量控制系统。

（3）质量保障能力。因为可能直接影响到未来所供产品的质量问题。质量保障能力是选择供应商的重要因素，很多企业会要求供应商取得 ISO 9000 等质量认证，或者会优先考虑在当地行业评比中取得优异成绩的供应商。

（4）商誉。在选择供应商的过程中，应选择有信誉、稳健、有雄厚财力的企业。这样才能保障买卖双方的长期联系。

（5）售后服务能力。供应商必须具有良好的售后服务保障，包括良好的服务组织和服务零配件库存，对于某些需要技术更新或技术支持的产品尤其如此。

（6）供应商地理位置。供应商距离买方较近或在需求地拥有库存对采购者更有吸引力，因为近距离购买可以缩短送货时间，实现即时送货要求。

（7）其他考虑。此外，其他如信用条件、互惠贸易条件，以及供应商是否愿意为顾客保持存货等额外考虑事项，也会影响买方对供应商的选择。近年来，西方发达国家的一些大型跨国企业出于舆论的压力，还会考虑供应商是否存在苛刻对待劳工、是否涉嫌污染当地的环境等问题。

3. 供应商评估

供应商评估也是供应商管理的核心内容之一。一方面，它是供应商筛选的前提；另一方面，很多企业对长期使用的供应商也会定期进行阶段性评估，根据评估结果决定是否继续使用该供应商的产品和服务，或者作为与供应商以后进一步谈判的依据。因此，供应商评估贯穿采购与供应管理的整个过程，也是采购与供应管理的关键环节。

用于评价供应商的因素有些是可量化的，如用货币来衡量的价格，更多的因素则是无法量化的，则需要其他方法来帮助进行判断。以下就是常用的等级分评定法的主要步骤：

（1）选出评价供应商所应考虑的因素。

（2）确定各因素的权数，权数取决于该因素相对于其他因素的重要性。

（3）分别对不同的供应商就各因素进行评分，根据供应商满足各因素要求的程度来评价其能力。

（4）评定供应商的等级分。将每一供应商的各因素的权数乘以该供应商在该因素上的得分。然后根据总分值对供应商进行排序，选择其中最高分者。

表 9-2 就是某企业对各供应商评分的情况（节选）。从理论上来看，应该选择总分最高的供应商 B。

表 9-2　某企业对各供应商评分的情况（节选）　　　　　　单位：分

因素	权数	供应商得分				供应商等级分			
供应商		A	B	C	D	A	B	C	D
功能	10	8	10	6	6	80	100	60	60
成本	8	3	5	9	10	24	40	72	80
服务	8	9	4	5	7	72	32	40	56
技术支持	5	7	9	4	2	35	45	20	10
信用条件	2	4	3	6	8	8	6	12	16
供应商总等级分						219	223	204	222

第二节　国际仓储与配送

一、从本地配送到国际配送

实物配送就是产成品从制造或销售企业沿一定的通道，并经运输、仓储等流程到达供应链下游客户（可能是经销商、批发商、零售企业，也可能是最终用户或消费者）的过程。在此过程中，商品所经过的路径或通道就被称为配送渠道（Distribution Channel）。

实物配送与企业中的营销职能密不可分。配送管理为营销战略服务，是保证市场销售的重要支持力量，因此很多时候配送渠道和分销或营销渠道具有很强的一致性，但有时两者却有很大差异。分销渠道更加侧重考虑商品由供应商或制造企业经过哪些经销商，一直到零售环节提供给消费者进行选购；而配送渠道却强调商品通过哪些流转环节，经过什么样的运输、仓储或中转作业送达用户或消费者手中。如果经销商负责各自范畴的物流运作，则两个渠道基本是一致的，但也可能出现差异，如直销模式是通过网络或电话等现代化通信方式直接将供应商和消费者联系在一起，而其物流渠道则并非如此。图 9-1 说明了分销渠道与配送渠道的关联。

如果企业立足于本地销售，则配送服务只在本地进行。但由于本地市场狭小，企业的发展潜力和赢利能力都会受到限制。通过拓展市场，企业可以获得生产、经营上的规模经济，提高获利能力，因此，越来越多的企业在激烈的市场竞争中努力开拓全国乃至全球的市场，期望以此提高自身的竞争力。与此同时，市场范围的扩大带来客户地理位置的分散，市场经营环境的多样化，

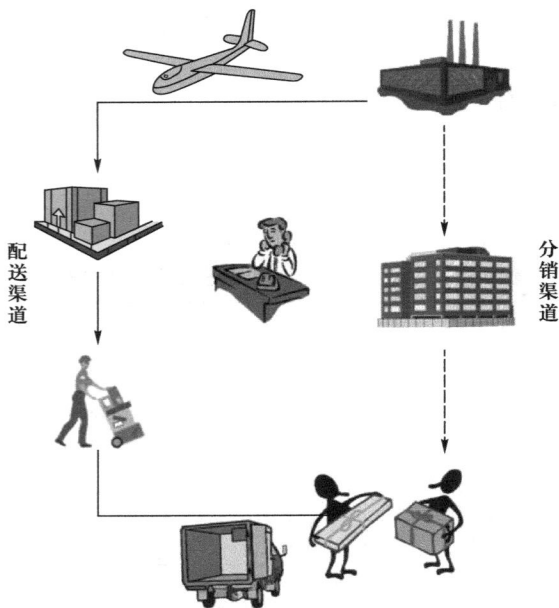

图 9-1 分销渠道与配送渠道的关联

也加剧了配送管理上的难度，那些面向世界市场的国际化企业尤其如此，各国法律制度、文化语言、传统习惯的不同都使得客户对配送服务的质量要求千差万别，适应市场环境的要求、促进销售成为配送管理的重要课题，甚至可以说国际配送服务的水平将直接关系到企业跨国经营的成败。

与国际采购一样，国际配送也是企业国际化经营的重要标志，是企业销售国际化和生产国际化的自然结果。同样类似的还有国际配送所面临的主要问题，包括订单提前期长、经营风险大和隐性成本偏高等，但与国际采购相对应的进口业务相比，对外出口、国际配送的目的是占领别国市场，因此所遇到的困难更大，不可控因素也更多，如当前各国对进口商品普遍实行的关税和非关税壁垒措施。在关贸总协定和世界贸易组织的不断努力下，过去半个世纪各国的关税水平有了显著下降。但随着 20 世纪末贸易保护主义的抬头，非关税壁垒措施层出不穷，绿色壁垒、技术壁垒名目繁多。这些限制壁垒已经不只针对产品，还涉及包装等配送管理的各个环节，如以环保的目的限制或禁止木制托盘进入本国市场，对包装所用语言文字提出要求等。各国的语言文化、法律制度环境的差异也对国际配送制造了种种障碍，如各国曾经普遍实行的运输管制措施，都直接导致运输成本上升，限制企业国际营销战略的使用。

二、仓储与配送自动化

（一）仓储的作用

仓储和配送是物流活动的两大核心部分，也是物流管理的重要支柱。配送过程主要创造三种效用：空间效用、时间效用与形质效用。仓储环节主要创造的就是时间效用，它是指为克服从供方到需方的时间差而创造的价值。[①] 现代经济社会往往存在着生产与消费一定程度的脱

---

① 周亚蓉 . 电商趋势下物流配送优化研究［M］. 天津：天津科学技术出版社，2019.

节，这种脱节不仅表现在生产地与销售地、消费地之间的地域分离，还表现在生产时间、销售时间与消费时间上的不同步（典型的服务行业除外），就像中国人最喜爱的饮品之一——茶叶，多数产自南方，采摘的时间也限于一年中的短短若干天，但茶叶的销售和消费却是全年的，遍及全国乃至全球的各个角落。仓储和配送等物流活动就是实现这一切的背后支撑力量。

一般来讲，仓储具有如下功能：

1. 货品储存与保管功能

现代社会化大生产的一个重要特征是专业化和规模化生产，劳动生产率极高，导致生产出来的商品无法在短时间内被全部消费掉，生产出来的产品也不能全部堆积在生产场所中。因此，仓储的货品存储功能是其最重要的功能。同时在商品储存的过程中，需要一定的维护保管，保持货品的安全与使用价值，如水泥受潮会结块，需要干燥的储存环境，这就对仓储的位置或除湿设施提出要求。

专题阅读 9-1

国家粮食储备库

新中国成立 70 多年来建立起了完备的国家粮食储备制度。主要内容包括：

（一）确定了不同时期粮食储备数量。新中国成立后，党中央、国务院非常重视粮食储备，并逐步建立了一定规模的粮食储备。1955 年，设立甲字粮储备制度，用来应对灾荒的粮食构成新中国粮食储备的重要部分。粮权属于中央，国有粮食企业承担储备任务。1962 年，中央决定建立备战目的的军用"506"战略储备粮，即储备足够 50 万人 6 个月食用的粮食以作备战之需，实行军政共管。1963 年，建立农村集体储备。

（二）建立了国家专项粮食储备制度。1990 年，国务院印发《关于建立国家专项粮食储备制度的决定》，逐步形成了中央、省级、地县三级储备体系。2000 年成立中国储备粮管理总公司。此后，各地相应建立了地方储备粮管理公司，管理地方储备粮。

（三）粮食安全系数逐年提升。粮食库存量的多少是衡量一个国家粮食安全与否的一项重要指标。粮食库存安全系数 20 世纪 50 年代为年均 15.4%，2010—2018 年为年均 67.8%。2010—2018 年，世界谷物库存安全系数为年均 18.5%，而我国远超这个世界平均水平，国家粮食储备制度保证了我国的粮食安全。

资料来源：肖春阳. 弘扬粮食储备文化 保障国家粮食安全［J］. 中国粮食经济，2020(02)：73-79.

仓库的储存功能对于客户端也具有重要的作用。对于消费者而言，他们更希望自己的购买行为能够得到即时的响应，从而立即获得商品。如果一个商家没有中间仓，而采用下单—生产—配送的模式，将会极大影响客户的满意度，容易导致客户的消费需求转向其他供货更快、产品损耗更小的供应商。一些具有周期性的生鲜产品、农产品，它们的供货时间集中，但是需求分布在全年，也需要仓储来消化平抑波动的供需关系，增进消费者福利。因此，仓库的储存与保管功能能够保障市场供应，提升客户服务水平，选用优质的仓储服务提供商也是提升商家竞争力的有效手段。

2. 运输整合与分类转运功能

仓库根据出货单的要求，将来自不同供应商的产品或原材料整合到同一个储藏单元，再进行统一装运。对于货品购买者来说，可以减少接受多单物流的成本，提升效率；对于整个社会来说，优化了流通环节，有助于减少流通的承载压力。分类转运则是运输整合的进一步深化，将来自单个或多个供应商或工厂的货品在仓库完成分类再转运至单个或多个客户。

这一功能有助于实现生产、采购和运输中的规模经济效益，最终降低物流成本。运输成本的特性决定了大型运输工具可以实现较低的单位运输成本，大批量待运的货物也容易向承运人争取较为优惠的运费。这一点在国际物流中尤其明显，超大型飞机、船舶的出现都是为了有效地降低单位运输成本。

类似情况同样出现在生产和采购等各环节。大批量的采购往往对应更为低廉的买价，或者享受到一定数量的折扣，在国际物流中还意味着信用证交易的各项成本、通关成本等可以摊销到更多的产品上。而生产线的调整、人员的培训、零部件的配送都决定了大批量生产的低成本，所有这些都对总成本的降低起到了积极作用。

但运输批量或购买批量的增加，也造成运输产品数量的增加。由于消费或销售活动不同步，必然产生更多的库存和更庞大的仓储管理系统，这就是现代物流常常强调的运输成本和仓储—库存活动之间的物流成本悖反原则，因此适当控制仓储系统规模，更好地享受生产、采购和运输中的规模经济效益是降低物流总成本的重要法宝。图9-2说明了运输成本和仓储—库存活动之间的物流成本悖反规律。

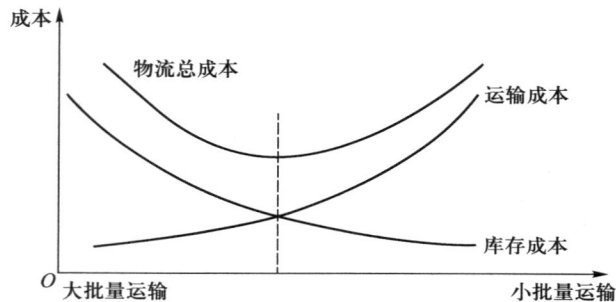

图9-2   运输成本和仓储—库存活动之间的物流成本悖反规律

3. 提供市场信息缓解供需矛盾功能

产品的生产需要符合社会的需求，价格作为市场经济的指挥棒，能够在动态中完成商品的均衡。厂商衡量市场变化，制定自己的生产计划很大程度上就依据其仓储量的变化。仓储量减少，周转加快，表明市场需求旺盛，鼓励厂商加大投资扩大生产。仓储量增加，周转周期变长，则表明市场需求孱弱，或是产品质量缺陷不受大众认可。库存信息的变化与产品价格的变化共同构成厂商感知市场动态的感受器，库存信息的变化较价格变化慢，但是获知成本低，易于分析管理。

无论任何产品，其生产和需求总存在一定的波动性。仓储系统就像水库，在需求低迷的时候将生产出来的成品存储起来，在需求旺盛的时候利用库存供给市场，既解决了淡季生产设施的闲置问题，又保障了旺季的产品供应。

此外，供应链各个环节上的仓储功能还对缓解上下游企业间供需矛盾，提高供应链抵御风险的能力起到了积极作用。JIT管理模式在一段时间内得到很多企业管理者的推崇。JIT管理模式认为，库存表明存在隐含的成本，因此高效率的企业应该不存在库存。它强调按单生产，供求之间协调同步以降低仓储—库存成本，提高供应链效率，对客户需求作出快速反应。但 JIT 管理模式并非适用于所有的企业、所有的地区，或所有的时间点，因为它所强调的零库存概念，流程之间的紧密衔接还可能同时导致企业过于依赖流畅、准确的运输系统，造成供应链体系的脆弱。如在中国每年的"双 11"购物节，就对厂商的前置仓提出了要求，一些厂商通过预测、调查或收取定金的形式提前制定生产计划，摒弃零库存的生产模式，将货物即时分配到物流的前置仓，相较于那些等待订单再生产发货的厂家，获得了更多的竞争优势，维护了企业的形象，增加了其商誉与无形资产。又比如 2019 年年末，在中国武汉暴发了新冠疫情，在疫情初期，由于铁路航班和道路运输的部分中断，许多地区接收外地物流受阻，一度造成菜价暴涨。此外，短期内原料价格的巨大波动、质量问题、地震等自然灾害也都曾经在世界各地造成某些企业生产、销售受到冲击。如果各种突发事件出现频繁，对生产经营的影响巨大，就要充分利用仓储系统抵御各种不稳定因素，提高企业竞争能力。

（二）仓储与配送自动化的实现

从 20 世纪 80 年代开始，随着计算机、数控、传感器、条形码、光电、卫星定位、机器人、人工智能等技术迅猛发展，物流产业适应生产发展的需求，将先进技术融入传统的人工、机械化物流中，开始建设现代化物流。现代化物流的显著特性就是自动化、智能化和集成化，将信息、运输、仓储、库存、配送、包装等物流活动整合成一种新型的整体进行集成式管理，最大限度降低物流总成本。它具有以下特征：主导物流服务的是专业的第三方公司，发达工业国的生产加工企业没有自己的仓库，而由专业的物流配送服务企业提供存储和配送服务；信息技术、网络技术广泛融合在物流的全过程，并与电子商务深度绑定；物流全球化，在全球范围内沟通生产者与消费者，生产者与原材料，生产者自身的不同生产环节中的运输、储存和信息交换等各个方面。[①] 我国物流科学研究还处于起步的阶段，物流科学还远未普及，企业物流蕴含的巨大效益潜力还远未充分发挥。因此，重点推进仓储配送自动化，是推动我国物流整体现代化的有效路径。[②]

1. 仓储与配送自动化的含义

自动化仓储，狭义上指的是由高层立体货架、堆垛机、各种类型的叉车、出入库系统、无人搬运车、控制系统及周边设备组成的自动化系统。随着人工智能技术的发展，自动化仓储的内涵得到了扩展，它要求不仅具有一整套自动化系统，还能够与仓储的前后物流工序顺畅衔接，根据上下游反馈适时调整仓储决策与形态，实现类人工智能的系统化管理。

从产业链结构上看，实现仓储自动化，需要依赖上、中、下三部分的产业链协同。上游为硬件制造商和软件服务商，分别提供能够自动化改造或具备自动化能力的硬件设施（如输送机、AGV、堆垛机等）和相应的软件系统服务（如仓储管理系统和仓储控制系统）；中游是自动化仓储系统集成提供商，也有一些是由上游企业直接提供或物流企业内部自建，根据企业的需求和行业的特点使用多种设备与软件，设计制造自动化仓储系统；下游是应用仓储的消费者，包括几乎一切的工业门类和各种电子商务平台。因此，我们可知中游的自动化仓储系统提供商处于整个产业链的核心地位。仓储系统不是简单的设备组合和人力堆砌，是以系统思维对设备功能

① 陈军．物流自动化仓储的发展趋势分析［J］．建材与装饰，2016(51)：168-169.
② 詹凌云．浅谈我国物流中心的仓储自动化［J］．商场现代化，2006(20)：120.

的充分应用，并保证软硬件接口的无缝快捷衔接，最终实现仓储优化推动物流的全局优化。

2. 仓储与配送自动化的优劣

传统的仓储管理采用人工方式，即使采用了机械化的设施，但是设备之间，人与设备之间的连通是不及时、不紧密的，人为因素介入多，效率低下，准确率不高。这使得传统仓储管理人力资源浪费、管理维护成本高，进而影响了物资的收发、验收的正确性，对物流其他环节也造成了负面影响，增加了处理成本，不利于商业竞争。

自动化仓储相对于传统模式，强调信息自动化和精细化管理，实现了数字化管理出入库，实时监控物资库存量，提升了仓库货位利用效率，减少对人工操作的依赖性，实现了信息系统规范化控制操作，降低了作业人员的劳动强度，改善了仓储的作业效率，减少了货场内的冗余设施，最终改善了订单的准确率和履行率。具体而言表现为以下五点[①]：

（1）高层储存，节约土地。当前中国的土地使用价格持续走高，而电商的发展和消费者消费升级中十分注重速度性和时效性，仓储的位置越来越靠近中心城区，因此采用自动化仓储利用高层货架储存货物，最大限度地利用空间，可大幅度降低用地成本。与普通仓库相比，自动立体仓库可以节省60%以上的土地面积，有助于调和仓储位置与成本的矛盾。

（2）无人作业，节省人工。我国人力资源成本逐年增高，在仓储环节实现无人化作业，不仅能大幅度节省人力资源，还能帮助催生一系列关联的科技装备制造业，助推产业升级和就业高端化。

（3）系统管理，容错率高。自动化仓储系统采用计算机进行管理，可以对入库货物的数据进行记录并监控，能够做到"先进先出""自动盘点"，避免物资自然老化、变质，也能减少货物破损或丢失造成的损失。

（4）账库同步，节约成本。由于计算机管理的介入，高精度计算下，企业可以建立合理的库存模型，最大限度保证生产全过程顺畅的同时减少库存成本，大大提高公司的现金流。

（5）自动控制，提高效率。自动化仓储系统中物品出入库都是由计算机自动化控制的，可迅速、准确地将物品输送到指定位置，减少了车辆待装待卸时间，可大大提高仓库的存储周转效率，降低存储成本。

在具备上述优势的同时，实现仓储的高度自动化、智能化也面临着诸多风险。投资大、建设周期长：自动化对货架安装精度、配套设备数量、设备间的连接和软件管理系统都提出了严格要求，需要投入资金远多于传统仓储，同时后续的保养维护工作也需要专业人士指导，成本无法下降；灵活性弱，改造困难：一旦建设完成不易更改，根据各企业需求设计定制的仓储系统，限定了货架产品或其包装的最大尺寸和重量，相应地，其他配套设备也不能轻易改动；抗风险能力弱：计算机控制下的仓库当发生事故时可能产生全局性崩溃，很有可能导致整座仓库都无法正常工作。

3. 仓储与配送自动化的运作

自动化仓库配送要求软硬件结合的同时辅助规范化的计算机与人工协同管理。本节接下来介绍仓储与配送自动化实现中的关键节点，包括电子标签系统、自动运输系统、自动存储系统、自动分拣系统。

（1）电子标签系统。电子标签（RFID）在前文已经有过具体的介绍，对于自动化仓储的作

---

① 党争奇. 智能仓储管理实战手册［M］. 北京：化学工业出版社，2020.

用也已明晰，读者可自行回溯参考。在具体实现中，仓储服务提供商应用 RFID 仓储管理系统，可以实现发卡贴标、入库管理、出库管理、调拨移位、库存盘点多个功能。

首先，利用该系统对新购置的货物进行贴标操作，配备电子标签内含唯一的识别信息和货物的具体信息，任何场内的读写器识别标签就能获取货物的所有信息。接着计算机汇总所有待入库物资的信息，并通过模型和算法计算出物资的存储位置，并将该信息分发到每一个货架和仓库的端口，当所有贴有标签的物资通过运输系统到达仓库货架入口时，读写器会自动识别标签信息并核对系统分发的信息，若两者核对匹配成功，则端口进行提示，人工或自动入库完成，并将完成信息再次上报计算机终端，系统将自动更新物品信息，形成入库单明细。在商品出库时，根据来单，手动或计算机自动生成出库物品申请单，并将信息发送至所需物资所在存储位置的端口，作业人员手持读写器或由机器人将贴有电子标签的待出库物资取出装车，出通道读写器和车内读写器将连续读取货物的电子标签信息并与出库申请单核对，确认取出和装车的账实合一，在完成出库后系统自动更新库存信息。由此一次货物的出库入库就完成了。

除此之外，利用电子标签系统，计算机还可以实时监控货架的存量，当少于阈值时提示补货，避免库存不足。也可以起到防盗报警的作用，当货物发生异常移动时，定期扫描的读写器将会发生异常，并将异常信息上报中央计算机系统。

（2）自动运输系统。自动运输系统主要由各类输送机、叉车和具有运输功能的 AGV 组成，并在仓库管理信息系统统一指挥下执行运输任务。

仓库的中央计算机下达运输指令后，人工或自动化的叉车能够将货物直接从仓库货架中取出，并运输到指定位置。有时为了节省运力和成本，在较长距离和需要中途处理加工的流水线作业时，货物会被运输到各式输送带上，再由输送带根据系统规定的路线传送到各个节点，并能自主实现合流、分流的功能。对于小件零散货物的运输，现代仓储中心往往会采用移动式货架与搬运 AGV 的联运，由 AGV 牵引或托举轻型移动式货架，直接连同货架运往指定地点。

（3）自动存储系统。自动存储系统主要由自动化立体仓库（Automated Storage and Retrieval System，AS/RS）实现，是第二次世界大战后随着后勤技术与信息技术的发展而出现的一种新的现代化仓库设备系统，具有大量储存、自动存取的功能，是自动化搬运系统的重要组成部分。自动化立体仓库能充分利用存储空间，通过 WMS 实现设备的联机控制，采用先入先出的原则，迅速处理物资，合理进行库存管理。它由高层货架、巷道式堆垛机、自动运输系统和自动控制系统组成。高层货架能够有效利用层高带来的立体空间实现货物储存功能，并起到支撑堆垛机的作用。根据货物承载单元不同，高层货架可以选用托盘式货架或周转箱货架。巷道式堆垛机是自动存储系统的核心起重和运输设备，在高层货架的巷道内沿轨道运行，实现取送货物的功能。当货物运出巷道后，需要借助自动运输系统进行下一步操作。自动控制系统是自动存储系统的执行大脑，向上连接物流调度系统，接受运输指令，向下连接输送设备实现底层设备的驱动和物资的检测识别。①

（4）自动分拣系统。自动分拣系统是先进的仓储自动化中心所必需的设施条件，将随机的

---

①　党争奇．智能仓储管理实战手册［M］．北京：化学工业出版社，2020．

且不同类别、去向的物资，按照产品类别或目的地，从仓库货架经过拣选后按照系统要求的路径送到指定地点。自动分拣系统能够连续、大批量地分拣货物，不受气候、时间和人力的约束，不间断运行，每小时能够分拣 7 000 件以上的包装商品；分拣的误差率极低，尤其是与电子标签系统结合后，除非电子标签本身贴标错误不然不会出错；分拣作业实现无人化，降低了劳动者的劳动强度，提高了人员的使用效率。[①]

传统的自动分拣系统由控制装置、分类装置、输送装置和分拣道口组成。当来货时，控制装置首先识别接收分拣信号，根据分拣信号的要求划分不同依据的类别；根据控制装置发出的分类信号，当具有对应特征或信号的物资经过分类装置时，该装置做出动作，改变商品的运输途径、运行方向，使其进入其他输送机或分拣道口；输送装置即上文提到的自动运输系统，它连接着多个分拣道口，使得分拣完成的物资脱离主输送机，并进入下一个的集货站台，在那里由工作人员将该道口的所有物资集中入库或者装车配送。

传统的分拣系统有交叉带分拣机、倾斜托盘式分拣机、滑块式分拣机。以倾斜托盘式分拣机为例，它是通过托盘倾斜的方式将物资分拣抛出，该分拣机在快递领域也有很多运用。固定在环形链式输送机上的可翻转托盘到达指定的分拣位置时，接受分拣指令，托盘倾斜将物品滑入分拣道口。

自动分拣系统示意图

除此之外，目前市面上还出现了机器人分拣系统等先进工程。自 20 世纪 80 年代开始，机器人被广泛地应用于自动化生产中。仓库管理机器人的主要用途是将货物分门别类并组成单位载荷。例如，使用机械手把指定位置的货物放到输送机的皮带上。机器人的另一个主要用途是代替人工完成恶劣条件下的作业，如机器人可以在高噪声或冷库等极端条件下工作。机器人分拣系统首先在快递物流行业应运而生，适用于分散、数量较多和较小重量的分拣任务。它通过机器人与工业相机的快速扫描识别，在分拣的同时可以实现称重和信息交互等功能。它的分拣速度更快，最高可达到每小时 15 000 件。具体流程为，当物资到达分拣系统时，机器人会将输送机上的物资面单向上并搬运过龙门架进行面单扫描读取订单信息，完成称重并上传到控制系统，再由各个机器人依照系统指示将物资送入分拣道口。

机器人分拣系统

① 徐正林，等. 一本书看懂现代化物流 [M]. 北京：化学工业出版社，2017.

三、仓储管理决策

仓储管理决策的内容非常多，概括起来主要包括：

（一）仓库类型选择

仓库类型选择即决定如何为存货安排仓储空间。大多数情况下，厂商需要在自用型仓库、公用型仓库和专用仓库中进行选择。一般来说，使用自用型仓库由于固定投资大，对库存的控制能力比较强、专用性较好，所以适合商品性能较为独特，对仓储环境要求较高，且库存周转量大、需求较为稳定的情形。相反，如果对仓储环境的要求类同普通货物，而且库存周转量小，或者需求量波动剧烈，则更适合使用公用型仓库，增强物流系统的灵活性。

专用仓库的很多特性居于公用型仓库和自用型仓库之间，既可体现物流系统的灵活性，又可以通过协议实现个性化服务要求，增强对库存或配送管理的控制能力。同时，因为固定资产投资较少，所以对库存周转量的要求也较低。

当然，现实中也有一些企业采取混合方案，即使用自用型仓库或专用仓库来满足企业年度的基本需求，同时在销售旺季时租用公用型仓库以应一时之需；或者在市场较为稳定、销售量较大的地区使用自用型仓库或专用仓库，而在市场波动频繁、市场空间有限的地区租用公用型仓库；还有的企业针对所经营的不同产品，有的利用自用型仓库进行管理，有的借用公用型仓库短期存储。这种混合模式往往是企业在权衡各项成本之后的决定，因为考虑了各地或各时间、各产品的不同市场特征，效果更好。图 9-3 说明了使用自用型仓库和公用型仓库的物流成本规律。

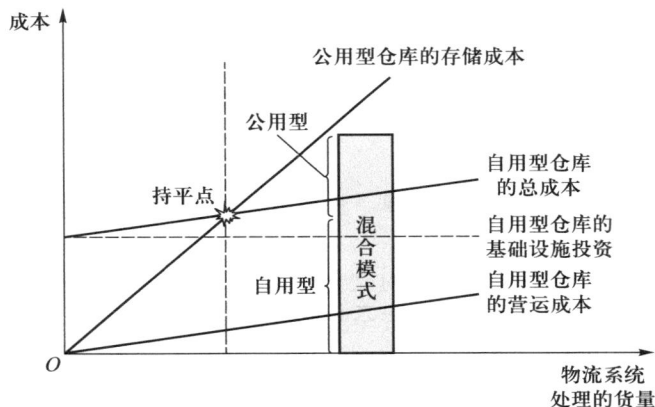

图 9-3 使用自用型仓库和公用型仓库的物流成本

（二）仓库数量决策

某物流系统内所需的仓库数量与物流系统的地域覆盖面、所选用的运输方式、企业期望达到的物流服务响应水平有着密切的关系。举例来讲，如果企业以东亚、东南亚为其主要市场范围，采用航空运输方式，而且期望在客户订货后 48 小时内能送货上门，那么不考虑通关因素，只设定一家仓库管理库存、出运货物是可行的。因为以深圳为中心，多数区域都在 6 小时航程的半径范围之内，假定所有企业的配送中心和客户所在地都位于机场附近，且与深圳或香港机场有每日直达航班，那么只要合理调度仓库资源，保证在一定时间内可以备齐货物，交付运输，则单个仓库的配送网络有可能实现。但随着市场区域不断扩大，如需要覆盖北美、欧洲市场，或者只能采用海运等较为缓慢的运输方式，或者客户要求在 8 小时之内送达所需的货物，当然还有可能因为海关手续较为复杂，无法在最短时间内完成上述时限要求，那么就要考虑应该增加仓库数量了。

运输方式和客户服务水平决定了物流系统内仓库的数量，而仓库数量也会对前两者产生影响，进而影响物流系统内的多项成本。如图 9-4 所示，随着仓库数量的增加，对各仓库的投资加大，整个物流系统的仓库运营成本必然上升。仓库数量增加也会造成仓储活动更加分散。由于多点存储导致系统内的安全库存水平上升，库存成本上涨。但是，仓储数量增加，也将带来仓库与产地之间运输方式的调整。由于不再是直接送货到客户处，而是送到作为中转环节的配送中心或仓库，所以，可以适当增加运输批量，降低运输成本。当然，通常随着仓库数量的上升，客户与配送中心之间的距离会缩短，配送服务的响应速度会提高，客户服务水平会有所上升。

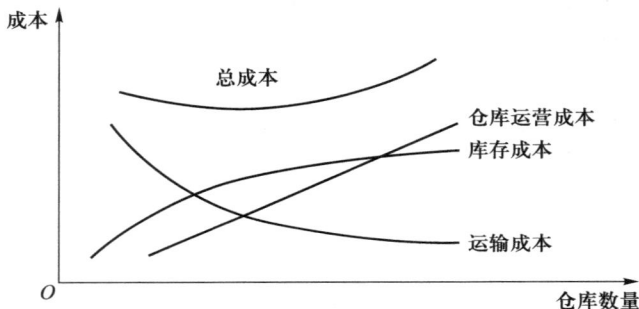

图 9-4 仓库数量决策

（三）仓库选址决策

仓库选址是仓储管理决策中的重中之重，可以分为选址原则和影响因素。

1. 选址原则

仓库的建立本质上是对商品流通环节的改善，要求促进生产和货物流通，节省流通环节的费用，提升运输能力，同时保证流通中的安全与其他社会效益。对于一个一般的仓库选址应遵循效益原则、接近用户原则和可持续发展原则。[①]

效益原则体现了拟建仓库的选址方案在国民经济评价、财务评价与社会评价中的可行性问题。一般可以通过技术经济的分析方法，从众多备选的选址方案中，筛选出国民经济评价、财务评价与社会评价三者综合效益最优的选址方案。

接近用户原则体现了拟建仓库的选址方案对顾客服务的效率与有效性问题。每座仓库的建设都是以满足消费方需求为导向的，在仓库选址过程中遵循接近用户原则，将库场建在它所服务的区域附近，不仅可以降低仓储服务的日常运行成本，还可以提升仓库的敏捷程度。

可持续发展原则强调的是仓库的长远发展和社会效益。仓库的建设不能以牺牲周边的自然

---

① 周文泳. 现代仓储管理 ［M］. 北京：清华大学出版社，2020.

环境为代价，同时也要考虑到仓库经营的上下游，即供货方和消费方的长远的动态变化，能够具有及时调整仓库内容和结构的能力，同时也要注意不能与城市发展的规划相冲突，避免远期的风险。

2. 影响因素

（1）经济因素。

① 需求因素，即货流量的大小。一座仓库如果建设在货流量较小的位置，则无法发挥它的作用，空置率高，对厂商自己来说造成低效率的损失，对整个社会来说也是一种资源的浪费，没有起到促进流通的作用。

② 成本因素。在进行仓库选址决策时，成本的核算也是非常重要的一项，不仅包括建筑及购置设备的成本，还包括土地成本、人工成本等。建筑及购置设备的成本取决于仓库建筑物的大小、使用的材料、配备的设备，这些方面不同，花费的成本就不同。不同的仓库选址方案对土地的需求是不同的，从而导致不同的成本开支，还要为将来仓库的发展留出空间。仓库作业活动需要大量具有各种技能和素质的人才：技术密集型的仓库对人才素质要求较高，数量较少；劳动密集型的仓库对工人的素质要求相对较低，但数量较多。不同地区的各种素质人才分布存在不平衡，同时不同地区的劳资水平也可能不尽相同，因此人工成本是仓库选址决策中必须考虑的问题之一。

③ 规模经济因素。仓库具有规模经济效应，一般观点认为物资年吞吐量小于 30 万吨，则不适合设置专用的铁路线。当仓库位于铁路编组站附近时，不仅能够节省基建费用，而且仓库的集聚效应降低了整个园区的管理运营费用。

（2）社会环境因素。

① 城市的扩张因素。仓库的选址，既要考虑城市扩张的速度和方向，又要考虑节省分拨费用和减少装卸次数。如中国物资储运总公司的许多仓库，在 20 世纪 70 年代以前处于城乡接合部，不对城市产生交通压力，但随着城市的发展，这些仓库现处于闹市区，大型货车的进出受到管制，专用线的使用也受到限制，不得不选择外迁。

② 交通条件。仓库须具备方便的交通运输条件。最好靠近交通枢纽进行布局，如紧临港口、交通主干道枢纽、铁路编组站或机场，有两种以上运输方式相连接。

③ 政策因素。政策因素在物流用地难以取得批复的当今尤为重要，如果有政府政策的支持，则有助于仓库企业的发展。政策因素包括企业优惠措施（如土地提供、减税）、城市规划、地区产业政策等。比如全国各地建设的现代物流产业园，除了提供土地外也有赋税减免的优惠措施。

（3）自然环境因素。

① 气候气象条件。选址过程中，主要考虑的气象条件有温度、风力、降水量、无霜期、冻土深度、年平均蒸发量等指标。如仓库选址时要避开风口，因为在风口建设会加速露天堆放的商品老化。库场至少应处于这些企业的上风方向，还应与易发生火灾的单位保持一定的安全距离，如油库、加油站、化工厂等。

② 地理因素。地形对仓库基建投资的影响很大，地形坡度应为 1%~4%，在外形上可选择长方形，不宜选择狭长或不规则形状；库区设置在地形高的地段，容易保持物资干燥，减少物资保管费用。

③ 水文因素。临近河海地区，必须注意当地水位，不得有地下水上溢；土壤承载力要高，

避免地面以下存在淤泥层、流沙层、松土层等不良地质条件，以免造成受压地段沉陷、翻浆等严重后果。有的地方靠近海，盐分比较高，这些都会影响货物的储存品质，尤其是服饰产品或计算机、通信、消费电子产品（3C 产品）等对湿度及盐分都非常敏感。①

概括地说，最终的选择必须基于广泛的分析。对自用型仓库来讲，决策一旦实施，变动成本将相当高。因此，适当考虑所有因素是非常重要的。以工业型配送中心为例，表 9-3 是其选址决策的调查结果。表中的数字代表企业对某一项仓库选址影响因素的重视程度。

表 9-3   工业型配送中心的选址决策因素②

因素	所有企业	制造企业	零售企业	经销商
运输通道	1	1	2	1
外向运输	2	2	3	5
与客户的距离	3	3	6	6
劳动力可得性	4	5	1	3
劳动力成本	5	6	7	4
内向运输	6	4	4	2
工会环境	7	7	5	9
税收	8	8	10	7
政府激励措施/法律因素	9	10	—	—
土地成本	10	—	8	8
公用事业	—	—	9	10
JIT 管理模式的要求	—	9	—	—

（四）仓库布局设计

在选定了仓库的位置之后，从业者需要考虑的便是如何建设一座仓库，建设怎样的仓库的问题。布局是对仓库内部通道空间、货架位置、配备设备及设施等实物布局进行决策，其目的是充分利用存储空间、提高存货的安全性、有效利用搬运设备、提高仓库运作效率和服务水平。

1. 仓库建设的总体要求

在规划仓库布局和功能时，应本着方便、科学的原则。首先，仓库需要符合建设加工工艺的要求，不能超出建设能力的约束胡乱建造，徒增成本，建设用地必须能满足加工工序的要求，仓区与加工现场相连，减少物料和产品的来回搬运，需出台相应的规范作业说明。其次，设计要考虑到进出顺利的要求，即物资的运输问题，尽可能将仓门与电梯相连，并率先规划出相应的运输通道，以免后期紧张。再次，安全因素也十分重要，需要按照相关法规和指南设立防火通道、安全门、应急装置和其他安全冗余机构，同时仓库在不与物料储存条件冲突的情况下，应尽量保证采光、通风、水等的充足，尽量让仓库作业人员的心理健康得到保障。最后，

---

① 陈炜，奚立峰. 层次分析法在物流企业仓库选址中的运用 [J]. 上海海运学院学报，2002（03）：54-57.

② 罗纳德·H. 巴罗. 企业物流管理：供应链的规划、组织和控制 [M]. 王晓东，胡瑞娟，等，译. 北京：机械工业出版社，2002：351.

遵循分类存放的原则，将货品仓分为原料仓、半成品仓和成品仓，设立专用的工具仓和办公用品仓，设立特殊物料仓以针对潜在的有毒、易燃、易爆货品的储存。

2. 仓库平面布局

仓库平面布局是对货区内的货垛、通道、垛间距以及收发货区等进行合理的规划，并正确地处理它们的相对位置。仓库平面布局需要满足以下三个要求：① 适应仓储生产的作业流程，库房、货棚、货场等的数量和比例与物资量相适应，保证物资流动方向合理，运输距离短，作业环节简化，仓库面积利用率高；② 提高仓库经济性，因地制宜，考虑地形和工程地质条件，尽量减少大规模施工和土方运输量，也能满足物资运输和存放的要求；③ 符合安全卫生的要求。

常见的仓库平面布局有垂直式布局和倾斜式布局，如图 9-5 所示。垂直式布局是指货垛货架的排列与仓库的侧墙互相垂直，这种布局的优点是通道长且宽，整齐美观，便于存取盘货和通风采光。倾斜式布局是指货垛货架与仓库侧墙或主通道形成夹角摆放，便于叉车作业，缩小叉车的回转角度，提高作业效率。

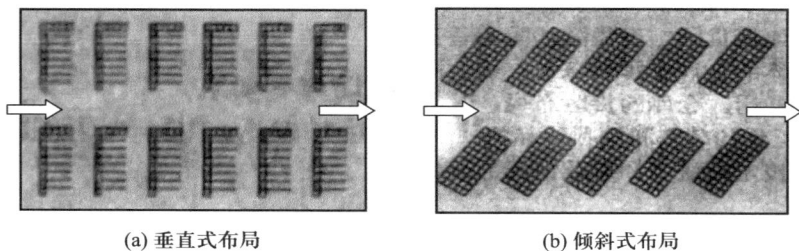

(a) 垂直式布局　　　　　　　　　　(b) 倾斜式布局

图 9-5　常见的仓库平面布局[①]

3. 仓位规划

企业在具体规划储存单元的仓位时，也需要遵循一定的原则。[②]

（1）周转率原则，将物资按周转率由大到小排序，再分为若干段，按照定位或分类储存法原则，指定存储区域给每一段物品，周转率越高的货品，离出入口越近。

（2）相关性原则，缩短提取路径，减少人员作业，简化清点工作。

（3）同一性原则，把同一货品存放在同一位置或同一个供应商或顾客的货品集中存放。

（4）互补性原则，互补性高的货品也应存放于相邻位置。

（5）货品特性原则，根据货品特性划分储存，以避免不相容的货品共同放置造成品质损害和腐蚀。

（6）先进先出原则，对于生命周期短的货品尤为重要。

四、配送管理决策

（一）影响配送网络的因素

配送管理就是针对配送渠道、配送网络的管理。实践中影响配送渠道和配送网络的因素很

---

① 周文泳. 现代仓储管理［M］. 北京：清华大学出版社，2020.

② 田源. 仓储管理［M］. 3 版. 北京：机械工业出版社，2019.

多，总体来看主要有以下内容：

1. 企业分销渠道的特征

配送管理针对的主要是产成品送达客户之前的移动和存储过程。企业分销模式，分销渠道的长度、宽度，渠道伙伴对渠道的控制程度，都影响着配送管理的基本特征。例如，同样是国际配送，但从出口企业到最终用户的配送模式会与从出口企业到经销商的配送模式差异很大。专业经销商通常在分销渠道中占据优势地位，会主动参与配送渠道的管理过程，甚至独揽配送渠道的控制权，这样出口企业只要完成产品的出口管理就可以了，配送管理就会简单得多。但如果最终用户不希望介入到复杂的物流管理过程中，则出口企业的配送管理不仅要包括本国的出口管理，还要包括进口国的进口管理，甚至进口国本地的配送服务。

2. 市场需求特征

市场需求特征极大影响了配送网络的结构特征。其中，最重要的因素包括需求的整体变化趋势和波动性、客户的区域分布和地理分散程度、一定区域内客户的数量、订单的规模等。在决定是否自建物流设施时，需求的整体变化趋势往往起决定作用，如果市场整体扩张，则可能促成新设施的投资或既有设施的扩张，反之，则企业会倾向于使用较为灵活的外包方式暂缓设施缺乏的困境。如果客户数量较多，且地理位置较为集中，如集中在欧盟内部，则有可能在国际运输段采用大批量运输模式降低运输成本和国际交易成本，同时在客户集中地建立配送中心，从而更好地为当地客户提供服务。但如果客户较为分散，则只能采取单笔合同的管理模式，不仅费用较高，而且供货周期较长。

3. 货品特性

货品特性将直接影响运输方式的选择和物流设施的应用。如货品单价、重量、密度、易碎性、易腐性、包装、运输/存储风险等。单价高、体积小、重量轻的货品可能使用国际空运或卡车运输等较为快捷但服务费用偏高的运输方式来加快完成配送服务，而低价且大而重的货品只能采用海运或铁路运输等虽缓慢但廉价的运输方式。与之类似，汽车等大件货品如果完全分解后（CKD 运输方式，全称为 Completely Knocked Down）再行运输，则可以利用集装箱运输方式，但如果组装后运输则只能利用滚装船完成整车出运任务。

4. 客户服务标准

市场对配送服务的要求也会影响企业配送管理模式，常见的包括现货供应比率（现货供应占供应总量的百分比）、订单周期（一般为从客户发出订单到收到所订购货物的时间间隔）、订单履行中的准确率等。如果国外市场竞争激烈，对供应商服务的响应速度（订单周期）要求很高，则企业一般会通过在当地设立配送中心的方式缩短供货周期或者采取快捷的航空运输方式来完成供货，如果客户对响应速度要求较低，则倾向于采用海运等廉价运输方式，对当地配送中心的使用也有限。

此外，还有很多因素影响着企业所使用的配送模式，如企业的融资能力，融资能力强、市场需求稳定和旺盛的企业倾向于在客户集中地利用自有设施完成配送服务，而融资能力有限的企业会尽量使用第三方物流服务，减少资金占用，提高经营的灵活性。同时，一些国家之间为促进经贸关系而采取区域经济一体化政策也会影响国际配送渠道/配送网络的设计。

（二）配送网络规划

分析、研究物流系统的重要方法之一就是将其视为点（Nodes）和线（Links）相连接的网络，配送网络就是这样一张构筑在产成品供应商和用户/客户之间的大网。网的起点是供应商(可能是制造企业,也可能是经销商),终点是众多的客户,在两者之间是数量不等的物流设施构成的节点,以及运输通道所形成的连接节点的链条。图9-6就是某企业配送网络示意图。

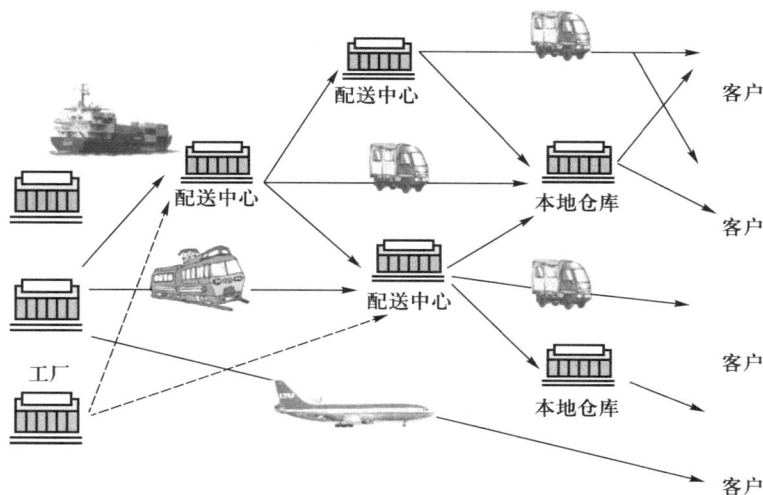

图9-6 某企业配送网络示意图

在这样的配送网络中,不同的节点之间可能有多条线路相通,代表不同的运输方式,也代表不同的配送渠道,它们或者在供应商与客户之间架起桥梁,或者将客户/供应商与配送网络中的物流设施联系到一起。而节点也呈现出各种不同特征,有的以流通功能为主,是联系长距离干线运输与短距离本地配送之间的纽带;有的成为不同运输方式之间衔接的重要枢纽;有的则主要具有商品存储功能,成为供求之间应对各种不同变化的"蓄水池";有的同时为多家客户提供服务;有的成为某特定客户的专用设施。配送网络规划就是要根据企业所面临的现实情况,绘制这样的网络设计图,以实现企业物流优化管理、提高整体竞争实力的目标。

构筑配送网络一般要解决这样的问题:是直接送货给客户还是通过配送中心中转;各配送中心采用分散型运作方式,还是集中型运作方式;整个配送网络应该设立几座仓库/配送中心①,仓库/配送中心的规模有多大,应该选择在什么地方设立仓库/配送中心(选址决策);供应商与配送中心之间、各仓库之间、仓库与客户之间应该选择什么运输方式等。

1. 直达或中转(是否建立配送中心)

一般来讲,直接配送多用于客户订单规模大或客户所处地理位置较为偏远,无法利用现有配送中心提供服务的情形。如果客户的订单规模不足,可能出现干线运输批量较小的不经济现象。也有的时候恰好相反,因为供应商和客户之间距离过近,也会直接由供应商的工厂供货。直接运达服务,省略了一些中转环节,减少了部分中转费用。

中转服务则指在工厂和客户之间建立一级或多级的仓库/配送中心,来自工厂的供货将通

---

① 理论上,配送中心可以看作仓库的一种类型。但这里将以存储为主要功能的设施称为仓库,将流通为主要职能的设施称为配送中心。

过配送中心到达客户所在地。中转服务虽然因为增加中间作业环节而产生了一定的成本，但由于配送中心汇集了来自多个客户的需求，因此可以实现由工厂到配送中心的采购、运输、存储中的规模经济。而由距离较近的本地仓库/配送中心供货也缩短了客户的订单周期，提高了企业对客户需求的响应速度。在国际物流管理中尤其如此，因为国际物流中的交易成本更高，所以利用批量出口、当地配送的模式更有可能降低总成本。

与国内配送不同，国际配送伴随着进口国关税与非关税壁垒的种种限制，关于直达或中转模式的判断就需要将关税问题作为重要因素加以考量。为刺激本国企业与国外企业之间的交流，第二次世界大战后各国纷纷设立保税区、保税仓库、自由贸易区等，对区内与境外其他国家之间的货物往来免予征收进口关税，此举为经营国际物流的企业提出了国际配送的新思路。如图 9-7 所示，企业在两个以上邻近国家拥有客户群，其中在甲国市场的销售规模更大。此时，企业可以首先在甲国保税区或自由贸易区建立国际配送中心，随后将供应甲、乙两国的产品以批量运输方式运抵配送中心，因为在保税区内，并不牵扯进口税支付问题。当甲国客户提出订货要求时，即由国际配送中心安排报关和本地运输以完成供货。如果乙国市场出现需求，也可以由同一国际配送中心安排转运。因为位于保税区内，只要办理简单的再出口手续就可以快速安排去往第三国的运输服务。这样，国际配送中心可以同时用来为邻近的若干个国家提供物流服务，有效缓解了国际物流周期长的弊端，降低了物流成本。

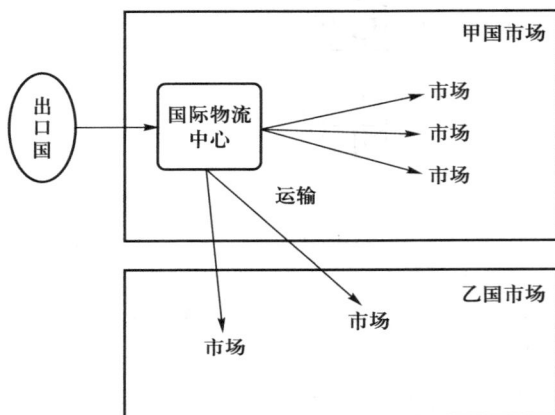

图 9-7　国际配送网络简图

2. 集中型或分散型配送

集中型（Centralizing）配送是指企业设立全国性或地区性分拨中心，对所有的业务进行集中处理、统一协调。分散型（Decentralizing）配送是指建立多座配送中心分区负责供应各市场。如建立中国北方区、华东区、华南区、西北区、西南区等配送中心，产品首先由工厂以批量方式运送到地区配送中心，随后再运到下一级仓库/配送中心或直接运达客户所在地。

集中型运作系统容易使地区配送中心（Regional Distribution Center，RDC）充分利用物流运作中的规模经济，促进资源利用效率的最大化。但如果全国业务网络过于庞大，可能导致RDC 的管理成本过高，集中处理的风险较大。

分散型运作模式下，各地管理人员可以直接控制配送活动，依据地方特色自主管理，灵活多样。主要进行地方性业务的企业，宜采用这种方式。然而，这种方式企业资源较为分散，物流资源的闲置率较高。

随着企业业务范围不断扩大，全球化的趋势越来越明显，更多的大型企业采取大型区域性配送中心或集散中心与分散的本地配送中心相结合的运作方式。由大型区域性配送中心承担大批量货物的分拨任务，小批量的、各地区的业务由小型配送中心承担。大型的 RDC 多数自主经营，而分散的各地区配送中心业务则视实际需要，可以由企业自营，也可以外包。

3. 运输服务决策

运输通道即联系网络各节点的链条，它就像一条运转良好的水渠将上游供给的产品源源不断地输送到用户所在地。

运输服务决策的内容非常广泛，包括运输方式的选择、运输服务内容的组合、承运人选择等，其中运输方式的选择就是指在五种基本运输方式（水运、空运、铁路运输、公路运输和管道运输）以及多式联运之间进行选择，一般和运输服务内容的组合紧密联系到一起。常见的运输服务内容包括运输成本、运送时间、服务的可靠性、服务的可得性、运力、服务的安全性等。它们对用户具有不同意义（见表9-4）。

表 9-4　运输服务组合[①]

服务组合	对用户的意义	服务组合	对用户的意义
运输成本	到货成本（Landed Costs）	服务的可得性	运送时间、运输成本
运送时间	库存成本、缺货成本和市场反应	运力	满足市场需要
服务的可靠性	库存成本、缺货成本和市场反应	服务的安全性	库存成本、缺货成本

以运输成本为例，运费及运输过程中支付的各种中转费、装卸费以及其他一些附加费用构成总的运输成本。对企业而言，产品运到的总成本由两部分组成：运输成本和生产成本。

$$运到总成本 = 生产成本 + 运输成本 \tag{9-1}$$

因此，运输成本的高低将直接关系到产品的价格竞争力，对企业利润造成直接冲击。从各运输方式来看，各项服务的情况见表9-5。

表 9-5　各运输方式的服务特征比较[②]

服务特征	运输方式				
	铁路运输	公路运输	水运	空运	管道运输
运输成本	3	4	2	5	1
运输时间	3	2	4	1	—
服务的可靠性	2	1	4	3	—
运力	1	2	4	3	5
服务的可得性	2	1	4	3	—
服务的安全性	3	2	4	1	—

从某个角度看，选择运输方式实际就是选择各运输方式带给用户的不同服务组合，而对承运人的选择更是主要考虑承运人所提供的运输服务的质量。因而，运输方式、承运人选择是和

---

① COYLE J J, BARDI E J, LANGLEY C J. The management of business logistics ［M］. 7th edition Boston：Thomson Learning，2003.

② 1~5分别代表服务不同等级的服务，其中1表示价格最低廉、速度最快、最可靠、最安全、便利。COYLE J J，BARDI E J，LANGLEY C J. The management of business logistics ［M］. 7th edition. Boston：Thomson Learning，2003.

运输服务决策同时作出的。

当然，运输决策的影响因素还有很多，表9-6就给出了根据国外调查所得到的运输决策的影响因素(这里同时作出运输方式、运输服务组合和承运人选择决策)。

表9-6　运输决策的影响因素[①]

服务特征	重要性排名	服务特征	重要性排名
运输时间的可靠性或一致性	1	是否提供取货和送货服务	8
门到门服务费用或成本	2	运输中的破损率	9
门到门运送时间	3	是否提供加急服务	10
承运人是否愿意协商运费	4	业务人员的素质	11
承运人财务是否稳健	5	跟踪查询服务	12
设备可得性	6	承运人是否愿意协商服务内容	13
服务的频率	7	服务时间的灵活性	14

除以上内容外，配送网络决策还要包括各设施的服务范围，即所对应的供货区域、供货方式、网络信息系统决策等。限于篇幅，在这里不一一列举。

站在一体化物流管理的角度，采购与配送分别对应着企业物流管理中的内向物流(Inbound Logistics)与外向物流(Outbound Logistics)，是物流管理中两个最重要的组成部分。其中采购与供应管理针对原材料、零配件从供应商到企业的移动和储存的过程；仓储与配送则是最终产品从企业到客户手中的移动和储存的过程。无论采购还是配送管理都遵循了物流管理的基本原则，如仓储库存成本与运输成本之间常常存在着悖反关系，也经常可以使用同样的优化管理方法，如配送网络的构建模式完全适用于大型企业采购网络的构建过程。即使如此，本章仍然对它们分别进行了讨论，以突出采购与配送环节各自的特点。

专题阅读 9-2

百令达公司的采购管理变革

百令达公司是一家总部设在美国的电子公司，年销售额18.5亿美元。20世纪90年代开始，激烈的市场竞争导致企业的利润率不断下降。为应对挑战，百令达公司在各个方面改组企业经营管理，其中3个主要的采购小组采取的措施为：

(1)制定采购管理框架。公司每年有7亿美元用于采购来自全球的非直接零部件，为降低采购成本，该小组开发出一套全球采购程序，并组织了跨部门小组完成采购管理的革新工作。行政管理层为小组制定了目标：① 对产业进行分析，识别主要供应商和销售商的优势和劣势；② 搜索潜在供应商；③ 完成采购信息化过程 RFP(公司专门开发的软件)；④ 确定选择供应商的标准；⑤ 进行供应商选择。

---

① 　BARDI E J, BAGCHI P K, RAGHUNATHAN T S. Motor carrier selection in a deregulated environment [J]. Transportation Journal，1989，29(1).

（2）原材料采购。其中电子元件的采购变化最大。首先，组织跨科研、生产和采购部门的协作组，权衡各方面因素，从而挑选成本最低的更合适的原材料。其次，商品管理法出现变化，来自各地的基层人员参与到采购决策当中。

（3）成品采购。百令达公司的许多产品都使用自主性电子元件，称为介质。产品的物理外壳被称为硬件。因为产品大部分价值在于介质，而不在于硬件，因此百令达公司决定自己生产介质而外包硬件。采购部门的主要工作是识别潜在的和现在的合作伙伴，确保产品质量，以及在新产品开发过程中与供应商进行合作。为此，采购人员直接介入营销和科研工作，确保新产品开发过程中供应商能够对新产品有足够的了解，并提出相应的建议。

资料来源：罗伯特·M. 蒙兹卡，等. 采购与供应链管理［M］. 刘秉镰，等，译. 北京：中信出版社，2004：254-256. 有改动.

第三节　保税制度与自贸区

一、保税制度的主要内容

保税制度开始于 16 世纪的英国，随后为各国所效仿，受到世界各国政府的普遍重视。海关保税制度也成为当今国际物流的重要组成部分，被喻为 20 世纪末最流行的经济维生素①。

保税制度所管理的对象被称为保税货物，主要指那些为再出口而进口的外国货物，如果这些货物处于海关监管的特定场所，如保税仓库、保税工厂或出口加工区、保税区内，在进行储存、加工或装配的过程中，可以暂缓缴纳进口关税。保税制度是海关对保税货物实施进口、储存、加工、装配、出口全过程监管的一整套制度规范。

在我国，保税概念的大量使用是在 20 世纪 80 年代以后，随着改革开放政策的实施，对外加工贸易迅速发展，大量外国商品进入我国。这些源自海外的原材料、零部件经过一定的生产加工过程后再次出口供应全球市场，形成所谓"大进大出"的生产模式。根据这些商品将再出口的特性，也为了鼓励出口，1981 年海关总署发布的《中华人民共和国海关对保税货物和保税仓库监管暂行办法》，规定"保税货物，系指已经入境但经海关特许缓办进口纳税手续或者存放后再复运出口的货物"。这是首次明确提出保税概念的官方文件。1982 年 10 月，海关总署决定施行《海关对加工装配和中小型补偿贸易进出口货物监管和征免税实施细则》，第一次明确规定加工装配及补偿贸易进口的原料、设备都是保税货物。《中华人民共和国海关法》则最终以法律形式确定了保税货物的概念，对促进我国外向型经济的发展起到了重要推动作用。

（一）保税货物

保税货物"是指经海关批准未办理纳税手续进境，在境内储存、加工、装配后复运出境的

---

① 王意家. 执业报关实务［M］. 广州：暨南大学出版社，2003.

货物"①。与一般进口货物相比，保税货物具有以下明显特征：

（1）要经过海关的批准。无论加工贸易的原材料，还是用于免税销售的外国商品，任何货物都不能自然成为保税货物，而需各国海关根据有关的法律、法规批准后才能保税进口。根据我国的实践，批准的保税货物一般不受国家贸易许可管制，无须申请进出口许可证；明确货物进口的目的是为了再出口（或复出口）；在国内停留阶段，海关可以利用保税仓库等方式进行监管，避免出现走私现象。

（2）暂缓缴纳进口关税。保税货物在进口时可以暂缓缴付进口关税，一直到货物再出口，都被视同处于所在国关境之外，但如保税货物最终没能再出口，而是在进口国本地销售或消费，则需要缴纳进口关税。

（3）海关监管。自进口到再出口，保税货物始终处于海关监管之下，监管的场所可以有保税仓库、保税工厂等多种形式。

（4）出口需经海关核销结关。一般出口货物被放行就是结关，但保税货物在海关被查验放行后，海关还需要确认再出口的货物与原进口的货物一致，或者确认原进口货物已经作为原材料在生产加工过程中被消耗，成为再出口成品的一部分，这一过程被称为"核销"。核销是保税制度中的重要一环，也是较为复杂的一个环节。特别是针对加工生产类保税货物的核销，更是保税制度中的难点。

申请保税的货物主要包括：

（1）转口贸易货物。转口贸易指商品由一国经第三国交易进入消费国，第三国即进行转口贸易的国家。对第三国而言，进口货物经短暂储存后会再次出口到消费国，所以可以申请作为保税货物暂缓缴纳进口关税。

（2）免税销售的外国商品。各国为刺激旅游事业的发展，也为了带动商品的出口，纷纷在机场、码头或其他外国游客集中的旅游地开办免税店，针对外国游客销售免税商品，主要包括烟酒、化妆品等高档商品，这些商品在存储期间可以作为保税货物。

（3）加工贸易用原材料。无论来料加工贸易，还是进料加工贸易，经海关批准后都可以对进口的原材料、零配件进行保税处理。

（4）其他。如为维修进口耐用消费品而进口的维修用零配件，在存储期间可以申请保税，暂缓缴纳进口关税。

（二）保税制度的应用

1. 保税仓库

保税仓库指经海关核准的专门用于存放保税货物的仓库。保税仓库是应用最为广泛的一种保税制度，服务性和灵活性都很强，有力地促进了出口贸易的发展。

从各国的实践来看，保税仓库的所有经营活动都在海关监管之下。保税货物在进入保税仓库后可以暂时不必缴纳进口关税，也就不要求提供进口许可证等特定批文，即进入保税仓库的货物被视为处于海关关境之外。如果保税货物在存储一段时间（一般不超过一年）后复出口，则经海关检验后予以放行；如果转向进口国市场销售或供进口国生产加工使用，则要根据相关法律规定办理进口手续，按要求缴纳进口关税。

---

① 《中华人民共和国海关法》第100条。

保税仓库按仓库所有人不同，也可分为公用型保税仓库和自用型保税仓库，但由于自用型保税仓库的设立较一般仓库更加困难，因此自用型保税仓库所占的比重比一般仓库更低。

建立保税仓库要得到工商行政管理机关颁发的营业执照，还要经海关审批，颁发《保税仓库注册登记证书》。

进入仓库的货物可以直接由保税仓库所在地口岸入境，也可以由其他口岸入境。由保税仓库所在地入境，要填写《进口货物报关单》一式三份，在报关单上加盖"保税仓库货物"，同时注明"存入××保税仓库"，海关检验后留存一份，两份随货转交保税仓库，保税仓库经理要在核对货物后在报关单上签收，一份留存，另一份交回海关存查。如果由其他地方入境，要按海关进口货物转关运输的有关规定办理转关运输手续，向仓库所在地海关申请转运，由海关监管车运送到保税仓库所在地，办理进口货物申报入库手续。

如在规定期限内原物复运出境，需填写出口货物报关单，提交原进口报关单，审核后运送到出境海关放行，或转关到其他出境地；如提货进行生产加工后成品出口，要填写来料加工和进料加工专用的进口货物报关单和保税仓库领料核准单，经海关核实后，盖章放行；由保税仓库进入国内市场，要填写进口货物报关单，缴纳进口关税、增值税和消费税等。

海关对保税仓库所存放的保税货物进行监管，货物的存储期限一般为一年，超过期限要向主管海关提出申请，但通常不得超过两年。

2. 保税工厂

保税工厂是为促进加工贸易的发展而出现的一种保税监管方式。1988 年，海关总署颁布《中华人民共和国海关对加工贸易保税工厂的管理办法》，提出海关对保税工厂进行监管。1995 年，我国加工贸易实行银行保证金台账制度，简化了保税工厂对进出口货物监管的手续。

我国现行的保税工厂分为保税工厂和驻员保税工厂两种。经海关批准，进出口企业可以取得保税工厂的资格，保税工厂为生产而进口的原料可以全额免税，待加工制造为成品后，按实际消耗的进口原料数量免征进口关税、增值税、消费税等。驻员保税工厂指海关派出人员驻厂进行监管的保税工厂。

在程序上，海关监管从进口开始到成品出口为止。保税工厂进口原料要填写进口货物报关单，成品出口需经过核销。

与保税仓库相比，保税工厂的主要目的是对进口的原材料、零配件进行加工、装配改变其原有特征，使之成为制成品的有机组成部分，再出口供给国际市场，因此免税货物的流向和用途非常明确。而保税仓库的货物多数是为转口贸易或国际配送的需要而暂时进行存储的，可能用于国内销售，也可能再出口，货物的流向具有多样性。同时，保税仓库的货物在存储期间并不会改变其原有属性，而保税工厂的原料将作为原料成为制成品的一部分，因此核销管理难度较大，但因为不会出现国内销售的情况，报关程序又相对简单。

3. 保税展区

保税展区是经海关批准，在一定时间内专门用于陈列、展览外国货物的保税场所。这些场所通常为某国政府支持或举办的博览会、展销会等。通过保税展区可以加强广告宣传，促进对外贸易活动的开展。

此外，保税区、自由贸易区的有关内容将在下文详细论述。

二、保税区与国际物流

（一）中国保税区制度

保税区是一国政府批准设立的具有保税加工、存储和转口功能的受海关监管的特定区域。中国保税区是经国务院批准设立的、海关实施特殊监管的经济区域。

根据各国的规定，海关对保税区实施封闭式管理。具体表现为保税区与一国境内的其他区域之间一般有隔离设施，海关依法对进出保税区的货物、物品、运输工具进行检查、查验，对保税区内设立的企业海关将按有关法律的规定核查其进出保税区的原料和成品。

我国自 20 世纪 90 年代开始在沿海地区设立保税区。1990 年，第一个保税区——上海外高桥保税区宣布成立，1992 年投入运营。截至 2022 年 11 月，我国现有的保税区全部为封闭式管理，它们是上海外高桥、天津港、深圳福田、深圳沙头角、深圳盐田港、大连、广州、张家港、海口、厦门象屿、福州、宁波、青岛、汕头、珠海、合肥 16 个保税区。

保税区在理论上被看作处于所在国关境之外，因此与境内其他区域之间、与境外其他国家和地区之间的货物往来关系符合保税制度的一般原则。1997 年 4 月 1 日，我国海关对保税区内加工贸易所需进境的物料、转口货物、仓储货物和由保税区运往境外的出境货物试行报备制，对保税区与非保税区之间的货物实行报关制。从非保税区进入保税区的货物，已经缴纳关税的不退还，国内的货物视同出口，申报出口报关，自用的机器要填写运入清单。保税区内海关对货物的监管时间也是一年，延长期不得超过一年。转口贸易的货物适用同样的时限。

（二）综合保税区

综合保税区是我国目前开放程度最高、功能最齐全、政策最优惠的海关特殊监管区域，以保税加工、保税物流和保税服务为基本功能，并赋予配套的特定税收、监管政策，目标是建设加工制造中心、研发设计中心、物流分拨中心、检测维修中心、销售服务中心，享有"免证、免税、保税、退税"政策，它的特点是设立在内陆地区，但具有保税港区功能的海关特殊监管区域，由海关按照有关规定对其进行管理，执行保税港区的税收和外汇政策。2006 年设立的苏州工业园综合保税区是我国首个综合保税区，其整合了当时海监区的所有功能与政策，更加适应国际贸易形势。截至 2021 年年底，全国 164 个海关特殊监管区域中综合保税区数量 151 个，占比 92.1%，我国综合保税区累计实现进出口总值超过 5 万亿元人民币，其中出口超过 3 万亿元。

综合保税区的正式出台是源于 2019 年出台的《国务院关于促进综合保税区高水平开放高质量发展的若干意见》明确要求"促进海关特殊监管区域整合提升，推动符合条件的各类型海关特殊监管区域优化为综合保税区"，并出台 21 条政策措施。与保税区只有两字之差，但保税区不具有其"入区退税"政策，也不适用 21 条新政策，在创新监管模式、开展跨境电商、全球维修、研发设计、融资租赁、复制自贸区创新制度等诸多方面享受的政策均不如综合保税区。

（三）保税区国际物流运行实践

保税区因其优厚的政策，吸引了人们在其中开展仓储、转口、物流分拨以及其他加工贸易活动，成为国内和国际两个市场物流的交汇点，运作模式多样。主要的运行模式有[①]：① 海外大宗进口商品向国内市场分销模式，保税区作为海外大宗商品进口的物流分拨基地，以此为节点向国内市场分销；② 国内出口海外商品集散中心，跨国公司在保税区建立国际采购中心，整合出口渠道和资源集中配货出口；③ 加工贸易的原材料进口与制成品出口贸易，包括非保税区加工贸易企业从国际市场进口原材料或制成品向国际、国内市场销售相关的物流活动，以及保税区内加工贸易企业使用进口原材料和国内市场原材料与制成产品向国际市场出口和国内市场销售的物流活动；④ 国际商品展示物流；⑤ 转口贸易物流，以第三方物流企业为主体，向不同的市场分拨集散物资或提供物流信息服务；⑥ 仓储贸易物流，仓储贸易项目具有将整批商品分销给零散客户的特点。

综合来看，保税区开展国际物流具有鲜明的特点[②]：第一，全球性。保税区物流涉及全球各个国家，具有鲜明的全球性特点。第二，复杂性。由于涉及多国之间的贸易，面临各国环境、政策等方面的差异问题。第三，风险性。除不可抗拒的自然风险外，国际政治、经济环境均对保税区物流产生影响。第四，长期性。复杂的多国背景导致其运输周期长。第五，规范性。多国之间在语言、文化等方面的差异，要求保税区物流具备严格的标准性，从而可以在多国之间减少分歧。第六，技术性。保税区物流离不开高新技术及其产业的发展，后者是产业集聚的强大助推器，有助于产生巨大的生产效率和经济效益。

保税区的政策与特殊功能，有力提升了我国国际物流竞争力。① 有助于形成国际物流集散平台。当前国际物流正呈现出集约化、协同化、全球化的发展趋势，为迎合多样化、少量化的生产方式，高频度、小批量的专业化共同配送需求成为国际物流的发展主流。同时，专业化的第三方物流提供者越来越倾向于通过并购或联盟的形式，向物流产业链的上下游延伸、整合，从而为客户提供一揽子的综合化服务，并最终形成一张覆盖全球的物流网络。为了适应国际物流的这种发展趋势，客观上需要多家集合多种物流设施和不同类型的物流企业在空间上集中布局，形成具有一定规模和综合服务功能的物流集结点。而保税区就能够承担这个枢纽的角色。② 有利于推动物流水平朝高端化、增值化、国际化方向发展。保税区是国际物流的集散平台，作为与国际惯例最为接轨的区域，保税物流所面对的是国际化的集散市场，与一般的物流相比，更需要遵循国际管理规则，需要更高的专业化水平，对物流运作管理的水平要求也更高。③ 有益于改善我国物流小而杂的发展格局。由于保税物流面对的是瞬息万变的国际市场，客观上需要具备国际知名度、并具备全球化网络的大型跨国公司才能顺利运作，以发挥全球物流枢纽集结点的功能。[③]

三、我国自由贸易区实践

自由贸易区是指在主权国家或者地区的关境以外，划出特定的区域，准许外国商品豁免关税自由进出。我国自 2013 年开始以渐进方式在多个省市实施自由贸易试验区政策，顺应国际贸易投资新规则的变化与挑战，目前 31 个省级行政区中已有 21 个被批准建立自由贸易试验

---

① 陈长彬. 保税区国际物流运作模式与管理机制研究 [J]. 商业研究，2012(9)：5. 有改动.
② 张万里，戴小红. 我国保税物流发展的国际经验借鉴 [J]. 商业时代，2012(16)：30-31. 有改动.
③ 曹艳文，吴蓉，宋轶，唐建强. 我国保税港区发展现状及展望 [J]. 中国物流与采购，2008(08)：58-61.

区。2020年，我国在海南省设立自由贸易港，引领这项政策再入一个新台阶。自由贸易区的建立，为国际物流创造了许多有利条件。有人曾经这样总结自由贸易区的优势[①]：

（1）进口商品可以在自由贸易区内被存储、处理包括装配、展览、定级、清洗、销售、与其他外国或国内商品混合、再包装、销毁、分类等，以改变产品的海关分类组别，随后运出自由贸易区，运往其他国家，这期间不办理海关手续，不受海关控制。

（2）自由贸易区的商品只有在进入进口国关境时才须支付关税。

（3）为进入国内市场而进口的商品，如果标志有误，可以先在自由贸易区内更换标志，避免进口国对进口商进行处罚。

（4）商品可以在自由贸易区内进行再包装，以改变其包装数量。

（5）如果商品数量由于渗漏、蒸发或破损而减少，那么进出口商不必为已经损失的数量支付关税。

（6）有时候，将未装配的商品运到自由贸易区，在区内装配，可以有一定的成本节约。

（7）如果将需缴纳关税的外国原材料先运往自由贸易区生产，在找到国外买主或买主准备好接货时再运出，就可以避免关税和保证金占用资金，使资金有更好的用途。

（8）进口商可以享受对外贸易中的某些特殊优惠政策，将关税冻结在一定水平上，避免以后上涨。

（9）在自由贸易区内生产的产品如果进入国内市场，只需对产成品中进口的原材料和零部件缴纳关税。

自由贸易区相当于一个前进的基地，通过它，商品可以运往海外市场或从海外市场（或海外供应商）那里接收商品。贸易区的这些优势很容易使商品的运输路线发生改变，如供应商主要供给中国内地及东南亚市场，以前可能直接运往中国内地或东南亚相应地区，但由于中国香港的自由港地位，供应商会首先以批量运输的方式将商品运往香港，并在香港设立物流中心，待接到来自中国内地或泰国、印度尼西亚等地的订单后再发往上述客户所在地。通过物流管理方式的改进，一方面可以节约运输成本；另一方面由于中国香港到中国内地、东南亚各国的运输距离缩短，供应商可以在接到客户订单后快速响应，缩短了订单周期，提高了客户服务水平，保障了市场的供应。

从我国的自贸区实践来看，以海南自贸港为例，在国际物流领域，《海南自由贸易港试点开放第七航权实施方案》（以下简称《通知》）鼓励、支持外国航空公司在现有航权安排外，在海南经营客、货运第七航权。同时，对已在海南开放的中途分程权（国际旅客上下权），细化了开放措施，明确外国航空公司可根据其所在国与中国的双边航空运输协定中的航线表及运力额度，在海南和北京、上海、广州以外的地点间行使中途分程权。这将在带动海南全面开放方面起到战略先导作用，推动海南实现贸易投资的国际化，提升海南旅游市场活力。《通知》提出将统筹监管航油价格，统一航油供应模式为保税航油，并进一步引进航油供应商，逐步形成与国际接轨的自贸港航油价格体系。这有利于降低航空公司运营成本，间接降低机票票价，还

---

① MIRACLE G E, ALBAUM G S. International marketing management [M]. Homewood, IL: Richard D. Irwin, 1970: 438-445; CALABRO P J. Foreign trade zone—a sleeping giant in distribution [J]. Journal of Business Logistics, 1983, 4(1): 51-64. 有改动.

可以吸引更多航空公司执飞海南航班，拉动产业发展，形成产业集聚。而在最重要的也是最能影响贸易便利的海运方面，《关于海南自由贸易港国际运输船舶有关增值税政策的通知》和《国际运输船舶增值税退税管理办法》明确规定了国家运输船舶退税的适用范围、退税计算、申报流程和资料细则，这将进一步降低国内企业国际航运成本，推动"中国洋浦港"船籍港建设，助力航运企业开辟国际航线，提升海南自由贸易港运输来往自由便利水平。

典型案例

  D公司是美国一家经营灯具业务的跨国企业。公司从中国进口产品，经北太平洋航线以集装箱运输方式运达美国西海岸，随后销售到美国各地或者转售到其他美洲国家。在国内，D公司的客户是西尔斯、沃尔玛之类的大型零售企业，国外客户则主要是专营进出口业务的经销商。

  以前，公司在货物运抵美国西海岸后直接做进口报关，支付12.5%的海关关税。随后，货物被运到公司设在附近的中转仓库中，等待来自客户的订单。接到订单后，公司会根据客户的要求对商品进行简单加工、处理，主要是重新包装，将不同款式的产品按订单要求组合在一起等。对美国本土的客户可以直接发货，如果是海外的客户则还需要办理再出口手续。

  现在，来自中国的灯具经海路运抵美国西海岸后，随即采取保税方式由铁路运到俄亥俄州Rickenbacker自由贸易区。D公司在该自由贸易区内设有保税工厂，在这里完成商品组合、包装工作。如果订单来自国外，那么公司会直接将灯具再出口到其他国家，无须支付进口关税。从关税的角度看，就好像产品从来没有进入美国一样。如果订单来自本国的零售企业，那么在发往零售店前需要缴纳进口关税。但与以前不同的是，缴纳关税的时间比以前推迟了30天。

  充分利用保税制度，能为企业赢得成本的优势，每年仅推迟缴纳关税一项就节约数万美元。

  该案例说明，通过设立自由贸易区，企业能够充分利用保税制度，简化进出口的流程与手续，降低相应的时间与资金成本，增强企业竞争优势。

本章小结

  本章首先介绍了采购与供应管理的基本概念，分析了采购与供应管理在企业经营管理中的重要作用，以及采购与供应国际化的动因和所面临的问题。随后，讨论了采购与供应管理流程，就需求、交易条件的确定和供应商管理等方面分别进行了探讨。接着，讨论了配送和仓储管理的影响因素与自动化流程。最后，本章介绍了保税制度和自贸区制度在中国的实践。

思考题

1. 举例说明采购与供应管理的概念。
2. 为什么说采购与供应管理在企业经营管理中作用重大？
3. 企业为什么要进行国际采购？国际采购中遇到的主要问题有哪些？
4. 说明采购的基本流程。
5. 确认需求都包括哪些方面？如何对产品功能进行说明？
6. 选择供应商时应考虑哪些因素？如何评估？

7. 影响企业配送管理的因素有哪些？

8. 配送网络决策都涉及哪些内容？

9. 仓储自动化依赖于哪些仓库设备？它是如何运行的？

10. 仓库管理决策的内容主要有哪些？

11. 什么是保税制度？

12. 自由贸易区、保税区和综合保税区的异同在哪里？

案例讨论

汉密尔顿标准公司为商用和军用飞机设计、制造一系列零部件。它在新加坡建立了亚太配送中心，储存了2 000多种不同类型的部件，为30多家航空公司在中国、日本、韩国和澳大利亚、新西兰等航线提供服务。

在配送中心建立以前，航空公司所需零部件都直接从美国运往亚洲。遥远的路途，连同客户服务的程序等导致订单周期一般为10～12天。新加坡配送中心投入使用后，这一地区的航线在订货后1～2天内一般可以收到货物。而且，由于该中心位于自由贸易区，所以文书工作和海关事务手续相对简单。该公司还准备在欧洲建立类似的配送中心来提高该地区的客户服务水平。

请结合配送网络的决策问题谈谈直接送货给客户和通过配送中心中转的模式各有哪些利弊。（讨论要点见教师课件）

资料来源：QUINN F J. Getting closer to the customer. Logistics, 1998(May): 69.

本章关键术语

□ 供应管理

□ 仓储与配送自动化

□ 仓库管理决策

□ 集中型配送和分散型配送

本章阅读资料

国际贸易摩擦下的采购与物流

经济全球化是当今世界发展的大趋势，但随着全球化深入导致的分配不均格局与生产效率的长期停滞，民粹主义与逆全球化的浪潮逐渐翻涌，除此之外各种因素错综复杂，包括历史因素、现实的网络和信息技术发展因素等，国际经贸格局正在重塑。各国进入彼此对峙局面，一些国家采取极端的贸易保护措施，奉行单边主义与孤立主义，各种关税和非关税壁垒如"301调查"、实体清单、禁运禁售等扭曲市场，使得国际供应链受到了巨大的冲击。因此，国际贸易的参与者需要审慎研判贸易与供应链风险，合理规划生产、投资与物流。

贸易摩擦是一个宽泛的经贸概念，具体包括贸易保护、贸易壁垒和贸易冲突等子概念。常见的贸易摩擦手段包括显性的关税、配额和反倾销、反补贴等贸易救济措施，隐性的包括技术性贸易措施、知识产权壁垒和绿色贸易壁垒等。根据WTO的数据，自2008年国际金融危机以来，全世界贸易摩擦的数量不断增加，在2020年达到了创纪录的422起。我国是全球贸易摩擦最大的相关方，WTO成立以来约27%的贸易摩擦与我国相关，而美国、欧盟与印度是发起贸易诉讼最频繁的贸易主体。美国总统特朗普上台之后，引发中美贸易摩擦，除此之外，中欧、中印和中英的贸易摩擦也此起彼伏，加剧了我国厂商面临的供应链风险。

对于采购行为来说，贸易摩擦会从以下三个方面影响决策：

□ 供需变化。无论是所在国对外国加征关税还是外国对所在国加征关税，都会对采购决策产生直接的影响，由于关税导致的采购成本增加使得采购的绝对数量减少，或是寻找其他的替代产品，从中还会产生交易成本和操作成本，对采购决策造成影响。

□ 汇率变动。贸易摩擦会影响两国货币价值与市场主体预期，从而影响采购决策。如在中美贸易摩擦中，受单边主义和贸易保护主义措施及对中国加征关税预期等影响，人民币兑美元汇率呈现逐步下跌的趋势。汇率波动使得通过外贸代理间接采购原材料产品与通过外商直接交易两种采购渠道都受到冲击，前者以本币结算，而后者以外币结算，增添了采购产品报价乃至后期结算的不确定性。

□ 采购受限。一些非关税壁垒不仅导致进口成本增加，甚至会使得企业完全无法进口，也就是"断供"。美国设立的企业"实体清单"对中国的几百个实体实施了不当的制裁，其中不乏高精科技企业，这些企业在生产和研发中心依赖于外国关联方的设备与原料，制裁使其完全无法开展正常经营活动。

与之相对，国际贸易采购方可以从以下三个方面应对贸易摩擦风险，做到有备无患：

□ 建设高水平采购部门，培养高素质采购人才。在贸易摩擦中，国际采购人员不仅要熟悉各个国家的贸易现行政策、把握前瞻性的政策风向，还要从微观角度入手，熟悉卖方国家企业与民众对于贸易摩擦的观点与态度，熟悉生产地居民对于贸易摩擦的态度。这要求采购员有较好的外语水平、协调沟通能力与信息收集能力。

□ 未雨绸缪，增加采购合作伙伴。受贸易摩擦影响，原有供应链和采购行为受到冲击，企业应从本地化和国际化两方面入手，寻找风险对冲的机会。具体而言，企业可以在本国寻找替代企业，消除国际贸易风险，有实力的企业应适当投资扶持产业链企业的发展以提升供应链安全，而国际化指的是不局限于在一国采购，在没有贸易摩擦或贸易摩擦较弱的国家寻找广泛的国际供应商，做到国内国际双循环。

□ 提高法律意识，坚定维护自身权益。采购方善于利用法律的武器，限定双方在采购活动当中的权利与义务，既要保证自身按照合同的规定按期缴纳货款，也要监督对方的发货行为和货品的质量。除此之外，对于他国恶意加征关税或其他限制行为，采购方可以联合其他国产业链相关企业，起诉他国政府，要求停止不当的贸易救济举措。

即测即评

第 十 章
国际物流与供应链发展新热点

本章学习要求

通过对本章的学习，了解跨境电商与国际物流的关系；了解我国跨境电商环境下国际物流的现状与趋势，掌握跨境电商环境下国际物流的主要形式；掌握传统的全球供应链风险，了解新形势下全球供应链的新型风险；了解多边贸易协定中国际运输相关内容；掌握绿色物流的背景与内涵；了解绿色物流发展的新趋势、物流企业绿色物流发展成果。

第一节　跨境电商与国际物流

近年来，世界范围内跨境电商发展态势迅猛。作为推动经济、贸易全球化的技术基础，跨境电商具有非常重要的战略意义：首先，跨境电商冲破了国家间在线零售的障碍，使对外贸易无国界化，成为中国乃至世界各国经济增长的新引擎。其次，跨境电商正在塑造互联网时代的国际经贸新规则，引起世界经济贸易格局的变化。再次，跨境电商构建的开放、多维、立体的多边经贸合作模式，极大地拓宽了进入国际市场的路径，并大大促进了多边资源的优化配置。最后，跨境电商加速了国际物流业的变革，跨境电商为国际物流发展提供了市场机遇，国际物流的完善则是跨境电商发展的必要环节之一。

一、跨境电商的含义

跨境电商，指分属不同关境的交易主体，通过电子商务平台达成交易、进行支付结算，并通过国际物流送达商品、完成交易的一种电子商务平台和在线交易平台。按照海关总署发布的《跨境电子商务零售进口商品清单调整表》，跨境电商涉足食品、日用品、服装和家电等多个领域，涵盖 1 400 余种商品。

随着跨境电商深入发展，跨境线上交易规模不断扩大。海关总署和商务部电子商务研究所发布的相关数据①显示：2015 年以来，我国跨境电商市场规模以平均每年 20% 的速度稳步增长。2020 年，跨境电商出口商品总额达 1.12 万亿元，同比增长 40.1%；通过海关跨境电子商务平台验放的进出口清单 24.5 亿票，同比增长 63.3%。在此背景下，跨境电商逐渐从线上展示、线下交易的信息展示平台演变为以精细化运营为主流、新零售等创新模式协同发展的供应链体系，极大地凸显了我国制造业大国的优势。

二、跨境电商环境下的国际物流

跨境电商平台的产生，使贸易双方可以越过中间平台直接进行交易，形成了一站式交付的跨境贸易模式，加速了国际贸易的发展。随着小订单、多频次订单日渐增多，全球跨境包裹数量迅速增长，而传统的以国际运输为主的国际物流服务，已然不能满足跨境电商的发展要求。在此背景下，国际物流企业开始进行自我完善、调整和变革，最终从根本上改变了商业经营模式。新模式是将物流与供应链管理联系起来，结合生产企业、供应商和购买商等上下游贸易方，进一步帮助企业实现从原材料到产成品、从供应商到终端消费者的整个供应链流程的重构与优化。

但经过完善的国际物流仍是跨境电商的"阿喀琉斯之踵"，原因如下：第一，国际物流费用占跨境电商总成本的 20%~30%，且居高不下。第二，国际段和国内段物流衔接不流畅，不能很好地实现一站式、门到门服务。一方面，跨境电商产品种类、体积、成交量、成交批次存在很大差异，适用的运输及仓储方案不同，而不完善的仓储体系无法满足客户多元化、复杂化的需求，在海量分散订单下，容易出现货物积压、延误、破损和丢失等问题；另一方面，国家间物流发展水平差异较大，一些国家或地区的物流系统不是很发达，缺少国外的物流配送中心支持，导致消费者体验较差，配送时间长，无法全程跟踪包裹，退换货不方便，容易出现清关障碍等问题。

三、跨境电商环境下主要国际物流模式

（一）国际快递

国际快递是指快件从一个国家到另一个国家的跨越国界的递送过程，即通过国家之间的边境口岸和海关对快件进行检验放行的运送方式。国际快件到达"目的国口岸"后，常常要在目的国内再次转运，才能将快件送至最终目的地（收件人所在地），此时该快件只是国际快递的延伸，它仍然是国际快件，而不是目的国的国内快件。国际快递一般是通过国际快递公司来

---

① 商务部国际贸易经济合作研究院电子商务研究所. 中国暨全球跨境电商发展报告(2021) ［R/OL］. ［2021-10-18］.

解决跨境电子商务中商品的物流配送问题。作为一种传统的物流服务模式，国际快递在时效性及服务质量上占据着优势，可以满足世界各地客户的需求。

作为国内较为出色的国际快递经营企业，由阿里巴巴打造的菜鸟国际提供进口海外直邮+国内配送、海外直邮跨境退货、跨境直邮、跨境集运等服务。截至 2021 年 11 月，菜鸟国际网络的包裹服务覆盖全球 220 多个国家/地区，日均订单处理能力（常态支撑）200 多万单，连接 60 多家物流合作伙伴，仓配平均时效 2.4 天；在运力组织上，实现了常态化的洲际电商航线和中欧班列，有效地支持了中国出口商在全球范围内进行交易。[1]

（二）国际邮政小包

国际邮政小包是万国邮联邮政产品体系中的一项基本业务，一般通过万国邮联体系采用个人邮包方式收发、运送货物。邮政渠道包括国际邮政小包、大包、e 邮宝和 EMS 国际快递等，个人邮包则通过国际邮联体系发货。国际邮政小包包括普通空邮（非挂号）和挂号两种形式。借助基本覆盖全球的邮政网络，国际邮政小包的物流渠道能延伸到全球各主要城市，这是其最大的优势。另外，国际邮政小包可以享受国家税收补贴，运价相比国际快递较为低廉。电商微利环境下要求对物流成本有所控制，非紧急要求情况下，一般都会选择邮政包裹，而对于有些偏远小国、岛国来讲，采用国际邮政小包最省运费。在此背景下，中国 2C 跨境电商有 60% 以上的包裹是通过国际邮政网络发出的。但国际邮政小包也有其自身的局限性：第一，在实际运营过程中，丢包率高、安全性低、时效性不强；第二，受制于包裹形状、体积、重量等因素，物流效率低、体验感差。

国际 e 邮宝是中国邮政为适应国际电子商务寄递市场的需要，为中国电商卖家量身定制的一款经济型国际邮递产品。和香港国际小包服务一样，国际 e 邮宝也是针对轻小件物品的空邮产品，该业务限于为中国电商卖家寄件人提供发向美国、加拿大、英国、法国和澳大利亚的包裹寄递服务。正常情况下，国际 e 邮宝 7~10 个工作日即可完成妥投，且价格比国际快递低；在国内段使用 EMS 网络进行发运，出口至美国后，美国邮政将通过其国内一类函件网（First Class）投递邮件。

（三）"集货物流+海外仓"

海外仓是指国内企业将商品通过大宗集货运输的形式运往目标市场国家或地区，在当地建立仓库、储存商品，然后再根据当地的销售订单，第一时间从当地仓库直接进行分拣、包装和配送。与国际快递和国际邮政小包模式相比，海外仓拥有缩短物流时间、降低物流配送成本、提供本土化售后服务、规避外贸风险等优势。我国有大量跨境电商在香港行政区集货建仓，例如菜鸟网络在香港开通近 40 个中心仓。中国香港虽然租金高，但产品准入资格低、供应链完善，最重要的是有明显的免税优势。值得注意的是，跨境电商的货物来自不同的国家，通常小而杂，货物进出港一般比较灵活，但是如果货物达不到集货的规模效应，跨境电商经营者应慎重考虑海外仓，毕竟其投资运营成本极高。

（四）边境仓

边境仓与海外仓都是新兴的跨境电商国际物流模式，区别在于仓库的位置不同，海外仓位于输入国，边境仓则位于商品输入国的邻国。按仓库的位置，边境仓可以分为相对边境仓和绝

---

① 资料来源：菜鸟集团官方网站。

对边境仓。相对边境仓的仓库设立在与商品输入国不相邻却相近的国家，而绝对边境仓的仓库设立在与商品输入国相邻的国家。在实际运作中，边境仓的优势主要体现在可以有效规避商品目的国的政治、法律、税收等风险，并能充分利用区域物流政策，从而降低物流成本，提升物流效率。我国东北地区与俄罗斯的跨境贸易多采用边境仓的形式。第一，海外仓更适合重量大、尺寸超标的产品，而中国跨境电商对俄出口主要为轻纺产品，采用边境仓。第二，边境仓可避免海外仓货物进仓很难退回国内的风险。第三，海外仓成本要远远大于边境仓成本。

（五）自贸区或保税区物流

自贸区或保税区物流是通过将货物运送至自贸区或保税区仓库，再由跨境电商实现货物分拣、检疫、包装、销售等环节，最后通过集中运输完成商品物流和配送的模式。小规模的 B2C 模式很难撑起整个跨境电商的进口规模，而保税进口的保税仓（BBC）模式则可以极大地改善跨境购物的速度体验。首先，保税物流配送模式能够有效实现规模经济效益，降低物流成本，缩短物流时间。其次，自贸区或保税区物流能在最大程度上利用自贸区及保税区综合优势与优惠政策，尤其是在通关、商检、收付汇、退税等方面的政策，为跨境电子商务国际物流的快速运行提供保障。目前，国内设立了广州、上海、天津、杭州、郑州等多个保税区以及海南自由贸易港，实现了"境内关外"的自由贸易形式，由此可以发展国际中转、配送、出口加工等多种国际物流形式。

（六）国际物流专线

国际物流专线指针对特定国家或地区推出的跨境专用物流线路，物流起点、终点、线路、运输工具、时间、周期基本固定。物流专线的时效比国际邮政小包快，成本比国际快递低，是跨境电商物流在当前发展阶段规模效应最强、性价比最高的模式。该模式能够规避清关与商检风险，一般针对需求量大、热门的线路，需要一定的货量来分摊成本，实时出货不会带来产品过期、过季或者库存积压等问题，其被视为跨境出口直通车。但是因其只能用于特定的跨境物流需求或者作为跨境物流的周转衔接环节，也存在一定的局限性。

中欧班列是国际物流专线运输的一种，可大幅缩短中国到欧洲的运输距离和时间。在我国沿海加工业向中西部转移的背景下，中欧班列愈发受到重视。截至 2021 年 6 月，中国到欧洲的国际集装箱班列经由 73 条运行线路通达欧洲 22 个国家和 160 多个城市，开行累计突破 4 万列，共运送集装箱 64.5 万标准箱（TEU）[①]，合计货值超过 2 000 亿美元。但对比中欧海运每年 1 400 万 TEU 的运量来说，中欧班列市场占比仍较小。这从侧面反映了整个欧亚铁路桥运能及运输效率偏低，主要是因为沿线国家相关基础设施薄弱、站场路线紧张、换装能力不足，国际联运机制不完善，沿途通关手段不够完善，托运人成本较高。

（七）第四方物流

第四方物流是美国埃森哲咨询公司于 1998 年率先提出的，是专门为第一方、第二方和第三方提供物流规划、咨询、物流信息系统、供应链管理等活动的企业。第四方物流是一个供应链的集成商，是供需双方及第三方物流的领导力量，其自身并不实际承担具体的物流运作活动。因而，它不是物流的利益方。第四方物流一般依靠优秀的第三方物流供应商、技术供应

① 新华社. 中欧班列累计开行突破 4 万列［EB/OL］.［2021-06-21］.

商、管理咨询以及其他增值服务商，为客户提供独特的和广泛的供应链解决方案，从而帮助客户有效整合资源并降低成本。目前，第四方物流在中国仍处于发展阶段，只有中国物资储运总公司等少数企业能提供第四方物流服务。

四、跨境电商环境下国际物流现状及新趋势

在新常态经济环境下，快递行业表现出了抗周期性。据国家邮政局的统计，我国规模以上快递业务量及业务收入从 2010 年的 23.4 亿件和 574.6 亿元增长到 2020 年的 833.6 亿件和 8 795.4 亿元，增长分别达 35 倍和 14 倍。且从 2014 年起，我国快递业规模就超越美国，位居全球第一。同时，跨境快递业务增速相当明显，2020 年的国际/港澳台快递业务量及业务收入是 2016 年的两倍有余（见图 10-1）。快递业务总量的爆发性增长是多种因素共同作用的结果，如网购消费常态化、城镇人口聚集效应、社会化仓配发展、运输配送距离缩短等。但是相比于国内快递业务，国际快递业务量仍占极小一部分。以 2020 年为例，国际/港澳台快递业务量及业务收入仅占比 2.2%和 12.2%。[①]

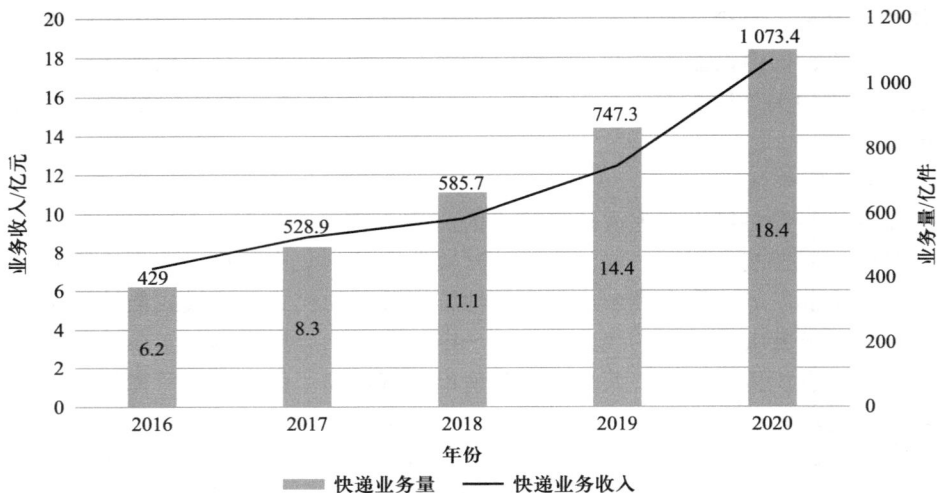

图 10-1　2016—2020 国际/港澳台快递业务发展情况

目前，国际物流行业巨头已经具备了快递、货代、仓储及金融等复合企业属性。但国内从事跨境物流的企业短期内很难具备这种综合性能力，只能通过"本地整合、全球适应"来获得比较优势。因此，国内快递经营者基本上都经历了"点到点线路—区域网络—全国网络—多层次整合网络—海外线路/海外仓"这一过程。如京东等大型物流企业也建立了自己垂直一体化的物流体系，该体系涵盖了供应链管理的全过程，不仅渠道下沉形成配送全覆盖，而且拥有超大型仓储和千万级最小存货单位（SKU）库存管理能力，并在海外广泛设进口仓。

实际上，国内快递经营者与国际快递行业四巨头 DUFT（DHL、UPS、FedEx、TNT）真正的差距是在国际化网络建设方面。短期内，依靠快速投入，复制仓储容易，而国际网络及末端配送则几乎不可能快速成熟。因而，在国际快递的承担主体中，除了 DUFT 和邮政 EMS，其他快

---

① 资料来源：2010—2020 年邮政行业发展统计公报。

递多是通过代理方式参与，一般通过将快件转给合作方收取代理费，对国际快递定价体系并没有真正的话语权。

国际物流是经济全球化的产物。因此，除了国际贸易、经济、金融、关税、法律法规外，影响未来中国国际物流发展趋势的主要因素还包括政治、贸易同盟等。未来，国际物流发展将呈现出以下五种趋势。

1. 跨境电商平台使国际贸易与国际物流融合发展

传统的国际贸易主体与国际物流主体是独立运营、业务合作的模式。这种模式使得贸易主体与物流主体的合作局限在相对较小的地域，物流成本、时间、服务的效率相对低下。跨境电商改变了传统的线下贸易模式，未来随着信息技术和平台经济模式的发展，能够更加全方位地与国际贸易物流有关的金融、保险、信息、咨询等产业无缝隙融合，并有效提高合作空间，实现更具规模的物流效益。

2. 国际物流向供应链管理方向拓展

目前，我国多数国际物流企业主要经营国内某一属地口岸，负责国际物流的国内段部分，欠缺对整个供应链的管理控制。这种物流企业缺乏竞争力，也满足不了市场需求，业务发展具有极大的局限性。供应链管理是对供应链中的物流、商流、信息流和资金流进行有计划的整合、组织、协调和控制的过程。完善的供应链管理体系和服务网点，将提高整个供应链运行的速度、效益和附加值，为整个供应链上的所有贸易伙伴带来巨大的经济效益。因此，只有建立和发展供应链管理，才能为经济和物流发展提供稳定的保障。未来，供应链管理也不应仅是企业发展战略，更应上升为国家发展战略。

3. 国际物流通道以海运为主向多种运输方式转变

一直以来，我国约90%的国际贸易是通过海运来实现物理转移的。但近年来，我国跨境铁路和国际航空货物运输发展已经初露锋芒。中欧班列打通了陆上丝绸之路，有效提高了中国与欧洲贸易的物流效率；西南国际货运通道的通车，实现了中国、老挝、泰国农产品服务的自由贸易；国际航空物流园区的建立，为中国高技术产品出口奠定了物流基础。产业对物流提出服务要求，物流服务产业赢得自身发展空间。随着我国推进高质量发展，科技水平和产品价值、产品运输时效性提高，数量型、低价值型的出口物流将向质量型、高价值型出口物流转变，未来，铁路和航空运输的比重将会逐步提高。

4. 出口物流为主转向进出口物流并重

改革开放以来，我国实施出口导向型发展战略，进口货物中除了矿、煤、油和其他重要的战略物资、机械设备外，适箱货物进口占国家外贸的比重较低，导致海运集装箱的空箱进口运输比重较高，约为70%，大大增加了物流成本。随着我国经济规模扩大、国内消费水平提高、国内消费者对于"海淘"商品的需求日益扩大，我国商品进口逐步增加。未来，我国进出口的适箱货物将会达到基本平衡，进口规模甚至会超过出口规模，从而减少空箱调运。这一方面能够降低物流成本，提高物流效率，另一方面能够平衡国际贸易收支，产生以进带出的良好连锁效应。

5. 物流科技为国际物流赋能

智慧物流是工业4.0的重要组成部分，物流科技呈现的方式将更加多元化，形成以信息技术为纽带、以其他专业技术为支撑的现代物流装备技术一体化应用。基于自动化、物联网、人工智能、云服务、虚拟现实、增强现实、生物识别、大数据等技术，通过物流科技驱动国际物流业务的改进，可以有效提升运营绩效、改善客户体验、创新业务模型。通过高精尖技术为国际物流产业赋能，可以为可持续稳定健康发展奠定扎实基础。

专题阅读 10-1

菜鸟国际跻身国际物流"新四大"①

新冠疫情期间，欧洲民航曾被大面积关闭，航空货运深受影响。但因疫情防控得当，比利时西部枢纽城市列日的货运机场一直未中断。列日是菜鸟国际重点布局的一条中欧干线物流的电子集散中心（e-Hub）枢纽，分陆、空两路。在这个特殊时期，除了承担电商件履约，这里还集中接收了来自中国的疫情防控物资，然后通过陆运到达欧洲各地。近几年，跨境电商供需激增，使菜鸟国际的位次迅速提升，以跨境包裹日均处理量（不包括本土）进行衡量，其已成为全球四大跨境包裹网络之一。

国内快递业是随着电商的崛起而迅速壮大的，因此，这种物流组织方式距离商流更近，围绕商流开拓建设的物流基础设施与中小商家的需求更匹配。例如，对中国货需求旺盛的俄罗斯，是速卖通平台最主要的需求国之一。像手机壳这种义乌小产品出口毛利很薄，轻微的国际邮费上浮都会威胁到商家的利润。针对这部分商家，菜鸟国际设计了新的应对方案：在香港集货后海运至俄罗斯远东地区，再通过西伯利亚铁路运到莫斯科等内陆城市，重新组织起一条经济型线路。随着履约质量提升，俄罗斯用户对速卖通平台信任感加深，开始消费时尚、电子等单价更高的中国商品。针对这一变化，菜鸟国际重新进行了布局：一是末端延伸，通过与俄罗斯邮政合作将物流深入农村与极地偏远地区，同时拓展无忧物流自提服务的城市网店。二是"干线建设+城市中心仓布局"，比如开通从国内到俄罗斯的专线直飞，在莫斯科等重要节点城市周边租仓，让部分跨境商品的当日达成为可能。现在速卖通到达俄罗斯大城市的履约时间普遍缩短至两周内。在缩短履约时间的同时，合并订单发货变得更频繁，配送成本上更趋经济。

对于爆款跨境商品，菜鸟国际直接到全球 30 多个国家和地区的 140 多个港口提货，再走空运或海运送达中国的保税仓，这样大概能为海外商家节省 10% 的成本。菜鸟保税体系涉及近 20 个口岸，现已成为国内最大的 B2C 保税体系。而对于长尾个性化商品，菜鸟国际采取一条链路方式，由海外商家解决头程物流，运到菜鸟海外仓，消费者下单后直接从海外仓发货直邮，这些海外仓主要分布在欧洲、美国、澳大利亚、新加坡、日本、韩国等重点跨境货源地。在国内接收端，菜鸟在各口岸陆续开设中心仓，以促成海外商家的一盘货进口策略。所谓一盘货进口策略，即不管商品入华后对应的是哪种线上线下消费渠道，先以 B2B、B2C 一盘货运到中心仓储存，再按渠道类型做分发，同时支持考拉发货，并开通逆向物流，解决保税商品退货对商家造成损失的问题。对于渠道多元化的海外大品牌，中心仓可使商家库存更集约化，适当降低供应链成本，利于货品调配。

---

① 百家号. 菜鸟国际跻身"新四大"：对阿里海外新基建的观察 [EB/OL]. [2020-06-28].

> 跨境环节是菜鸟国际的长期看点之一。尽管从体量上来讲，菜鸟国际已经是全网 B2C 进口的领头平台，但与尚未进入中国的海量的长尾国外品牌相比，天猫国际与菜鸟国际背后的跨境贸易与物流组织仍处于初期发展阶段，其供应链精细化管理、由大到强还有很大的提升空间，菜鸟国际任重道远。

第二节　全球供应链风险

全球供应链（Global Supply Chain）是指在全球范围内组合供应链，它要求以全球化的视野，将供应链系统延伸至整个世界范围，根据企业的需要在世界各地选取最有竞争力的合作伙伴。全球供应链管理强调在全面、迅速地了解世界各地消费者需求的同时，进行计划、协调、操作、控制和优化，在供应链中的核心企业与其供应商以及供应商的供应商、核心企业与其销售商乃至最终消费者之间，依靠现代网络信息技术支撑，实现供应链的一体化和快速反应，达到商流、物流、资金流和信息流的协调通畅，以满足全球消费者需求。

全球供应链有助于一系列分散在全球各地的相互关联的商业活动的实现，其主要目的是降低成本扩大收益。自 2005 年以来，全球化对物流和供应链领域的影响日益明显。供应链全球化的影响已经渗透到企业商业活动的各个方面：除运输和仓储等主要物流环节和采购、外包、供应链流程外，还涉及供应链的响应速度、敏捷性与成本效益优化等领域。党的二十大报告提出，要"着力提升产业链供应链韧性和安全水平"，通过加强对全球供应链风险的管控，有助于应对供应链全球化对企业商业活动影响的加深，降低所产生的一系列传统及新兴供应链风险，从而增强我国产业链供应链安全和韧性水平。

一、传统风险

（一）道德风险

道德风险是指由于信息的不对称，供应链合约的一方从另一方得到剩余的收益，使合约破裂，导致供应链的危机。在整个供应链管理环境中，委托人往往比代理人所处位置更不利，代理企业一般会通过增加信息的不对称，从委托合作伙伴那里得到最大的收益。供应链成员作为独立的经济主体，在供应链中既存在合作也存在竞争，出于自身利益问题的考虑，各成员有时会做出不利于供应链整体利益的决策。如在成本压力面前，供应商不经过一系列的技术认证或者客户许可，私自更换原材料或者改变产品设计，用较次的原材料代替，或者用更简单的工序替换，并且隐瞒不报，以谋取更高的利润。道德风险最终会导致后续一系列的合作、信任等问题。

（二）物流运作风险

物流活动是供应链管理的纽带。供应链要加快资金流转速度，实现即时化生产和柔性化制造，离不开高效运作的物流系统。这就需要供应链各成员之间采取联合计划，实现信息共享与存货统一管理。但在实际运行中是很难做到这一点的。因此，在原料供应、原料运输、原料缓存、产品生产、产品缓存和产品销售等过程中可能出现衔接失误，导致供应链物流不畅通而产生风险。例如，运输障碍使原材料和产品不能及时供应，造成上游企业无法在承诺的提前期内交货，致使下游企业的生产和销售受到不利影响。

此外，物流运作过程中的信息不对称也使得物流运作过程存在风险。由于每家企业都是独立经营和管理的经济实体，供应链实质上是一种松散的企业联盟，当供应链规模日益扩大、结构日趋繁杂时，发生信息错误的机会也随之增多。信息传递延迟将导致上下游企业之间沟通不充分，对产品的生产及客户的需求的理解出现分歧，不能真正满足市场的需要，同时会产生牛鞭效应，导致库存过量。

（三）质量安全风险

质量安全问题是比较明显和突出的全球供应链风险问题。质量安全风险主要表现为：产品质量是否达标，质量保障措施是否完善，是否有完善的质量问题溯源体系，产品的售后服务水平是否良好，企业与供应商之间的质量管理理念是否同步等。质量安全风险处理不妥善，轻则影响企业的声誉，重则会导致供应链全线崩溃。

例如，20世纪30年代成立的日本高田公司，是全球第二大安全气囊供应商。2008年11月，本田公司宣布召回4 000辆装配有高田安全气囊的车型。2009年5月16日，一名18岁少女开车接弟弟放学途中与另外一辆车相撞死亡，经过调查，确定死因是：安全气囊展开后里面弹出的金属片划破颈动脉，造成其大量失血而亡。这是全球第一例因安全气囊致死的事故。同年，本田公司宣布召回50万辆汽车。2013年，丰田、本田、日产和马自达全球召回340万辆汽车，宝马全球召回22万辆汽车。2014年，丰田宣布全球召回227万辆汽车。①

2015年5月，高田公司首次公开承认其安全气囊存在缺陷，并宣布扩大召回范围。该事件共涉及包括宝马、菲亚特、克莱斯勒、戴姆勒、福特、通用、本田、马自达、三菱、日产、斯巴鲁和丰田等在内的全球19家车企，问题车总计超过1.2亿辆。2017年6月，高田公司在日本正式宣布申请破产保护。高田公司破产并不意味着结束，因为召回工作至今仍未完成，"高田"二字依旧是危险的代表。

（四）市场风险

供应链的运作是以市场需求为导向的，供应链中的供给、生产、运输、销售等，都必须建立在准确预测外部需求的基础之上。而市场竞争日趋激烈，市场需求日新月异，且消费者偏好也存在一定的不确定性。如果企业对市场的把握不准确，会使整个供应链存在经营风险。

外部市场千变万化。如触屏手机问世之前，按键手机是市场主流，企业在不断专注于提升按键手机的质量。诺基亚公司是一家总部位于芬兰埃斯波、主要从事移动通信设备生产和相关服务的跨国公司。从1996年开始，诺基亚手机连续14年占据全球手机市场份额第一的位置。2003年，诺基亚1100在全球累计销售2亿部。2009年，诺基亚公司手机发货量约4.318亿部。2010年第二季度，诺基亚在移动终端市场的份额约为35.0%，领先当时市场占有率分别为20.6%、8.6%的三星和摩托罗拉。② 然而，2007年，苹果公司推出智能手机iPhone；2008年，谷歌发布智能手机操作系统Android。在功能手机向智能手机转型的时候，诺基亚却因过于追求"高效率和成本控制"，过于相信塞班操作系统，被苹果和三星双双超越。错过了最好

---

① 中青在线.高田致命气囊引发澳最大汽车召回 [EB/OL]. [2018-03-01].
② IT之家.诺基亚14年霸主地位终结，手机销量已被三星超越 [EB/OL]. [2012-04-27].

的时机，即便后来诺基亚开发了 Meego 智能操作系统，也无法挽回市场。因此，企业是否能准确判断自身产品的竞争力、能否感知市场对新材料或新技术的需求、能否感知市场变化背后潜藏的危机，并准确预测未来的走势，是供应链风险管理的核心竞争力之一。

（五）政策法规风险

国家经济政策发生变化，往往会对全球供应链的资金筹集、投资及其他经营管理活动产生极大影响，由此增加了供应链经营风险。当调整产业结构时，国家会出台一系列产业结构调整政策和措施，如鼓励某些产业，限制和打压另一些产业。同时，法律环境的变化，也会诱发全球供应链的经营风险。全球供应链合作伙伴位于不同的国家或地区，不同国家或地区的法律法规的差异及动态变化都会增加其不确定性，进而引发风险。

在国际贸易中，交易对象所在地的政策法规往往各有特色，不同的政策法规下产品的生产运营环境是不同的。企业必须把握住这种差异，采取不同的应对措施。这不仅决定着企业的投资发展方向，也决定着企业全球供应链未来的布局。

（六）文化差异风险

全球供应链会渗透到不同国家的不同企业，而不同国家的不同企业在经营理念、文化背景、员工职业素养和核心价值观等方面存在很大差异。各企业会因此对相同问题产生不同看法，并采取不一致的工作方法，进而引起供应链混乱。首先，不同国家的风俗文化不同，不利于上下游企业沟通协调。其次，不同文化背景下，员工差异化的工作态度与工作作风，使得供应链难以协同运作。这些现象轻则降低供应链整体的运营效率，重则造成供应链联动过程中各自为政的混乱局面。因此，不同文化企业合作时，应持求同存异的包容心态，力求平等交流。

二、新兴风险

（一）双边及多边关系紧张使全球供应链面临风险

全球贸易的紧张形势，使企业尤其是制造业面临新的供应链风险。受中美贸易摩擦、英国脱欧带来的不确定性和世界贸易下行的影响，各国企业开始相应地调整其供应链结构。

以中美贸易摩擦为例：一方面，美国政府加紧对供应链的控制。2021 年，美国总统拜登连续签署《可持续公共卫生供应链行政命令》《确保未来由美国工人在美国制造行政令》和《美国供应链行政令》三份有关供应链的行政令，以加强对供应链的控制，打造"去中国化"供应链。① 另一方面，美国政府加快了对中国实体企业的制裁。2019 年开始，特朗普政府因 5G 技术将华为列入实体清单；2020 年，修改出口管制规定，限制使用美国芯片制造设备的外国公司再向华为及海思供应芯片；因芯片断供，2020 年，华为移动通信设备和手机出货量出现断崖式下跌；2020 年 11 月，华为被迫出售旗下荣耀手机业务；2021 年 3 月上市的华为 P50 手机只能搭载高通提供的 4G 芯片，而同期的手机均已搭载 5G 芯片，华为面临巨大的供应链压力。

为应对贸易摩擦，部分日本企业表示会选择迁厂或与客户讨论成本负担。过去选择自行吸收成本的日企，在关税升至 25% 的情况下恐难承受如此成本负担。② 三菱电机生产输往美国产

① 搜狐网．美拜登政府打造"去中国"供应链［EB/OL］．［2021-05-25］．
② 百度．贸易战冲击破坏全球价值链、产业链、供应链，中国须采取四项对策［EB/OL］．［2019-05-21］．

品的金属加工机器工厂，从中国迁回日本；东芝机械也将部分生产据点从上海移往日本、泰国。

此外，英国脱欧的"后遗症"也非常严重。从 2021 年夏天开始，运费和拥堵程度屡创历史新高。由于卸货和送货缺人，英国码头的集装箱堆积如山，自 2021 年 10 月 5 日起，英国最大集装箱港口费利克斯托港暂停了马士基、达飞和长荣海运的空箱归还。①

（二）新冠疫情导致全球供应链阻断

新冠疫情期间，最近几十年形成的全球化布局遭受到前所未有的阻隔。首先，疫情迟滞了海运、空运等主流跨境运输方式，货物交付周期大幅延长，企业运营成本持续攀升。同时，客机腹舱运力大幅下降，需求远超供应，增加了跨境运输费用的不确定性。其次，疫情进一步加剧了区域性劳动力短缺和不平衡，人员流动限制与人员安全风险降低了全球供应链网络的运行效率。最后，过度依赖单一国家的制造设施和供应商网络，加剧了疫情期间供应链中断的影响，而因依赖单个大客户或战略资源配置不当，规模较小和专业化程度较高的供应商甚至面临更高的破产风险。

全球贸易体系的失衡程度与愈加脆弱的供应链，将供给体系推入到一个相对危险的处境。同时，全球供应链危机使世界贸易失衡更加严重。由于中国率先控制住了新冠疫情，并快速恢复了生产和大部分制造业产业链，遂成为全球物资的唯一大型生产供给基地。但是其他国家却陷入了疫情反复和经济社会动荡的泥沼，2020 年欧美等国的生产体系处于停摆状态，国内供给体系严重停滞，只能靠增加货币供给维系社会经济。

海关总署相关数据显示：2020 年，我国货物贸易进出口总值 32.16 万亿元人民币，比 2019 年增长 1.9%。其中，出口 17.93 万亿元，增长 4%；进口 14.23 万亿元，下降 0.7%；贸易顺差 3.7 万亿元，增加 27.4%。② 我国全年进出口、出口总值创历史新高，国际市场份额也创历史最高纪录，成为全球唯一实现货物贸易正增长的主要经济体。但大量的贸易航船满载而去、空腹而归，极大地增加了企业的运输成本。

（三）原材料短缺导致全球供应链混乱

虽然越来越多的企业正在推进本地或区域制造战略，但许多关键原材料的采购及生产仍然高度全球化。因此，一些关键材料的供应特别容易受到需求高峰或生产瓶颈的影响而中断。近年来，汽车行业就深受供应链上游原材料短缺的困扰。

2018 年年底，欧洲的塑料供应商发出预警，因前体化学品己二腈（ADN）供应不足，某些用于生产汽车零部件等工程塑料部件的聚酰胺材料即将出现严重短缺。世界上只有五家工厂生产 ADN，其短缺主要是由运营问题和维修停工造成的。虽然这是暂时性问题，但仍然需要一个稳妥的解决方案，如汽车、纺织、电子、包装等行业的企业寻找替代品过渡。

2020 年，全球性芯片短缺影响了以消费电子、汽车为代表的各行各业，其中，汽车行业所受影响最为严重。新冠疫情期间，汽车需求大幅下降，汽车厂商纷纷削减包括芯片在内的零部件订单，与之相反，便携式计算机、数据中心的芯片市场异常繁荣。因此，当汽车需求反弹时，芯片等关键零部件就出现了短缺。此外，芯片主要制造地区中国台湾的旱灾和全球最

①　新浪网．这一集装箱大港面临停摆危机！已暂停马士基、达飞、长荣还空箱业务［EB/OL］．［2021-10-08］．

②　第一财经．再创新高！2020 年我国货物贸易进出口总值同比增长 1.9%［EB/OL］．［2021-01-14］.

大的汽车半导体公司之一的日本瑞萨半导体工厂的火灾，进一步加剧了汽车行业芯片的短缺。

对于许多汽车公司来说，芯片问题很难解决的深层次原因在于无法有力控制供应链上游。随着汽车技术的发展，汽车厂商将越来越多的零部件外包给供应商，由他们去采购所需芯片，但这很难保证供应链上游有稳定的产品供给。与之形成鲜明对比的是计算机等电子领域的企业，这些企业通常与芯片公司直接合作。电子产品客户总共占据了 60%～70% 的芯片份额，汽车客户却只占不到 10%，进而导致汽车厂商在芯片领域没有足够的话语权。德勤事务所指出，随着自动驾驶、电动汽车技术的发展，汽车上从显示器到车载系统的所有电子部件，预计未来会占汽车制造成本的 45%。这要求汽车企业必须加强对上游原材料供应商的控制，以保证供应链的平稳运行。

（四）环境监管更加严苛

工业发展的进程中，工业废气、废水和固体废物的排放，都会威胁到周边的生态环境。全社会越来越重视环境保护，各国都陆续出台各种环境保护政策。如果上游企业环境治理不达标，被政府关停，就会导致其供应链下游的企业直接无货可用，都会面临停产的危机。

2017 年，舍弗勒（中国）有限公司供应商——上海某金属拉丝有限公司因环保问题被断电停产，舍弗勒因此面临供货缺口，理论上会造成在中国生产的汽车减产 300 多万辆，相当于 3 000 亿元的产值损失。[①] 由于汽车供应链垂直管理度较深，不少关键零部件都是独家供货，舍弗勒所提供的轴承系列产品覆盖了国内大部分汽车生产商，一旦其上游供应商出现问题，舍弗勒的生产也难以为继，那么势必影响供应链下游的各大主机厂。因企业不重视环保问题，对绿色供应链不够重视，而导致了供应链运营中断。这是一起典型的环境污染风险事故。

第三节　国际运输服务贸易自由化

国际运输服务贸易是国际商品贸易、服务贸易的桥梁和纽带，是国际商品贸易业务过程中不可或缺的重要环节之一。国际商品贸易中的一切商品都必须通过运输才能从出口所在地位移到进口所在地，而运输环节的快速性、安全性、可靠性和运价的高低，则取决于国际运输服务贸易顺利与否。在经济全球化背景下，国际运输服务贸易自由化显得尤为重要。《区域全面经济伙伴关系协定》（RCEP）和《全面与进步跨太平洋伙伴关系协定》（CPTPP）在推动国际运输服务贸易自由化方面起到了至关重要的作用。

一、国际运输服务贸易

运输服务贸易的产生是与社会生产力的发展相适应的。随着商品生产不断发展和交换范围日益扩大，运输服务贸易也得到相应发展，而运输服务贸易的发展又为国际贸易开拓更广阔的市场提供了可能和便利。国际运输服务贸易主要指以国际运输服务为交易对象的贸易活动，是

---

① 钱江晚报. 舍弗勒事件，环保不能屈服于经济利益［EB/OL］.［2017-09-25］.

不同国家的当事人之间所进行的，由一方向另一方提供运输服务，以实现货物或旅客在空间上的跨国境位移，由另一方支付约定报酬的交易活动。其主要有以下特点：运输服务贸易派生于商品贸易；运输服务的提供者不生产有形产品，也就无产品可以贮存，能贮存的只有运输能力；在运输服务贸易中，中介人或代理人的活动非常活跃，对贸易的开展起着很重要的作用。

按所运输的对象，国际运输服务贸易可分为国际货物运输服务贸易和国际旅客运输服务贸易两大类。然而，无论是货物运输还是旅客运输，国际运输服务均表现为一种合同关系。合同的一方当事人为货物的托运人或乘客，另一方当事人为承运人，包括船公司、铁路运输公司、航空公司、多式联运经营人、合同承运人等。合同规定的基本权利义务关系为：承运人将乘客或托运人的货物在约定的期间内运抵约定的地点（货物运输中承运人还要将货物交付给特定的收货人），乘客或托运人按约定的方式向承运人支付约定的费用。国际运输服务贸易除了可以由相关国家的国内法（如合同法、海商法等）以及相关国家的判例法调整外，还可由国际条约、国际惯例来调整。

根据现有统计规则①，出口经济体的海关按 FOB 价格对进出口货物进行估价，并假定运输费用由进口经济体负担。换言之，货物运输服务进口指他国承运人为本国进口货物提供的运输服务或为本国国内航线提供的服务②；货物运输服务出口指本国承运人为本国出口商品提供的运输服务，以及本国承运人服务国际航线所获得的收益。③ 客运服务则相对简单，国际航线上本国承运人为他国居民提供的运输服务即为本国的服务出口；反之，他国承运人在国际航线或者本国开放的国内航线上为本国居民提供的服务为服务进口。④ 支持性和辅助性服务的内容较为繁杂，主要指在港口、机场等交通运输节点所提供的各类服务，包括装卸服务，仓储、保管服务，包装、再包装服务，为运输工具提供的牵引、领港、导航服务，运输设备的维修、清理和抢险活动，以及与客货运密切相关的代理服务等（如货运代理服务和经纪服务）。

二、区域全面经济伙伴关系协定

《区域全面经济伙伴关系协定》（RCEP）是 2012 年由东盟发起，历时八年，由包括中国、

---

①   全球服务贸易数据一般来自世界贸易组织（WTO）和联合国贸易和发展会议（UNCTAD）服务贸易数据库。WTO 和 UNCTAD 的服务贸易数据先后适用两套统计标准，分别是《国际收支和国际投资头寸手册》第 5 版（BPM5）和第 6 版（BPM6），1980—2004 年执行 BPM5 标准，2005 年以后采用 BPM6 标准。BPM6 标准除调整相关统计口径外，还将"邮政和快递服务"单独列出。中国服务贸易统计数据一般来自国家外汇管理局发布的国际收支平衡表。

②   多数国家并未开放本国运输市场，因此运输服务贸易主要出现在国际航线。在我国，虽未开放国内航空、航运市场，但在上海、天津等自贸区改革方案中提出：为推动中转集拼业务，加强国际航运枢纽港建设，允许中资公司拥有或控股拥有的方便旗船在国内沿海港口和上海、天津等港口之间捎带外贸进出口集装箱，因此某些外籍船舶被允许提供国内航线部分服务。

③   这里，判别运输服务是否属于"贸易"服务的标准为服务提供方是居民还是非居民承运人，而对提供服务时货物所有权归属并不关注。

④   准确的表述为客运服务包括编表经济体与其他经济体航线间，以及国际航线上居民和非居民之间相互提供的国际运输服务。如果一国国内航线开放给非居民承运人，则非居民承运人在国内航线向居民提供的服务也属于运输服务贸易范畴。但国内航线上，本国承运人向外国人提供的客运服务不属于运输服务贸易（包括在旅游服务内）。此外，超重行李费，车辆或其他个人随带物品产生的费用，以及旅客在运输工具上消费的食品、饮料或产生的其他项目的支出等也不包括在运输服务项下。

日本、韩国、澳大利亚、新西兰和东盟 10 国 15 方成员共同制定并签署的协定。该协定的签署，标志着当前世界上人口最多、经贸规模最大、最具发展潜力的自由贸易区正式启航。在 RCEP 服务承诺表上，中国针对运输服务领域贸易自由化做出的承诺，主要包括以下四个部分：

（一）速递服务

除了在加入 WTO 时确定的中国邮政部门依法专营的服务外，还允许设立外商独资子公司。同时，在速递服务上，缔约方可享受最惠国待遇(MFN)。

（二）海运服务

放开国际海运服务在跨境提供、境外消费和商业存在的限制。我国港口为国际海运经营者提供包括领航、拖带和牵引辅助、物资供应和供油供水、紧急修理措施等多种港口服务。同时，允许国际海运经营者在内水港口（部分）从事国际运输服务。

（三）空运服务

1. 航空器维修服务

在中方控股或处于主导地位的情况下，允许外国服务提供者在中国设立部分由外国投资者投资的航空器修理和维护企业。

2. 计算机订座系统（CRS）服务

外国的计算机订座系统可以通过与中国的计算机订座系统连接，向中国航空企业和中国航空代理人提供服务，可向根据双边航空运输协定有权从事经营的外国航空公司在中国通航城市设立的代表处和营业所提供服务。航空代理人直接进入和使用外国的计算机订座系统须经中国民用航空局批准。允许外国服务提供者与中国计算机订座系统公司在中国设立部分由外国投资者投资的企业。在该企业中，中方应当控股或占主导地位，且设立该企业的营业许可时，需先进行经济需求测试。

（四）陆运服务

缔约方在铁路和公路货物运输、货物运输代理服务方面享受最惠国待遇(MFN)。允许外国服务提供者在铁路货物运输服务、储存和仓储服务、货物运输代理服务和货物检验服务领域设立外商独资子公司。允许有至少连续三年经验的外国货物运输代理在中国设立部分由外国投资者投资的货物运输代理企业，且在中国经营一年后可设立分支机构。外国货物运输代理机构在第一家企业经营两年后，可设立第二家部分由外国投资者投资的企业。允许在本国从事检验服务三年以上的外国服务提供者设立注册资本不低于 35 万美元的部分由外国投资者投资的企业从事技术检测、分析和货物运输检验。

三、全面与进步跨太平洋伙伴关系协定

跨太平洋伙伴关系协定(Trans-Pacific Partnership，CPTPP)，是重要的国际多边经济谈判组织，其前身是跨太平洋战略经济伙伴关系协定(Trans-Pacific Strategic Economic Partnership Agreement，P4)。该协定是由亚太经济合作组织成员国中的新西兰、新加坡、智利和文莱四国发起，从 2002 年开始酝酿的一组多边关系的自由贸易协定，原名亚太自由贸易区，旨在促进亚太地区的贸易自由化。

2015 年，美国、日本、澳大利亚等 12 个国家达成 TPP 贸易协定。2016 年，TPP 正式签

署。但是，2017 年 1 月 20 日，美国总统唐纳德·特朗普宣布退出 TPP。2017 年 11 月 11 日，日本政府代表与越南政府代表共同宣布除美国外的 11 国就继续推进 TPP 正式达成一致意见，并签署新的自由贸易协定，新名称为全面与进步跨太平洋伙伴关系协定（Comprehensive and Progressive Agreement for Trans-Pacific Partnership，CPTPP）。2021 年 9 月 16 日，中国提交了正式申请加入 CPTPP 的书面信函。

CPTPP 正文针对快递和促进供应链发展领域做出了单独注解。在快递服务领域，维持邮政垄断的缔约方应根据客观标准规定垄断范围，并且不得允许邮政垄断所涵盖的服务提供者用其通过邮政垄断服务获得的营业收入交叉补贴自己的其他快递服务。在供应链方面，成立竞争力和商务便利化委员会，以促进供应链的发展和增强，从而在协定的自由贸易区内整合生产、便利贸易及降低商业成本。

四、自由贸易协定对国际运输服务贸易的影响

自 2019 年年末新冠疫情暴发以来，我国进出口贸易发展速度放缓。同时，受国际运输行情影响，国内的可用集装箱非常紧缺，各大船公司为了减少自己的风险，纷纷上涨海运费。

而贸易自由协定的签署，尤其是于 2022 年 1 月 1 日 RCEP 正式生效的，将给国际运输服务贸易行业带来重大的发展机遇。首先，国际运输服务受贸易自由协定的优惠条款的直接影响。日本、韩国、澳大利亚、新加坡、文莱、马来西亚、印度尼西亚 7 个成员采用负面清单式承诺；中国等其余 8 个成员采用正面清单式承诺，并将于协定生效后 6 年内转化为负面清单。15 个成员均作出了高于各自"10+1"自贸协定水平的开放承诺。中国服务贸易的开放承诺达到了已有自贸协定的最高水平：在中国加入世界贸易组织承诺的基础上，提高了海运等 37 个部门的开放承诺水平，并新增了包含空运在内的 22 个开放承诺服务部门。同时，在中国重点关注的运输等服务部门，其他成员也都作出了高水平的开放承诺。

其次，国际运输服务将受到税率下调和贸易增长的间接影响。在中美贸易摩擦大背景下，东亚国家将承接部分市场、技术和工业转移。RCEP 签署后，中国与东盟将能够加快形成扩大版的"世界工厂"，即 RCEP 世界工厂，进一步放大产业链和供应链集聚效应。此外，RCEP 协议货物贸易零关税产品数量整体超过 90%，会放大国家竞争比较优势，加速自由要素条件下各国商品的流通。根据国际知名智库测算，到 2025 年，RCEP 有望带动成员出口、对外投资存量、GDP 分别比基线多增长 10.4%、2.6%、1.8%。[①] 与此同时，在整个东亚区域经济一体化过程中，制造业供应链的发展将给运输服务贸易带来巨大福利：一方面，RCEP 各成员产业互补，区域内贸易提升下港口公司吞吐量有望提升；另一方面，将有更多来自其他国家的优质消费品以更低关税价格进入中国市场。除传统海运贸易渠道，商品也可通过跨境电商物流渠道进入我国。而随着跨境电商监管的强度增加，跨境电商物流和国际货代服务商也将得到相应的发展。

最后，作为国际贸易服务提供方式，自然人移动也将受到利好影响。RCEP 成员国承诺，在符合条件的情况下，区域内各国的投资者、公司内部流动人员、合同服务提供者、随行配偶及家属等各类商业人员，可获得一定的居留期限，享受签证便利，及开展各种贸易投资活动。与

---

① 商务部. 国际司负责人解读《区域全面经济伙伴关系协定》（RCEP）[EB/OL]. [2020-11-16].

其他协定相比，RCEP 将承诺适用范围扩展至服务提供者以外的投资者、随行配偶及家属等所有可能跨境流动的自然人类别，总体水平基本超过各成员在现有自贸协定缔约实践中的承诺水平。

专题阅读 10-2

RCEP 助力中国对外开放新前沿[①]

2022 年 1 月 1 日，RCEP 已经在中国等国家先行正式生效。待全面生效后，RCEP 将会覆盖全球约 30% 的人口和经济总量，成为世界最大的自贸区。RCEP 的本质，就是成员国互相减免关税、促进贸易。预计到 2030 年，RCEP 将带动成员国出口净增 5 190 亿美元，国民收入净增 1 860 亿美元。

当前，世界经济呈现"区域集团化"的趋势。区域集团化对于大国和小国都是有好处的。从小国的角度来看，诸多小国抱团(如东盟)，不仅扩大了市场，还获得了和大国谈判的筹码。于大国而言，无疑是扩大了自己的经济势力范围。而经济上的强势必然会传导到政治，使大国在本区域集团内成为政治领袖，德国在欧盟的地位就是如此。

过去，除了中国—东盟自贸区，中国并没有加入区域经济集团，由此在国际贸易规则制定中常处于下风。此外，缺乏区域性经济集团支持，一定程度上也导致了我国对外贸易结构的不足。按常理来说，任何国家最重要的贸易伙伴都是自己的邻国。比如美国进口最多的国家是墨西哥，而我国长期最大的贸易伙伴却是大洋彼岸的美国。2010 年，我国外贸依存度高达 50%，其中，与美国的贸易占大头，和邻国的贸易反而远远不如，这从侧面说明了中国打造属于自己的区域性经济集团的必要性及迫切性。因此，对于中国而言，RCEP 不是一份普通的自贸协定，而是一份划时代的宣言书。

RCEP 为中国发展所带来的影响是多方面的。首先，RCEP 让中国有了自己的经济圈，获得更广阔的经济纵深，特别是当前背景下，谁的纵深更广阔，谁的经济发展就更长远。RCEP 总计 15 个成员国，拥有世界约 1/3 的经济体量，在这个大市场中，中国的商品会处于优势地位。RCEP 生效后，我国近 30% 的出口品实现零关税待遇，覆盖的贸易额约 1.4 万亿美元，十分有利于制造业尤其是中高端制造业的发展。2020 年，与 RCEP 相关国家的贸易总值已经占到我国外贸总额的 31%，东盟取代欧盟成为我国第一大贸易伙伴，美国则滑落到第三。有了 RCEP 后，我国贸易重心会更加倾向西太平洋国家。

其次，RCEP 将重构产业链，初步打造一条由中国主导的区域性产业链。过去，作为生产国，中国不被允许掌握技术和制造核心产品。而 RCEP 成员国的互补性很强：中国有充足的资本、世界最庞大的消费市场和一定的技术，急需市场和原材料；日本、韩国、新加坡有部分技术和资本，需要市场和原材料变现；其他东盟九国有原材料、廉价劳动力，还有一定的制造业基础，最需要的就是技术、资金和产业转移；澳大利亚和新西兰原材料和农产品充足，急需市场。在任何一个经济团体中，消费国都会占据主导地位。消费国敞开自己的市场进口，同时向外输出技术和资本，并掌握制定规则的能力，整个经济围绕着消费国循环。显然，在 RCEP 中只有中国有能力担任消费国的角色。

[①] 腾讯网.RCEP 正式生效，将带来怎样的变化？[EB/OL].[2022-01-17].

最后，RCEP 将助推人民币国际化。长期以来，人民币国际化都缺少一个明确的方向，RCEP 无疑为人民币国际化指明了下一步的方向——先在 RCEP 成员国内部实现国际化。2014 年时，中国与 RCEP 国家的人民币跨境贸易结算规模只有 12 314.4 亿元；2019 年便已上升到 3.5 万亿元，发展势头非常迅猛；RCEP 生效后，人民币的结算量将继续攀升，进一步推进人民币的国际化发展。

第四节   绿 色 物 流

一、绿色物流的背景和概念

绿色物流，就是以降低对环境的污染、减少资源消耗为目标，利用先进物流技术规划和实施运输、仓储、装卸搬运、流通加工、配送、包装、信息处理等物流活动。

20 世纪 90 年代初，人们开始关注运输引起的环境退化问题：道路、码头和机场等交通基础设施的建设占用了大量的土地；汽车等交通工具尾气排放成为城市空气的主要污染源之一。随着经济不断发展，环境的恶化程度也在不断加深，环境问题成为全世界共同面临的灾难性难题。2020 年 9 月，我国明确提出 2030 年"碳达峰"与 2060 年"碳中和"目标。2021 年 10 月 24 日，中共中央、国务院印发《关于完整准确全面贯彻新发展理念做好碳达峰碳中和工作的意见》。由此可知，大力发展绿色物流是社会经济发展趋势和我国国家战略需求。

二、绿色物流的基本内涵

（一）绿色生产

供应商的原材料、半成品质量的好坏优劣直接决定着最终产成品的性能，因此，要实施绿色物流必须从源头上加以控制。供应商的成本绩效和运行状况会对企业经济活动构成直接影响，因此，在绿色供应物流中，有必要增加供应商选择和评价的环境指标，即对供应商的环境绩效进行考察。

绿色生产追求两个目标：一个是通过可再生资源、二次能源的利用及节能降耗措施缓解资源枯竭，实施持续利用；另一个是减少废料和污染物的生成排放，提高工业品在生产过程和消费过程中与环境的相容程度，降低整个生产活动给人类和环境带来的风险，最终实现经济和环境效益的最优化。这是绿色物流的本质内容，通过整合现有资源，优化资源配置，减少资源浪费，提高企业资源利用率。

（二）绿色运输

运输过程中交通运输工具的燃油消耗、尾气排放及噪声，是物流活动造成环境污染的主要原因之一。因此，构建企业绿色物流运输体系就显得至关重要。要想打造绿色物流，首先要对运输线路进行合理布局与规划，通过缩短运输路线，提高车辆装载率等措施，实现节能减排的目标。另外，还要注重对运输车辆的养护，使用清洁燃料，减少能耗及尾气排放。

（三）绿色仓储

储存是物流的一个中心环节，在物流系统中起着缓冲、调节和平衡的作用。储存的主要设施是仓库，现代化的仓库是促进绿色物流运转的物资集散中心。绿色仓储要求仓库布局合理，以节约运输成本。布局过于密集，会增加运输的次数，从而增加资源消耗；布局过于松散，则会降低运输的效率，增加空载率。此外，仓库建设前，还应当进行相应的环境影响评价，充分考虑仓库建设对所在地的环境影响。如易燃易爆商品仓库不应设置在居民区，有害物质仓库不应设置在重要水源地附近。采用现代储存保养技术是实现绿色储存的重要方面，如气幕隔潮、气调储存和塑料薄膜封闭等技术。

（四）绿色包装

包装是在商品输送或储存过程中，为保证商品的价值和形态而从事的物流活动。此外，包装也是商品营销的一个重要手段。但大量的包装材料在使用一次后就被消费者遗弃，从而造成环境问题。绿色包装是指采用节约资源、保护环境的包装，一般要求提供包装服务的物流企业进行绿色包装改造，如使用环保材料、提高材质利用率、设计折叠式包装以减少空载率、建立包装回收利用制度等。因此，绿色包装可提高包装材料的回收利用率，有效控制资源消耗，避免环境污染。

（五）逆向物流及废弃物物流

逆向物流，也称反向物流，其最终目标是减少资源浪费。《物流术语》（GB/T 18354—2021）将其定义为：为恢复物品价值、循环利用或合理处置，对原材料、零部件、在制品及产成品从供应链下游节点向上游节点反向流动，或按特定的渠道或方式归集到指定地点所进行的物流活动。逆向物流通过减少资源使用达到废弃物减少的目标，同时使正向以及回收的物流更有效率。

三、企业绿色物流示例

（一）DHL：2050 年零排放愿景

2017 年，DHL 成为全球首家宣布在 2050 年实现物流相关"零排放"的物流企业。2021年 3 月，DHL 发布全新可持续发展路线图，加速去碳化进程。包括：依照《巴黎气候协定》要求，在 2030 年前减少温室气体排放；至 2030 年，投资 70 亿欧元发展气候中性物流，将80 000 辆电动车用于最后一公里配送，车队电气化水平达到 60%。

近年来，DHL 在中国市场探索绿色物流的发展，并取得了多方面实质性成果。例如，在基础设施节能改造方面，DHL 中国区北京总部大楼 2020 年在电力、天然气、用水和蒸汽等方面综合节能率较 2014 年提升了 25% 以上；在生产运输和服务等环节的节能管理方面，截至2020 年年底，DHL 中国区实现 15.8% 的清洁能源派送覆盖率，车队中电动车比例达到 13.6%；在投入新技术方面，DHL 携手国内无人机制造商亿航于 2019 年推出了我国首个全自动智能无人机物流解决方案，在实现降本增效的同时，也实现了更高的环保效益。2021 年以来，DHL已经在国内投资近 2 亿元，主要用于加强地面网络和服务基础设施建设，并计划在未来新建的大型服务设施中积极利用技术手段降低服务设施运营的碳排放。

（二）京东：青流计划①

从作业环节来看，物流行业的绿色升级主要集中在绿色包装、绿色运输和绿色流通三方面。近年来，京东在这三方面持续地改造升级与运用的绿色偏好和行为，为物流行业的绿色环保升级做出了良好的示范。

2013 年 6 月，京东在业界率先推行电子发票，旨在帮助企业节约成本、通过精细化管理提高效率、促进社会低碳环保。电子发票的应用，不但减少了纸质消耗和二氧化碳的排放量，也降低了与交易相关的出行、交通、结算凭证等消耗，同时，还实现了物流中货票同程同行，提高了供应链诚信和纳税透明度。2015 年年初，京东对胶带进行优化，将胶带的宽度由 53 毫米缩至 45 毫米，缩短了 15%。仅此项优化，每年减少胶带使用量就超过 500 万平方米。随着京东订单量高速增长，胶带瘦身计划所创造环保价值也更加明显。此外，京东还通过发放京豆的方式鼓励用户积极参加纸箱回收计划，用户可将自己闲置的纸箱交给配送员，送回京东仓库重新使用。

2017 年 12 月，京东宣布成立京东物流绿色基金，先期投入 10 亿元推进供应链的低碳环保、节能降耗的探索和应用，加速了物流行业绿色升级。同时，京东物流联合 DHL、法国邮政、雅玛多、顺丰、普洛斯、绿色消费与绿色供应链联盟、雀巢、达能、达达等企业，共同发起了"青流计划——全球供应链绿色环保行动"。青流计划主要从"新模式创造""新设备引入""新标准建设"三方面入手，不断优化供应链作业流程，初步形成科技化、专业化和规模化的效应。

"青流计划"诞生以来，京东物流针对运输、仓储、包装等环节，逐步建立起了更加绿色低碳的供应链体系。运输方面，京东物流先后在全国 50 多个城市投放新能源车，建设及引入充电终端数量 1 600 多个，仅此一项就能实现每年约 12 万吨的二氧化碳减排；仓储方面，京东物流在园区布局屋顶分布式光伏发电系统，并正式并网发电，2020 年发电量达到 253.8 万千瓦时，相当于减少二氧化碳排放量约 2 000 吨；包装环节，京东物流使用可重复利用的循环快递箱、可折叠保温周转箱、循环中转袋等代替一次性塑料包装，2020 年京东物流带动全行业减少一次性包装用量近 100 亿个，循环中转袋的普及率达到 98%，节约纸张 1.3 万吨。截至 2020年 12 月，"青流计划"已影响到超 20 万商家和亿万消费者。在 2021 年全球智能物流峰会上，京东物流发布了"青流计划"新五年的绿色低碳目标：将继续投入 10 亿元用于加码绿色低碳的一体化供应链建设，未来五年实现自身碳效率提升 35%。

（三）顺丰：绿色每一公里②

近年来，顺丰紧紧围绕"绿色物流低碳生活"的环保主题，关注每一快件在取件、运输、转运、派送全流程中对环境的影响，并通过提升自身的资源利用率，来降低碳排放和能源消耗。

顺丰对包装材料进行减量化、循环化处理，并加强环保材料的使用。对快递网络使用量最大的纸箱、胶带、文件封及填充物和编织袋等进行优化升级，减少原材料的使用；研发丰BOX、集装容器、笼车、循环文件封等循环快递容器，增加包装材料的重复利用次数，并推动

---

① "青流计划"新五年绿色低碳倡议发布：未来 5 年实现碳效率提升 35% ［N］. 国际商报，2021–10–19.

② 资料来源：顺丰官网。

同城快递包装循环生态圈的建立；采用激光雕刻技术替代传统油墨印刷，100%节省印刷油墨的消耗，实现绿色环保的同时产生高经济价值。

在航空运输方面，顺丰打造低能耗高效率的"绿色机队"，引进波音747、757、767等满载情况下碳排放效率更高、每吨载重每小时油耗更低的大型货机；采取截弯取直、二次放行等一系列措施，持续降低飞机能耗。在陆路运输方面，顺丰持续投放新能源物流车，2020年投放规模为17 053辆，覆盖185个城市。此外，持续推动天然气车辆的推广应用，在上海区投入20辆氢燃料轻型卡车，在北京地区投入2辆液化天然气（LNG）牵引车，通过采用绿色燃料运载工具进行减排。

同时，顺丰通过加强产业园、中转场等场景的可再生能源利用，减少温室气体的排放。目前，已在义乌、合肥及香港三个产业园建设了光伏发电站，以替代部分来源于化石燃料的电力。且各产业园还通过加装恒压供水装置、优化二次供水设备、改造升级感应开关，实现节水节电。

在快递服务的最后一公里上，顺丰积极投放电动三轮车及电单车，减少化石能源的使用，进而降低因使用汽油、柴油带来的大气污染物排放量，增强最后一公里的绿色环保属性。截至2020年年底，顺丰在收派环节累计投放的新能源电力车辆（四轮车）总计减少2.7万吨碳排放。

（四）苏宁易购物流：青城计划[①]

近年来，苏宁易购物流着力打造绿色物流"全链路"建设。2017年，苏宁易购物流推出"共享快递盒计划"，以可循环回收的纸盒代替常用的纸箱；2018年，推出"青城计划"；2019年，大力推行循环包装、可降解材料在物流链中落地；2020年，围绕"新基建"积极推动5G物流仓等项目建设落地，持续通过新技术应用推动绿色物流建设。

苏宁易购物流于2018年联动政府机构和上下游合作伙伴共同发起"青城计划"，以整合过去碎片化的绿色物流发展举措，以城市为单元推进整体化全链路绿色供应链建设。作为苏宁易购物流倡导推进邮政快递业绿色发展的旗帜性工程和全方位一体化的绿色城市建设方案，"青城计划"以"聚焦生态文明、聚力绿色发展"为战略目标，坚持"绿色低碳、降本增效"的原则，朝着"减量、绿色、提效"的方向，在仓转运配环节上推广应用循环包装、直发包装、回收体系、单元化运输和自动化装备等。除了推进仓转运配全链路运营的绿色化之外，"青城计划"还通过建设制度保障体系、技术支持体系来保证全环节运营中绿色供应链建设的执行效率和实现效果。

自2018年启动"青城计划"以来，苏宁易购物流加速推进了全链路绿色物流在全国的落地，相继与海口、无锡、北京共同建设"绿色城市"。截至2020年年底，苏宁易购物流全国范围内电子面单普及率接近100%；胶带减宽、减量填充物等绿色减量化包装实现100%覆盖；共享快递盒作为苏宁物流绿色循环包装的创新标杆产品，全国累计投放量突破40万只，投放使用累计超过1.5亿次，节约的胶带可绕地球9.35圈，减少6 000多吨碳排放。

苏宁易购物流将在原有的绿色城市建设的基础上，迭代升级构建城市群绿色物流生态圈，通过协同多方力量来推进长三角、京津冀、珠三角、川渝、中部地区等近10个城市群的可持

---

① 杨云飞. 苏宁易购物流"青城计划"详解［J］. 中国物流与采购，2021（17）：20—21.

续化发展，从原有的服务城市一个点扩展到服务城市群一个面，并且针对绿色末端，升级的"青城计划2.0"战略将向全国推广"9999"行动。2021年年底，苏宁易购物流42毫米以下"超级瘦身胶带"封装比例达到99%；电商快件不再二次包装率达到99%；可循环中转袋使用率达到90%；回收体系覆盖全国99个城市。

四、中国绿色物流市场现状及趋势

近年来，社会物流成本水平稳步下降。如图10-2所示，2013—2020年社会物流总费用占GDP比率呈现下降趋势。但部分领域物流成本高、效率低等问题仍然突出，特别是新冠疫情期间，社会物流成本出现阶段性上升，难以适应建设现代化经济体系、推动高质量发展的要求。

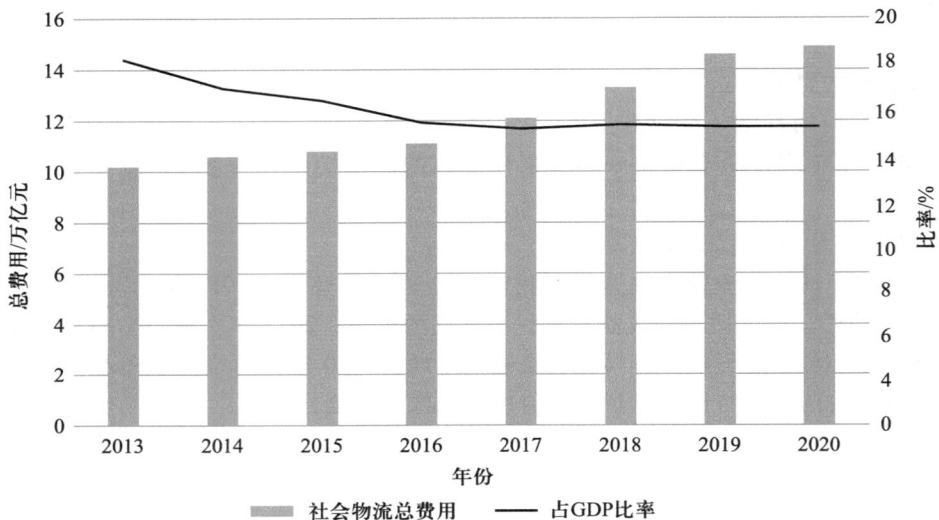

图 10-2   2013—2020 年中国社会物流总费用及其占 GDP 比率
资料来源：中国物流与采购联合会。

国家政策层面对绿色物流做出各种积极探索。2020年5月，国家发展和改革委员会、交通运输部发布《关于进一步降低物流成本的实施意见》，要求进一步降低物流成本、提升物流效率。2021年6月，国家发展和改革委员会联合三部门发布《关于做好2021年降成本重点工作的通知》，提出要推进物流降本增效，取消或降低部分公路民航港口收费，持续降低铁路货运成本，优化运输结构。

此外，交通运输部围绕降低绿色物流，全力推进交通运输物流领域简证、减费、增效，进一步降低企业负担；通过降低公路、港口收费，发展多式联运，推进无车承运人发展，提升城市配送发展水平；推广新能源物流车，提供购车补贴和全路段通行。

虽然面临着一些新的挑战和深层次的矛盾，但基于外部良好的政策和经济环境，我国物流行业仍保持稳定增长，物流服务能力不断增强。随着国内经济发展进入新常态，未来一个时期，更需稳步推进绿色物流的发展。绿色物流不仅有助于我国环境保护工作的开展及可持续发展，还能够使企业压缩物流成本，带来新的商机。在经济全球化背景下，中国物流企业必须加快物流的绿色化建设，才能进一步参与全球物流业的竞争。

典型案例

深圳市绿色物流解决方案①

  绿色低碳发展已成为交通运输全产业全链条共识。在此背景下，深圳持续加强绿色低碳交通运输体系建设，大力推广新能源车辆应用，推进充电桩等新能源基础设施建设，加快绿色物流发展。

  首先，为进一步促进深圳市新能源物流车推广应用，深圳市交通运输局于 2018 年印发《深圳市现代物流业发展专项资金管理办法》，对纯电动物流配送车辆进行近 3 亿元的运营资助。作为全国第一个出台新能源物流车运营补贴的城市，截至 2021 年年底，深圳市新能源物流车保有量已达 9.1 万辆，是全球新能源物流车保有量最大的城市。

  其次，为提升纯电动物流车的通行便利性，深圳给予新能源物流车很多优惠政策。第一，享有当日路内停车首小时免费的优惠。第二，完成电子备案登记并接受监管后，可享受比同类型普通货车高一级的通行路权，且车辆及其驾驶人一年内无任何违法违规情形，可申请通行路权升级。第三，全市划定了 10 个"绿色物流区，以改善城市配送车辆"通行难、停靠难"。同时，深圳市还积极推动新能源汽车的重要配套设施——智能、高效、共享的物流车充电网络的建设，全市范围内已建设有超过 2 万个物流专用充电桩。

  最后，深圳按照政府引导、规范运营、市场化运作的原则，在全市大力推广使用纯电动泥头车，并在全国率先出台纯电动泥头车超额减排补贴政策，按车辆运营里程数进行奖励补贴核算，单车最高奖励标准上限为 80 万元。此前，全市建设工程平均每年产生约 1 亿立方米建筑废弃物，大部分由泥头车外运处置。而传统泥头车均为传统柴油动力、敞开式泥头车，存在着排放高、扬尘多等问题，对城市环境造成较大负面影响。在行业低碳发展共识和补贴政策激励的双重作用下，截至 2021 年年底，深圳纯电动泥头车推广规模已达到 4 200 辆，总行驶里程达 2.4 亿公里，节能减排效果开始逐步显现。电动泥头车成为建筑废弃物运输的主力车型，进一步促进在深圳形成较为完善的新能源车产业链和竞争优势，推动深圳成为新能源汽车推广应用的先导城市。

  当然，优化交通运输结构也是推动绿色物流高质量发展的重要内容。近年来，深圳加快建设综合立体交通网，大力发展多式联运，提高铁路、水路在综合运输中的承运比重，持续降低运输能耗和二氧化碳排放强度。同时，深圳通过优化港口集疏运体系，开展结构性节能减排。数据显示，深圳港共有驳船航线 60 条（含香港），覆盖 52 个内河码头，并在华南快线模式的基础上，与驳船公司合作推广驳船"班轮化运输"作业模式。此外，深圳港海铁联运线路已经延伸至 8 个省份，开通 20 条海铁联运线路，挂牌 6 个内陆无水港。

  如今，作为一个影响国计民生的大行业和影响千万百姓生活的重要行业，物流行业的健康绿色发展离不开顶层设计，以及监管的协调统一。作为重要的海、陆、空交通枢纽，深圳持续优化绿色物流发展模式，大力发展低排放的新能源物流车，为其他城市的绿色物流发展起到重

---

  ①   肖晗，李宇. 交通运输"减碳"进行时　深圳绿色物流跑出"加速度"［N］. 深圳商报，2021-11-16.

要的示范作用。

本章小结

　　本章首先介绍了跨境电商的基本概念和发展现状，并总结归纳了跨境电商环境下国际物流的主要运作模式，探讨了跨境电商环境下国际物流的新趋势。其次，详细介绍了传统供应链的风险和供应链的新型风险。再次，简要介绍了 RCEP 和 CPTPP 贸易协定中国际运输相关的内容。最后，阐述了绿色物流的概念和内涵，并详细介绍了代表性企业的绿色物流规划。

思考题

　　1. 跨境电商与国际物流的关系是什么？
　　2. 跨境电商环境下国际物流的主要运作模式有哪些？
　　3. 海外仓和边境仓的区别是什么？
　　4. 保税物流有什么特点？
　　5. 全球供应链风险包括哪些方面？
　　6. 什么是国际运输服务贸易？
　　7. 《区域全面经济伙伴关系协定》（RCEP）中涉及国际运输服务贸易的主要内容有哪些？
　　8. 《全面与进步跨太平洋伙伴关系协定》（CPTPP）中涉及国际运输服务贸易的主要内容有哪些？
　　9. 绿色物流的内涵有哪些？
　　10. 绿色物流有哪些新趋势？

案例讨论

　　某跨境电商企业主打东南亚市场。随着市场竞争的加剧，公司发现运营成本增长迅速，但销量和利润却增长缓慢。进一步的调查发现配送时间长、售后成本高抑制了需求的增长。为改善绩效，管理层决定在泰国、印度尼西亚和新加坡建设海外仓，提升服务水平。请参照海外仓基本性质和特点为泰国、印尼的海外仓选择建设城市。（讨论要点见教师课件。）

本章关键术语

　　□ 跨境电商
　　□ 保税物流
　　□ 海外仓、边境仓
　　□ 全球供应链风险
　　□ 国际运输服务贸易
　　□ 区域全面经济伙伴关系协定（RCEP）
　　□ 全面与进步跨太平洋伙伴关系协定（CPTPP）
　　□ 绿色物流
　　□ 逆向物流

本章阅读资料

无人的码头——上海洋山自动化码头

　　近年来，中国港口建设发展持续走在世界前列。港口吞吐量不断增大，据统计，2020 年全国港口货物吞吐量完成 145.5 亿吨，港口集装箱吞吐量完成 2.6 亿标箱，连续 10 余年位居世界第一。在全球货物吞吐量排名前 10 的港口中我国占了 8 席，集装箱吞吐量排名前 10 的港口中我国占了 7 席。海运船队规模持续壮大，到 2020 年年底，我国海运船队运力规模达到 3.1 亿载重吨，居世界第二位。其中，中远海运集团、招商局集团经营船舶运力规模分别已经达到全球综合类航运企业第一位和第二位。[①]

作为世界第一大集装箱港上海港的一个重要港区，洋山深水港充分体现了中国港口建设的水平。洋山深水港位于杭州湾东北部、芦潮港东南的舟山列岛，距国际远洋航线 104 千米，距离上海 32 千米，是世界最大的海岛型人工深水港。2017 年 12 月 10 日，洋山深水港四期自动化码头开港试运行。自建成起，洋山自动化码头就被冠以多个头衔，包括"全球最大的单体自动化智能码头""全球综合自动化程度最高的码头""在亚洲港口中首次采用中国自主研发的自动导引车自动换电系统"等。作为全球最大的智能集装箱码头，洋山自动化码头建有 7 个集装箱泊位和 2 350 米长的集装箱码头岸线，设计年通过能力初期为 400 万标准箱，远期为 630 万标准箱。同时，为配合上海自由贸易港的建设发展，洋山自动化码头针对物流系统开发了一套二维码，海关可通过二维码监管整个物流环节，真正实现电子信息系统无缝衔接。在这一物流系统下，一个集装箱最快仅 15 分钟就能驶离港区。

上海海关对集装箱采取了新的监管措施。在集装箱尚未落地时，通过大数据分析确定重点查验对象；待其到达码头后，使用新的车载移动式查验设备——AGV，从集装箱顶部扫描查验，每小时最快可以查验 150 个集装箱。AGV 由车队管理系统统一调度，采用整体全自动换电方式，一辆 AGV 卡车更换电池只需 6 分钟，满电后可持续运行 8 个小时，且其能耗很低，可以全天候不间断作业，极大地提高了集装箱进出口的效率。

自 20 世纪 90 年代国外开始发展自动化码头起，有关"机器夺取人的饭碗"争议就一直未断。但人们也逐渐认识到，码头作业确实是一项繁重且危险的工作，而机器不仅将码头工人从繁重的体力劳动中解脱出来，还增加了新岗位如操控岗的劳动需求。近年来，随着时代的发展、科技的进步、人们认知的改变，港口的发展越来越绿色、高效、安全、人性化。在一个良好的发展环境里，港航经济的未来是十分值得期待的。

即测即评

① 　资料来源：交通运输部网站。

参考文献

［1］ 王晓东，胡瑞娟，等. 现代物流管理［M］. 北京：对外经济贸易大学出版社，2001.

［2］ 薛荣久. 国际贸易［M］. 北京：对外经济贸易大学出版社，2003.

［3］ 中国民用航空总局规划发展财务司. 从统计看民航（2005）［M］. 北京：中国民航出版社，2005.

［4］ 胡亚君. 国内外陆港发展比较研究［D］. 贵阳：贵州财经大学，2017.

［5］ 丁浩，杨洁，王家明. "一带一路"视角下进口中东石油海上运输脆性风险研究［J］. 统计与信息论坛，2018，33（7）：107-115.

［6］ 李振福，韩春美，梁珊珊，等. 北极航线到"冰上丝绸之路"的学术演进［J］. 北京交通大学学报（社会科学版），2021，20（04）：78-89.

［7］ 高娇蛟. 我国快递企业航空运输网络的优化设计研究［D］. 北京：北京交通大学，2011.

［8］ 全毅. 全球区域经济一体化发展趋势及中国的对策［J］. 经济学家，2015（01）：94-104.

［9］ 姚新超. 国际贸易运输［M］. 北京：对外经济贸易大学出版社，2003.

［10］ 司玉琢，胡正良，等. 海商法详论［M］. 大连：大连海事大学出版社，1995.

［11］ 邢海宝. 海商提单法［M］. 北京：法律出版社，1999.

［12］ 吴焕宁. 鹿特丹规则释义——联合国全程或者部分海上国际货物运输合同公约［M］. 北京：中国商务出版社，2011.

［13］ 王楠，王卫. 顺丰而行：新蓝领时代骄子［M］. 北京：北京时代华文书局，2014.

［14］ 铁道部档案史志中心. 中国铁道年鉴（1999）［M］. 北京：中国铁道出版社，1999.

［15］ 陈长彬. 保税区国际物流运作模式与管理机制研究［J］. 商业研究，2012（09）：81-85.

［16］ 秦惠林，朱杰. 便携式终端在智能仓储管理系统中的应用［J］. 中国流通经济，2006（07）：38-40.

［17］ 陈炜，奚立峰. 层次分析法在物流企业仓库选址中的运用［J］. 上海海运学院学报，2002（03）：54-57.

［18］ 周亚蓉. 电商趋势下物流配送优化研究［M］. 天津：天津科学技术出版社，2019.

［19］ 杨军，刘艳，杜彦蕊. 关于二维码的研究和应用［J］. 应用科技，2002（11）：11-13.

［20］ 沈永成. 浅谈 RFID 系统中的频段特性及主要应用领域［J］. 山东工业技术，2017（24）：116.

［21］ 詹凌云. 浅谈我国物流中心的仓储自动化［J］. 商场现代化，2006（20）：120.

［22］ 曹艳文，吴蓉，宋轶，等. 我国保税港区发展现状及展望［J］. 中国物流与采购，2008（08）：58-61.

［23］ 张万里，戴小红. 我国保税物流发展的国际经验借鉴［J］. 商业时代，2012（16）：30-31.

［24］ 陈浙明，张海宇，马青. 物流设备自动化技术发展趋势［J］. 起重运输机械，2021（S1）：

41-43.

[25] 阮辉阳. 物流自动化仓储的发展趋势分析 [J]. 商场现代化, 2014(24): 65-66.

[26] RONALD H B. Business Logistics/Supply Chain Management [M]. Hoboken: Pearson Prentice Hall, 2004.

[27] BERNARD J L L. Evolution of the Integrated Logistics Concept [M] //The Logistics Handbook. New York: Free Press, 1995.

[28] GOLDSBOROUGH W W, ANDERSON D L. Import/Export Management [M] //The Logistics Handbook. New York: Free Press, 1994.

[29] BROWN M, Malcolm Brown. The Slow Boat to Europe [J]. Management Today, 1987(06).

[30] CALABRO P J. Foreign Trade Zones-A Sleeping Giant in Distribution [J]. Journal of Business Logistics, 1983, 4(1): 51-64.

[31] COYLE J J, BARDI E J, LANGLEY C J. The Management of Business Logistics: A Supply Chain Perspective [M]. 7th edition. Boston: Thomson Learning, 2003.

[32] BARDI E J, BAGCHI P K, RAGHUNATHAN T S. Motor carrier selection in a deregulated environment [J]. Transportation Journal, 1989, 29(1): 4-11.

读者意见反馈

为收集对教材的意见建议，进一步完善教材编写并做好服务工作，读者可将对本教材的意见建议通过如下渠道反馈至我社。

咨询电话　400-810-0598

反馈邮箱　lixh@ hep.com.cn

通信地址　北京市朝阳区惠新东街4号富盛大厦1座

邮政编码　100029

防伪查询说明

用户购书后刮开封底防伪涂层，使用手机微信等软件扫描二维码，会跳转至防伪查询网页，获得所购图书详细信息。

防伪客服电话　（010）58582300